Stephan Grigat/Simone Dinah Hartmann (Hrsg.)

Der Iran

Stephan Grigat/Simone Dinah Hartmann (Hrsg.)

Der Iran

Analyse einer islamischen Diktatur und ihrer europäischen Förderer

Mit einem Vorwort von Leon de Winter
und einem Geleitwort von Henryk M. Broder

StudienVerlag
Innsbruck
Wien
Bozen

Gedruckt mit Unterstützung durch die Studienvertretung Politikwissenschaft der Universität Wien, die Israelitische Kultusgemeinde Wien und „Fils et Filles des Deportés Juifs de France".

E-Mail: order@studienverlag.at
Internet: www.studienverlag.at

Buchgestaltung nach Entwürfen von Kurt Höretzeder
Satz: Studienverlag/Thomas Auer
Umschlag: Studienverlag/Vanessa Sonnewend

Gedruckt auf umweltfreundlichem, chlor- und säurefrei gebleichtem Papier.

Bibliografische Information Der Deutschen Bibliothek
Die Deutsche Bibliothek verzeichnet diese Publikation in der Deutschen Nationalbibliografie; detaillierte bibliografische Daten sind im Internet über <http://dnb.ddb.de> abrufbar.

ISBN 978-3-7065-4599-0

Inhaltsverzeichnis

Dokumentation

Redebeiträge und Grußbotschaften von der Kundgebung „Keine Geschäfte mit den iranischen Mullahs“ am 30. September 2007 in Wien

Stephan Grigat/Simone Dinah Hartmann

Kritik des Iran und praktische Intervention

Eine Vorbemerkung

Der vorliegende Band versammelt Vorträge, die auf dem Symposium *Die Islamische Republik Iran – Analyse einer Diktatur* am 29. und 30. September 2007 in der Universität Wien gehalten wurden, und wird durch weitere Beiträge zum Thema ergänzt. Bei dem Symposium, das von der Gruppe Café Critique und der österreichischen Sektion von Scholars for Peace in the Middle East organisiert wurde, ging es nicht allein um eine akademische Auseinandersetzung mit der Mullah-Herrschaft im Iran, sondern in erster Linie um eine Intervention. Verdeutlicht wurde das durch die Kundgebung *Keine Geschäfte mit den iranischen Mullahs*, die, von Café Critique und der Israelitischen Kultusgemeinde mit Unterstützung zahlreicher Gruppen organisiert, im unmittelbaren Anschluss an das Symposium in Wien abgehalten wurde und sich unter anderem gegen den geplanten Milliardendeal der österreichischen OMV mit dem Regime in Teheran richtete. Die hier im Dokumentationsteil und als Vorwort veröffentlichten Reden und Grußbotschaften stammen von diesem Versuch, eine breitere Öffentlichkeit für die Unmenschlichkeit des iranischen Regimes, seine Vernichtungsdrohungen gegen den jüdischen Staat und für die europäische Kollaboration mit diesem Regime zu sensibilisieren.

In den Beiträgen des vorliegenden Bandes geht es zum einen um eine Beschreibung, Analyse und Kritik der islamischen Diktatur im Iran. Zum anderen geht es um das Verhältnis Europas und insbesondere Deutschlands und Österreichs zu einem Regime, das droht, in neuen religiösen und politischen Formen an den Vernichtungswahn des Nationalsozialismus anzuknüpfen. Während sich die meisten der aktuellen Publikationen zum Iran auf das Atomprogramm konzentrieren, stellt der vorliegende Band die Diskussion über das iranische Nuklearprogramm in den Kontext einer Analyse der iranischen Diktatur in Geschichte und Gegenwart. Das Verhalten Österreichs und Deutschlands gegenüber dem Iran wird vor dem Hintergrund der vergangenheitspolitischen Debatten in diesen Ländern diskutiert.

Eines der Anliegen des Symposiums war es, einige jener linken und liberalen iranischen Oppositionellen zu Wort kommen zu lassen, die unmissverständlich mit dem ansonsten auch für die iranische Linke typischen Antiamerikanismus und Antizionismus[1] brechen. Nicht, dass es für

1 Vgl. beispielsweise die Stellungnahmen der vergleichsweise sympathischen Arbeiterkommunistischen Partei Iran (vgl. WPI-Briefing, Nr. 198, 2006, S.1f.) und ihrer Abspaltung, der Arbeiterkommunistischen Partei Iran Hekmatist zum Libanonkrieg 2006 (http://www.hekmatist.com/deutsch/Libanon.htm, 20.12.2007) und erst recht jene der

iranische Oppositionelle keine Gründe für Kritik am Verhalten Israels und der USA in der Geschichte des 20. Jahrhunderts gäbe;[2] aber die Einschätzung Israels und der USA hat sich auch bei den linken und linksradikalen persischen Oppositionsgruppen dermaßen von allen realen Ereignissen verselbständigt, dass sie sich, wie in der globalen Linken, in ihrer Ressentimenthaftigkeit zu einem Haupthindernis für emanzipative Bestrebungen entwickelt hat. Umso erfreulicher ist es, dass es heute linke oder aus der Linken kommende Autorinnen und Autoren gibt, die einen klaren Kontrapunkt zu den bisher üblichen Positionierungen setzen.

Neben diesen iranischen Oppositionellen und den Beiträgen von deutschen und österreichischen Politikwissenschaftlern und Gesellschaftskritikern, bei denen ganz bewusst wissenschaftliche Analysen, Essays und politische Kommentare nebeneinander stehen, macht der Band mit den Beiträgen von Yossi Melman und von Yossi Klein Halevi und Michael B. Oren auch zwei einschlägige Texte von israelischen Autoren erstmals einem deutschsprachigen Publikum zugänglich.

Das Buch versteht sich als Einspruch gegen die Indifferenz, mit der große Teile der europäischen Öffentlichkeit dem Terror gegen die iranische Bevölkerung und der Vernichtungsdrohung gegen Israel seitens der Teheraner Mullahs begegnen. Wenn der von Theodor W. Adorno formulierte kategorische Imperativ, im Stande der „Unfreiheit", also in der falschen Gesellschaft, das „Denken und Handeln so einzurichten, dass Auschwitz nicht sich wiederhole, nichts Ähnliches geschehe"[3] nicht zum feuilletonistischen Aperçu verkommen soll, so kann man unmöglich in einem untätigen Akademismus verharren. Die Gefahr der Aufstockung des iranischen Vernichtungsarsenals mit Nuklearwaffen erfordert Interventionsversuche auch von jenen, die nicht unmittelbar in politische Entscheidungsprozesse eingebunden sind. Wie diese Interventionen aussehen müssen und in welchen Formen sie stattfinden können, wäre dringend zu diskutieren. Vielleicht können einige der hier präsentierten Überlegungen und Analysen Impulse für solch eine Diskussion liefern.[4]

---

marxistisch-leninistischen Tudeh-Partei (vgl. Tudeh-Info, Informationsblatt der Tudeh Partei Iran, Nr. 39, 2006; http://www.tudehpartyiran.org/german_file/TUDEH_INFO39.pdf; 20.12.2007).

2 Zu den iranisch-israelischen Beziehungen vor 1979 vgl. David Menashri: Post-Revolutionary Politics in Iran. Religion, Society and Power, New York – London 2001, S.261f. Zu den US-amerikanisch-iranischen Beziehungen vgl. Behrouz Khosrozadeh: Die Ayatollahs und der Große Satan. Iran – USA. Die Beziehungen im historisch-analytischen Überblick, Berlin 2007, dessen Analyse mitunter allerdings selbst von Ressentiments getrübt wird.

3 Theodor W. Adorno: Negative Dialektik, in: Ders.: Gesammelte Schriften, Bd. 6. Frankfurt/M. 1997, S.358.

4 In Folge des erwähnten Symposiums und der anschließenden Kundgebung hat sich in Wien die Plattform STOP THE BOMB – Bündnis gegen das iranische Vernichtungsprogramm gebildet, die unter anderem – neben vielen Autoren und Autorinnen dieses Buches – von Arik Brauer, Alfred Dorfer, Hermann Gremliza, Gerhard Haderer, Elfriede Jelinek, Marika Lichter, Ariel Muzicant, Erwin Riess, Robert Schindel, Lotte Tobisch, Topsy Küpers, Elisabeth Orth, den Universitätsprofessoren Micha Brumlik,

Es bleibt die Hoffnung, dass solch eine Publikation neben der Schärfung der Waffen der Kritik auch zu einem aktivistischen Schub führen kann. Die in diesem Buch behandelten Gegenstände sind so beschaffen, dass sich eine rein publizistische Beschäftigung mit ihnen von selbst verbietet. Es geht nicht um interesselose Theorie, sondern um Kritik, die mit genau jenen Zielen praktisch werden muss, die Leon de Winter in seinem Vorwort formuliert.

Die Beiträge von Wahied Wahdat-Hagh, Gerhard Scheit, Fathiyeh Naghibzadeh, Alex Gruber, Matthias Küntzel, Andreas Benl, Simone Dinah Hartmann und Kazem Moussavi sind überarbeitete Fassungen der Vorträge beim Symposium *Die Islamische Republik Iran*. Bei den Artikeln von Nasrin Amirsedghi, Florian Markl, Thomas Uwer und Thomas von der Osten-Sacken, Thomas Becker, Hiwa Bahrami, Stephan Grigat, Florian Ruttner und Farideh Azadieh handelt es sich um Originalbeiträge für diesen Band. Henryk M. Broders Geleitwort beruht auf einem Artikel, der bei *Spiegel-Online* unter dem Titel *Die wollen nur spielen* am 31. August 2007 erschienen ist. Eine frühere Fassung des Beitrags von Justus Wertmüller findet sich in der Nr. 39 der Zeitschrift *Bahamas*. Der Artikel von Yossi Melman basiert auf Exzerpten aus seinem gemeinsam mit Meir Javedanfar verfassten Buch *The Nuclear Sphinx of Tehran: Mahmoud Ahmadinejad and the State of Iran* und wurde von den Herausgebern sowie Karin Lederer und Marc Zannoni übersetzt. Eine frühere Fassung des Beitrags von Yossi Klein Halevi und Michael B. Oren erschien in *The New Republic* und wurde von Luis Liendo Espinoza und den Herausgebern übersetzt.

Entwicklungen, die sich nach dem 20. Dezember 2007 ergeben haben, konnten in den Aufsätzen nicht mehr berücksichtigt werden.

Jeffrey Herf und Andrei S. Markovits, Brigitte Bailer vom Dokumentationsarchiv des österreichischen Widerstands und Efraim Zuroff vom Simon Wiesenthal Center in Jerusalem, mehreren ehemaligen israelischen Botschaftern in Österreich sowie von Kurt Hengl, dem ehemaligen Botschafter Österreichs in Israel, unterstützt wird. Vgl. www.stopthebomb.net.

Leon de Winter

Für Boykott und Regime Change!

Ein Vorwort

Viele Jahre hindurch versuchten der deutsche Außenminister, die Franzosen und der britische Außenminister mit den Mullahs im Iran zu verhandeln. Sie scheiterten. Es muss ein ziemliches Spektakel gewesen sein: Drei mehr oder weniger ehrbare EU-Politiker reden mit iranischen Typen, die es lieben zu täuschen und zu betrügen. Für alle, die gewillt waren es zu sehen, war es offensichtlich, dass die Iraner nicht gewillt waren ihre nuklearen Träume aufzugeben. Die Mullahs bereiten eine nukleare Waffe vor und ihr Hauptziel sind die Juden.

Lest sorgfältig die Worte Ahmadinejads, die er vor der ganzen Welt in der Hauptkonferenzhalle des UN-Gebäudes in New York äußerte. Es war eine lange hasserfüllte Ansprache über die „Zionisten", ein bedeutendes neues Wort mit dem Sinngehalt: die „Juden". Er versteckt seine Vorhaben nicht. Er ist stolz, dass er sie hat. Sie stehen im Einklang mit seinem leidenschaftlichen Glauben an das Ende aller Zeiten. Er erwartet, dass der islamische Messias in Bälde erscheint. Er will dem Messias mit ein oder zwei Nuklearbomben nachhelfen.

Die Europäer haben alles, was ihnen eingefallen ist, versucht. Viele EU-Vertreter gingen zu vielen Sitzungen und versuchten an die Aufrichtigkeit der Mullahs zu glauben. Aber insgeheim wussten sie, dass die Mullahs nicht zuhören würden, dass nicht ein einziges Argument sie vom Bau der Atombombe abhalten kann. Die Mullahs wollen sie und sie sind gewillt und fähig jeglicher Drohung zu widerstehen. Sie lügen uns ins Gesicht. Sie betrügen uns als wären wir nichts wert.

Ja, es gab Abkommen. Die Medien der EU lobten unsere Diplomaten, nachdem bedeutungslose Abkommen unterzeichnet wurden. „Die sind wundervoll", schrieben die Medien und sagten, „schaut, wie unsere EU-Diplomaten das Iran-Problem mit ‚soft power' lösen!"

Die Mullahs aber durchschauten uns. Sie sehen, dass wir auf tönernen Füßen stehen. Und sie wissen, dass wir wissen, dass sie wissen. Wir müssen mit einem massiven Boykott anfangen. Das Regime in Teheran verliert seine Machtbasis auf Grund von ökonomischen Problemen. Wir können ihre Probleme verschlimmern. Es wird keinen dramatischen Unterschied hinsichtlich unseres eigenen Lebensstandards ausmachen – aber für die Fortsetzung des Mullah-Regimes kann es verheerend sein. Wir brauchen dort einen Regime Change. Um der Freiheit und der Demokratie willen.

Henryk M. Broder

Brahms in Teheran

Ein Geleitwort

Viele Banalitäten, die noch vor zwei, drei Generationen als gesicherte Erkenntnis galten, sind längst empirisch widerlegt: dass Frauen nicht für den Militärdienst taugen, Deutsche überdurchschnittlich fleißig, Juden besonders intelligent, Holländer extrem geizig und Österreicher von Natur aus charmant und gastfreundlich sind. Andere Binsen dagegen kennen kein Verfallsdatum: Armut ist die Ursache für Terrorismus, Kultur bringt Menschen und Völker einander näher.

Innerhalb der deutschen Kultur wiederum kommt der Musik eine ganz besondere Rolle zu. Doch wer an die erzieherische, kreative und versöhnliche Kraft der Musik glaubt, der sollte bedenken, dass SS-Obergruppenführer Reinhard Heydrich Komposition gelernt hatte und ein sehr begabter Cello-, Geige- und Klavierspieler war. Einige KZ-Kommandanten waren in ihrer Freizeit große Musikliebhaber und förderten im Rahmen ihrer Möglichkeiten kleine Ensembles. Mit Musik geht eben alles besser. Und letztes Jahr erlebten wir an einem anschaulichen Beispiel, was Musik vermag oder wozu Musiker imstande sind.

Das Osnabrücker Symphonie-Orchester ist im Sommer 2007 nach Teheran gereist, um dort Brahms und Beethoven zu spielen und damit zur Verbesserung der kulturellen Beziehungen zwischen der Bundesrepublik und der Islamischen Republik Iran beizutragen. Mit dem Gastspiel sollte auch demonstriert werden, „dass es viele Ähnlichkeiten zwischen uns gibt und dass wir keinen Grund haben, einander zu fürchten", wie es der Leiter des Osnabrücker *Morgenland Festivals* nach der Landung in Teheran sagte.

Zu den Maßnahmen, die Angst abbauen und Vertrauen bilden sollten, gehörte auch, dass die Musikerinnen des Orchesters während der Konzerte Kopftücher tragen mussten. Die Gäste folgten also den Anstandsregeln der Gastgeber, die ihrerseits nicht versprochen hatten, mit der Urananreicherung oder der Hinrichtung von Schwulen und Lesben auszusetzen bis die Tournee vorbei ist.

Wie krankhaft naiv oder unheilbar gesund Kulturschaffende sein können, die sich ihre gute Laune nicht einmal von den Schreien gesteinigter Frauen nehmen lassen, konnte man in der *Neuen Osnabrücker Zeitung* studieren. Dort veröffentlichte einer der Musiker sein *Teheraner Tagebuch.* In der ersten Folge beschreibt er noch die Freuden der Reise und die Ankunft in der Stadt: „Und so fahren wir vom Imam-Khomeini-Flughafen am Imam-Khomeini-Mausoleum vorbei nach Teheran. Einen Tag haben wir jetzt Zeit, uns über den wahnsinnigen Verkehr in der Zwölf-Millionen-Stadt zu wundern und uns auszuruhen."

Am dritten Tag wird es ernst. „Eine Stunde vor dem Konzert bekomme ich einen Hinweis von einer iranischen Frau: Im Saal werden nicht nur musikinteressierte Zuhörer sitzen, sondern auch Mitglieder der iranischen Behörden, die vor allem darauf achten werden, wie wir gekleidet sind." Daraufhin veranlasste er das Notwendige: „Ich gehe deshalb zu jeder Frau im Orchester und bitte sie, vor allem auf die Kopftücher zu achten. Die Damen reagieren und ziehen sich die Tücher bis tief in die Stirn oder legen sie neu an. Bloß keinen Ärger mit diesen Leuten bekommen."

Danach läuft alles „fantastisch": Am Ende sind alle glücklich. „Ich schaue in die erste Reihe. Dort sitzen die kulturellen Vertreter des Landes. Sie haben ein Lächeln im Gesicht. Wir spüren, wie sehr Musik in der Lage ist, die Herzen der Menschen zu erreichen."

Natürlich spricht prinzipiell nichts dagegen, dass deutsche Musiker in Teheran ein Konzert geben. Im Gegenteil. Auch wenn es nur eine symbolische Geste wäre, sie könnten ihren Auftritt mit einer Schweigeminute für die Opfer des Mullah-Regimes beginnen oder die Todesfuge von Paul Celan in der Vertonung des DDR-Komponisten Tilo Medek spielen, um den vielen Iranern, die in den letzten Wochen öffentlich hingerichtet wurden, eine letzte Ehre zu erweisen. Sehr subtil und völlig unverdächtig wäre es, wenn sie *Näher, mein Gott, zu Dir* anstimmen würden, einen Choral, den das Bordorchester der *Titanic* spielte, als das Schiff in den Fluten versank.

Aber die geigenden Gäste aus der *Friedensstadt Osnabrück* dachten nicht einmal im Traum daran, ihre Gastgeber zu kränken. Alles, was sie wollten, war: spielen, spielen, spielen. So wie die Sportler, die 1936 an den Olympischen Spielen in Berlin teilnahmen, nichts von den Nazis wissen und nur eines wollten: laufen, laufen, laufen.

Nein, dieser Vergleich ist weder unfair noch übertrieben. Im Jahre 1936 waren die Nazis erst vier Jahre an der Macht, die *Nürnberger Gesetze* waren zwar schon verabschiedet, aber der Krieg noch in weiter Ferne und Auschwitz nur eine unbekannte Kleinstadt namens Oswiecim irgendwo in Polen. Die Mullahs dagegen regieren seit 29 Jahren, sie haben Millionen von Iranern ins Exil getrieben und im Lande ein Terror-Regime etabliert, das an Ausdauer, Brutalität und krimineller Energie gemessen zu den besten seiner Art zählt.

Während die Nazis 1936 noch trainierten, haben die Mullahs schon lange bewiesen, wie effektiv sie arbeiten und wozu sie in der Lage sind. Dabei muss man sich nicht einmal darüber aufregen, dass die „friedliche Nutzung" der Kernenergie, die der Iran anstrebt, dazu dienen soll, die Region nach den Vorstellungen der Mullahs zu „pazifizieren". Es reicht, wenn man zur Kenntnis nimmt, was das Regime mit der eigenen Bevölkerung anstellt, wie es angebliche Verbrecher reihenweise öffentlich exekutiert, die Baha'i verfolgt und alle Ansätze einer Demokratisierung im Keim erstickt.

Unter solchen Umständen Brahms und Beethoven in Teheran zu spielen, bedeutet nach der Melodie des Regimes zu tanzen. Und so wie die

Nazis 1936 von den Olympischen Spielen profitiert haben, indem sie der Welt ein fröhliches und friedliches Deutschland vorgaukelten, profitierte vom Gastspiel der Osnabrücker Symphoniker nur das iranische Regime, dem jede Gelegenheit recht ist, die Welt zu täuschen.

Das ist das gute Recht der Mullahs. Wie in jedem totalitären System bestimmt der Wunsch, an der Macht zu bleiben, die Wahl der Mittel. Der Skandal liegt darin, dass sie dabei Hilfestellung aus einem Land erhalten, in dem Parolen wie „Wehret den Anfängen!", „Nie wieder 33!" und „No blood for oil!" das Tischgebet und das Vaterunser ersetzt haben. Je länger das Dritte Reich zurück liegt, umso stärker artikuliert sich der Widerstand gegen die NS-Diktatur, während der Umgang mit gegenwärtigen Diktaturen umso lässiger und nachlässiger ausfällt, je größer die Kaufkraft der regierenden Despoten ist. Am Beispiel des Irans und seiner deutschen und österreichischen Geschäftspartner, mit denen sich die Beiträge dieses Bandes dankenswerter Weise auseinandersetzen, wird das nur allzu deutlich.

Stephan Grigat

Die iranische Bedrohung

Über die Freunde der Mullah-Diktatur und den Existenzkampf des jüdischen Staates

Im Haus des Henkers soll man nicht vom Strick reden, sonst habe man Ressentiment, sagte Theodor W. Adorno hinsichtlich der deutschen Nachkriegsgesellschaft.[1] Heute soll man in den postnazistischen Gesellschaften Österreich und Deutschland nicht vom eliminatorischen Antizionismus und vom Antisemitismus der von eben diesen Ländern gehätschelten Djihadisten sprechen. Tut man es doch, wird einem Ressentiment gegenüber dem Islam, Instrumentalisierung der Vergangenheit und Relativierung des nationalsozialistischen Antisemitismus vorgeworfen. Die ebenso simple wie folgenschwere Tatsache, dass es keine Diskrepanz gibt zwischen der Rhetorik und den tatsächlichen Absichten der Islamisten, gilt in weiten Kreisen Europas nach wie vor als maßlose Übertreibung von politischen Extremisten und wird schlimmstenfalls als ‚antimoslemischer Rassismus' diskreditiert.[2]

---

1 Vgl. Theodor W. Adorno: Was bedeutet: Aufarbeitung der Vergangenheit [1959], in: Ders.: Gesammelte Schriften, Bd. 10.2, Frankfurt/M. 1995, S.555.

2 Der Vorwurf des ‚Antiislamismus' und Rassismus wurde in letzter Zeit immer wieder gegen die materialistische Islamkritik erhoben – insbesondere von jenen, die sich offen für eine Koalition mit den djihadistischen Mördern aussprechen. In der Zeitschrift der Antiimperialistischen Koordination aus Wien kann man die Einschätzung finden, dass der Kampf gegen den „Antiislamismus" „eine politisch-ideologische Grundlage für eine Allianz mit Teilen des politischen Islam bilden" könne. Diese Allianz sei „für Linke in Europa entscheidend, da die kämpfenden Teile des Islam eine moderne Form des antiimperialistischen Kampfes im Trikont darstellen." S. B.: Der Antisemitismusvorwurf, in: Bruchlinien, Nr. 14, 2005; http://www.bruchlinien.at/index.php?subaction=showfull&id=1112793901&archive=&start_from=&ucat=25& (22.12.2007) Zu Begriffen wie ‚Antiislamismus' und ‚Islamophobie' vgl. Manuel Frischberg: Das Konzept ‚Islamophobie' als Abwehr westlicher Zumutungen. Zur Genese eines Kampfbegriffs, in: Stephan Grigat (Hg.): Feindaufklärung und Reeducation. Kritische Theorie gegen Postnazismus und Islamismus, Freiburg 2006, S.155ff.
Selbstverständlich muss sich die materialistische Kritik des Islam darüber bewusst sein, dass, in den verschiedenen europäischen Ländern in sehr unterschiedlicher Ausprägung, ein gesellschaftlich relevanter Rassismus existiert, der sich des Ressentiments gegenüber dem Islam bedient und mit einer Kritik in emanzipatorischer Absicht nichts zu tun hat. In Österreich beispielsweise mit seinem politischen Katholizismus und dem eher antiquiert-rassistischen Anhang von BZÖ und FPÖ ist die Situation diesbezüglich von jener in der BRD zu unterscheiden, wo durch den nicht viel weniger rassistischen staatsoffiziellen Multikulturalismus der rot-grünen Regierung ein deutlicher Wandel im Vergleich zum Beginn der 1990er Jahre stattgefunden hat. Die Existenz solch einer ressentimenthaften Islamkritik verunmöglicht aber nicht die Auseinandersetzung mit dem politischen Islam, sondern macht sie umso dringlicher, wenn man sie nicht Figu-

Einst war der Hinweis, man solle nicht jedes Gemetzel in der Weltgeschichte als Holocaust und nicht jedes autoritäre Regime als faschistisch bezeichnen, ein berechtigter Einwand gegen die von Linken wie Rechten betriebene Relativierung der nationalsozialistischen Verbrechen. Doch heute sind die Warnungen vor einer ‚Inflationierung des Faschismusbegriffs' und einer ‚Instrumentalisierung der Shoah' Floskeln geworden, welche die Verharmlosung und Verdrängung aktueller Gefahren befördern. Das wird hinsichtlich des Iran besonders deutlich.

Ali Khamenei, der Nachfolger von Ayatollah Ruhollah Khomeini, erklärte 1999 bei einer Kundgebung zum Al-Quds-Tag, dem Jerusalem-Tag: „Es gibt nur eine Lösung für das Nahost-Problem: die Vernichtung und Zerstörung des jüdischen Staates."[3] Bereits 1997 hatte er in einer Ansprache vor den Revolutionswächtern proklamiert, Israel werde von den Seiten der Geschichte getilgt werden. In einem Treffen mit Scheich Yassin versicherte er dem damaligen Führer der Hamas hinsichtlich Israel, der Iran werde dieses „Krebsgeschwür nicht einmal für eine Stunde anerkennen".[4] Der im Westen als „moderat" gehandelte iranische Expräsident Ali Akbar Haschemi Rafsanjani hatte bereits in seinem Buch *Israel'il va Qods-e 'Aziz* den Kampf gegen Israel zur heiligen Pflicht aller Moslems erklärt.[5] 2001 spekulierte er bei einer Kundgebung zum Al-Quds-Tag darü-

---

ren wie dem FPÖ-Vorsitzenden Heinz-Christian Strache überlassen möchte, bei dem sich Parolen wie „Daham statt Islam" auf das Beste mit einer Solidarisierung mit dem Regime in Teheran vertragen.

Kritik des Islam impliziert immer auch eine Kritik des Rassismus, sei es eines rot-grünen, multikulturell-kulturrelativistischen und offen islamfreundlichen, sei es eines traditionalistischen und auf das christliche Abendland pochenden. Zu dieser Kritik benötigt man weder jene neoalthusserianischen Rassismusstudien noch den aufgeblasenen Begriffsapparat poststrukturalistischer Theoriebildung, die in der akademischen Linken nach wie vor hegemonial sind und kaum zur Kritik – sei es des Islams, sei es des Rassismus – beitragen. Es bedarf vielmehr eines aus der Kritik der politischen Ökonomie zu entwickelnden materialistischen Rassismusbegriffs. Vgl. Gerhard Scheit: Suicide Attack. Zur Kritik der politischen Gewalt, Freiburg 2004, S.220 ff. sowie Stephan Grigat: Fetisch und Freiheit. Über die Rezeption der Marxschen Fetischkritik, die Emanzipation von Staat und Kapital und die Kritik des Antisemitismus. Freiburg 2007, S.306ff.

3 Zit. n. David G. Littman: Hezbollah's Calls for Genocide, in: FrontPageMagazine.com, 14.8.2006; http://www.frontpagemag.com/Articles/Printable.aspx?GUID={78803442-2FD3-468F-AB70-63C987D1E57D} (1.11.2007). Zu Khomeinis Antisemitismus vgl. den Beitrag von Wahdat-Hagh in diesem Band. Ende der 1970er Jahre gab es durchaus Beobachter aus Deutschland, die den Antisemitismus von Khomeini thematisiert haben. Josef Joffe verwies darauf, dass manche Passagen aus Khomeinis Werk „Das Islamische Regiment", eine Sammlung von Vorlesungen aus dem Jahr 1970, sich lesen „wie Auszüge aus ‚Mein Kampf'". Die von ihm zitierte Stelle lässt keinen Zweifel an der Berechtigung dieser Einschätzung: „Es ist unsere Pflicht, die Machenschaft (der Juden) zu enthüllen, und es laut in die Welt zu schreien, bis die Menschen verstehen, daß sich die Juden und ihre ausländischen Hintermänner gegen den Islam verschworen haben, um den Juden den Weg zur Weltherrschaft zu ebnen." Josef Joffe: Bleibt Chomeini Sieger?, in: Michael Naumann/Josef Joffe (Hg.): Teheran. Eine Revolution wird hingerichtet. Dokumente und Reportagen aus DIE ZEIT, Hamburg 1980, S.56.

4 Zit. n. David Menashri: Post-Revolutionary Politics in Iran. Religion, Society and Power, New York 2001, S.290.

5 Vgl. ebd., S.267.

ber, dass bereits der Einsatz einer Atombombe, gezündet in der Nähe von Tel Aviv, ausreichen werde, um Israel zu vernichten. Und – das ist das Entscheidende – offensichtlich wäre er gewillt, dafür den Tod von Millionen Iranern als Folge eines israelischen Gegenschlages in Kauf zu nehmen: „Wenn eines Tages die islamische Welt ebenfalls mit Waffen ausgestattet ist, wie sie Israel heute besitzt, dann wird die Strategie der Imperialisten zum Stillstand kommen, denn schon der Einsatz einer einzigen Atombombe im Inneren Israels wird alles vernichten. Auch wenn dies der islamischen Welt Schaden zufügen wird, ist es nicht widersinnig, so eine Möglichkeit in Betracht zu ziehen."[6] Ähnlich selbstzerstörerisch äußerte sich 1997 *Iran News*, als verkündet wurde, der Iran könne sich in der Palästina-Frage „niemals kompromissbereit" zeigen, selbst wenn das „auf Kosten der eigenen nationalen Interessen" ginge.[7] Auch exiliranische Autoren verweisen darauf, dass es in der iranischen Führung heute maßgebliche Kräfte gibt, für die es „zweitrangig (ist), was vom Iran nach einem flächendeckenden Krieg mit den USA übrigbliebe".[8] Solche Überlegungen stehen ganz in der Tradition von Khomeini, der schon kurz nach der Revolution von 1979 erklärt hatte, der Iran könne ruhig untergehen, wenn nur der Islam den Sieg im weltweiten Kampf gegen die Ungläubigen davon trage. In einer Rede in Qom führte er 1980 aus: „Wir beten nicht den Iran an, wir beten Allah an [...] ich sage, soll der Iran brennen. Ich sage, soll dieses Land in Rauch aufgehen, vorausgesetzt, der Islam erweist sich als siegreich."[9]

Dass diesbezüglich kaum Unterschiede zwischen so genannten Hardlinern und Reformern im Iran existieren[10], und dass ihre mitunter heftigen Streitigkeiten keine über das Ziel, sondern solche über Mittel und Wege zu diesem Ziel sind, gilt es sich insbesondere hinsichtlich der für den 14. März 2008 anstehenden Parlamentswahlen im Iran bewusst zu machen. Eine Niederlage der Förderer des derzeitigen iranischen Präsidenten ist durchaus im Bereich des Möglichen, und man kann sich jetzt schon ausmalen, wie die deutschen und österreichischen Medien über eine ‚erneute Reformära', ‚das Ende der Spannungen' und ‚Chancen für eine Fortsetzung des Dialogs' schwärmen werden. Mitte Dezember 2007 wurde bekannt gegeben, dass ein Bündnis aus 21 Parteien, die jene Richtungen *innerhalb* des islamischen Terrorregimes repräsentieren, die in den Nachfolgestaaten des Dritten Reiches stets als ‚reformorientierte Kräfte' verharmlost werden, bei den Parlamentswahlen gegen die Unterstützer Ahmadinejads antreten wird. Initiator des Bündnisses soll der in Europa seit über einem Jahrzehnt

---

6 Zit. n. Daniel Jonah Goldhagen: Der Vormarsch des politischen Islam, in: Tagesanzeiger, 17.5.2006; http://tages-anzeiger.ch/dyn/news/ausland/626419.html (1.11.2007).

7 Zit. n. Menashri, a. a. O., S.290.

8 Behrouz Khosrozadeh: Die Ayatollahs und der Große Satan. Iran – USA. Die Beziehungen im historisch-analytischen Überblick. Berlin 2007, S.313.

9 Zit. n. Benny Morris: Der zweite Holocaust, in: Welt Online, 6.1.2007; http://www.welt.de/print-welt/article706570/Der_zweite_Holocaust.html (1.11.2007).

10 Vgl. Hooshang Amirahmadi: The Islamic Republic and the Question of Palestine, in: Middle East Insight, Nr. 10/4-5, 1994, S.4ff.

als gemäßigt angepriesene Mohammed Khatami sein. Dessen zumindest verbale Mäßigung bezog sich allerdings stets auf die USA, nie aber auf Israel.[11] Sie hinderte ihn auch nicht daran, den französischen Holocaust-Leugner Roger Garaudy in Schutz zu nehmen, als dieser 1998 in Frankreich angeklagt wurde.[12] Khatami bezeichnet den Zionismus regelmäßig als „Fortsetzung des Faschismus" und erklärte Israel in einer Ansprache vor Kindern von libanesischen „Märtyrern" zur „most prominent manifestation of international terrorism."[13]

Der Konflikt zwischen so genannten Reformern und Konservativen ist vor allem einer darüber, wie soziale Probleme gelöst werden sollen und *wie*, nicht *ob* der islamische Charakter des Staates gewahrt werden kann.[14] Allerdings haben auch die Äußerungen Ahmadinejads zu Israel und zum Holocaust Kritik innerhalb des iranischen Regimes hervorgerufen, da sie unmittelbare Implikationen für das iranische Verhältnis zur arabischen Welt und zu den westlichen Ländern hatten. Khatami stellte hinsichtlich Ahmadinejads Infragestellung des Holocaust klar: „those words have created hundreds of political and economic problems for us in the world." Der Präsident liefere damit den Feinden des Irans „the best excuse to attack Islam and Iran".[15] Selbst konservative Hardliner kritisierten seine Wortwahl. Hamid Reza Taraqi, Chef der Islamic Coalition Society, beschwerte sich: „The president has to choose his words carefully. He can convey his message to the world in better language [and] tone."[16] Hier wird deutlich, worauf sich die Sorge von Leuten wie Khatami bezieht. Es geht nicht um die von Ahmadinejad hinsichtlich Israels vertretenen Positionen, sondern um die Art und Weise, wie er diese präsentiert.

Die iranischen Mullahs stehen für eine Art ‚Ummasozialismus' – ein Begriff, der sowohl eine Anlehnung als auch eine Abgrenzung der Djihadisten zu ihrem nationalsozialistischen Vorbild signalisiert. Er fasst die autoritär-wohlfahrtsstaatlichen Elemente der islamistischen Ideologie mit ihrer Almosenökonomie, der Gemeinwohlverpflichtung und dem Ressentiment gegenüber Spekulation und Zins. Und er verweist auf die Umma als antinationales Projekt einer Gemeinschaft aller Muslime.[17] Dieser Antinationalismus wird in einer in Qom verlegten Publikation aus dem Jahr 1986 deutlich ausgesprochen: „Der Islam erkennt irdische Grenzen [zwischen den Ländern] nicht an. Was für den Islam zählt, sind Glaubensgrenzen."[18] Dementsprechend geht es der Führung auch nicht

11 Vgl. Gero v. Randow/Ulrich Ladurner: Die iranische Bombe. Hintergründe einer globalen Gefahr, Hamburg 2006, S.96.

12 Vgl. Menashri, a. a. O., S.279.

13 Zit. n. ebd., S.288f.

14 Vgl. Anoushiravan Ehteshami/Mahjoob Zweiri: Iran and the Rise of its Neoconservatives. The Politics of Tehran's Silent Revolution, London – New York 2007, S.114.

15 Zit. n. ebd., S.113.

16 Zit. n. ebd., S.111.

17 Vgl. Grigat: Fetisch und Freiheit, a.a.O., S.343ff.

18 Gholam-Reza Fada'i Araqi: Die Partei Allahs und die Partei Satans, zit. n. Amir Taheri: Morden für Allah. Terrorismus im Auftrag der Mullahs, München 1993, S.333.

alleine um die Indienstnahme eines Staatsvolkes, sondern, wie Khomeini es schon 1979 formulierte, um die Konstitution einer „Gemeinschaft, die das Märtyrertum begrüßt".[19]

Die Feindbestimmung Khomeinis ähnelt jener des Nationalsozialismus mit seinem Hass auf Bolschewismus, westliche ‚Plutokratie' und Judentum: „Den internationalen Kommunismus bekämpfen wir ebenso wie die Weltverschlingenden im Westen, die von Amerika angeführt werden, sowie den Zionismus und Israel."[20] Das Ziel des iranischen Regimes ist eine formierte Gesellschaft, in der auf individuelle Freiheit und ökonomischen Wohlstand bereitwillig verzichtet werden soll, um dem nationalen Ziel der Einigung der islamischen Umma unter schiitischen Vorzeichen und der Vernichtung des jüdischen Staates zu dienen. Die Brandrede Ahmadinejads auf der Konferenz *The World without Zionism* im Oktober 2005, in der er die Auslöschung Israels forderte[21], war nur ein Ausdruck davon.

Aus der Erfahrung mit dem Nationalsozialismus sollte man begriffen haben, dass Judenmörder die Ankündigung ihrer Verbrechen, so irrsinnig und selbstmörderisch sie auch erscheinen mögen, ernst meinen. Das heißt: Beim Kampf gegen das iranische Regime und bei der Verhinderung seiner Aufrüstung mit Atomwaffen geht es um nichts anderes als die Verhinderung der Möglichkeit einer zweiten Shoah. Die Gefährlichkeit dieses Regimes resultiert aus der Kombination von apokalyptischem Märtyrertum, Antisemitismus und der Technologie der Massenvernichtung.[22]

Genau das wird in Europa und insbesondere in den Nachfolgegesellschaften des Nationalsozialismus immer wieder geleugnet. Der Innsbrucker Politikwissenschaftler Gerhard Mangott meint beispielsweise, ein nuklear bewaffneter Iran würde keine existenzielle Bedrohung für Israel darstellen. Sein Hauptargument ist, dass auch ein Iran, der sich im Besitz von Atomwaffen befindet, durch das militärische Abschreckungspotenzial Israels mit seinem vermuteten Nukleararsenal in Schach gehalten würde. In einer Art Werbeeinschaltung für die OMV und ihre geplanten Milliardengeschäfte mit dem Iran stellt er das Teheraner Regime auf eine Stufe mit autoritären Regimes wie jene in Russland oder Algerien.[23] Zudem bestehe die iranische Führung keineswegs aus irrationalen Märtyrern. Bei

---

19 Reden des Ayatollah Chomeini und Staatspräsidenten Bani Sadr, in: Naumann/Joffe, a. a. O., S.225.

20 Ebd., S.244.

21 Vgl. Transcript of speech by Iranian President Mahmoud Ahmadinejad at „World Without Zionism" conference in Tehran; http://www.iranfocus.com/modules/news/article.php?storyid=4164 (1.11.2007).

22 Vgl. Matthias Küntzel: Wohin steuern Österreich und die OMV, Vortrag, Wien, 9.5.2007; http://www.cafecritique.priv.at/pdf/OMV-PK.pdf (3.11.2007).

23 Vgl. Gerhard Mangott: Über die Rationalität iranischen Erdgases, in: Die Presse, 22.12.2007. Er bedient sich dabei einer Sprache, die an „Zur Zeit" oder die „National Zeitung" erinnert, wenn er von „‚Iranhassern'" und „anti-deutschen Ideologen" einer „philoisraelitischen Gemeinde" schreibt.

den „rhetorischen Eskalationen" handle es sich nur um die Äußerungen „eines Mitglieds der verflochtenen multiplen Entscheidungszentrale". Es seien „Brandreden, die vor allem eine Binnenwirkung haben, der Absicherung Ahmadinejads gegenüber rivalisierenden Akteuren in der iranischen Führung durch emotionale Appelle an die iranische Gesellschaft dienen."[24] Die Vernichtungsdrohungen des iranischen Präsidenten seien nur „wirres Gefasel".[25]

Das stellt eine Verharmlosung des Antisemitismus dar und ist eine ebenso irreführende wie gefährliche Fehleinschätzung des iranischen Regimes, das in seiner Gesamtheit einem eliminatorischen Antizionismus frönt. Den Mullahs geht es erklärtermaßen nicht, wie Mangott mit Verweisen auf die israelische Politik in der Westbank suggeriert, um eine Verbesserung der Situation der Palästinenser oder eine Zwei-Staaten-Lösung, sondern um die ‚Befreiung ganz Palästinas', also die Vernichtung des jüdischen Staates. Dass es dabei keineswegs nur um die Auslöschung einer staatlichen Struktur geht, bringt der Anführer der vom Iran finanzierten und ausgerüsteten Hisbollah im Libanon, Hassan Nasrallah, zum Ausdruck: „Wenn sich die Juden alle in Israel versammeln, erspart uns das den Ärger, sie weltweit zu verfolgen."[26]

Während Mangott den eliminatorischen Antizionismus nach Auschwitz zum „wirren Gefasel" verharmlost, verniedlicht der Außenpolitik-Chef des wichtigsten österreichischen Nachrichtenmagazins den iranischen Präsidenten zum „schlimmen Finger" und erklärt die Kritik an ihm zur „Hysterie".[27] 1930 konnte man wohl kaum jemandem übel nehmen, sich nicht vorstellen zu können, dass Antisemitismus sich derart radikalisieren könnte, dass er zur Ermordung von Millionen Menschen führt und zugleich den Untergang der Protagonisten des Antisemitismus mit einkalkuliert. Derartiges aber 62 Jahre nach der militärisch erzwungenen Niederlage des Vernichtungswahns selbst noch bei einem Regime kategorisch auszuschließen, das Konferenzen zur Leugnung des Holocausts veranstaltet und regelmäßig für die Neuauflage der *Protokolle der Weisen von Zion* sorgt[28], lässt sich mit Naivität allein kaum erklären.

Pflichtbewusst, in Deutschland mitunter geradezu euphorisch, wird mittlerweile in den Nachfolgestaaten des Dritten Reiches an die nationalsozialistische Judenverfolgung erinnert. Aber Erinnern hieß in Österreich

---

24 Ebd.

25 Gerhard Mangott: Das Interesse Israels, in: Die Presse, 14.9.2007. Vgl. auch Gerhard Mangott: Die Einschüchterung der Sachlichkeit, in: Der Standard, 4.10.2007.

26 Zit. n. Allen M. Dershowitz: Hezbollah's Final Solution, in: Front Page Magazin, 11.8.2006; http://www.frontpagemagazine.com/Articles/Read.aspx?GUID=AD1C5DBF-BC28-4114-AEAF-3E6C392AD2CE (1.11.2007).

27 Georg Hoffmann-Ostenhof: Dr. Seltsam. Wer hat Angst vor Mahmoud Ahmadinejad?, in: profil, Nr. 40, 2007. Vgl. dazu Florian Markl: Genosse Lampe gibt Entwarnung, in: Instant Coffee, 3.10.2007; http://cafecritique.priv.at/blog/2007/10/03/genosse-lampe-gibt-entwarnung/ (1.11.2007).

28 Vgl. Menashri, a. a. O., S.277.

und Deutschland stets Erinnerung an die *toten* Juden – insbesondere in der Linken, die für sich reklamiert, dieses Erinnern erst gegen die verdrängende und vergessende Mehrheitsgesellschaft durchgesetzt zu haben (in Deutschland) oder noch durchsetzen zu werden (in Österreich). Mit den *lebenden* Juden hat man hingegen bis heute so seine Probleme. Nicht natürlich mit jenen, die einem, wie etwa Tony Judt, genau das über Israel erzählen, was man sich selbst nicht so recht zu sagen traut;[29] aber mit jenen, die sich anschicken, Vernichtungsdrohungen gegen den jüdischen Staat nicht tatenlos hinzunehmen.

In Deutschland geriert man sich schon länger als Aufarbeitungs- und Erinnerungsweltmeister. ‚Vergangenheitsbewältigung ist ein Meister aus Deutschland' würde die postnazistische Zivilgesellschaft am liebsten als neuestes Motto der Nation ausgeben – und gerade dank vieler 68er kann sie das bald auch in Österreich. Vielleicht wird man eines Tages ja erschrecken, wenn man eingestehen muss, einen Massenmord an Juden nicht nur nicht verhindert, sondern durch Verharmlosung des globalen Antisemitismus mit befördert zu haben. Aber was soll's. Man kann ja wieder ein paar Denkmäler bauen, zu denen man „gerne hingeht"[30], und ebenso end- wie folgenlose Symposien über das Erinnern, Warnen und Mahnen abhalten.

Bis dahin freut man sich über die Anfang Dezember 2007 publizierte *National Intelligence Estimate* (NIE), den Bericht von 16 US-amerikanischen Geheimdiensten, der davon ausgeht, dass die Iraner Teile ihres militärischen Nuklearprogramms 2003 auf Eis gelegt haben. Hoffmann-Ostenhof sieht bestätigt, was er auch schon ohne NIE zu wissen glaubte: „Die an die Wand gemalte große Gefahr, die angeblich vom Iran für den Weltfrieden drohe, wurde nun als paranoide Fantasie entlarvt."[31]

Aber selbst deutsche „Friedensforscher" und Völkerrechtler sind schon vor der NIE zu dem eindeutigen Schluss gelangt, dass der Iran beispielsweise gegen das so genannte Safeguard-Abkommen verstoßen und Teile seines Atomprogramms zu verheimlichen versucht hat, und dass er ein Raketenprogramm betreibt, das letztlich nur vor dem Hintergrund der langfristigen Entwicklung von Nuklearwaffen Sinn ergibt.[32] Auch Bahman

---

29 Vgl. Café Critique: Tony Judt – Ein europäischer Ideologe als sozialdemokratischer Vordenker zur Delegitimation Israels; http://www.cafecritique.priv.at/judt.html (9.6.2007). Vgl. auch Philipp Lenhard: Schlußstrich von links. Tony Judt und die Europäisierung der deutschen Ideologie, in: Bahamas, Nr. 51, 2006/07.

30 So formulierte der deutsche Ex-Kanzler Gerhard Schröder seine Wünsche hinsichtlich des Holocaust-Mahnmals in Berlin. Vgl. http://www.zeit.de/1999/27/199927.mahnmal_.xml (1.11.2007).

31 Georg Hoffmann-Ostenhof: Aufwind für die Tauben. Entwarnung an der Iran-Front, in: Profil, Nr. 50, 2007, S.89.

32 Vgl. Götz Neuneck: Der Atomstreit mit dem Iran: Einzelfall oder Ende des Nichtverbreitungsvertrages?, in: Gerhard Beestermöller/Heinz-Gerhard Justenhoven (Hg.): Der Streit um die iranische Atompolitik. Völkerrechtliche, politische und friedensethische Reflexionen, Stuttgart 2006, S.13ff.; Christian J. Tams: Der völkerrechtliche Rahmen der iranischen Atompolitik, in: ebd., S.39ff.

Nirumand, immerhin der Jubelperser der deutschen Linken und Friedensbewegung, hält fest, dass sich das Regime in Teheran „zumindest die Option auf Nuklearwaffen"[33] offen hält und es ihm „keineswegs allein um die friedliche Nutzung der Atomenergie"[34] geht, was man schon daran erkennen könne, dass eine rein zivile Nutzung der Kernenergie im Iran sowohl ökonomisch als auch ökologisch völlig unsinnig sei.

Der zentrale Satz der NIE lautet: „We judge with high confidence that in fall 2003, Tehran halted its nuclear weapons program."[35] In einer Fußnote wird jedoch klargestellt, dass sich diese Feststellung nur auf einen der drei zentralen Bereiche des iranischen Nuklearwaffenprogramms bezieht: die Produktion von Nukleargefechtsköpfen. Die Urananreicherung findet aber völlig unabhängig von dieser Produktion statt. Weder im weiteren Bericht noch in der Berichterstattung über ihn wurde diesem entscheidenden Detail die Aufmerksamkeit geschenkt, die es verdient hätte. Selbst der ehemalige Chef der Internationalen Atomenergiebehörde Hans Blix, der in der Vergangenheit stets zur Verharmlosung des iranischen Atomprogramms geneigt hat, konstatiert: „Natürlich darf man sich nichts vormachen. Urananreicherung auf einem industriellen Niveau in Iran verkürzt den technischen Weg zu einer Waffenoption."[36] Kein geringerer als Henry Kissinger, dem man wahrlich keine allzu kritische Einstellung zu den US-Geheimdiensten nachsagen kann, wies darauf hin, dass die Erkenntnisse der NIE keinerlei Grund zu jener Entwarnung geben, welche die Autoren des Berichts mit ihrer suggestiven Zusammenfassung aber in die Welt gesetzt haben: „We could be witnessing not a halt of the Iranian weapons program – as the NIE asserts – but a subtle, ultimately more dangerous, version of it that will phase in the warhead when the fissile material production has matured."[37]

Israelische Sicherheitskreise und die israelischen Zeitungskommentatoren von links bis rechts halten die Einschätzungen der NIE für fatal bis irrsinnig.[38] Auch die Briten widersprechen ihnen und zeigen sich brüskiert.[39] Und gerade jene iranische Oppositionsgruppe, welche die Welt 2002 überhaupt erst nachdrücklich und erfolgreich auf die Existenz des iranischen Nuklearwaffenprogramms aufmerksam gemacht hat, widerspricht den Behauptungen der US-Dienste. Nach Angaben des *Nationalen Widerstandsrats im Iran* hat der Iran sein 2003 kurzfristig unterbrochenes

---

33 Bahman Nirumand: Iran – Die drohende Katastrophe, Köln 2006, S.9.

34 Ebd., S.10. Solche Einschätzungen halten Nirumand aber nicht davon ab, unablässig einem „kritischen Dialog" mit den Islamfaschisten das Wort zu reden. Ebd., S.223.

35 http://www.odni.gov/press_releases/20071203_release.pdf (15.12.2007).

36 Spiegel Online, 14.12.2007; http://www.spiegel.de/politik/ausland/0,1518,523313,00.html (16.12.2007).

37 Henry Kissinger: When spies meddle in politics, in: International Herald Tribune, 13.12.2007; http://www.iht.com/articles/2007/12/13/opinion/edkissinger.php (16.12.2007).

38 Vgl. dazu den Beitrag von Klein Halevi und Oren in diesem Band.

39 Iran ‚hoodwinked' CIA over nuclear plans; http://www.telegraph.co.uk/news/index.jhtml;jsessionid=0HSVQLDW3WLSLQFIQMGSFF4AVCBQWIV0 (10.12.2007).

Atomwaffenprogramm schon ein Jahr später wieder aufgenommen. Das Programm sei dezentralisiert und in elf Einzelvorhaben aufgeteilt worden, zu denen auch die Entwicklung eines Zünders gehört habe.[40]

Die *National Intelligence Estimate* ist offensichtlich politisch motiviert. Die maßgeblichen Autoren des Berichts sind als strikte Gegner von Bushs Außenpolitik bekannt.[41] Gerade jene Formulierungen, die in der internationalen Presse begierig aufgegriffen wurden, sind *politische* Einschätzungen, keine nachrichtendienstlichen Feststellungen.[42] Und selbst wenn sie richtig wären – der Inhalt des Berichts hat kaum etwas mit dem zu tun, was in den deutschen und österreichischen Medien triumphierend über die NIE verlautbart wurde.

Der Bericht ist vor allem eines: „a diplomatic victory for Teheran".[43] Er hat nicht nur einen Militärschlag der USA gegen das iranische Nuklearprogramm unwahrscheinlicher gemacht, sondern er untergräbt auch – weniger durch seinen Inhalt als vielmehr durch seine Rezeption[44] – alle nichtmilitärischen Maßnahmen, die darauf abzielen, effektiven Druck auf das Teheraner Regime auszuüben. Und insofern trägt er langfristig zu einem Krieg im Nahen und Mittleren Osten bei. Wenn die Autoren des Berichts das Ziel verfolgt haben sollten, statt einer militärischen Option die Möglichkeiten zu verbessern, gemeinsam mit den US-amerikanischen arabischen Verbündeten eine geschlossene politische Front gegenüber dem Iran aufzubauen, haben sie das Gegenteil erreicht. Am 11. Dezember 2007 flog der stellvertretende ägyptische Außenminister in den Iran. Es war der erste offizielle Besuch eines ägyptischen Regierungsvertreters seit 1979 in Teheran, wo, um zu dokumentieren, was man vom israelisch-ägyptischen Friedensvertrag hält, eine Straße nach Khaled Eslamboli, dem Mörder von Anwar al Sadat benannt ist. Einen Tag später schickte die saudische Regierung Ahmadinejad eine Einladung nach Mekka.[45] Als dann am 13. Dezember Russland erklärte, man habe alle Probleme mit dem Iran geklärt und sei zu einer Vereinbarung hinsichtlich der Fertigstellung des von Russ-

---

40 Vgl. Welt Online, 11.12.2007; http://www.welt.de/politik/article1450425/Iran_nahm_Waffenprogramm_2004_wieder_auf.html (11.12.2007). Einen Einblick in die alltäglichen Diskussionen der iranischen Bevölkerung über das Atomprogramm des Landes, in dem sich Teile der Bevölkerung über die zwar lächerlich anmutenden, aber durchaus erfolgreichen Versuche ihrer Führer lustig machen, dem Westen glauben zu lassen, man sei an Nuklearwaffen nicht interessiert, bietet die Journalistin Antonia Rados in einer Reportagensammlung. Vgl. Antonia Rados: Zwei Atombomben dankend erhalten. Alltag im Iran des Ahmadinedschad, München 2007.

41 Vgl. Caroline Glick: The abandonment of the Jews, in: Jerusalem Post, 6.12.2007; http://www.jpost.com/servlet/Satellite?cid=1196847275020&pagename=JPost%2FJPArticle%2FPrinter (10.12.2007).

42 Vgl. Kissinger, a. a. O.

43 Meir Javedanfar: For Iran, the NIE Report is the gift that keeps on giving, 15.12.2007; http://pajamasmedia.com/2007/12/for_iran_the_nie_report_is_the.php (16.12.2007).

44 Der Bericht führt als Grund für die angebliche Teileinstellung des Nuklearwaffenprogramms ja gerade den internationalen Druck an, der um 2003 auf den Iran ausgeübt wurde.

45 Vgl. ebd.

land in Busher errichteten Atomkraftwerks gekommen[46] wurde klar, dass die NIE international als eine Art Freibrief für Geschäfte und politische Kooperation mit den Islamfaschisten interpretiert wird.

Die Freunde der Mullahs

Zu den Verharmlosern des Teheraner Regimes, die sich begierig auf den US-Bericht beziehen, gesellen sich die Apologeten und Verteidiger der Mullahherrschaft. Dass sich die iranische Diktatur der Solidarität deutscher Nazis und österreichischer Rechtsextremisten sicher sein kann, braucht angesichts der ideologischen Schnittmengen nicht zu überraschen. Einer der Chefideologen der NPD postuliert: „Gegen den Neokolonialismus Amerikas und den Staatsterrorismus Israels können sich die Muslime der Solidarität von Nationalisten sicher sein. Selbstverständlich hat der Iran das Recht auf eine selbst bestimmte Nutzung der Atomenergie ohne Einflussnahme der feindseligen Atommächte USA und Israel."[47] Sascha Roßmüller, der stellvertretende Vorsitzende der NPD, formuliert seine Wünsche gegenüber iranischen Journalisten folgendermaßen: „Ich hoffe auf zwei Dinge: Zum einen, dass die NPD machtpolitische Gestaltungsmöglichkeiten in naher Zukunft in Deutschland bekommen wird, und dann immer noch Herr Ahmadinedschad als potentieller Bündnispartner für ein neues Deutschland zur Verfügung stehen wird."[48] Die *National Zeitung* lobt den „traditionell deutschfreundlich eingestellten Iran" und fantasiert davon, dass in „Deutschland die Angst vor dem iranischen Atomprogramm systematisch geschürt wird".[49] Auch der Vorsitzende der Freiheitlichen Partei Österreichs, Heinz-Christian Strache, macht sich für das Regime in Teheran stark und wettert gegen die „radikale Ausgrenzung des Iran nach dem Vorbild der USA".[50]

Aber dieses Regime wird keineswegs nur von Neonazis und Rechtsextremisten als Heilsbringer gesehen, sondern hat auch seine Freunde und Beschützer innerhalb der Linken. Der Chef der deutschen Linkspartei, Oskar Lafontaine, sieht Gemeinsamkeiten zwischen linken und islamischen Vorstellungen, bringt, was auch den Nazis gefallen dürfte, die Gemeinschaft gegen den „übersteigerten Individualismus" des Westens in Anschlag[51] und wirft die Frage auf, ob nicht auch der Iran das Recht habe,

46 Vgl. http://www.moscowtimes.ru/stories/2007/12/14/041.html (16.12.2007).

47 Jürgen W. Gansel: Der Nationalismus im „Kampf der Kulturen". Eine Positionsbestimmung zwischen Islamismus und Amerikanismus; http://www.npd.de/index.php?sek=0&pfad_id=9&cmsint_id=1&detail=309 (13.8.2007).

48 Report Mainz: Antisemitismus und Schwulenhass. NPD-Funktionäre reden Klartext, Sendung vom 10.12.2007, ARD; http://www.swr.de/report/-/id=233454/nid=233454/did=2769038/iialvn/index.html (11.12.2007).

49 http://www.dsz-verlag.de/Artikel_07/NZ51_1.html (13.12.2007).

50 OTS-Presseaussendung des Freiheitlichen Parlamentsclubs, 30.11.2007.

51 Interview mit Oskar Lafontaine von Jürgen Reents, in: Neues Deutschland, 13.2.2006; http://www.linksfraktion.de/wortlaut.php?artikel=1556369698 (1.11.2007).

über Atomwaffen zu verfügen, wenn Israel dieses Recht offenkundig eingeräumt wird.[52] Tobias Pflüger, der für die Linkspartei im EU-Parlament und dessen Auswärtigem Ausschuss sitzt, agitiert permanent gegen jede Form von verschärftem Druck auf das Regime in Teheran.[53] Der antiimperialistische Flügel der Linken ruft jetzt schon zur Verteidigung des Iran im Falle eines Krieges auf. Die einen, wie der venezolanische Präsident Hugo Chavez, auf den noch zurückzukommen sein wird, fordern ein Recht des Iran auf „friedliche Nutzung der Atomkraft", was die österreichischen Avantgardisten der Kooperation von Linken und Islamisten von der Antiimperialistischen Koordination begeistert.[54] Andere, wie der trotzkistische ArbeiterInnenstandpunkt, der sich kürzlich in Liga der sozialistischen Revolution umbenannt hat und dem in Deutschland die Gruppe Arbeitermacht entspricht, gehen einen Schritt weiter und postulieren: „Für das Recht des Irans, nukleare Anlagen zu errichten und zu nutzen – zu friedlichen wie auch militärischen Zwecken!" und „Für die militärische Verteidigung des Irans gegen die imperialistische Aggression!"[55]

An vorderster Front der Solidaritätsbewegung mit den Islamfaschisten stehen jedoch die neuen Helden der lateinamerikanischen Linken, die über deutlich mehr Einfluss verfügen als die Wiener Provinzantiimperialisten. Ahmadinejad reiste im Januar 2007 zur Amtseinführung von Daniel Ortega nach Nicaragua. Dessen Regierung hat ein Kooperationsabkommen mit dem Iran geschlossen.[56] Anfang Juni 2007 traf Ortega zu einem zweitägigen Staatsbesuch im Iran ein, bei dem er bekräftigte, dass die Einheit beider Nationen „unzerstörbar" und notwendig sei, „um unsere Unabhängigkeit, Gerechtigkeit und Frieden zu verteidigen."[57]

---

52 Vgl. Jörg Lau: Oskar Haider, in: Die Zeit, Nr. 26, 2005; http://hermes.zeit.de/pdf/archiv/2005/26/Spr_9fche.pdf (1.11.2007).

53 Vgl. http://tobiaspflueger.twoday.net/stories/4528690/ (13.12.2007). Die gleiche Linie wird mit explizit antiisraelischer Haltung von Norman Paech, dem außenpolitischen Sprecher der Linkspartei, verfolgt. Vgl. Norman Paech: „Auch der UN-Sicherheitsrat ist an Verträge gebunden." Interview von Rainer Rupp, in: junge Welt, 6.5.2006; http://www.uni-kassel.de/fb5/frieden/regionen/Iran/stimmen/paech.html (20.12.2007).

54 Venezuelas beispielhafte Haltung zum Krieg im Libanon. http://www.antiimperialista.org/index.php?option=com_content&task=view&id=4646&Itemid=82; 8.8.2006 (26.8.2007).

55 Michael Pröbsting: Zu den Waffen! USA und Israel drohen mit neuen Krieg gegen den Iran, http://www.arbeiterinnenstandpunkt.net/ (27.8.2007).

56 Vgl. Eberhard Albrecht: Zwischen Hoffnung und Befürchtung, in: Lateinamerika Nachrichten, Nr. 394, 2007; http://www.lateinamerikanachrichten.de/?/artikel/1093.html (27.8.2007).

57 Zit. n. junge welt, 12.6.2007. Seit Ortegas Amtsantritt werden die iranisch-nicaraguanischen Beziehungen auf mehreren Ebenen intensiviert. Mitte Dezember 2007 vermeldete das iranische Press TV, Teheran und Managua hätten beim Besuch des Chefs von „Islamic Republic of Iran Broadcasting", Seyyed Ezzatollah Zarghami, beim nicaraguanischen Kulturminister Miguel de Castilla Urbina die Möglichkeiten besserer Zusammenarbeit sondiert, einschließlich des Austauschs von Dokumentationen und Unterhaltungsfilmen. (vgl. http://www.presstv.ir/Detail.aspx?id=35347&sectionid=351020105; (20.12.2007.) Nun bleibt abzuwarten, ob die iranischen Propagandasendungen demnächst auch im sandinistischen Kleinstaat über die Bildschirme flimmern werden.

Der bolivianische Präsident Evo Morales entschied sich bei seiner Weltreise Anfang 2007 spontan zu einem Abstecher nach Teheran, aus dem nur nichts wurde, weil er in einem Flugzeug mit US-amerikanischem Kennzeichen unterwegs war, das selbstverständlich nicht in iranischem Luftraum fliegen darf. Das hat der iranisch-bolivianischen Freundschaft aber keinen Abbruch getan. Bei seiner Südamerika-Reise im September 2007 versprach Ahmadinejad, in den kommenden fünf Jahren mit Investitionen im Wert von einer Milliarde Dollar dem verarmten Andenstaat bei der Erschließung seiner Rohstoffe und bei Aufbauprojekten zu helfen.[58]

Fidel Castro zählt nicht erst seit seinem Besuch 2001 in Teheran zu den engsten Verbündeten der iranischen Mullahs. Bei einer Rede an der Universität von Teheran im Rahmen seiner Reise, die ihn auch nach Syrien und Libyen führte, beschwor er das antiimperialistische Bündnis mit den Islamfaschisten: „Iran and Cuba, in cooperation with each other, can bring America to its knees."[59] Kein Wunder, dass auch einer der populärsten Unterstützer von Castro nicht zurückstehen wollte: Ende Dezember 2007 ließ der ehemalige Kapitän der argentinischen Fußballnationalmannschaft Diego Maradona Mohsen Baharvand, den iranischen Chefdiplomaten in Buenos Aires wissen: „Ich habe bereits Chavez und Fidel getroffen. Jetzt muss ich nur noch Euren Präsident treffen. Ich will Ahmadinejad treffen."[60]

Hugo Chavez eifert dem kubanischen Diktator auch bei der Wahl seiner internationalen Freunde nach. Der Präsident von Venezuela gehört bereits zu den Stammgästen in Teheran und hat bei einem seiner letzten Besuche erklärt: Die lateinamerikanischen Staaten wollen die „wertvollen Erfahrungen" des Iran „auf verschiedenen Gebieten" nutzen.[61] Die beiden Ölimperien haben einen gemeinsamen Fonds „für wirtschaftliche und soziale Projekte" angelegt. „Mit der Gründung des binationalen Venezuela-Iran Entwicklungs-Fonds haben wir fundamentale Schritte für eine Konsolidierung der Beziehungen zwischen Iran und Venezuela unternommen", sagt der venezolanische Außenhandelsminister Gustavo Marquez.[62] Und wer die Bilder von den herzlichen Dauerumarmungen der beiden Staatschefs bei Ahmadinejads Venezuela-Besuch Ende September 2007 gesehen hat, bekam eine Ahnung davon, dass es hier nicht um ein rein taktisches Bündnis geht.[63]

58 Vgl. Die Presse, 28.9.2007.

59 Zit. n. John Bolton: Surrender is Not an Option. Defending America at the United Nations and abroad, New York 2007, S.176.

60 Zit. n. Argentine Jews slam Maradona for praising Iran, Ahmadinejad; http://www.haaretz.com/hasen/pages/ShArt.jhtml?itemNo=938653&contrassID=1&subContrassID=1 (26.12.2007).

61 http://news.orf.at/?href=http%3A%2F%2Fnews.orf.at%2Fticker%2F257884.html; (27.8.2007).

62 Venezuela and Iran plan joint development fund. 16.2.2006; http://www.iranmania.com/News/ArticleView/Default.asp?NewsCode=40574&NewsKind=Current%20Affairs (20.8.2007).

63 Zum linken und islamischen Antiimperialismus vgl. den Beitrag von Andreas Benl in diesem Band sowie Stephan Grigat: Befreite Gesellschaft und Israel. Zum Verhältnis

Chavez ließ sich jahrelang von Noberto Ceresole beraten, der nach dem Anschlag auf das jüdische Gemeindezentrum in Buenos Aires, der von der Hisbollah mit Unterstützung der iranischen Regierung durchgeführt wurde, und dem 85 Menschen zum Opfer fielen[64], verbreitet hatte, die Juden selbst hätten diesen Anschlag durchgeführt.[65] Der Außenminister Venezuelas Nicolas Maduro nahm 2006 an der *3. Internationalen Solidaritätskonferenz für das palästinensische Volk* im Iran teil. Chavez unterstützt das iranische Atomprogramm und postulierte während des Libanonkriegs 2006: „Israel verübt an den Libanesen die selben Handlungen, wie sie Hitler an den Juden verübt hat."[66] Es soll nicht verschwiegen werden, dass Chavez sich von Ahmadinejads Vernichtungsdrohung gegen Israel distanziert hat.[67] Das heißt aber erstens, dass er sehr genau weiß, mit wem er sich da einlässt und *wessen* Atomprogramm er unterstützt. Und zweitens fragt man sich, warum Israel eigentlich *nicht* zerstört werden sollte, wenn es doch, wie der venezolanische Caudillo mit seiner Äußerung impliziert, einen zweiten Holocaust begeht?

Israel und der Iran

Die Wahrnehmung des Angriffs der Hisbollah war in Israel naturgemäß eine andere als in Venezuela. 2006 drängte es sich in das Bewusstsein der israelischen Bevölkerung, dass der Krieg der Hisbollah der Beginn des iranischen Endkampfes zur Vernichtung Israels ist. Dore Gold, Präsident des Jerusalem Center for Public Affairs und von 1997 bis 1999 Israels Botschafter bei der UNO, fasst die Begehrlichkeiten der Teheraner Mullahs noch weiter: „Der Angriff der Hisbollah ist die Eröffnungsrunde im Kampf des Irans gegen den Westen."[68]

Mit der Hisbollah könnte die israelische Armee alleine fertig werden. Für zukünftige Auseinandersetzungen wird Israel aber, so bitter das ist,

---

von Kritischer Theorie und Zionismus, in: Stephan Grigat (Hg.): Feindaufklärung und Reeducation. Kritische Theorie gegen Postnazismus und Islamismus, Freiburg 2006, S.115ff. Schon in der Frühphase der islamischen Revolution biederten sich die Khomeinisten zumindest verbal den linken Antiimperialisten im Trikont an. Im November 1979 veröffentlichte der Außenminister und spätere Präsident Abdolhassan Bani Sadr, der 1981 entmachtet wurde, einen flammenden Appell an die „afrikanischen Brüder und Schwestern", der sich an die „Verdammten der Erde" richtete und auch sonst ganz im Jargon von Frantz Fanons antikolonialistischen Schriften gehalten ist. Vgl. Reden des Ayatollah Chomeini und Staatspräsidenten Bani Sadr, a. a. O., S.233ff.

64 Vgl. dazu den Beitrag von Florian Markl in diesem Band.

65 Vgl. Philipp Lenhard: Äquivalenzprinzip, Almosen, Antisemitismus. Venezuelas Petro-„Sozialismus des 21. Jahrhunderts", in: Bahamas, Nr. 52, 2007, S.27.

66 Tagesschau.de, 29.7.2006; http://www.tagesschau.de/aktuell/meldungen/0,1185, OID5762936_TYP6_THE_NAV_REF1_BAB,00.html (30.8.2007).

67 Vgl. Chavez opposes Ahmadinejad on Israel, in; Jerusalem Post, 17.3.2007; http://www.jpost.com/servlet/Satellite?cid=1173879103152&pagename=JPost%2FJPArticle%2FShowFull (30.8.2007).

68 Dore Gold: The Opening Round of Iran's War Against the West, Jerusalem Issue Brief, 17.7.2006; http://www.jcpa.org/brief/brief006-1.htm (1.11.2007).

militärische Verbündete benötigen. Und zwar nicht nur die USA. Dementsprechend wird in Israel immer wieder betont, dass das iranische Atomwaffenprogramm und die theokratische Diktatur nicht allein das Problem der Regierung in Jerusalem sind, sondern eines der „internationalen Staatengemeinschaft", wie es im Jargon der Diplomatie heißt. Da man aber weiß, dass sich große Teile dieser Gemeinschaft nicht für Israels Sicherheitsprobleme interessieren und auch die USA bei weitem nicht jener zuverlässige Partner sind, als der sie gegenwärtig erscheinen, wird intensiv über die Beziehungen zu Staaten wie Indien oder Australien diskutiert.

Die djihadistischen Milizen zwingen Israel zum konsequenten Handeln. Doch die Hisbollah ist nur ein Aspekt hinsichtlich der Bedrohung Israels durch den aufstrebenden Islamismus. Jeder weiß, dass der Krieg der Hisbollah im Sommer 2006 „a bloody proxy war between Iran and Israel"[69] war. Der Iran hat, zusammen mit Syrien, die Gotteskrieger aufgebaut, finanziert und ausgerüstet. Als die Hisbollah-Kämpfer ab Anfang August 2006 unter dem Druck der israelischen Angriffe zusehends Probleme bekamen, entsandte Teheran nach Angaben aus israelischen Sicherheitskreisen Imad Mughniyeh in den Südlibanon, um die Kämpfe zu koordinieren. Mughniyeh wird von Washington für die verheerenden Anschläge auf US-amerikanische und französische Ziele in Beirut Anfang der 1980er Jahre verantwortlich gemacht. Es wird gemutmaßt, dass seine Befehle direkt von Ayatollah Ali Khamenei stammen, die ihm von Rahim Safavi, dem mittlerweile ausgetauschten Führer der iranischen Revolutionsgarde[70], übermittelt werden.

Vor diesem Hintergrund meinten einige Kommentatoren in Israel, dass auch ein Sieg über die Hisbollah die eigentliche Konfrontation nur aufschiebe und forderten, Damaskus und Teheran seitens der Israel Defence Forces militärisch zu konfrontieren oder zumindest in die Schranken zu weisen[71] – entgegen der offiziellen Position der israelischen Regierung, die auf ein gemeinsames Vorgehen mehrerer Staaten gegen den Iran setzt und, trotz aller notwendigen Vorbereitungen auf eine Konfrontation, angesichts der absehbaren dramatischen Folgen, die selbst ein erfolgreicher Schlag gegen das iranische Atomprogramm für Israel hätte, wenn irgend möglich eine nicht-militärische Lösung bevorzugen würde.

In der israelischen Öffentlichkeit hat sich seit dem schlechten Ergebnis des Libanonkrieges im Sommer 2006 eine gewisse politische Agonie eingestellt, oft gepaart mit einer nur allzu begründeten Zukunftsangst, selten nur durchbrochen von dem sonst ebenso üblichen wie lebensnotwendigen Trotz. Bezüglich der Auseinandersetzung mit der Hisbollah im Norden wird in Israel nicht diskutiert, *ob* demnächst wieder ein Krieg ausbrechen wird, sondern lediglich wann. Es mehren sich die Hinweise,

---

69 Ehteshami/Zweiri, a. a. O., S.132.

70 Er wurde im September 2007 durch Mohammad Ali Jafari ersetzt. Vgl. http://www.jamestown.org/terrorism/news/article.php?articleid=2373691 (3.11.2007).

71 Vgl. http://www.israelnewsagency.com/warisraeliransyria880801.html (20.8.2006).

dass sich die Hisbollah an der Nordgrenze Israels, völlig unbehelligt von den im Südlibanon stationierten UN-Truppen, auf den nächsten Waffengang vorbereitet. Der Militärexperte Avraham Tal spricht es deutlich aus: „Ein Krieg, der unentschieden endet, ohne dass ein Abkommen unter den kriegführenden Parteien getroffen wurde, muss früher oder später wieder aufflammen. Im Konflikt zwischen Israel und dem Iran, der über den Stellvertreter Hisbollah geführt wurde, ist es keiner Seite gelungen, ihr strategisches Ziel zu erreichen."[72]

Die Auseinandersetzungen, die in Israel über ein angemessenes Vorgehen gegen die Hamas und eine zielführende Positionierung gegenüber der Fatah in den letzten Monaten geführt wurden, sind nur im Zusammenhang mit der Diskussion über das iranische Atomwaffenprogramm zu begreifen. Zur Existenzbedingung Israels gehört, dass es auf die Unterstützung internationaler Großmächte angewiesen ist. Und diese Großmächte zeigen Israel immer wieder einmal, dass sie gewillt sind, ihre Interessen auch gegen das israelische Sicherheitsbedürfnis durchzusetzen. Etwa 1956, als die USA mit Unterstützung von Frankreich und Großbritannien Israel zwangen, sich vom Sinai zurück zu ziehen. Auch heute muss Israel mit der Möglichkeit kalkulieren, dass sein Hauptverbündeter USA bei seiner Politik gegenüber dem Iran kein zuverlässiger Partner sein wird. Für die Israelis stellt sich die Frage, ob sich Washington angesichts der Probleme im Irak und nach einem möglichen demokratischen Wahlsieg mit dem Atomprogramm des Iran nicht doch in irgendeiner Weise arrangieren könnte. Die Zugeständnisse an die Fatah seitens der Regierung Olmert sind als Versuch zu begreifen, die USA, die Palästinenserpräsident Mahmoud Abbas immer wieder als passablen Verhandlungspartner bezeichnet haben, bei der Stange zu halten und hinsichtlich eines eventuell notwendigen gemeinsamen militärischen Vorgehens gegen die iranische Atomrüstung nicht zu verärgern.

Israel benötigt sowohl die US-amerikanische Unterstützung als auch einigermaßen Ruhe an den eigenen Grenzen, um der iranischen Herausforderung gewachsen zu sein. Der erste, der das in Israel erkannte, war Yitzhak Rabin. Bereits Anfang der 1990er Jahre drängte er auf eine Aussöhnung mit den Palästinensern, da er mit einem damals beachtlichen politischen Weitblick die iranische Bedrohung als die zukünftig existenzielle für Israel ausmachte. Das Problem ist nur: der von Rabin initiierte Friedensprozess ist in jeder Hinsicht gescheitert, und es ist im Augenblick trotz der Konferenz von Annapolis nicht erkennbar, wie er mit eben jener Fatah, die für dieses Scheitern maßgeblich mitverantwortlich war, nun gelingen sollte.

Dementsprechend richtet sich der Blick auf die Möglichkeiten eines Ausgleichs mit den sonstigen Nachbarn. Seit dem Ende des Libanonkriegs ist man sich in Israel weitgehend einig, dass Syrien aus der Achse mit dem Iran herausgelöst werden muss. Seit dem Einmarsch US-amerikanischer Truppen

---

72 Zit. n. Gilbert Achcar/Michael Warschawski: Der 33-Tage-Krieg. Israels Krieg gegen die Hisbollah im Libanon und seine Folgen, Hamburg 2007, S.74.

in den Irak haben sich die ohnehin engen Beziehungen zwischen Damaskus und Teheran noch weiter intensiviert: „High-level exchanges between the two allies have increased. […] More recently, while on a visit to Iran in February 2005, the Syrian prime minister Mohammed Naji al-Utri declared that the two countries were presenting a ‚united front' against the challenges they faced in the region."[73] Dieses Bündnis wird keineswegs nur durch gemeinsame Interessen und die Geographie im Nahen und Mittleren Osten befördert, sondern resultiert bei allen Unterschieden zwischen Khomeinismus und syrisch-baathistischem Panarabismus auch aus ideologischen Übereinstimmungen: „Their leaders share some perceptions and their secular and fundamentalist ideologies overlap in certain respects. While Iran has tried to use its brand of revolutionary Islam to transcend nationalism, create Muslim unity in the region by surmounting Arab-Iranian political divisions and demonstrate its solidarity by actively participating in the Arab-Israeli struggle, Syria, as the self-proclaimed birthplace and heartland of Arabism, has striven to overcome the political fragmentation of the Arab world by acting as a vehicle for Arab unity. […] over the years, both countries have put long-term interests before short-term gains."[74]

Wie eine mögliche Lösung Syriens aus dem Bündnis mit dem Iran zu bewerkstelligen wäre, ist in Israel heftig umstritten. Einige sehen in einem israelisch-syrischen Frieden das beste Mittel, um den Iran dauerhaft in die Schranken zu weisen. Andere sehen diese Möglichkeit nicht: Der ehemalige stellvertretende Verteidigungsminister Efraim Sneh, der in Israel auch bei linken Friedensfreunden einiges Ansehen genießt, erklärte Anfang Juli 2007, dass alle bisherigen Signale seitens Israels in Richtung Damaskus nicht die gewünschten Reaktionen gebracht hätten. Die unterschiedlichen Einschätzungen entzweien auch die Sicherheitsbehörden.[75] Wer auch immer hier recht behält: In jedem Fall sollte man sich in Erinnerung rufen, dass all das, was für Israel erstrebenswert wäre – ein dauerhafter Frieden mit den Nachbarn, die Beseitigung der Grenzstreitigkeiten, ein Ende der syrischen Terrorunterstützung – für die Baath-Faschisten in Damaskus ein Horrorszenario darstellt, das ihre Herrschaft gefährden könnte.[76]

Die Befürworter eines militärischen Vorgehens gegen den „National-Islamismus", wie Barry Rubin vom Interdisciplinary Center in Herzliya die syrische Ideologie des jungen Assad in Abgrenzung zum sozialistisch verbrämten Panarabismus seines Vaters nennt[77], können darauf verweisen, dass Israel nach dem Debakel im Libanon einen militärischen Erfolg benötigt, um seine Abschreckung gegenüber jenen Feinden zu erneuern, denen gegenüber überhaupt noch mit Abschreckung als Mittel der Politik operiert werden kann. Perspektivisch wird Israel sich vor allem mit jenen Kräften auseinan-

73 Jubin M. Goodarzi: Syria and Iran. Diplomatic Alliance and Power Politics in the Middle East, London – New York 2006, S.293.
74 Ebd., S.294.
75 Vgl. dazu den Beitrag von Klein Halevi und Oren in diesem Band.
76 Vgl. Barry Rubin: The Truth about Syria, New York 2007, S.254.
77 Ebd., S.238.

dersetzen müssen, bei denen militärisches Drohpotenzial auf Grund von apokalyptischem Märtyrertum kaum noch funktioniert. Den arabisch-nationalistischen Regimes konnte man durch massive Militärschläge ansatzweise deutlich machen, dass sich Terror und seine Unterstützung nicht lohnen. Womit aber soll man iranische Politiker und Kleriker mit ihrer eingangs skizzierten apokalyptischen Märtyrerideologie abschrecken? Zudem steht Israel vor dem Problem, dass die Protagonisten solch einer Ideologie samt ihrer Aufrüstungsbemühungen bei den Palästinensern durchaus Sympathien genießen: Nach einer Umfrage des *Pew Global Attitudes Projects* begrüßt die Mehrheit der palästinensischen Bevölkerung eine nukleare Bewaffnung des Iran.[78] Sie scheinen zu ahnen, was auch Michael B. Oren und Yossi Klein Halevi vom Shalem Center in Jerusalem Anfang 2007 mit Bezug auf Überlegungen von Efraim Sneh dargelegt haben: dass solch eine Bewaffnung vom Iran gar nicht eingesetzt zu werden bräuchte, um jedwede Überlegung über die Zukunft des zionistischen Projekts obsolet werden zu lassen.[79]

Es wird in absehbarer Zeit keine Lösung der Konflikte im Nahen Osten geben. Das Beste, was von israelischer Seite derzeit erreicht werden kann, ist eine Verwaltung der Misere, welche zumindest die Vorbereitung auf größere Auseinandersetzungen ermöglicht. Und die wird es in absehbarer Zeit mit dem Regime in Teheran geben. Der Iran muss entweder durch das Gegenteil von dem, was derzeit praktiziert wird, zur Aufgabe seines Atomprogramms gezwungen werden, also durch konsequente politische Isolation und ökonomischen Boykott, oder aber, so das nicht wirksam ist, durch gezielte und wiederholte Militärschläge zumindest an der Entwicklung von Nuklearwaffen in der nahen Zukunft gehindert werden. Alles andere stellt die Existenz des Staates der Shoahüberlebenden und ihrer Nachkommen zur Disposition – was in Israel fast niemand bestreitet, in Europa aber gar nicht oft genug betont werden kann.

Israel und Europa

In Israel setzt die Regierung alles daran, eine nicht-militärische Lösung des iranischen Problems herbeizuführen. In Europa hingegen verhält man sich derzeit mehrheitlich so, dass die militärische Option, die in jedem Fall dramatische Konsequenzen für Israel und vermutlich auch für Europa und die USA hätte, immer wahrscheinlicher wird. Der Gegensatz zwischen Israel und der Europäischen Union lässt sich anhand weniger Fakten illustrieren: Die Regierung in Jerusalem betreibt die Isolierung der vom Iran gesponserten Hamas; in Europa hingegen werden immer wieder Stimmen laut, die, wie Muriel Asseburg, die Nahostexpertin der eng mit dem deutschen Auswärtigen Amt kooperierenden Stiftung Wissenschaft und Politik, meinen, „Gesprächsangebote“ der Islamisten sollten nicht ausgeschlagen, sondern

78 Vgl. http://pewglobal.org/reports/pdf/256.pdf (1.11.2007).
79 Vgl. den Beitrag von Klein Halevi und Oren in diesem Band.

„als Chance genutzt werden".[80] Israel geht gegen die Antisemiten von der Hisbollah mit militärischen Mitteln vor; die Europäische Union hingegen betrachtet die libanesischen Islamisten nicht einmal als terroristische Organisation, und die deutsche sozialdemokratische Friedrich-Ebert-Stiftung organisiert gemeinsame Konferenzen mit Nasrallahs Gotteskriegern.[81] Israel ist gezwungen, sich auf eine eventuelle militärische Konfrontation mit den Klerikalfaschisten im Iran vorzubereiten und versucht diese durch eine Boykottpolitik noch zu verhindern; in der EU hingegen hält man „die bisherige Isolierungspolitik [...] gegenüber dem Iran" für „kontraproduktiv" und will seine „legitimen Interessen ernst nehmen".[82] Auch Hoffmann-Ostenhof spricht von „legitimen Sicherheitsinteressen"[83] der Islamischen Republik Iran, ganz so als ginge es um einen Staat wie Island oder Irland und nicht um eine islamfaschistische Diktatur. Und Martin Ortega vom Institut für Sicherheitsstudien der Europäischen Union fordert im „Umgang mit dem Mittleren Osten" einen „vorurteilsfreien Ansatz": „Alle regionalen und lokalen Akteure sollten daran beteiligt werden."[84]

---

80 Muriel Asseburg: Nach den palästinensischen Parlamentswahlen. Wie mit der Hamas umgehen?, in: SWP-Aktuell, Nr. 8, 2006, S.2.

81 Vgl. Thomas von der Osten-Sacken: „Ihr Kampf", in: Konkret, Nr. 11, 2004, S.26.

82 Muriel Asseburg: Wie weiter nach der Waffenruhe?, in: Internationale Politik, September 2006, S.104f. Solche Äußerungen zeigen, dass das Verhalten Europas gegenüber dem Iran nicht als „politische Schwäche" charakterisiert werden kann, wie es der israelische Politikwissenschaftler und Shoahüberlebende Manfred Gerstenfeld versucht (European-Israeli Relations: Between Confusion and Change?, Jerusalem 2006, S.20). Die Politik Deutschlands, Österreichs und ihrer europäischen Partner gegenüber Ahmadinejad resultiert nicht aus Unvermögen, sondern daraus, dass maßgebliche europäische Politiker nicht den politischen Willen haben, konsequent gegen das Regime in Teheran vorzugehen. Um dem etwas entgegenzusetzen, wird Israel seine Freunde und Unterstützer in Europa besser organisieren und unterstützen müssen. Allerdings wäre es ein Fehler, sich dabei auf Gruppen wie die christlich dominierte European Coalition for Israel zu konzentrieren. Selbstverständlich kann Israel bei der Wahl seiner Bündnispartner nicht besonders wählerisch sein, und dementsprechend könnte man bei christlichen Unterstützern Israels über die dubiosen Begründungen für ihre Solidarität unter Umständen hinwegsehen. Inakzeptabel ist es allerdings, wenn die ideologische Borniertheit in einer Unfähigkeit zur Analyse des Antisemitismus und seiner Ursachen resultiert: Rijk van Dam, der Vorsitzende der Coalition behauptet allen Ernstes, die Gründe für die heutigen Ressentiments gegenüber Israel würden in der europäischen Säkularisierung seit den 1970er Jahren liegen und der europäische Antisemitismus sei das Resultat der massenhaften Kirchenaustritte. Vgl. Rijk van Dam: Anti-Israeli Bias in the European Parliament and other EU Institutions, in: Gerstenfeld, a. a. O., S.89.
Auch die Förderung eines „Euro-Islams", den Gerstenfeld mit Bezug auf das ehemalige Mitglied der Europäischen Kommission Frits Bolkestein und den deutschen Politikwissenschaftler Bassam Tibi als positives Gegenmodell zum „Sharia Islam" propagiert, wird hier als Gegenstrategie nicht viel nützen. Zum einen dient er bei Leuten wie Tarik Ramadan, der als Aushängeschild solch eines „Euro-Islams" gilt, nur zum Etikettenschwindel. Zum anderen bleibt unklar, warum man eine gemäßigte Variante von Frauenunterdrückung, Antisemitismus und Hass auf Homosexuelle akzeptieren sollte, nur um die aggressiven Varianten, also den islamischen Fundamentalismus, im Zaum zu halten.

83 Hoffmann-Ostenhof: Aufwind für die Tauben, a. a. O., S.89.

84 Martin Ortega: Die Gefahren eines Schlags gegen den Iran, in: Gerfried Sperl/Michael Steirer (Hg.): Der Osten naht. China, Russland, Islam als Konkurrenz und Konflikt, Graz 2006, S.64.

Die Fürsorge europäischer Spitzenpolitiker und ihrer Vordenker gilt nicht nur dem Iran, sondern gleichfalls den vom Iran gesponserten Terrorrackets Hamas und Hisbollah, die eben auch zu den „regionalen und lokalen Akteuren" gehören. Solche Gruppierungen sind in der Zukunft vermutlich eine noch größere Gefahr als solch anachronistisch auftretende Bewegungen wie beispielsweise die Taliban. Gerade der aktivistische, sozialrevolutionäre Impuls der Hisbollah und maßgeblicher Teile der Hamas machen sie für einige Fraktionen der europäischen Linken interessant und unterscheidet sie vom konservativen Islamismus, wie er etwa für Saudi-Arabien charakteristisch ist. Die sozialrevolutionären Djihadisten stehen für eine Art Demokratisierung des islamischen Faschismus, wobei Demokratisierung hier nicht die Ausweitung individueller Gestaltungsmöglichkeiten, sondern die verstärkte Einbeziehung der verarmten Massen in die kollektive Verwaltung ihres Elends unter dem Banner Allahs meint.

Eines der Argumente zur Beschwichtigung und Entwarnung hinsichtlich einer djihadistischen Bedrohung besagt, dass Islamisten sich in dem Augenblick zur Mäßigung genötigt sehen, in dem sie mit den Sachzwängen des Regierens konfrontiert werden. Die Parole beispielsweise der vom Iran gestützten Hamas, „Islam ist die Lösung", möge für Wahlkämpfe taugen, helfe aber wenig bei der realen Politik. Aber worauf kann sich solch ein Argument beziehen? Der politische Islam erweist sich als eine ausgesprochen erfolgreiche Ideologie der Elendsverwaltung. Er eignet sich gerade als solche für eine politische Praxis, die Größeres anstrebt, als sich mit den Alltagssorgen der verarmten Massen herumzuplagen. Als sich einige seiner Anhänger zu sehr von den hehren Zielen eines siegreichen Islams ab- und dem Elend der iranischen Bevölkerung zuwandten, stellte Khomeini klar: „Wir haben die Revolution nicht gemacht, um die Preise für Wassermelonen zu senken!"[85]

Die Einschätzung, dass sich Islamisten durch die Sachzwänge des Regierens mäßigen, ist nicht nur unrealistisch, sondern angesichts der Realität im Iran, wo Verfechter einer reinen islamischen Lehre seit knapp 30 Jahren das Sagen haben, geradezu absurd.[86] Ebenso kann auf die Taliban in Afghanistan verwiesen werden, die keine Sekunde daran gedacht haben, ihre Ziele zu relativieren oder ihre Praxis zu mäßigen, nachdem sie an die Macht gekommen waren. Auch ein Blick auf das bisherige Agieren der iranischen Verbündeten an der israelischen Nord- und Südgrenze verweist solche Einschätzungen in das Reich der Legenden. Hamas und Hisbollah regieren und administrieren sowohl auf regionaler als auch auf nationa-

85 Zit. n. Randow/Ladurner, a. a. O., S.78f.

86 Auch am Anfang dieser islamischen Diktatur stand die Hoffnung, dass allein der Bezug auf die Religion keine dauerhafte Herrschaftssicherung gewährleisten kann. Shahpur Bakhtiar, der letzte Regierungschef des Schah, erklärte im Pariser Exil Khomeini im August 1979 zum „politischen Dummkopf", denn ein Land lasse sich nicht mit dem Ruf „Islam, Islam, Islam" regieren. Vgl. Klaus-Peter Schmid: Wenn die Stunde kommt, in: Naumann/Joffe, a. a. O., S.109. Zwölf Jahre nach dieser Einschätzung wurde er von einem Mordkommando der Islamischen Republik Iran in Paris massakriert.

ler Ebene schon seit mehreren Jahren. Dabei haben sie gezeigt, dass sie kein Problem haben, den pragmatischen Anforderungen des Verwaltens gerecht zu werden, gleichzeitig aber an ihrer wahnhaften Programmatik festzuhalten. Diese Gleichzeitigkeit von Pragmatismus und Vernichtungswahn charakterisiert auch das iranische Regime – und sie ermöglicht es europäischen Kommentatoren, letzteren stets durch den Verweis auf ersteren schön zu reden. Der Pragmatismus macht sich in allen erdenklichen Fragen bemerkbar, kann sich aber gerade im Verhältnis zu Israel nicht durchsetzen: „Iran's attitude to Israel was one of the rare examples of adherence to dogma."[87]

Es stellt sich die Frage, was mit dem islamischen Faschismus und seinen Förderern und Unterstützern verhandelt werden sollte. Gibt es keinen Raum für Verhandlungen – und über die eigene Vernichtung gibt es nichts zu verhandeln – bleibt nur ein „Dialog" genanntes Appeasement, das zusehends zur offenen Kollaboration schreitet, oder aber die Konfrontation. Dadurch wird die alte Strategie Israels, Grenzen zu sichern und den Status quo wo möglich zu stabilisieren, hinfällig.

Bei der Konfrontation Israels mit dem Iran handelt es sich um einen existenziellen und daher kaum durch Interessensabwägung vermittelbaren Konflikt. Es ist dies ein Konflikt zwischen jenen Kräften, welche auch in einer individuelles Glück systematisch verunmöglichenden Gesellschaft das Individuum gegen die repressiven Gemeinschaften verteidigen, und jenen Kräften, für welche die Vernichtung Israels nur der Auftakt wäre, die gesamte Welt in jene Hölle zu verwandeln, welche die djihadistisch befreiten Zonen schon heute sind.[88] Deswegen, nicht aus einer fahnentrunkenen Kriegsbegeisterung heraus, nimmt die materialistische Kritik[89] jedes Appeasement gegenüber den Protagonisten der zwar aus Aufklärung und

87 Menashri, a. a. O., S.281. Mangott verkennt diese widersprüchliche Gleichzeitigkeit von Pragmatismus und Irrationalität als eines der Hauptcharakteristika des iranischen Regimes: „Wenn das iranische Regime rational genug ist, auf äußere Sanktionen zu reagieren, Kosten wahrzunehmen, dann ist diese Rationalität unteilbar. Dann muss dem iranischen Regime auch zugebilligt werden, sein Verhalten in der nahöstlichen Region rational zu steuern. [...] Rationale Akteure ergreifen aber keine irrationalen Ziele, die ihre eigene Existenz gefährden." Mangott: Über die Rationalität iranischen Erdgases, a. a. O.

88 Zum Nachweis des Weltherrschaftsanspruchs des djihadistischen Islams und der iranischen Ajatollahs bedarf es keiner ideologiekritischen Finesse. Ein Blick in Khomeinis Schriften reicht aus: „Dann macht es der Islam allen erwachsenen Männern zur Pflicht, [...] sich für die Eroberung [anderer Länder] bereit zu machen, auf daß dem Wort des Islam in jedem Lande Folge geleistet werde." Ruholla Khomeini: Schlüssel zu den Geheimnissen, zit. n. Taheri, a. a. O., S.329. „Wir werden unsere Revolution in die ganze Welt hinaustragen, denn unsere Revolution ist islamisch-universal! Der Kampf wird solange anhalten, bis der Ruf ‚es gibt keinen Gott außer Allah' und ‚Mohammad ist der Prophet Gottes' in der ganzen Welt erschallt." Rede zum Jahrestag der „Islamischen Revolution" am 11.2.1980, in: Reden des Ayatollah Chomeini und Staatspräsidenten Bani Sadr, a. a. O., S.242. Siehe auch die Ausführungen Bani Sadrs vom November 1979: „Der Sieg des Islam in Iran ist der Sieg des Islam in allen islamischen Ländern. Der Sieg des Islam in den islamischen Ländern ist der Sieg des Islam in der Welt." Ebd., S.239.

89 Zur inhaltlichen Bestimmung dieser Kritik vgl. Grigat: Fetisch und Freiheit, a. a. O.

Zivilisation *entsprungenen*, aber keinesfalls mit ihr *identischen* Barbarei ins Visier. Der *War on Terror*, den die USA seit 9/11 und die Israelis seit einigen Jahrzehnten führen, ist ein Krieg gegen den islamischen Faschismus. Er muss dann kritisiert werden, wenn er nicht als solcher geführt und benannt wird. Ansonsten verdient er die Unterstützung eines jeden, dem eine über sich selbst aufgeklärte Aufklärung und die Orientierung auf die allgemeine Emanzipation nicht schon völlig egal sind.

Die Politik der „Islamischen Republik“

Wahied Wahdat-Hagh

Die Herrschaft des politischen Islam im Iran

Ein Überblick zu Struktur und Ideologie der khomeinistischen Diktatur

Der Iran ist gegenwärtig eine „Republik" ohne einen republikanischen Geist. Die Revolution von 1979 entpuppte sich als eine katastrophale Wende in eine neue Form der Diktatur, die anachronistische Gesetze mit modernen Mitteln verewigen will. Mit einer rückwärtsgewandten religiösen Ideologie und kraft moderner Technik wird ein Gewaltsystem aufrechterhalten, das eine neue Form der totalitären Diktatur darstellt.

Die revolutionäre Machtübernahme

Die iranische Verfassungsdiktatur zielt auf die Errichtung islamischer Herrschaft ab. Zwar warten schiitische Muslime auf den zwölften Imam, und solange sollte nach der reinen Lehre keine islamische Herrschaft errichtet werden. Aber Ayatollah Khomeini, der islamische Revolutionär, der die Welt in die Zeit des Propheten Mohammads zurückschrauben wollte, setzte die Idee der absoluten Herrschaft des Klerus um.

Die Revolution gegen die Modernisierungsdiktatur der Pahlavi-Dynastie endete in einer Katastrophe. Sie diente den islamischen Fanatikern als Motor, um die Geschichte zurückzudrehen. Während die demokratischen und kommunistischen Organisationen noch von ihren jeweiligen Zielen träumten und sich gegenseitig befehdeten, bereitete der khomeinistische Teil innerhalb der Kaste des schiitischen Klerus bereits die totale Machtübernahme vor. Da die neue Führungsriege keine wirkliche Klasse darstellt, ist es angebracht von einer Staatskaste zu sprechen. Die scheinbar gespaltene und pluralistische Staatsführung verfügte schon immer über einen ideologischen Konsens: die Erhaltung und Stärkung der Macht des Welayate Faqih – der Herrschaft der Rechtsgelehrten.

Bei der Machtübernahme des neuen Staatsklerus war die Rolle des Revolutionsrates entscheidend. Dieser wurde schon in Neauphle-le-Chateau, dem vorübergehenden Aufenthaltsort Khomeinis in der Nähe von Paris, gebildet. In diesem Nukleus der neuen islamischen Macht waren bekannte Politiker wie Rafsanjani, Banisadr, der später in die Opposition ging, und Ali Khamenei vertreten. Der Revolutionsrat übernahm in der Stunde der Islamischen Republik die Rolle einer verfassungsgebenden Versammlung.

Nach und nach ernannte der Revolutionsrat auserwählte Personen in die islamischen Organe und in Regierungsämter, vom Militärapparat und Kultureinrichtungen bis zu den Universitäten. Revolutionsgerichte und Revolutionsgarden forcierten die Machtübernahme.

Der Revolutionsrat spielte bei der Reislamisierung des Iran im Sinne des Ayatollah Khomeini eine entscheidende Rolle. In einer Erklärung nannte der Revolutionsrat als seine Aufgabe die „Säuberung aller Institutionen und Ministerien von verdorbenen und abhängigen Elementen um eine zur Revolution passende Bürokratie"[1] zu schaffen. Die „Räder des Staates" sollten von „jungen, frommen, an die Revolution glaubenden Kräften" bewegt werden. Nach der Wahl des islamistischen Parlaments (Majless) im Mai 1980 und der Wahl des neuen Ministerpräsidenten Ali Rajai im September 1980 nahm der Einfluss des Revolutionsrates ab. Der klerikale Machtnukleus hatte sich durchgesetzt und verhindert, dass eine verfassungsgebende Versammlung (Majless Moassessan) gegründet wird. Zwar wurden verschiedene säkulare Verfassungsentwürfe ausgearbeitet, diese wurden aber alle islamisiert. Der Plan zur Realisierung des neuen totalitären Staates wurde in der Verfassung festgelegt. Nach und nach wurden alle nicht-islamistischen gesellschaftspolitischen und politischen Instanzen verfolgt und verboten. Fortan fungierte bis zu ihrer Auflösung Ende der 1980er Jahre die Islamisch Republikanische Partei (IRP) als eine politische Dachorganisation für alle khomeinitreuen Organisationen.[2]

Die Fiktion einer „Republik"

Der von einigen Experten angenommene Dualismus, der im politischen System des islamischen Gottesstaates existieren soll, ist eine Fiktion. Die Volkssouveränität ist aufgehoben. Eine Gewaltenteilung existiert nicht. Die Trennung zwischen der Legislative, Exekutive und Judikative ist eine Fiktion. Majless, der „islamische Versammlungsrat", der gemeinhin als Parlament bezeichnet wird, gilt offiziell als Legislative, der Wächterrat aber auch. Die sogenannten islamischen Parlamentswahlen sind diktierte Wahlen. Der Wächterrat definiert, wer als Volkvertreter gelten darf. Alle nicht absolut der Linie des „Führers" folgenden Kräfte werden ausgeschlossen. Immer wieder werden selbst Reformislamisten, die auf die Linie des Imam Khomeini schwören, ausgeschlossen, weil sie eine andere Strategie zur Stabilisierung der Diktatur verfolgen. Die Diktatur organisiert Pseudowahlen, um die eigenen totalitären Institutionen zu stärken.

Die Wahlen sind eine Fiktion. Die Bevölkerung wählt vom Wächterrat „qualifizierte", also diktierte Kandidaten. Unabhängige Parteien und

1 Massud Rasavi: Hashemi wa Enqelab, Tarikhe Siasiye Iran as Enqelab ta Jang, Teheran 1997, S.231.

2 Vgl. Wahied Wahdat-Hagh: Die Herrschaft des politischen Islam als eine Form des Totalitarismus. „Die Islamische Republik Iran", in: Prokla, Nr. 115, 1999, S.317–342.

Gewerkschaften sind verboten. Dafür gibt es hunderte Organisationen und Gruppen, die sich willkürlich Partei nennen. Diese haben jedoch nichts mit Parteien im Sinne einer parlamentarischen und rechtsstaatlichen Demokratie zu tun.

Totalitäre Organe lassen eine Reformierung des Staates vermittelt über den islamischen Versammlungsrat nicht zu. Dies hat das Scheitern der reformislamistischen Bewegung im Iran bewiesen, die nicht der Demokratisierung, sondern ganz im Gegenteil der Stabilisierung der Diktatur diente.[3]

Die moslemischen Ideologen und Demagogen an der Macht propagieren, dass das Modell der „islamischen Republik" der einzige Weg zur wahren Demokratie sei. Selbstverständlich gelten die Sharia und Feqh, die islamische Gesetzgebung, als die einzige von Gott legitimierte Grundlage einer „wahren Demokratie". Islamische Gesellschaften können sich aber nur dann in einem rechtsstaatlichen Sinne demokratisieren, wenn sie sich vom islamischen Gesetz als Staatsgesetz verabschieden. Der theokratische Anspruch, im 21. Jahrhundert die Staatsmacht zu definieren, kann nur mit totalitären Mitteln durchgesetzt werden. Ohne die Anwendung totalitärer Gewalt kann eine Islamisierung der Gesellschaft nicht erfolgen.

Seit 28 Jahren verficht die iranische Diktatur einen totalitären Anspruch, der gesellschaftlich aber nur bedingt durchgesetzt werden konnte. Der erste islamische Revolutionsführer des Iran propagierte eine technologische Moderne, aber kulturell und politisch die Gegenmoderne. Der Khomeinismus ist der Versuch, die islamische Herrschaft heute wieder wie zu Zeiten der Herrschaft des Propheten Mohammads zu errichten. Insofern ist der Khomeinismus oder der islamistische Herrschaftsanspruch der Versuch, den Islam wiederzubeleben. Wenn die Gesellschaft aber Werte wie Freiheit, Demokratie und Menschenrechte gerochen hat, dann ist der „Fromme" gezwungen, das Gesetz des Schwertes in Form der repressiven Gewaltausübung einer Diktatur durchzusetzen.

Folgende Elemente sind für einen islamisch legitimierten Totalitarismus wie im Iran charakteristisch: Führerprinzip, totalitäre Organe, Antisemitismus im Sinne eines eliminatorischen Antizionismus, Massenbewegung und -mobilisierung, Ideologie und Propaganda, Geheimpolizei und Terror, Anti-Baha'ismus, geschlechtsspezifische Verfolgung von Frauen, (k)ein Parteiensystem.[4]

---

3 Vgl. Wahied Wahdat-Hagh: Die Islamische Republik Iran. Die Herrschaft des politischen Islam als eine Spielart des Totalitarismus, Berlin 2003, S.404.

4 Auf das Problem des totalitären Rentierstaates kann hier nicht eingegangen werden. Vgl. dazu ebd., S.462–472.

Der „große Führer der islamischen Revolution“ und dessen totalitäre Organe

An der Spitze des Gottesstaates steht der Stellvertreter Gottes auf Erden, der charismatische Revolutionsführer. Im Iran gibt es keine Souveränität des Volkes, denn die Umma ist das Volk Gottes und hat seinem Vertreter zu gehorchen. Dieser Vertreter ist ein Machtmonopolist. Nach der Verfassung ist er der Oberbefehlshaber der Streitkräfte [Art.110/4], entscheidet über den Einsatz der Streitkräfte [Art.110/5], wählt oder entlässt die Mitglieder des Wächterrates [Art.110/6a], ernennt den obersten Richter [Art.110/6b] und den Direktor des Medienrates des Landes [Art.110/6c]. Er ist befugt, den Generalstabschef [Art.110/6d], den Oberkommandierenden des Korps der islamischen Revolutionswächter [Art.110/6e] und den Oberkommandierenden der Armee und der Polizei [Art.110/6f] zu berufen und abzusetzen. Er steht über Judikative, Legislative und Exekutive [Art.110/7], interveniert, wenn der Schlichtungsrat Konflikte nicht lösen kann [Art. 110/8], unterzeichnet die Ernennungsurkunde des Präsidenten nach seiner Wahl oder setzt ihn ab [Art. 110/9 und 10].[5]

In der Islamischen Republik Iran nimmt der charismatische Führer eine Sonderstellung ein. Er ist Staatsoberhaupt und beansprucht auch die oberste religiöse Instanz zu sein. Er versteht sich ideologisch als in der Tradition des Propheten und der zwölf schiitischen Imame stehend. Der Inbegriff der so konstituierten und abgesicherten „charismatischen Autorität“ ist der verstorbene Revolutionsführer Khomeini.[6] Der gegenwärtig herrschende Revolutionsführer Khamenei besitzt zwar nicht die Integrationskraft Khomeinis, bildet aber gemeinsam mit den totalitären Institutionen des Wächterrates, des Expertenrates, der Versammlung zur Erkennung der Systeminteressen und dem Obersten Rat der nationalen Sicherheit die charismatische Autorität.

Entscheidend ist die Tatsache, dass charismatische Herrschaft vielfach als Gegenreaktion auf Modernisierung auftritt und damit als Gegenmodell zum modernen Regieren erscheint. So mobilisierte Khomeini während der Revolution die Frustration derjenigen Muslime, die Verlierer des Modernisierungsprozesses im Iran waren. Der Islam diente auch dazu, das Charisma der Revolution zu legitimieren. Die im Iran erfolgte Reinterpretation der Religion diente zur Untermauerung der charismatischen Qualitäten des Revolutionsführers. Aber Khomeini wurde nicht nur von Islamisten, sondern auch von religiösen Nationalisten und orthodoxen Teilen der kommunistischen Bewegung als legitimer Revolutionsführer angesehen.

---

5 Verfassung der Islamischen Republik Iran, http://www.iranonline.com/iran/iran-info/Government/constitution.html (2.12.2207).

6 Michael Kimmel/Rahmaz Tavakol: Against Satan, Charisma and Tradition in Iran, in: Roland M. Glassmann/William H. Swatas (Hg.): Charisma, History and Social Structure, Westport 1986, S.109.

Ashraf zufolge bilden sich charismatische Führer in Krisenzeiten heraus, beispielsweise also in der revolutionären Phase im Iran, als die grundlegenden Orientierungswerte, die Institutionen und die Legitimation der etablierten Ordnung sowie die dominanten Klassen von Intellektuellen und der Masse in Frage gestellt wurden.[7] Khomeinis Charisma war Ashraf zufolge ein „dramatisches Phänomen", das im Kontext der symbolischen Repräsentation der schiitischen Gemeinschaft entstand. Da das Charisma keine ökonomische Rationalität kennt, um materielle Interessen zu verteidigen, läuft es stündlich seinem Ende zu. Um dem vorzubeugen, bedurfte es der Institutionalisierung der „charismatischen Herrschaft".[8] Der islamistische Führungsstil zeichnet sich durch eine institutionelle Erneuerung und die Durchsetzung der Kontinuität der klerikalen Herrschaft aus. Die Institutionalisierung der Herrschaft verfolgt das Ziel der Durchsetzung einer permanenten charismatischen Herrschaft. Gezielt wurden Institutionen wie die Islamisch Republikanische Partei zunächst eingeführt, um diese im Juni 1987 wieder abzuschaffen, als sie nicht mehr gebraucht wurden. Insbesondere im Bereich der Justiz wurden neue Institutionen geschaffen, welche die Macht des religiösen Führers absichern sollen.

Die revolutionäre Funktion der schiitischen Ideologie bezieht ihre Impulse aus den herrschenden Mythologien, die tief in dem kollektiven Gedächtnis der „Frömmler" verwurzelt sind. Diese Mythologien dienen den Massen als Glaubensersatz und dem Führer und der herrschenden Elite als ideologisches Herrschaftsinstrument zur Unterdrückung der Gläubigen.

Ziel all dieser Maßnahmen ist es, die ursprünglich rein personale charismatische Herrschaft auf ein dauerhaftes Fundament totalitärer Herrschaft zu stellen und damit auch einen Wechsel des Führers bzw. eine Art Imagetransfer vom ursprünglichen revolutionären Führer zu seinen Nachfolgern sicherzustellen. Der weitestgehend reibungslos verlaufene Übergang von Khomeini zu Khameneis Führerschaft hat gezeigt, dass diese Strategie unter diktatorischer Herrschaft aufgeht.

Zu den Institutionen, welche die Macht des religiösen Führers direkt stabilisieren, gehört der „Rat der Erkenntnis der Staatsinteressen", der wegen seiner ursprünglichen Aufgabe der Schlichtung von Konflikten zwischen dem Wächterrat und dem Majless auch Schlichtungsrat genannt wird. Seit November 2005 hat dieser Rat neue Vollmachten bekommen, die sich direkt auf die Macht des „Führers" beziehen. Zwar behält Khamenei die Führungsbefugnisse, seine Position wurde aber durch ein von ihm selbst besetztes Organ gestützt, dessen Machtbereich erheblich erweitert worden ist. Führungspersönlichkeiten wie Ex-Präsident Rafsanjani, Ex-Präsident Khatami, Majlesssprecher Qolam-Ali Hadad-Adel und der Vorsitzende der

7 Ahmad Ashraf: Charisma, Theocracy, and Men of Power in Postrevolutionary Iran, in: Myron Weiner/Ali Banuazizi (Hg.): The Politics of Social Transformation in Afghanistan, Iran, and Pakistan, Syracuse 1994, S.142.

8 Eliz Sanasarian: Ajatollah Khomeini and the Institutionalization of Charismatic Rule in Iran, 1979–1989, in: Journal of Developing Societies, 1995, Volume XI, S.190.

Judikative Ayatollah Mahmoud Hashemi Shahroudi sind Mitglieder dieses Organs.[9] Zu dessen Aufgaben gehören die Festlegung der allgemeinen politischen Ausrichtung des Systems und die Entwicklung von Strategien für die Zukunft. Außerdem werden alle drei Gewalten durch den „Rat der Erkenntnis der Staatsinteressen" kontrolliert, damit diese nicht vom Kurs der Diktatur abweichen. Mit dieser neuen politischen Entwicklung wurde das Machtmonopol der führerorientierten totalitären Organe im khomeinistischen Staat noch mehr gestärkt. Seit der Revolution von 1979 waren Institutionen wie der religiöse Führer, der Wächterrat und die Judikative selbst ein Hindernis für die Unabhängigkeit der drei Gewalten im Staat. Nun ist der Rat der Erkenntnis der Staatsinteressen als ein weiteres totalitäres Kontrollorgan hinzugekommen.

Der Wächterrat, der Rat der Erkenntnis der Staatsinteressen und der Expertenrat sind Beispiele für totalitäre Organe, welche die Macht des religiösen Führers stärken. Der aus sechs Klerikern und sechs Juristen bestehende Wächterrat ist eine sogenannte ewige Einrichtung. Nur die Mitglieder werden für einen begrenzten Zeitraum von sechs Jahren gewählt. Während das Majless, das Pseudo-Parlament, zu dem nur Khomeinisten zugelassen sind, für vier Jahre gewählt wird, wird der Expertenrat, der den religiösen Führer wählt, für acht Jahre gewählt. Der Wächterrat wählt den Expertenrat und dieser den Führer. Der Führer wiederum ernennt den Wächterrat. Dabei kontrolliert der Wächterrat das Majless. So entsteht ein Karussell der Macht. Sie klont sich gewissermaßen selbst. Alle sich zur Wahl stellenden Kandidaten werden durch den Wächterrat abgesegnet oder ausgeschlossen. Dadurch bekommt das Majless eher den Charakter einer Ersatz-Staatspartei als den eines Parlaments, zumal die verschiedenen islamistischen Splittergruppen keine frei gewählten Parteien darstellen.

Khomeinistischer Antijudaismus und eliminatorischer Antizionismus

Das iranische Regime erkennt das Existenzrecht Israels nicht an. In Schulbüchern und in Medien wird behauptet, dass Zionisten mit Nazis zusammengearbeitet haben.[10] Gefolgt wird den Ideen des Revolutionsführers Ayatollah Khomeini: Jenseits des eliminatorischen Antizionismus gibt es bei Khomeini antijüdische Ressentiments. Khomeini schrieb in seinem Hauptwerk *Welayate Faqih*, das 1970 in Beirut zum ersten Mal veröffentlicht wurde und das Ergebnis einer Vorlesungsreihe ist, die Khomeini 1969 in Najaf im irakischen Exil hielt: „Von Anfang an war die islamische Bewegung mit dem Judentum in Schwierigkeiten geraten. Sie haben mit

9 Sharq, 2.10.2005, 4.10.2005, 5.10.2005, 7.10.2005, 9.10.2007, Aftab, 3.10.2007.

10 Vgl. Wahied Wahdat-Hagh: Hasspropaganda als Krimi, http://debatte.welt.de/kolumnen/73/periskop/39615/iran+hasspropaganda+als+krimi (2.12.2007).

der antiislamischen Propaganda begonnen. Und wie Sie sehen, dauert es bis heute an."[11]

An anderer Stelle schrieb Khomeini: „Israel führt gegenwärtig einen Krieg gegen die Moslems. Und diejenigen, die Israel befürworten, führen auch einen Krieg gegen die Moslems."[12] Khomeini meint, „die kolonialistische, unterdrückerische, verräterische, jüdische, christliche und materialistische Politik ist dabei, die Wahrheiten des Islam zu verdrehen. Sie versuchen die Muslime zu verführen. [...] Wir sehen heute, wie die Juden Änderungen im Koran vorgenommen haben. In den Koranausgaben, die in den besetzten Gebieten erschienen sind, haben sie Änderungen vorgenommen. Wir sind verpflichtet, diesen Verrat zu verhindern. Man muss schreien und die Bevölkerung darauf aufmerksam machen, damit deutlich wird, dass die Juden und ihre ausländischen Unterstützer mit den Grundsätzen des Islam nicht einverstanden sind. Sie wollen die jüdische Weltherrschaft errichten. Da sie eine listige und aktive Gemeinschaft sind, fürchte ich, dass sie ihr Ziel erreichen. Unsere Schwäche könnte dazu führen, dass eines Tages ein jüdischer Herrscher uns regiert. Gott bewahre uns vor einem solchen Tag. [...] Auch in Teheran gibt es kirchliche, zionistische und Baha'i-Propaganda, die die iranische Bevölkerung verführen will und vom Islam fern halten will. [...] Sie sind dabei, den Islam zu zerstören."[13]

Als Khomeini an die Macht kam, wurde die Förderung der Zerstörung Israels zum Staatsprogramm. Er forderte im Namen der „Herrschaft des Gesetzes" das Ende Israels, sodass der Ruf „Tod Israel" zur Standardparole des islamischen Staates geworden ist. Khomeini fragte: „Bis wann soll euer Jerusalem unter den Stiefeln des Abschaums der Amerikaner und der Israelis unterdrückt werden? [...] Bis wann wollt ihr statt die Feinde des Islam zu bekämpfen und Jerusalem zu retten, auf die warme Waffe und militärische und göttliche Macht verzichten und mit versöhnlichen politischen Aktivitäten eure Zeit mit den Supermächten vergeuden?"[14] Es sei klar, dass „Israel und der Irak von der Geschichte des Islam entfernt werden müssen."[15]

28 Jahre später warnte der angeblich moderate Politiker Rafsanjani ganz im Sinne Khomeinis vor Friedenskonferenzen mit Israel: „Solche Friedenskonferenzen bringen nicht mehr als Zeitverschwendung."[16]

Der islamistische Antisemitismus ist eine Folge der Feindseligkeit und Feindschaft gegen die Moderne. Der Jude, der Israeli erscheint in der arabischen Welt und bei den iranischen Khomeinisten als der Hauptrepräsentant der Moderne. Der israelische Jude und der Westler werden als

11 Ruhollah Khomeini: Welayate Faqih, Teheran 1997, S.3.
12 Ebd., S.109.
13 Ebd., S.116f.
14 Ruhollah Khomeini: Masaele Siasi wa Hoquqi, Teheran 1980, S.349f.
15 Ebd., S.351.
16 Farsnews, 5.10.2007; http://www.farsnews.com/newstext.php?nn=8607130232 (2.12.2007).

Feind wahrgenommen, weil sie zum Subjekt des sozialkulturellen Wandels wurden. Das Judentum besitzt im Islam einen eigenen Stellenwert, aber der iranische Jude wird gezwungen, sich von Israel zu entsolidarisieren – nicht, weil Israel irgendwelche Interessen im Iran hätte, sondern weil das politische Konzept eines demokratischen Staates dem Konzept der Islamisierung der islamischen Welt und der Schaffung von neuen Gottesstaaten widerspricht. Der Zionismus als der politische Wille, einen modernen demokratischen Staat zu gründen, gilt in der islamistischen Perspektive genauso als teuflisch, wie die USA als imperialistisch und Europa als eine verkommene Welt wahrgenommen werden, die in *Jahalat*, der Unwissenheit vom koranischen Gesetz, verweilt.

Der Antizionismus und die antijüdische Haltung des iranischen Regimes sind die logische Konsequenz des islamischen Fundamentalismus. Der eliminatorische Antizionismus beinhaltet eine Kriegserklärung gegen rechtsstaatliche Demokratie und Moderne. Die Geschichte des Islamismus im Iran, die auf die konstitutionelle Revolution von 1905/06 zurückgeführt werden kann, zeigt, dass der Kampf für die Wiedereinführung des islamischen Staates als ein Moment der Gegenmoderne kaum etwas mit der Gründung des Staates Israel zu tun hat. Es handelt sich um ein totalitäres Projekt, das ein Projekt der modernen Demokratie bekämpft.

Khomeini propagierte von der Stunde Null der islamischen Revolution an die Befreiung Jerusalems und die Zerstörung Israels. Im übrigen war es der ägyptische Präsident Nasser, der schon in den Jahren 1962/63 den islamischen Mob und Anhänger Khomeinis auf den iranischen Straßen mit Dollars finanzierte, damit diese gegen die sogenannte Weiße Revolution des Schahs protestieren. Nasser, der den arabischen Nationalismus gegen Israel organisierte, war ein Erzfeind des iranischen Schahs, der als proisraelisch galt. Entsprechend importierte nicht nur die iranische Linke, sondern auch die islamische Bewegung die antiisraelische Propaganda von Nasser. Es wurden die Schriften von Sayyid Qutb übersetzt, dem Vordenker der ägyptischen Moslembrüder und des modernen Djihadismus. Einer der Übersetzer von Qutb war der gegenwärtige iranische Führer Ali Khamenei.

Um die heutigen Verschwörungstheorien über die „internationalen Zionisten", die auch als externe „Sündenböcke" dienen[17], nachzuvollziehen, ist es wichtig, einige Aspekte aus der Frühgeschichte des Islam zu betrachten. In Überlieferungen des Propheten Mohammad tauchen Zitate folgender Art auf: „Ihr werdet die Juden bekämpfen, bis einer von ihnen Zuflucht hinter einem Stein sucht. Und dieser Stein wird rufen: ‚Komm herbei! Dieser Jude hat sich hinter mir versteckt! Töte ihn!'"[18] Mohammad vertrieb die Juden aus Mekka. Der jüdische Stamm Bani Naseir[19] wurde

17 Vgl. Moojan Momen: An introduction to Schi'I Islam, London 1985, S.237.

18 Sahih al-Buhari, Nachrichten von Taten und Aussprüchen des Propheten Muhammad, Stuttgart 1991, S.310f.

19 Vgl. Mohammad Soroush: Din wa Dowlat dar andisheye Eslami, Teheran 2000, S.206.

nach einem zwanzigtägigen Krieg gezwungen, Medina zu verlassen, weil die Stammesangehörigen den Islam nicht annehmen wollten. Der Stamm Bani Qarise war militärisch völlig unterlegen und zog sich zurück. Bei einem Angriff töteten die frühen Muslime mehr als 700 Mitglieder dieses jüdischen Stammes. Frauen und Kinder wurden gefangen genommen.[20]

Ayatollah Khomeini stellte direkte begriffliche Zusammenhänge zu dieser Zeit her. Beispielsweise wurden die Feinde des Islam von Mohammad als „Munafeqin" bezeichnet, die mit Juden zusammenarbeiteten. Heute werden die Feinde der Islamischen Republik als Munafeqin tituliert.[21]

David Menashri streicht heraus, dass Khomeinis islamische Doktrin die „Juden als minderwertige Wesen gegenüber den Muslimen betrachtet".[22] Khomeini verglich auch den heutigen Kampf der Muslime gegen die Zionisten mit dem „Kampf des Islam gegen die Juden von Kheibar"[23] aus den Zeiten von Mohammad. Der Kampf gegen Israel wird als Taklife Sharii, als religiöse Pflicht aufgefasst.

Um diesen Kampf zu forcieren, muss der Feind dämonisiert werden: Kein Geringerer als der Organisator der Holocaust-Konferenz vom Dezember 2006 in Teheran, Mohammad Ali Ramin, ging so weit, dass er ernsthaft behauptete, die Mutter von Hitler sei eine Jüdin gewesen und Hitler habe Israel gegründet. Da die Großmutter und die Mutter von Hitler jüdische Prostituierte gewesen seien, habe er einen Hass gegen seine Mutter und die Juden entwickelt. Er habe dann in einem christlichen Kloster in Österreich Bildmaterialien und antijüdische Informationen erhalten. Hitler habe Gefühle der Solidarität und des Ekels für das Judentum gehegt. Dieser Dualismus habe sein Verhalten bestimmt. Einerseits seien alle seine Verwandten, seine Freunde und Gleichgesinnten, seine Geliebte und sein privater Arzt Juden gewesen. Andererseits begrüßte er laut Ramin aus zwei Gründen die Vertreibung der Juden aus Zentraleuropa: Die Errichtung eines jüdischen Staates in Palästina sei der Wunsch der reichen und einflussreichen Juden gewesen, die ihn umgaben. Zudem sei die Verbannung der Juden aus Europa und aus Deutschland ein allgemeiner und historischer Wunsch der westlichen und christlichen Völker. Schließlich konnte Hitler mit der Unterstützung der Engländer diese Wünsche erfüllen, so dass sein Beliebtheitsgrad unter den Europäern wuchs.[24]

Im selben Dokument ist die Behauptung nachzulesen, Juden hätten die Vereinigten Staaten gegründet, seien für den Ersten und Zweiten Weltkrieg verantwortlich und hätten das Archiv der russischen Zeitung *Prawda* zer-

---

20 Vgl. Rias Qadimi: Seyyed Rossol Hasrat Mohammad, Islam wa masahebe digar, Totonto 1988, S.24ff. und S.141.

21 Vgl. Momen, a. a. O., S.5.

22 David Menashri: Iran, the jews and the holocaust. http://www.tau.ac.il/Anti-Semitism/asw2005/menashri.html (2.12.2007).

23 Zit. n. ebd.

24 Vgl. Ein Dokument des islamischen Antisemitismus (Honestly Concerned – HC 7.1.2007) http://honestlyconcerned.info/bin/articles.cgi?ID=IR5307&Category=ir&Subcategory=19 (2.12.2007).

stört. Die Anschläge des 11. September führt der Präsidentenberater auf die Konferenz von Durban im September 2001 zurück. Dort seien Juden kritisiert worden und daher habe der Mossad den Anschlag vom 11.9. geplant, um sich zu rächen. Es handelt sich hier um die absurdesten Verschwörungstheorien, die von Staatswegen propagiert werden.

Die Khomeinisten relativieren den Holocaust bis hin zur Leugnung. Sie diskutieren Zahlen und setzen Kriegstote mit gezielten Pogromen gleich. Die Probleme von heute seien nicht mehr die Probleme, die nach dem Zweiten Weltkrieg existierten, sagt der iranische Präsident Ahmadinejad. Nicht der Nationalsozialismus sei das Problem, sondern Irak, Libanon, Palästina und Afghanistan. Ahmadinejad zielt zudem auf die in Österreich und Deutschland existierenden Instinkte der Schuldabwehr. Er fordert die westlichen Regierungen auf, sich nicht wegen der europäischen Geschichte des Antisemitismus und des Nazismus schuldig zu fühlen.

Im Iran sind sich die beiden Flügel, Reformislamisten und Hardliner, in der Sache der Leugnung des Existenzrechts Israels einig. Die islamistische Schuldprojektion ist unübertrefflich. Während die Erkenntnisse über die Verbrechen der Nazis an den Juden als übertrieben hingestellt und dadurch verharmlost werden, wird den israelischen Juden vorgeworfen, einen Völkermord an den Palästinensern zu begehen. Dies ist genau die islamistische Form des eliminatorischen sekundären Antisemitismus: Relativierung des Holocaust und Infragestellung des Existenzrechtes Israels. Ahmadinejad behauptet beispielsweise, dass der „wahre Holocaust" sich in Palästina abspiele.[25] Zynischerweise schlägt er vor, dass die Israelis von Deutschland und Österreich aufgenommen werden sollten.[26] Mal sind es auch Kanada und Alaska, welche den Israelis eine neue Heimat bieten sollen.[27]

Der khomeinistische Antisemitismus ist eine neue Form des eliminatorischen Antisemitismus. Dieser ist nicht rassistisch begründet. Der islamistische Antisemitismus betrachtet den einzigen demokratischen Staat im Nahen und Mittleren Osten als ein „Krebsgeschwür", das militärisch eliminiert werden muss. Durch Ahmadinejads Reden wird das nun in der Weltöffentlichkeit diskutiert. Aber auch der Revolutionsführer Khomeini und der gegenwärtige religiöse Führer des Iran, Ali Khamenei, haben Israel nicht anerkannt. Khamenei hat schon vor Ahmadinejad die nationalsozialistische Judenvernichtung geleugnet und vom „Märchen des Holocaust" gesprochen.[28] Der Zeitung *Partosokhan* zufolge hat der religiöse Führer des Iran, Khamenei schon im Jahr 2000 den Positionen des französischen Holocaustleugners Roger Garaudy zugestimmt, ohne seinen Namen zu nennen. Er hat die „Notwendigkeit der Freiheit von westlichen Wissen-

---

25 Vgl. http://www.memritv.org/Transcript.asp?P1=1034 (2.12.2007).

26 Vgl. http://www.memritv.org/Transcript.asp?P1=956 (2.12.2007).

27 Vgl. http://www.memritv.org/Transcript.asp?P1=963 (2.12.2007).

28 HC, 27.2.2007, Der religiöse Führer des Iran leugnete den Holocaust lange vor Ahmadinejad, http://honestlyconcerned.info/bin/articles.cgi?ID=IR8407&Category=ir&Subcategory=19 (2.12.2007).

schaftlern“ betont, die der zionistischen Geschichtsschreibung widersprechen würden.[29]

Man muss sich das Ausmaß der Perfidie bewusst machen, wenn sogar in Fernsehserien, die von Millionen Iranern gesehen werden, die Legende verbreitet wird, Zionisten hätten in den 1930er Jahren einen iranischen Rabbiner getötet, damit die Juden ins damalige Palästina einreisen und Israel gründen. So wird der Hass gegen Israelis und jene Juden geschürt, die sich mit Israel identifizieren, was die Vertreter der Islamischen Republik aber nicht daran hindert, stets ihre großherzige Liebe zur jüdischen Religion zu betonen.

Anti-Baha'ismus

Die Verfolgung der Baha'i im Iran[30] geht einher mit Verschwörungstheorien. Moshe Sharon vergleicht in einer Studie die *Protokolle der Weisen von Zion* und die sogenannten *Memoiren von Dolgorukov.*[31] Bei den *Protokollen* handelt es sich um Fälschungen und die *Memoiren* sind einfache Lügen. Die *Protokolle* waren ursprünglich eine satirische Schrift, ein Dialog zwischen Machiavelli und Montesquieu, geschrieben von dem Franzosen Maurice Joly. Diese Schrift erschien 1864 anonym. Ursprünglich spielen die Juden überhaupt keine Rolle. Diese Schrift erschien später auf russisch. Nun wurde den Juden vorgeworfen, die Welt zu beherrschen oder beherrschen zu wollen. Hitler profitierte von dieser Fälschung und die Islamisten setzen die *Protokolle* ein, um ihre Hasspropaganda fortzusetzen.

Ähnlich funktionieren die *Memoiren* von Count Dolgorukov. Diese erschienen zunächst 1943 in Khurasan im Iran, ein Jahr später in Teheran. In dieser Verschwörungsgeschichte wird propagiert, dass die Babi, eine Vorläuferbewegung der Baha'i-Religion, und die Baha'i den Beweis für eine Konspiration der Freimaurer und der jüdischen Zionisten liefern. Den Babi und den Baha'i wurde vorgeworfen, dass sie alles tun würden, um den Islam zu zerstören. Zudem gelten die Baha'i wie die Juden als die Subjekte der globalen Konspiration. Die Baha'i werden nicht nur im Iran, sondern in der gesamten islamischen Welt verfolgt, besonders in Ägypten. Baha'i sagen, dass Mohammad nicht der letzte Offenbarer Gottes gewesen ist, sondern dass nach ihm der Stifter der Baha'i-Religion erschienen sei. Ihnen wird vorgeworfen, die Welt beherrschen zu wollen. Da im Islam Mohammad als der „Siegel der Propheten“ gilt, werden die Baha'i als blasphemische Abtrünnige betrachtet. Sie glauben nicht daran, dass die Sharia das letzte Wort Gottes ist. In den *Memoiren* werden Bab, der als Vorläufer von Baha'u'llah gilt, und Baha'u'llah, der Stifter der Baha'i-Religion, als

---

29 Partosokhan, 21.2.2007, S.3.

30 Vgl. http://denial.Bahai.org/ (2.12.2007).

31 Vgl. HC, 16.6.2007, Moshe Sharon: The „Memoires of Dolgorukov and the Protocols of The Elders of Zion“; http://honestlyconcerned.info/bin/articles.cgi?ID=IR12607&Category=ir&Subcategory=19 (2.12.2007).

russische Agenten dargestellt, die den Kollaps der islamischen Herrschaft herbeiführen wollten.

Wie stark die *Memoiren* bis heute wirken, zeigt eine Reihe von Artikeln, die in der iranischen Zeitung *Kayhan* erschienen sind. Die Texte sind inzwischen in einem Buch zusammengefasst worden. Als Beweis dafür, dass Baha'i russische Agenten des Zarenreiches seien, wird der Bau eines Tempels in Eshqabad genannt. Der Tempel wurde noch unter sowjetischer Herrschaft zerstört. Dann sollen die Baha'i britische Agenten geworden sein und mit den Freimaurern in Verbindung gestanden haben.[32] Dann heißt es, dass neue Dokumente belegen würden, dass die Baha'is mit den Bolschewisten und dem KGB zusammengearbeitet haben.[33]

Der Baha'i-Glaube wird nicht als Religion, sondern als eine zionistische Angelegenheit dargestellt: „Die Baha'i-Religion ist eine Sekte, die die zionistischen Aktivitäten in den islamischen Ländern eigentlich verdecken sollte, um die Säulen der islamischen Herrschaft zu zerstören. Juden wollten unter dem Deckmantel der Baha'i-Religion die islamische Welt unterwandern."[34] Die Baha'i seien „internationale Zionisten"[35] und hätten den Juden geholfen den „jüdischen Staat" zu errichten.[36] Zwar seien die Erfinder des Baha'i-Glaubens Russen und Engländer, aber natürlich hätten die Amerikaner die Baha'i gestärkt.

Diese Verschwörungstheorien sind die Grundlage für die heutige Verfolgung und Diskriminierung der Baha'i im Iran, wo sie beispielsweise nicht in Universitäten studieren dürfen und immer wieder ins Visier der staatlichen und pseudostaatlichen Organe geraten.

Massenbewegung und -mobilisierung

Der iranische Klerus profitierte vom revolutionären Impetus des bewaffneten kommunistischen Kampfes und des Kampfes der Volksmojahedin gegen die Pahlavi-Dynastie. Als die Massen auf die Straßen gingen, gehörte der Klerus nur bedingt zur aktiven revolutionären Bewegung. Dennoch waren die Khomeinisten nicht passiv. Khomeinis Reden auf Kassetten, Tonbändern und Videos dienten der Mobilisierung der Massen in den Moscheen. Im September 1977 hielt Khomeini eine Rede im irakischen Exil und sprach von „Möglichkeiten eines Protestes", die sich neu eröffnet hätten.[37] In einigen Moscheen wurde Khomeini wie ein Messias erwartet. Die religiösen Rituale wandelten sich im Dezember 1977 zum politischen Protest. Dazu wurden schon im Januar 1978 gewalttätige Demonstrationen

32 Vgl. Daftare Pajuheshhaye Moaaseye Keyhan, Sayeye Roshan Baha'iat, Teheran 2006 S.36, 38f.

33 Vgl. ebd., S.113.

34 Ebd., S.114.

35 Ebd., S.136.

36 Ebd., S.124.

37 Zit. n. Charles Kurzman: The Unthinkable Revolution in Iran, Cambridge 2004, S.21.

durchgeführt. Ab 1978 gewann die Massenbewegung der Moscheenetzwerke eine organisierte Gestalt. Diese Netzwerke sollten die Infrastruktur für die Proteste der Jahre 1977/78 bilden. Die Moscheen und die religiösen Zentren wurden täglich aktiver und mobilisierten die Massen.

Nach der Machtergreifung begann eine Geschichte der staatlich organisierten Mobilisierung der Massen, die bis heute die Bevölkerung zur Partizipation am Herrschaftssystem bewegen soll. Heute können nicht nur die Pseudo-Wahlen als Beispiel für die staatliche Mobilisierungsstrategie angeführt werden, sondern auch die Mobilisierung zur „Bassiji-Woche", in der den minderjährigen Kämpfern, die gegen den Irak in den Krieg zogen, gedacht wird, und insbesondere die Mobilisierung für den Al-Quds-Tag (Jerusalem-Tag).

Im Jahr 1979 rief Khomeini zusammen mit anderen iranischen Klerikern erstmals zum Al-Quds-Tag auf. An diesem Tag sollte nicht nur weltweit für die Zerstörung Israels demonstriert werden. Die Revolution sollte als Modell für die Islamisierung der gesamten islamischen Welt exportiert werden. Khomeini forderte dazu die Gründung einer Partei, der Hisbollah, welche die Einheit aller Muslime in der Welt realisieren sollte.

Khomeini sagte im August 1979: „Jahrelang habe ich die Muslime der Welt vor der Gefahr gewarnt, die vom räuberischen Israel ausgeht. Israel hat in diesen Tagen seine Repressionen gegen unsere palästinensischen Brüder und Schwestern verstärkt. Insbesondere in Südlibanon wollen die Israelis die palästinensischen Kämpfer vernichten. Ununterbrochen bombardieren sie deren Häuser. Ich fordere alle Muslime der Welt und alle muslimischen Regierungen auf, den Usurpatoren und ihren Unterstützern die Hände abzuhacken. Und ich lade alle Muslime der Welt dazu ein, gemeinsam den letzten Freitag im heiligen Monat Ramadan zum Al-Quds-Tag zu machen und ihre internationale muslimische Solidarität zur Unterstützung der legitimen Rechte des muslimischen palästinensischen Volkes zu erklären. Ich bitte den allmächtigen Gott um den Sieg der Muslime über die Gottlosen."[38]

Mit dieser am 8. August 1979 in der iranischen Tageszeitung *Ettelaat* veröffentlichten Botschaft des „Führers der islamischen Revolution" begann die Geschichte des Al-Quds-Tages. Eine Woche später, am 14. August 1979, druckte *Ettelaat* auf der ersten Seite der Zeitung Photos von führenden Politikern der Islamischen Republik ab, die alle zur Unterstützung des Al-Quds-Tages aufgerufen hatten. Darunter waren Ayatollah Taleqani (linksislamistischer Kleriker), Basargan (damaliger Ministerpräsident und Mitglied der bis heute reformislamistischen Nehsate Asadi, der „Freiheitsbewegung"), Sahabi (Mitglied der Nehsate Asadi), Tabatabai (wurde wegen Opiumschmuggels hingerichtet) und Haj Seyyed Javadi (bekannter Journalist, der ins Exil ging).

Die Redaktion der Zeitung schrieb dazu: „Die Botschaft des Revolutionsführers zur Durchführung des Al-Quds-Tages beruht nicht nur

38 Ettelaat, 8.8.1979.

auf Mitleid. Sie postuliert vielmehr die Einheit zweier Revolutionen, die Harmonie zwischen zwei Völkern und die Brüderlichkeit innerhalb einer gemeinsamen Umma, die mit den ihr gemeinsamen humanitären Zielen gegen den internationalen Imperialismus kämpft. Unser Volk ist gegenüber dem palästinensischen Volk moralisch verpflichtet. Viele unserer Kämpfer und Mujaheddin der Revolution haben in den militärischen palästinensischen Camps die Tradition des Kampfes gegen den Imperialismus gelernt. Sowohl die palästinensischen als auch die kubanischen Lager waren revolutionäre Schulen für die mutigen iranischen Kämpfer. Unsere palästinensischen Brüder waren in den ersten Tagen der Revolution ein Botschafter der Revolution im In- und im Ausland und haben immer die wahren Ziele unserer Revolution in der westlichen Welt verteidigt. [...] Von Beginn an hat der Iran in seinem unversöhnlichen Kampf gegen den Weltimperialismus des Westens und des Ostens auch Israel entschieden und wütend bekämpft. Denn der Kampf unseres Volkes gegen den US-Imperialismus schließt auch den Kampf gegen Israel ein, den aggressiven Polizisten Amerikas in der Region. In diesem Kampf steht das palästinensische Volk gemeinsam mit uns in einer Front. Der Iran hat seine Versprechen gehalten. Palästina hat inzwischen eine Botschaft in Teheran. Genau dort, wo zuvor die israelische Botschaft war. Israel wird politisch boykottiert und jede Beziehung, die der Schah zu Israel unterhalten hat, wurde abgebrochen. [...] Die klare Niederlage Israels hängt ab von der materiellen und moralischen Unterstützung für den Kampf des palästinensischen Volkes. Der Al-Quds-Tag symbolisiert die Verbundenheit der revolutionären Muslime des Iran mit den arabischen Ländern und den Kämpfern Palästinas. Er ist ein weiterer Schritt zur muslimischen Einheit gegen die zionistische und imperialistische Front [...], in der Hoffnung, dass wir im nächsten Jahr die Früchte der revolutionären Solidarität der muslimischen Völker in der Region ernten können und Zeugen des Sieges des mutigen palästinensischen Volkes werden. Auf dass wir bald zusammen mit den Palästinensern in der Heimat ihrer Ahnen feiern werden."[39]

Am 16. August 1979 berichtete *Ettelaat*, dass auch Mitglieder der Armee in Uniform an den Al-Quds-Demonstrationen teilnehmen können. Das Militärpersonal sollte organisiert und zu Fuß von den Kasernen bis zum Ort der Demonstration marschieren. In derselben Ausgabe heißt es, dass „Millionen Muslime weltweit den Aufruf des iranischen Revolutionsführers gegen den Zionismus begrüßt haben." Das iranische Außenministerium habe alle Botschafter der islamischen Staaten eingeladen, in Teheran am letzten Freitagsgebet im Fastenmonat Ramadan teilzunehmen. Folgende Länder haben *Ettelaat* zufolge ihrer offiziellen Teilnahme zugestimmt: Pakistan, Syrien, Bahrein, Libanon, Jordanien, Palästina und Kuwait.

39 Ettelaat, 14.8.1979.

Verfolgung von Frauen

Die iranischen Frauen werden seit 28 Jahren diskriminiert und unterdrückt; und sie wehren sich genau so lange gegen diese Unterdrückung: Am 7. Januar 2003 beispielsweise verbrannten iranische Frauen in Teheran symbolisch ihre Schleier und flüchteten vor den Sittenwächtern.[40] Die Zwangsverschleierung, Auspeitschungen und die schockierenden Berichte über Steinigungen fassen noch nicht das Ausmaß der geschlechtsspezifischen Apartheidpolitik. Jale Ahmadi weist darauf hin, dass schon die Verfassung des Iran „genderspezifischen Charakter" hat.[41] Die Frau müsse in ein „Subjekt" islamischer Norm konvertiert werden. Der Gegensatz zwischen dem „Führer" und der „Frau" ist zentral. Der „Führer" symbolisiere die revolutionären Ideen des Volkes. Die nicht-islamische Frau dagegen stelle die menschlichen Kräfte dar, die laut Verfassung „im Dienste der allseitigen ausländischen Ausbeutung" stünde. Die Frau symbolisiere die negative Seite des Volkes. Die Verfassung wolle aus „würdelosen Frauen" würdige Menschen machen. Die Frau würde ihre Existenzberechtigung verlieren, würde sie sich nicht konform der Verfassung verhalten. Die Islamisierung der Frau sei in der Islamischen Verfassung zur „Raison d'etre der Herrschaft der Rechtsgelehrten" geworden.

Ahmadi schreibt: „1979 wurde die vorherige Bildungsministerin, Farochru Parsa, in einen Sack gesteckt und mit einer Maschinenpistole erschossen. Sie war seit vier Jahren nicht mehr im Amt. [...] Dies war der Beginn einer genderspezifischen Machtpolitik."[42] Parsas männliche Kollegen wurden nur zu Haftstrafen verurteilt. Zwischen 1981 und 1985 sind nach Ahmadi in verschiedenen Gefängnissen 60 Frauen unter Folter gestorben und mehr als 1500 hingerichtet worden. 47 von ihnen waren schwanger, zwei über siebzig und die jüngste zehn Jahre alt. 1983 wurde die Zwangsverschleierung eingeführt. Ahmadi beschreibt, wie das „weibliche Kind" seine Existenzberechtigung erlangt: „Schon mit 8 Jahren und sieben Monaten werden die weiblichen Kinder auf einem öffentlichen Volljährigkeitsfest in ihrem ersten Gebetsschleier als neue Rekrutinnen auf den islamischen Staat vereidigt."[43]

Die staatlich verordneten religiösen Gesetze führen zu einer systematischen Unterdrückung der iranischen Frauen. Aber Frauen im Iran dürfen arbeiten und sich dem System andienen. Auf Demonstrationen im Juni 2006 forderten Frauen die Durchsetzung der Menschenrechte im Iran.[44] Polizistinnen, die im Namen der islamischen Gleichberechtigung

---

40 Vgl. Tag der Befreiung der Frau, http://honestlyconcerned.info/bin/articles.cgi?ID=IR-503&Category=ir&Subcategory=19 (2.12.2007).

41 Jale Ahmadi: Die iranische Gesellschaft und die „islamische" Geschlechtermaskerade, in: Bad Boller Skripte 6/2005, Ein neuer Iran? S.33.

42 Ebd., S.35.

43 Ebd., S.38.

44 Vgl. HC, 8.3.2007; http://honestlyconcerned.info/bin/articles.cgi?ID=IR9007&Category=ir&Subcategory=19 (2.12.2007).

trainiert worden sind, zerschlugen diese Demonstrationen für Demokratie und Menschenrechte, und weibliches Personal ist auch in Frauengefängnissen aktiv, wenn es um Folterungen geht.

Im März 2007 wurden abermals Frauendemonstrationen gewalttätig im Keim erstickt. Einer Frau, die ihren Hijab nicht richtig trägt, wird vorgeworfen, nackt herumzulaufen. Allein Anfang November 2006 wurden rund 50 Frauen nur wegen unzureichender Verhüllung verhaftet. Statistiken über alltägliche Verhaftungen können kaum geführt werden. In Universitäten, Krankenhäusern und Parkanlagen werden Frauen und Männer separiert. Sogar auf manchen Fußgängerwegen müssen Frauen und Männer getrennt gehen. Viel- und Zeitehen führen zu einem immer größer werdenden Problem der Prostitution. Auch die Drogensucht unter Mädchen und jungen Frauen, die teilweise nur 15 Jahre alt sind, soll in den letzten Jahren stark gewachsen sein.[45] Die Selbstmordrate unter iranischen Frauen wächst. Teilweise handelt es sich um politisch motivierte Selbstmorde. Bereits 1994 hatte sich Homa Darabi aus Protest gegen die Islamische Republik öffentlich verbrannt. Shahla Shafiq schrieb über ihren Selbstmord: „Im Grunde müssen wir solche Selbstmorde als Gerichtsprozesse betrachten, in denen die Anderen und die Gesellschaft verurteilt werden."[46]

Khomeinistischer Revolutionsexport

In einem Vortrag an der Princeton-Universität am 15. August 2006 hielt der iranische UNO-Botschafter Javad Zarif einen Vortrag. Er beteuerte, dass der Iran ein friedliches Land sei. Iran unterstütze nicht den Terrorismus und würde sich nicht an Aufrüstungsstrategien beteiligen. Iran suche keine Konfrontation, wolle die Region nicht destabilisieren und untermininiere auch nicht die Entwicklungen im Irak.[47] Die Realität sieht anders aus: Die Unterstützung des palästinensischen Terrorismus, Angriffe auf jüdische Zentren und Eliminierung der politischen Exilparteien gehören zu den außenpolitischen Strategien des Iran.[48]

In der Islamischen Republik Iran fängt die Erziehung zum Selbstmörder schon in der Schule an. Geoffrey van Orden hat bei iranischen Schulbüchern im Iran festgestellt, dass schon Schulkinder auf einen Konflikt mit Europa vorbereitet werden: „In iranischen Schulen werden die Vorbereitungen auf diesen Konflikt von einer offen gezeigten extremistischen religiösen Ideologie vorangetrieben, die die Vorzüge des Märtyrertods hervorhebt und lehrt."[49]

In der Islamischen Republik Iran gilt Terrorismus seit 28 Jahren als revolutionärer Akt, wie Ahmadinejad in einer Versammlung vor iranischen

45 Vgl. Iran Press News, 18.11.2006.

46 Shahla Shafiq: Sanan wa eslame siasi, Paris 2000, S.99.

47 Vgl. http://www.informationclearinghouse.info/article15825.htm (2.12.2007).

48 Vgl. dazu den Beitrag von Florian Markl in diesem Band.

49 http://www.neurope.eu/view_news.php?id=69693 und siehe unter Einblicke in: http://www.realite-eu.org/ (2.12.2007).

Künstlern betonte: „Die Botschaft der islamischen Revolution ist global und ist nicht auf spezifische Zeit und auf einen Raum begrenzt. Es ist eine Botschaft für die ganze Menschheit und sie wird sich verbreiten. Habt keinen Zweifel. Es ist der göttliche Wille. Islam wird die Welt erobern. Islam wird die höchsten Gipfel der Welt erobern." Und vom Selbstmordattentat schwärmt er: „Die Kunst wird perfektioniert, wenn diese das beste Leben und den besten Tod porträtiert. Die Kunst erklärt, wie man eigentlich leben sollte. Gibt es eine Kunst, die schöner, heiliger ist als das Martyrium? Wer diese Prinzipien unterminiert, unterminiert die Prinzipien unserer Unabhängigkeit."[50]

Die reformislamistische und inzwischen verbotene Zeitung *Sharq* berichtete, wie der linksislamistische Sprecher des Ex-Präsidenten Khatami, Ali Akbar Mohtashemipour, die Gründungsgeschichte der libanesischen Hisbollah beschrieb.[51] Stolz gab Mohtashemipour zu, dass die nach seiner Meinung „siegreiche Hisbollah" gegenwärtig mit Waffen aus dem Iran ausgerüstet sei. Er listete eine Reihe von iranischen Raketen auf, die gegenwärtig von der Hisbollah benutzt werden.[52]

Mohtashemipour, der sich beklagt, dass außer Syrien, Sudan, Algerien und Libyen die arabischen Staaten der Hisbollah kaum helfen würden, hat nach eigenen Angaben aus Syrien heraus während seiner Tätigkeit als Botschafter die Hisbollah aufgebaut. Iran habe über 300 Hisbollah-Kader ausgebildet. Die Hisbollah selbst habe über 100.000 Kämpfer weiter trainiert.

Die Hisbollah kommt auch den iranischen Machthabern zur Hilfe, wenn sie gerufen werden, wie derselbe Mohtashemipour berichtet. Beispielsweise bei der Zerschlagung der Studentenbewegung im Jahre 1999. Die befreundete Organisation half auch mit, als Demonstrationen in Ahwaz, in der arabischen Provinz Khusistan zerschlagen wurden.[53]

Technologisch moderne Gegenmoderne

Beim heutigen Iran handelt es sich um ein politisches System der technologisch entwickelten Gegenmoderne, das sich als eine paradigmatische Alternative zur westlichen Demokratie und Modernität versteht. Die totalitäre Ideologie des Islamismus präsentiert sich als das politische Konzept

50 http://www.memritv.org/Transcript.asp?P1=782 (2.12.2007).

51 Vgl. Sharq, 3.8.2006, http://www.sharghnewspaper.ir/850512/html/index.htm und http://www.sharghnewspaper.ir/850512/html/polit.htm (2.12.2007).

52 In diesem Zusammenhang sei auch an Paragraph 3 der Resolution 1559 des UN-Sicherheitsrates erinnert, in dem die Entwaffnung aller libanesischen und nicht-libanesischen Milizen gefordert wird. Der Iran jedoch bewaffnet die libanesische Miliz der Hisbollah mit Raketen, und es ist noch ungeklärt, wer sie entwaffnet, zumal die Hisbollah kaum auf ihr Ziel der Vernichtung Israels verzichten würde, auch wenn sie als Spezialeinheit in die libanesische Armee „integriert" werden sollte.

53 Vgl. Ali Nouri Zadeh: Tehran and Hezbollah's Secret History: http://www.asharq-e.com/news.asp?section=3&id=5884 und siehe auch: http://news.bbc.co.uk/2/hi/middle_east/1908671.stm (2.12.2007).

der technologisch modernen Gegenmoderne. In dieser wird der Versuch unternommen, die Öffentlichkeit staatlich zu beschlagnahmen und auf die selbst definierte Umma, die islamische Gemeinschaft, zu reduzieren.

Der Machtanspruch des Staates und dessen Wille zur Beherrschung der gesamten Gesellschaft sind totalitär. Totalitäre Herrscher versuchen eine gemeinsame Identität mit den Beherrschten herzustellen. Der islamisch verbrämte Staat bleibt entschlossen, alle staatlichen Organe zu instrumentalisieren, um seine Macht durchzusetzen. Auch wenn es bislang keinen Staat gab, der auf Dauer seine Allmacht der Gesellschaft aufzwingen konnte, reichen die beschriebenen totalitären Ansprüche aus, um im Falle des Iran von einer dritten Spielart totalitärer Herrschaftsformen zu sprechen.

Die Machtorgane sollen das politische System der Diktatur in jeglicher Hinsicht stabilisieren. Dies erfordert eine technologische Modernisierung der Wirtschaft, des Militärs und der gesamten staatlichen Strukturen. Vor dem Hintergrund des iranischen Raketenprogramms und des Atomprogramms wird die dritte Spielart des Totalitarismus auch ein Problem für Europa.

Die islamische Herrschaft gilt in der staatlichen Doktrin der Islamischen Republik Iran als etwas Absolutes. Daher forderte Ahmadinejad auf der Generalversammlung der UNO eine Islamisierung der Welt, damit ‚Frieden', ‚Liebe' und ‚Gerechtigkeit', wie sie in der zynischen und ideologischen Vorstellungswelt des iranischen Präsidenten aussehen, eines Tages herrschen werden.[54]

Die regressive Idee, das anachronistische islamische Gesetz als Staatsgesetz einführen zu wollen, ist die endogene Ursache für terroristische Gewalt und für die neue Form der totalitären Herrschaft des Islamismus. Diese politische Regression entsteht aus der Projektion eines vergangenen Ideals in die Zukunft, als ob das Modell der Medina von vor 1300 Jahren tatsächlich eine Lösung für die Zukunft der islamischen Welt wäre. Das islamische Gesetz, besonders in seiner islamistisch-totalitären Interpretation, verhindert heute eine gesellschaftliche Transformation und die Entwicklung neuer Wertesysteme. Der Djihadist führt mit terroristischer und diktatorischer Gewalt den Krieg zurück in die Vergangenheit.

Die Islamische Republik Iran hat ihre ganz eigene „Friedensvision": eine atomwaffenfreie Zone im Nahen und Mittleren Osten, die folgendes zur Bedingung hat: Abzug aller westlichen Mächte, Sturz der prowestlichen Regierungen durch Unterstützung der islamisch-revolutionär-terroristischen Bewegungen, Zerstörung Israels, Schaffung von Gottesstaaten in der gesamten islamischen Welt und, als Endziel, die Islamisierung der gesamten Welt.

Das Atomprogramm des Iran wird vor dem Hintergrund der mahdistischen Staatsdoktrin[55] besonders virulent. Wenn der Iran das Potential

54 Vgl. Wahied Wahdat-Hagh: Mehr als eine Predigt, 28.9.2007; http://debatte.welt.de/kolumnen/73/periskop/40627/iran+mehr+als+eine+predigt (2.12.2007).

55 Vgl. http://memri.org/bin/articles.cgi?Page=countries&Area=iran&ID=IA35707 (2.12.2007).

zum Bau der Atombombe bekommt – und er ist auf dem besten Wege dahin – wird eine atomare Aufrüstungspolitik die Folge sein, die Kriege im 21. Jahrhundert sehr wahrscheinlich macht. Durch eine khomeinistische Atombombe würden alle Bemühungen um eine Verhinderung der weiteren Ausbreitung von Nuklearwaffen im Nahen und Mittleren Osten zunichte gemacht. Es sei daran erinnert, dass die offiziell nicht deklarierte israelische Atombombe niemals solche Reaktionen in der arabischen Welt hervorgerufen hat. Trotz aller Konflikte hat das israelische Atomprogramm nicht zu einem Wettrüsten mit den arabischen Nachbarn geführt. Das bedeutet, dass eine iranische Atombombe von den arabischen Ländern um vieles mehr gefürchtet wird als die israelische. Die iranische Atombombe würde ein weltweites atomares Wettrüsten provozieren. Nicht nur Ägypten, Saudi-Arabien und die Türkei, sondern beispielsweise auch Japan und Brasilien, Argentinien und Südkorea könnten auf den Geschmack der Atombombe kommen.

Gerhard Scheit

Der neue Vernichtungswahn und seine internationalen Voraussetzungen

Wodurch sich Ahmadinejads Islamische Republik von Hitlerdeutschland unterscheidet

Es gibt Diktaturen, die spotten des Begriffs – desto mehr, je bestimmter sie analysiert werden. So war es beim nationalsozialistischen Deutschland, und so ist es bei der Islamischen Republik Iran. Der Begriff der Diktatur verharmlost sie bereits.

Dagegen erschien die Initiative der US-Regierung, die Revolutionsgarden des Iran auf die Liste der terroristischen Organisationen[1] zu setzen, fast schon als genialer Vorstoß zu einer Staatstheorie ganz auf der Höhe der Zeit, der doch zahllose politikwissenschaftliche und völkerrechtliche Studien – vom täglichen Geschwätz so genannter Terrorismusexperten zu schweigen – als gegenstandslos erweisen müsste.

Im „Stande ihrer Unfreiheit" (Adorno[2]), den Menschen vom Kapitalverhältnis aufgezwungen, könnte der Anstrengung radikaler Kritik nicht besser gedient sein als mit einer politischen Praxis, die ebenso das Schlimmste verhindern hilft wie das falsche Bewusstsein entlarvt – in diesem Fall das völkerrechtliche: „The Revolutionary Guard would be the first national military branch included on the list, U.S. officials said – a highly unusual move because it is part of a government, rather than a typical non-state terrorist organization."[3] Die Grenzen zwischen souveränen Staaten und politischen Banden, regulären Armeen und terroristischen Gruppen sind nun wirklich fließend geworden – und nirgendwo sind sie so fließend wie im Fall der Islamischen Republik Iran. Jede Berufung aufs Völkerrecht, die das nicht reflektiert[4], lässt den antiamerikanischen Akzent sofort erkennen: „Mit der Neueinstufung der Pasdaran könnten

1 Vgl. Current List of Designated Foreign Terrorist Organizations: http://www.state.gov/s/ct/rls/fs/37191.htm (6.12.2007); bei Abschluss des Artikels am 6.12.2007 standen die Revolutionsgarden noch immer nicht auf der Liste.

2 Theodor W. Adorno: Negative Dialektik [1966], in: Ders.: Gesammelte Schriften, Frankfurt am Main 1997, Bd. 6, S.358.

3 Washington Post, 15.8.2007.

4 Teheran hatte die Argumentation bereits vorgegeben, ehe noch die EU reagierte: Das Vorhaben der USA „sei widerrechtlich", rapportiert eilfertig der österreichische Standard am 16.8.2007.

die USA im Alleingang an der Eskalationsschraube drehen. In Europa, das nach wie vor auf Verhandlungen setzt, werden die US-Pläne mit Skepsis verfolgt." So schreibt etwa der Wiener *Kurier* (17.8.2007) – einst von der amerikanischen Besatzungsmacht gegründet, wobei damals sichtlich versäumt wurde, an der Eskalationsschraube zu drehen, und so konnten die österreichischen Nazis solange auf Verhandlungen setzen, bis sie in Europa nicht mehr mit Skepsis verfolgt wurden.

Antiamerikanismus sucht immer zu übertönen, was der Westen an Vernunft bereithält: In der visierten Maßnahme, die staatlichen iranischen Revolutionsgarden als „specially designated global terrorist"[5] zu den übrigen NGOs der Vernichtung zu zählen, steckt ein wahres Urteil über die Eigenart eines Staats, der solche Garden braucht. Das soll im Folgenden etwas expliziert werden.

Office of Counterterrorism und Institut für Sozialforschung

Es ist zwar nicht davon auszugehen, dass in derartigen politischen Initiativen noch das Engagement von Herbert Marcuse oder Franz Neumann in Geheimdienst und State Departement nachwirken würde. Über die vielen Jahrzehnte des Kalten Kriegs und falscher US-Politik hinweg gibt es leider keine wirkliche unterirdische Verbindung mehr zwischen der kritischen Theorie des emigrierten Instituts für Sozialforschung und neokonservativen Vorstößen in den Stäben des *Counterterrorism*. Aber die Begriffe und Theorien, die Marcuse und Neumann und andere Intellektuelle der Kritischen Theorie damals in den USA und für die USA entwickelten, können dennoch die heutigen Maßnahmen dieses Staats durchaus erhellen – soweit, dass noch deren Schwächen sichtbar werden, wie sie der deutsch-europäischen Ideologie ihre Geschäfte erleichtern. In der Politik der USA tritt – und zwar seit ihrer Gründung, wenn auch auffallend intermittierend – ein Minimum an politischer Vernunft und davon untrennbar: Freiheit des Individuums zutage; dieses Minimum, auf das man sich gleichwohl nicht verlassen kann, scheint das Äußerste, was in der Welt von Staat und Kapital an Freiheit und *Pursuit of happyness* überhaupt möglich ist. Das begriffen Horkheimer und Adorno, Marcuse und Neumann, Kirchheimer und Löwenthal in dem Augenblick, da sie im Nationalsozialismus die treibende Kraft erkannten, die nicht nur jede Möglichkeit von Kritik, sondern eben darin die mögliche Einheit der Menschheit und schließlich die Menschheit selbst zunichte machen wollte. Sie verstanden, was dieses völkische Glücksversprechen bedeutete, das ihr Leben und das Millionen anderer bedrohte; worin also die Antwort des Nationalsozialismus auf jenes Minimum politischer Vernunft und individueller Freiheit bestand, das die bürgerliche Gesellschaft hervorgebracht hat und worin einzig und

5 Washington Post, 16.8.2007

allein ein Glücksversprechen liegt, das auch wirkliches Glück meint, weil es vom Individuum selbst ausgeht und nicht von einer Glaubens- oder Volksgemeinschaft.

Angesichts solcher historischer Konstellationen erweist es sich geradezu als zwingend, auf die Analyse zurückzugreifen, die Franz Neumann einst vom NS-Staat gegeben hat, ehe er selber in den US-Staatsdienst wechselte, soll wirklich der Begriff, der in jener Initiative der US-Regierung angelegt ist, als Waffe der Kritik entwickelt werden, die darum allerdings noch nicht der Kritik der Waffen wird entbehren können. Denn der politische Wille, die iranischen Revolutionsgarden auf die Liste der Terrorgruppen zu setzen, beinhaltet das politische Wissen, dass sich diese Garden der *Pasdaran*, die für sich in Anspruch nehmen, zu den Streitkräften eines souveränen Staats zu rechnen, von politischen Banden, die unabhängig von jedem Staat Gewalt um ihrer selbst willen praktizieren, nicht unterscheiden; dass die Hisbollah innerhalb des Iran nichts anderes ist als die Hisbollah außerhalb des Iran, Pasdaran und Hamas unter den gleichen Gesichtspunkten zu bekämpfen sind, und das Völkerrecht, das die einen von den anderen unterscheidet, nur beiden nützt, ihre Untaten fortzusetzen; und bedeutet konsequent weitergedacht, dass es den Staat gar nicht gibt, den das Völkerrecht unterstellt, sondern nur ein Agglomerat von terroristischen Banden und Wohlfahrtsvereinen, die mit dem Territorium das Gewaltmonopol des Schah-Regimes nur insofern übernommen haben, als sie ihre eigenen gesteigerten Gewaltmaßnahmen durch ständige Absprachen so koordinieren, dass sie weiterhin als Gewaltmonopol erscheinen. An der Erkenntnis, dass es zerfallen war, hat sich bekanntlich bereits Michel Foucault in seinem antizivilisatorischen Wahn berauschen können, als er den Iran kurz nach der „Revolution" von 1979 besuchte.[6]

Diese so genannte Revolution, die den heutigen Iran hervorbrachte, ist das Gegenteil der bürgerlichen Revolution, die einmal in Frankreich triumphiert hat. Jede hebt das Gewaltmonopol auf und setzt die unmittelbare Gewalt terroristischer Gruppen an seine Stelle; im einen Fall jedoch entspringt dem Terror das Recht, das vom neuen Gewaltmonopol um der Verwertung des Kapitals willen garantiert wird; im anderen setzt sich der Terror in den Formen der Sharia ungebrochen fort und sieht sich in Allahs Namen von den Renditen aus dem Erdölgeschäft gedeckt.[7]

---

6 Vgl. hierzu den Artikel von Tjark Kunstreich über „Foucaults Flirt mit dem Islam" (Lust an der Unfreiheit, in: Konkret 8/2004, S.35–41) sowie den Beitrag von Andreas Benl in diesem Band.

7 Ungefähr die Mitte hält, was aus der Russischen Revolution wurde: Davon ist heute ein Erdgaskonzern übrig geblieben – das größte Unternehmen des Landes –, der es den politischen Führern und Rackets ermöglicht, die Bürger, die sich als Bürger verhalten und aufs Recht berufen, weiterhin und jederzeit zu terrorisieren. Der russische Staat verhält sich wie eine rein kriminelle Bande – darin mag man angesichts der islamischen Märtyrerkollektive sogar noch den letzten Rest der Vernunft erblicken, die einmal in der Russischen Revolution enthalten war. Aber er entspricht auch insofern der puren kriminellen Vereinigung, als er sich zugleich bereit zeigt, mit dem Vernichtungswahn solcher auf dem Erdölprofit basierender non-profit-Organisationen zu kooperieren,

SS und SA, Pasdaran und Bassidschi

Wäre für die Alliierten des Zweiten Weltkriegs schon eine Liste von Terrorgruppen nötig gewesen, Franz Neumann hätte geraten, die SS einschließlich der Waffen-SS auf diese Liste zu setzen, auch wenn letztere Ähnlichkeiten mit der Wehrmacht dieses souveränen Staats Deutschland aufwies. Denn er bestritt nicht nur, dass von Recht und Gesetz im Dritten Reich gesprochen werden könne, „obwohl Tausende von berechenbaren technischen Regeln vorhanden sind".[8] Neumann verneinte, dass in Deutschland überhaupt eine formal oder funktionell einheitliche souveräne politische Gewalt existiert. Er sprach von „äußerster Formlosigkeit": von Staat im eigentlichen Sinn könne gar nicht mehr die Rede sein, viel eher handle es sich „um eine Bande, deren Anführer ständig gezwungen sind, sich nach Streitigkeiten wieder zu vertragen".[9] Der Nationalsozialismus besitze nicht einmal einen einheitlichen Zwangsapparat, er zerfalle in mehrere politische Gewalten, die umso brutaler zuschlagen als ihre Beziehungen nicht institutionalisiert sind, sondern lediglich personal vollzogen werden. Diese an Personen gebundene Einigung, die ad hoc herzustellen ist, kann nicht mehr als Einheit im Sinn eines Staatswesens, egal ob Demokratie oder Diktatur verstanden werden: Der Nationalsozialismus sei ein „Unstaat", eine „Anarchie" und ein „Chaos".[10]

So irreführend es nun wäre, nationalsozialistisches Deutschland und Islamische Republik Iran gleichzusetzen (und Ahmadinejad als Hitler darzustellen), so sinnvoll ist es, von der richtigen Analyse des Nationalsozialismus auszugehen, um in der des Islamismus weiterzukommen. Tatsächlich sind auch die Revolutionsgarden kein Staat im Staat, wie es so schön verniedlichend heißt, sondern ein Staat im Unstaat. Sie sind ein eigener ‚Staat' mit Wirtschafts- und Wohlfahrtsimperium, deren Verzweigungen im internationalen Raum zu verfolgen sind (auf ihr Auslands-Vermögen zielt zuallererst jene Initiative des State Department), und natürlich einem speziellen Geheimdienst. Ray Takeyh vom US-*Council on Foreign Relations* sagt: „They are heavily involved in everything from pharmaceuticals to telecommunications and pipelines [...] Many of the front companies engaged in procuring nuclear technology are owned and run by the Revolutionary Guards. They are developing along the lines of the Chinese military, which is involved in many business enterprises. It's a huge business conglomeration."[11]

wenn es denn eigene Beute verspricht wie im Iran und nicht Verluste wie in Tschetschenien. Im Westen bildet Deutschland die logische Putin-Connection für diese Rackets und der Altkanzler Schröder noch immer die beste Charaktermaske für die allseitige Kumpanei.

8 Franz Neumann: Behemoth. Struktur und Praxis des Nationalsozialismus 1933–1944 [1.Aufl. 1942; 2.Aufl. 1944], Frankfurt am Main 1998, S.541.

9 Ebd. S.554.

10 Ebd. S.16.

11 Washington Post, 15.8.2007

Aber dieses Banden-Business-Konglomerat entwickelt sich nicht nur mithilfe des chinesischen Militärapparats sondern bald auch mithilfe der Österreichischen Mineralölverwaltung. „Österreich ist für uns das Tor in die europäische Union", sagte der iranische Handelskammerpräsident Khamoushi zukunftsgewiss im November 2006. Die neue Initiative der US-Regierung richtet sich nicht zuletzt gegen die OMV und den geplanten österreichischen Deal mit der National Iranian Oil Co. (NIOC).[12]

Die Revolutionsgarden, die neben den Hunderten von Managerposten im Ölgeschäft rund 150.000 Mann unter Waffen haben und bei Bedarf Millionen junger Kämpfer in allen Waffengattungen rekrutieren können, rivalisieren nun auf je verschiedenen Feldern zugleich mit anderen Staaten im Unstaat, etwa mit den Selbstmord-Brigaden der *Setad Pasdasht Shohadaye Nehzat Jahani (Islam Committee for the Glorification of Martyrs of the Global Islamic Movement)*, die sich auf die Propagierung von Suicide bombing und Märtyrertum spezialisiert haben[13] – ähnlich wie vor und während des Dritten Reichs Rosenbergs *Kampfbund* oder Streichers *Stürmer* auf den Antisemitismus. Sie konkurrieren aber auch mit den „regulären" Truppen der Islamischen Republik, mit ihnen nur durch ein gemeinsames Oberkommando verbunden – nicht wesentlich anders als Hamas und Hisbollah durch das gemeinsame Oberkommando Allahs und seines Propheten. Was dieses Oberkommando bedeutet, was also unter „islamischer Theokratie" heute verstanden werden muss, da sie sich als „islamischer Verfassungsstaat" geriert, das ist zuallererst in den Studien von Wahied Wahdat-Hagh nachzulesen, die hier dem *Behemoth* von Neumann, Marcuses *Feindanalysen* und Otto Kirchheimers Arbeiten über das NS-Rechtssystem an die Seite zu stellen wären. In diesen Studien wird das Fiktionale an solcher „Gewaltenteilung" betont: je komplizierter sie angelegt und je penibler sie in der Verfassung vorgegeben scheint, desto irrealer erweist sie sich.[14]

Die Teilung ist in Wahrheit Dissoziation, so dass es keineswegs erst im Ernstfall, also in der großen Staatskrise, auf den Absolutheitsanspruch

---

12 Das aber erfährt man kaum von den politischen Kommentatoren, nicht einmal unbedingt von US-amerikanischen, man kann es am besten aus Informationen der internationalen business research center folgern. Seit eineinhalb Jahren (publiziert am 12.12.2005) ist auf der Site von APS Review Oil Market Trends zu lesen: „Iran's Petroleum Sector Is Being Taken Over By Revolutionary Guards. Staging a military coup d'etat gradually, the Islamic Revolutionary Guards Corps (IRGC) is about to take over Iran's petroleum sector. On the sidelines of a conference in Tehran backed by the state-owned National Iranian Oil Co. (NIOC) and the Petroleum Ministry, Iranian executives said over 400 managers in this sector would be replaced by IRGC appointees. This has alarmed ICOs operating in Iran." http://goliath.ecnext.com/coms2/browse_R_A079 (6.12.2007)
Nicht so die OMV, für die es offenbar ein Ansporn war, gerade hier einen Standortvorteil zu gewinnen. Man wusste eben, dass auf die heimische Politik Verlass ist, wenn ein solcher Deal geplant wird.

13 Vgl. Ali Alfoneh, Iran's Suicide Brigades. Terrorism Resurgent, in: The Middle East Quarterly XIV/1, Winter 2007; http://www.meforum.org/article/1059 (6.12.2007).

14 Vgl. Wahied Wahdat-Hagh: Die Islamische Republik Iran. Die Herrschaft des politischen Islam als eine Spielart des Totalitarismus, Münster – Hamburg – London 2003.

des göttlichen Willens ankommt, der losschlägt um die Einheit wiederherzustellen – dann könnte ja von einem wirklichen Verfassungsstaat und realer Gewaltenteilung gesprochen werden. Vielmehr steht in jeder kleinen politischen Entscheidung des Alltags die Herrschaft schon auf dem Spiel; regiert der Ausnahmezustand, der alles erlaubt. Jederzeit vermag hier die unmittelbare Androhung, die durch kein Recht verzögerte und gebrochene Anwendung der Gewalt – von der Sharia bloß als Recht verkleidet – in den Konflikten den Ausschlag zu geben, so wie eben auf offener Straße eine unverschleierte Frau oder ein homosexuelles Paar fortwährend damit rechnen muss, von einem mehr oder weniger zufällig anwesenden Kommando der Tugendwächter überfallen und geschlagen zu werden. Es kommt immer nur darauf an, wer, welche Bande, welches *Racket*, gerade da ist und über die nötige Gewalt verfügt, mit diesem Absolutheitsanspruch des göttlichen Willens gewappnet in irgendeiner Frage, in irgendeinem Konflikt sich durchzusetzen.

Das ganze komplizierte Verfassungsgebäude soll bloß Räume bereitstellen, worin diese Rackets, die per definitionem den Ausnahmezustand bevorzugen, ihre disparaten Aktivitäten koordinieren können. Denn die Kompetenzen der verschiedenen Instanzen, Kommissionen, Räte usw. überschneiden sich ja in der real-existierenden Islamischen Republik kaum anders als im nicht-existierenden Palästinenserstaat die zahl- und grenzenlosen Geheimdienste, Partei- und Armeefraktionen.[15] Und Oberster Gerichtshof, Zivil- und Strafgerichte sind durch die „Sondergerichte" von vornherein ausgehebelt.[16]

Der Richter, sagt Neumann zum NS-Rechtssystem, ist auf „den Status eines Polizeibeamten reduziert worden"[17], und da eine „Zersplitterung der Gerichtsbarkeit" sich durchsetzt, heißt das, es sind je verschiedene,

15 Es gibt darin den religiösen „Führer" und den Präsidenten, den „Wächterrat" und die „Versammlung zur Erkennung der Systeminteressen", den „Obersten Rat der nationalen Sicherheit", den „Expertenrat" und den „Islamischen Versammlungsrat" (das eigentliche Parlament); weiters das „Staatsministerium", das „Exekutivkomitee der Wahlen" und die „zentrale Beobachtungskommission"; neben den einzelnen Ministerien existieren nicht zu vergessen 23 „permanente Kommissionen", die für die Ministerien arbeiten, namentlich die „für die revolutionären Institutionen", „für die Untersuchung der Gesetze des Revolutionsrates und der Gesetze vor der Revolution" usw. Vgl. Wahdat-Hagh: Die Islamische Republik Iran, a. a. O., S.462–484.

16 Neben den Militärgerichten finden sich hier die „Revolutionsgerichte", der „Gerichtshof für die Gerechtigkeit der Bürokratie", das „Sondergericht für den Klerus" und die „Pressegerichte". Was Otto Kirchheimer ganz ähnlich wie Franz Neumann für das Rechtssystem des Nationalsozialismus beschrieb, erhält in der Islamischen Republik Verfassungsrang: es schwindet „die allgemeine rechtliche Bindung an ein generell anwendbares Zivilrecht", und es wird so „auf eine ausgelagerte Instanz" verzichtet, an deren Autorität ein Gruppenmitglied angesichts einer ungerechten Gruppenentscheidung sich wirklich zu wenden vermag. Die „Gemeinschaftsideologie" nimmt dem „Gruppenmitglied" das Recht, „eine äußere Instanz anzurufen, die für die Balance innerhalb der Gruppe sorgen könnte". (Otto Kirchheimer: Die Rechtsordnung des Nationalsozialismus [1941], in: Ders.: Funktionen des Staats und der Verfassung. 10 Analysen, Frankfurt am Main 1972, S.116, 118.)

17 Neumann, Behemoth, a. a. O., S.517

miteinander rivalisierende Polizeitruppen, bei denen Richter bzw. Henker ihren Dienst versehen.[18] Das gilt auch für den islamischen Unstaat. So wie es einmal in Deutschland neben der SS die SA gab, so gibt es heute im Iran neben den Pasdaran die Bassidschi, die „Organisation der nationalen Mobilisierung, die Armen". Während aber SA und SS den bürgerkriegsähnlichen Verhältnissen der Weimarer Republik entsprangen, ehe der NS-Staat selbst etabliert werden konnte, sind Pasdaran und Bassidschi nicht älter als die Iranische Republik. Die Revolutionsgarden bildeten sich unmittelbar in jener so genannten Revolution von 1979, um dem ins Land geholten geistlichen Führer Ayatollah Khomeini zu dienen; sie seien „ein Kind der Revolution" ließ der dankbare Führer dann bei allen möglichen Gelegenheiten verlauten. Auch darin das Gegenteil des *Grand Terreur* der Franzosen, der bürgerlichen Schreckenszeit, fraß diese Revolution nicht ihre Kinder, so dass Gewaltenteilung und *Rule of Law* möglich geworden wären. Die islamische Revolution päppelte ihre Kinder vielmehr auf, so dass sie zu immerwährenden Mörderbanden werden konnten, von denen nunmehr vor allem die Pasdaran verstärkt auch global agieren.

Die Bassidschi sind jünger: sie entstanden im Krieg gegen den Irak, ihre Schützlinge kamen aus den Dörfern, waren meist Analphabeten. Warum sie nach dem Krieg, den niemand gewann, nicht wieder aufgelöst wurden, liegt in der Logik der permanenten islamischen Revolution. Deren Rackets persistieren als Wohltätigkeitsorganisationen, die durch das Erdölgeschäft ihre Wohltaten vollbringen und mit ihren über das ganze Land verbreiteten Sozialwerken die Mitglieder versorgen können. Dabei richtet sich der Terror der Bassidschi mehr nach innen und ist hier flächendeckend: Ihre Schlägertrupps treten überall als Sittenpolizei in Aktion, wo sich Widerstand gegen den Islam regt. Ahmadinejad, politisch aufgewachsen in den Revolutionsgarden, gewann schließlich als Kandidat der Bassidschi das Präsidentenamt, weil er versprochen hatte, mit einer zweiten Revolution die Korruption und die Infiltrierung durch die westliche Kultur zu beseitigen. „Folgerichtig hat der Einfluss der Bassidschi seit der Präsidentenwahl kontinuierlich zugenommen", wie Matthias Küntzel konstatiert, der gerade diese Gruppierung genauer analysiert hat.[19]

Die Stellung der Bassidschi im heutigen Iran ist nun ein Indikator für die Besonderheit der Islamischen Republik. Diese „Sturmabteilung" soll offenbar sowenig entmachtet werden, wie das Ölmonopol dieses Staats oder Unstaats aufgelöst, das sie direkt oder indirekt finanziert. Während

18 Carl Schmitt hat in diesem Sinn geschrieben, dass in einem nach Ständen geschichteten Volk – womit er eben im faschistischen Jargon die Rackets der Volksgemeinschaft meinte – immer eine Pluralität von Ordnungen vorherrsche, von denen jede ihre eigene „Standesgerichtsbarkeit" bilden müsse (Über die drei Arten des rechtswissenschaftlichen Denkens, Hamburg 1934, S.63ff.)

19 „Ende Juli 2005 kündigte die Bewegung eine Erhöhung ihrer Mitgliederzahl von 10 auf 15 Millionen bis 2010 an. Die Spezialeinheiten dieser Organisation sollen bis dahin 150.000 Menschen umfassen. Entsprechend wurde der Etat für die Bassidschi erheblich erhöht, und sie erhielten als inoffizielle Sondereinheit der Polizei neue Machtbefugnisse." (Matthias Küntzel: Die Kunst des Märtyrertods, in: Der Spiegel, 23. Juni 2006.)

die frühe Entmachtung der SA im NS-Staat die Bedingung war, die industrielle Aufrüstung rasch durchzuziehen und das Vernichtungsprojekt als einheitlich organisierten Feldzug der Wehrmacht zu realisieren, zeigt umgekehrt der weitere Ausbau der Macht der Bassidschi, dass die Renditen aus dem Erdölgeschäft eine gänzlich andere politische Ökonomie der Rackets erlauben. Dieser Unterschied, der mit den Begriffen der Kritik der politischen Ökonomie erfasst werden kann, erklärt jedoch nicht die Gemeinsamkeit, die sich allerdings jeglicher Erklärung entzieht, vor deren Hintergrund aber erst die Unterschiede angemessen begriffen werden können. Die Gemeinsamkeit, die nicht erklärt werden kann, unter keinen Umständen verständlich werden darf, besteht im Vernichtungswahn, der auf die Juden und Jüdinnen zielt. Selbst nicht erklärbar, erklärt sie aber, was Franz Neumann ein Rätsel blieb, das er dann erst in der zweiten Auflage seinen Buchs 1944 sehr zögernd zu lösen begann: das Rätsel, warum und wodurch dieser Unstaat dennoch zusammenhielt, was die Einheit im Chaos bildete. Damals wie heute war es der Hass auf die Juden; damals auf das Weltjudentum, heute auf Israel und das Weltjudentum. Noch in der fundamentalen Gemeinsamkeit entdeckt man also einen Unterschied, er betrifft den politischen Status des Hassobjekts, der mit dem Status des politischen Subjekts, das hasst, zu tun hat.

Das Dritte Reich musste, um den Vernichtungsfeldzug durchzuführen, der diesem Hass entsprang, die Eroberung gigantischer Rohstoffbasen in Aussicht nehmen: Deutschland, so schrieb Neumann als der Krieg kaum erst begonnen hatte, „wird riesige Rohstoffmengen benötigen, um seinen Industrieapparat in Gang zu halten, und je größer der industrielle Apparat sein wird, desto mehr wird gebraucht"; „selbst ein vollständig nazifiziertes Europa genügt nicht"; und unmöglich diese Mengen durch Handel mit anderen Staaten auf dem Weltmarkt aufzubringen, „das läßt sich nicht mehr durch rein ökonomischen Tausch bewerkstelligen, sondern nur noch mit Hilfe politischer Beherrschung, die jene Staaten in das deutsche Währungssystem eingliedert."[20] So mussten die mannigfaltigen und widersprüchlichen Staatseingriffe, die es nicht mehr erlauben, von einem Staat zu sprechen, „zu einem System koordiniert" werden, „das nur ein Ziel kennt: die Vorbereitung auf den imperialistischen Krieg."[21] Das ganze System bedinge also notwendig „die unaufhörliche aggressive Expansion"[22] – und damit bedeutet Appeasement mit diesem Unstaat auch die Bedrohung für das Land, in das Neumann und das ganze Institut für Sozialforschung sich flüchten konnten.

Die Islamische Republik Iran muss, um Israel auszulöschen und die USA zu bedrohen, nicht die Eroberung von Rohstoffbasen in Aussicht nehmen, sondern einfach nur gut im Geschäft bleiben mit den eigenen Rohstoffen. Mit den Renditen daraus finanziert der islamische Unstaat die

20 Neumann, Behemoth, a. a. O., S.387f.
21 Ebd. S.421.
22 Ebd. S.546.

„arabischen Freikorps" (Jean Améry[23]) rund um Israel und die Produktion einer eigenen atomaren Massenvernichtungswaffe.

Wie um diesen Zusammenhang aber auszulöschen, wird immer nur von Ahmadinejad gesprochen als einem moralisch missratenen Politiker, was er in unbeschreiblichem Ausmaß zweifellos ist, aber nicht auch im gleichen Atemzug von den Revolutionsgarden und den Bassidschi, die ihn doch überhaupt erst ermöglichen. Ein totales Bandenkollektiv wie die Pasdaran nimmt zentrale Positionen im Erdölgeschäft ein und kontrolliert zugleich das iranische Atomprogramm; es unterstützt Schiiten und Sunniten, ungeachtet religiöser Feindschaften; rüstet die Hisbollah im Libanon und die Hamas im Gazastreifen auf, versorgt mittlerweile auch die analogen Banden im Irak und die Taliban in Afghanistan mit Raketen und Bomben; es lässt in seiner Propaganda (so in der Wochenzeitschrift *Sobhe Sadeq*[24]) den Holocaust als Märchen der Juden erscheinen, um ihn in der Wirklichkeit zu wiederholen: Seine Spezialeinheit ist nach dem Ziel aller Ziele auch benannt: der Vernichtung Israels – sie heißt Jerusalem Armee (Quds Force).

Theokratie mit und ohne Gott

„[…] knechtischer Befehl bricht in Leben, Freiheit und Besitz […] von einem mystischen Punkt ist der soziale Ausgleich regiert"
Karl Kraus, *Dritte Walpurgisnacht*[25]

Theokratie heute heißt: postnazistische Theokratie – Theokratie, nachdem es schon einmal „Theokratie ohne Gott" gab. So, als „Theokratie ohne Gott", hat Ernst Fränkel einstmals den NS-Staat bezeichnet.[26] Der Begriff mag historisch weit hergeholt sein, aber gerade in der paradoxen Formulierung bringt er das Neue des Nationalsozialismus prägnanter als viele andere zum Vorschein: dass es sich bei der nationalsozialistischen Ideologie kaum um religiöses Bewusstsein im überlieferten Sinn handeln könne, wie ihn das Christentum kultiviert hat, sondern um Glauben aus zweiter Hand, „ungeglaubten Glauben"[27], der in seiner politischen Wirkungsmöglichkeit nicht

---

23 Jean Améry: Die Linke und der „Zionismus" [1969], in: Ders.: Aufsätze zur Politik und Zeitgeschichte, Werke, Bd. 7, Stuttgart 2005, S.142. Vgl. hierzu Gerhard Scheit: Jargon der Demokratie. Über den neuen Behemoth, Freiburg 2006, S.211ff.

24 Vgl. Wahied Wahdat-Hagh: Iran: Revolutionsgarden relativieren den Holocaust; http://debatte.welt.de/kolumnen/73/periskop/37888/iran+revolutionsgarden+relativieren+den+holocaust (6.12.2007).

25 Karl Kraus: Dritte Walpurgisnacht [1933], in: Ders.: Schriften, Bd. 18, Frankfurt am Main 1989, S.341.

26 Ernst Fraenkel: Der Doppelstaat [1938/40], in: Ders.: Gesammelte Schriften, Bd. 2, Baden-Baden 1999, S.319. Das Buch war überhaupt die erste grundlegende Studie über den Nationalsozialismus, in seiner ursprünglichen Fassung noch im Dritten Reich selbst kurz vor der Flucht geschrieben; Neumann verdankt ihr bei aller Kritik sehr viel.

27 Theodor W. Adorno: Aberglauben aus zweiter Hand [1962], in: Ders.: Gesammelte

mehr begrenzbar ist. Fanatismus und Gleichgültigkeit werden darin eins: Es wird zwar an nichts wirklich geglaubt, aber an dieses Nichts umso fanatischer – und der Führer verkörpert es. Er mag Bilder von einer „frohen" Zukunft entwerfen, da den Deutschen endlich die ganze Welt gehöre, von einer Zeit nach der Erlösung, Bilder, die wie Utopien oder Messianismus erscheinen – könnte nur eine Sekunde von ihren widerwärtigen Vermittlung abgesehen werden. Aber der Ton und die Form, in der sie vermittelt werden, sagen alles über sie: es handelt sich immer nur um Deckbilder für einen Hass, der keine Grenzen mehr kennt; um Hintergrundprospekte für den totalen Feind, den es zu vernichten gilt.

Richtig und sinnvoll sei es allein, so Carl Schmitt 1937, wenn „eine vorherbestehende, unabänderliche, echte und totale Feindschaft zu dem Gottesurteil eines totalen Krieges führt".[28] An den Führer kann nur tätig geglaubt werden – als praktische, täglich vorangetriebene Vernichtung derer, die als totaler Feind gekennzeichnet werden oder mit diesem kooperieren. Der Feind wird erst dadurch total, dass er für immer ein ganz bestimmter, nicht austauschbarer ist: die Feindschaft muss „vorherbestehend" und „unabänderlich" sein, egal wie der Feind sich auch verhalten mag: er wird vernichtet. Nur dann ist es möglich, an die Erlösung in der Vernichtung zu glauben, wenn wenigstens dieser eine nicht austauschbar ist und zugleich die totale Austauschbarkeit verkörpert. Das ist die Logik des antisemitischen Wahns. Bevor das Kapitalverhältnis zum Weltmarkt verallgemeinert war, verkörperten in den frühen Formen dieses Wahns zwar auch schon die Juden das Geld, aber sie galten eben noch nicht als der totale Feind, dessen Imagination das total gewordene Kapitalverhältnis voraussetzt.

Der Nationalsozialismus, schrieb Franz Neumann, „ist kapitalistisch und antikapitalistisch zugleich. Er ist autoritär und antiautoritär [...] er ist für und gegen das Privateigentum."[29] Zwar bleibe das Privateigentum an Produktionsmitteln – so es sich nicht in jüdischen Händen befindet – weitgehend unangetastet, aber das allgemeine Gesetz und der Vertrag verschwinden systematisch, durch willkürliche Maßnahmen der Bandenkollektive ersetzt.[30] „Die Gemeinschafts- und Führerideologie im Arbeitsverhältnis bedient sich einer mittelalterlichen Terminologie, um zu verschleiern, daß die Rechte der Arbeiter mit der Zerstörung der Rationalität des individuellen Arbeitsvertrages völlig abgeschafft worden sind."[31] Dass diese Abschaffung selbst ganz verschiedene Abstufungen kannte – vom Preisstopp bei den Löhnen über den Arbeitsdienst bis zur Zwangsarbeit –, gehört zur Physiognomie dieses Unstaats und zu dem Verlauf seiner Rea-

---

Schriften, Bd. 8, S.176.

28 Carl Schmitt: Totaler Feind, totaler Krieg, totaler Staat [1937], in: Ders.: Frieden oder Pazifismus. Arbeiten zum Völkerrecht und zur internationalen Politik, Berlin 2005, S.485.

29 Neumann: Behemoth, a. a. O., S.506f.

30 Vgl. ebd. S.522f.

31 Ebd. S.488.

lisierung im Vernichtungsfeldzug; gehört essenziell zu einem politischen Gebilde, das in Rackets zerfiel und doch nicht zerfiel, solange die Vernichtung der Juden vorangetrieben wurde. Theokratie ohne Gott heißt in den Begriffen der politischen Ökonomie – soweit diese Begriffe überhaupt noch etwas fassen können, von dem was vorging: Mobilisierung aller gesellschaftlichen Kräfte für den Vernichtungskrieg gegen die Juden; aufs Äußerste beschleunigte Aufrüstung im Namen des Führers, der an die Stelle Gottes oder an die Stelle seines Sohnes getreten war, von seiner „Vorsehung" jedenfalls besessen.

Bei einem Staat wie der Islamischen Republik Iran handelt es sich doch nun offenkundig wieder um eine Theokratie *mit* Gott. Aber die Anrufung Gottes ist zu offenkundig, als dass dahinter nicht sich etwas zu verbergen suchte, und es kehrt ja nicht wirklich die alte Form der Theokratie zurück. Vielmehr ist der Prophet der modernen Theokratien – oder besser gesagt: diese Form der äußersten Formlosigkeit, dieses himmlische Oberkommando der Rackets, dieser ideelle Gesamtbandenführer – wie der nationalsozialistische Führer nur der positive Ausdruck des totalen Feinds, der die Banden ebenso zusammenhält wie zur Expansion treibt: der „vorherbestehenden, unabänderlichen, echten und totalen Feindschaft". Darum ist es wie beim Führer lebensgefährlich, ihn zu karikieren.

Statt industrieller Aufrüstung und riesiger Militärapparate genügen diesem neuen Gottesurteil eines totalen Krieges Selbstmordattentäter, die allerdings in Massen, und eine einzige Bombe. Es ist, in islamischer Gestalt, die Wiederkehr der Werwolfromantik und des Traums von der Wunderwaffe, wodurch die Deutschen, die um ihren Führer bereits bangen mussten, in der letzten Phase des Kriegs noch einmal beflügelt wurden.

Auch der islamische Unstaat ist kapitalistisch und antikapitalistisch, autoritär und antiautoritär zugleich – aber er ist es auf andere Weise. Seine Stellung zum Privateigentum an Produktionsmitteln ist insofern verändert, als es dieses Privateigentum in Gestalt industrialisierter Produktionsverhältnisse nur in geringem Maß gibt. Das allgemeine Gesetz und der Vertrag sind auch hier verschwunden, an deren Stelle willkürliche Maßnahmen der Rackets getreten, und die Gemeinschaftsideologie bedient sich einer „mittelalterlichen" Terminologie – aber all das zielt nicht so sehr aufs Arbeitsverhältnis, als auf dessen unmittelbare Voraussetzung auf der Seite des Subjekts: die individuelle Reproduktion in der Familie.

Hitlerdeutschland hat etwa nach dem „Anschluss" Österreichs dafür gesorgt, dass in diesem eben noch klerikalfaschistisch geprägten Land Kirche und Staat getrennt wurden. Säkularisierte Ehegesetze ermöglichten nunmehr auch hier unabhängig von kirchlichen Rechten die Scheidung – eine Maßnahme, die es oberflächlich betrachtet übrigens nahe zu legen scheint, heutige islamisch dominierte Staaten besser klerikalfaschistisch zu nennen als mit dem Nationalsozialismus in Beziehung zu bringen. Diese Maßnahme diente jedoch, wie alles, was dem Nationalsozialismus so gerne als Leistung zugute gehalten wird, nur dazu, die Nürnberger Gesetze zu exekutieren und also die Vernichtung der Juden vorzubereiten.

So bedeutete die Säkularisierung deutscher Provenienz einmal die perfideste Frauenemanzipation, die nur denkbar ist: Otto Kirchheimer wies auf die paradoxe rechtliche Besserstellung der Frauen im Nationalsozialismus hin, die sich etwa in einer rasant steigenden Scheidungsrate bemerkbar mache, betonte aber zugleich den unbedingten Zweck einer solchen „Emanzipation": jede Frau werde „zu einem offiziellen Fortpflanzungsinstrument", die Ehe „zu einer geschäftlichen Beziehung, deren Erfolg oder Misserfolg gemessen wird an der Produktion von Soldaten und künftigen Müttern, die den physischen und intellektuellen ‚Anforderungen' des Dritten Reichs entsprechen".[32] Schließlich konnten die deutschen Frauen in der Industriearbeit als Stellvertreterinnen der zur Vernichtung abgezogenen Männer und auf dem Land als bäuerliche Kommandantinnen über die verschleppten Zwangsarbeiter ihr neues Selbstwertgefühl gewinnen, dem dann ihre Töchter in der deutschen Frauenbewegung nachweinten.

Die hintertriebene oder revidierte Säkularisierung in den islamisch beherrschten Ländern von heute entspricht hingegen einem Zustand, worin der Zwang zur Arbeit wieder auf den häuslichen Bereich konzentriert scheint, und in diesem eingeschränkten Sinn wird vorgeblich die Frau als freiwillige „Zwangsarbeiterin" gefordert, wofür das „Kopftuch" steht. Es ist jedoch „Zwangsarbeit" in der Reproduktion dessen, was nicht mehr gebraucht wird: Arbeitskraft. Reproduziert wird im Idealfall der Islamisten auch nicht die Arbeitskraft, sondern die Kraft für Märtyreroperationen. Darum macht man die Reproduktion zur öffentlichen Angelegenheit und zum Gegenstand der Propaganda: Die Frau wird in den Mittelpunkt gerückt und ins Visier genommen, wird zur „Institution" (Fathiyeh Naghibzadeh), weil sie es ist, die dem Unstaat die Märtyrer liefert. Und sollten die Frauen, wie in Teilen der iranischen Gesellschaft, gerade in den Familien, im Privaten, einen Freiraum zur Entfaltung, auch gegen die häusliche Zwangsarbeit, gewonnen und das „Kopftuch" abgelegt haben, ist der Druck, der von den Rackets in der Öffentlichkeit auf sie ausgeübt wird, umso größer.[33]

Die Zurichtung der Individuen zum Selbstopfer, der Krieg also gegen den eigenen Körper, impliziert in diesem Sinn die besondere Erniedrigung der Frau wie die absolute Ächtung der Homosexualität. Schwule werden hier auf durchaus andere Weise verfolgt als im NS-Staat, der sie unter schweigender Zustimmung der Volksgenossen in den Lagern verschwinden ließ, von denen eines das Motto „Arbeit macht frei" nicht zufällig trug. Jetzt werden sie wie alle, die der oktroyierten Ordnung der Geschlechter zuwiderhandeln, bevorzugt öffentlich hingerichtet, woran

32 Kirchheimer: Die Rechtsordnung des Nationalsozialismus, a. a. O., S.126.

33 Vgl. hierzu den Beitrag von Fathiyeh Naghibzadeh in diesem Band, die in aller Deutlichkeit auf diesen Widerspruch aufmerksam macht, dass hier, im Unterschied etwa auch zur saudiarabischen Gesellschaft, traditionelle und verbürgerlichte Formen des Familien- und Privatlebens Obhut bieten können vor dem sonst allgegenwärtigen Zwang der Mullah-Banden, der aus der Produktion von Märtyrern resultiert und dem die Frauen in der Öffentlichkeit schutzlos ausgeliefert sind.

der *umma*-Mob sich berauschen soll. Andererseits gibt es für Mord und Totschlag häufig weder Todesstrafe noch Gefängnis, sondern Entschädigungszahlungen: Auf den Leib, der verletzt und getötet wird, kommt es eben durchaus nicht an. Mit den Menschen wird demonstrativ verfahren, *als ob es keine Ware Arbeitskraft gäbe*; der menschliche Körper daher nichts wäre; die Menschenrechte, die sich – wie alle Emanzipation bisher – der Ware Arbeitskraft verdanken, zurückgenommen werden können.[34] Das ist es, was hier zur Schau gestellt wird – besonders einprägsam, wenn die Menschen an Baukränen erhängt werden, wie es jetzt im Iran häufig praktiziert wird.

Während der NS-Staat die Ware Arbeitskraft in der Arbeit zur Vernichtung aufgehen ließ, rechnet der Islam schon fix damit, dass die Arbeitskraft, die zur Ware wird, politisch bedeutungslos ist. Die Zugehörigkeit zur islamistischen Gemeinschaft hat mit ihrem Einsatz so gut wie nichts mehr zu tun: In solcher Gemeinschaft fühlt sich auch gebraucht und nicht überflüssig, wer keinerlei Aussicht mehr auf einen Arbeitsplatz hat und sich diesen selbst von der *umma* nicht erwartet. Was den einzelnen außerhalb der Rackets bedroht und der Überflüssigkeit preisgibt, projiziert er auf den totalen Feind, das Gegen-Volk. Welches Leid ihm als einzelnem widerfährt – ob *er* zu wenig bekommt vom großen Kuchen des Erdölgeschäfts oder ob *sie* als Frau der übelsten Unterdrückung ausgesetzt ist – man erträgt das Opfer-Schicksal wie das „Kopftuch" auch noch mit Stolz und Würde, indem man sich mit den Palästinensern identifiziert, das heißt: indem man die Auslöschung Israels wünscht, selbst um den Preis der eigenen Vernichtung. Und hier, im finalen Akt, trifft sich die islamistische Gemeinschaft dann doch auch im Hinblick auf das Kapitalverhältnis mit der nationalsozialistischen Volksgemeinschaft, die noch andere, bürokratischere Methoden der Vernichtung erdacht hatte: Der Gegensatz der Ware, der Gegensatz von Tauschwert und Gebrauchswert wird am eigenen Leib aufgelöst. Das Individuum muss jederzeit bereit sein, den von ihm dargebotenen Gebrauchswert, die Arbeitskraft, auszulöschen – als Opfer, das für Nation und *umma* zu bringen ist im Kampf mit jenem Gegen-Volk.

Nur dass dieses Gegen-Volk inzwischen eine andere politische Form angenommen hat und nun als der Jude unter den Staaten verfolgt wird – als Gegen-Staat. Der Vernichtungswahn stellt sich dementsprechend um. Wurden die Juden im Dritten Reich von Angesicht zu Angesicht verfolgt, werden sie nun als Staat namhaft gemacht und mit Vernichtung bedroht. Im islamischen Land dürfen sie leben, solange sie mit diesem „zionistischen Gebilde" keine Verbindung haben. Und wie sich das Aufbegehren der Arbeiter im Dritten Reich allein darin hätte zeigen können, zu brechen mit der pathischen Projektion des Judenhasses und die Vernichtungsmaschinerie zu stoppen, so kann heute der Protest gegen die Entrechtung

34 Vgl. Gerhard Scheit: Suicide Attack. Zur Kritik der politischen Gewalt, Freiburg 2004, S.435ff.

von Frauen und die Verfolgung von Homosexuellen nur zusammen mit dem Engagement für Israel zu wirklichem Widerstand werden.[35] Wie groß das Potenzial eines solchen Widerstands im heutigen Iran ist, darüber lässt sich nur wenig sagen – aber mit Sicherheit ist er lebensgefährlich.

Umgekehrt zeugt es bei den politischen Kommentatoren im Westen, die Israel wohl gesonnen sind, durchaus von geistiger Selbstverstümmelung, wenn sie die iranische Drohung gegen Israel von der Repression im Iran selber ablösen und getrennt davon verurteilen. Würde demnach der Iran sich nur endlich von dieser Drohung distanzieren, wäre für sie alles wieder in völkerrechtlicher Ordnung; der Rest sind kulturelle Besonderheiten. Das eine ist aber vom anderen letztlich nicht zu trennen – auch wenn in anderen Staaten ähnliche Repressionen zu beobachten sind, ohne dass ihre Politik die Auslöschung Israels anpeilt. Die Repressionen werden dort, von verschiedenen entgegen gesetzten Kräften, zum Teil durch westliche Einflussnahme auf diese Regime, einfach noch daran gehindert, im tätigen Antizionismus sich zu totalisieren.

Exkurs: Zur politischen Ökonomie der Rohstoffe

„Im Gegensatz zu den Waaren, die das selbständige Dasein des Tauschwerths, der allgemeinen gesellschaftlichen Arbeit, des abstrakten Reichthums, nur vorstellen, ist Gold, das materielle Dasein des abstrakten Reichthums [...] Es ist der allgemeine Reichthum als Individuum."[36] Warum und unter welchen Bedingungen der allgemeine Reichtum, wie Marx hier sagt, als Individuum auftritt, der abstrakte Reichtum solchermaßen materielles Dasein annimmt, ist eine Frage, die auf den Souverän zielt – darauf, dass es kein Kapitalverhältnis ohne Staat geben kann. Weil aber Souveränität per se nur in Form einzelner, gegeneinander abgegrenzter und miteinander verfeindeter Staaten existiert, ein Weltsouverän die Quadratur des Kreises darstellt, bedarf es – schon für simplen Warentausch über die Grenzen hinweg – einer gemeinsamen Basis, soweit ihre je verschiedenen Währungen zueinander ins Verhältnis zu setzen sind. Nicht zufällig gilt die zentrale Bedeutung des Goldes den Ökonomen, die sich besonders fortschrittlich dünken, als Atavismus – John Maynard Keynes sprach vom „barbarischen Metall" –, denn darin schlägt sich in einem bloßen Naturstoff nieder, wie wenig die Gesellschaft überhaupt Gesellschaft geworden ist; dass all ihre Vermittlungen, die im Inneren der Staaten Recht zu setzen vermögen, doch auf Verhältnissen unmittelbarer Gewalt, mit Hegel gesprochen, auf gesellschaftlichem Naturzustand, beruhen.

---

35 In aller Klarheit brachte das jüngst die exil-iranische Publizistin Nasrin Amirsedghi in einem Interview zum Ausdruck „Es gibt keinen modernen Islam", in: Jungle World, Nr. 36, 2007.

36 Karl Marx: Zur Kritik der politischen Ökonomie. Urtext [1858], in: MEGA2, II. Abt., Bd. 2, Berlin 1980, S.188.

Marx jedoch beharrt eigenartig auf der Verschmelzung von Zeichen und Bezeichnetem, rückt nicht ab von der Einheit des Geldes mit der Geldware. Das muss aufgeklärte Ökonomen zur Verzweiflung bringen, soweit akademischer Leichtsinn sie nicht dazu verführt, aufgeklärter als Marx sich zu geben.[37] Er besteht nicht bloß auf der Notwendigkeit, dass der abstrakte Reichtum ein materielles Dasein hat in irgendeiner bestimmten Geldware, vielmehr hat er es auf den Zwang abgesehen, der darin liegt, dass jener Reichtum von dieser Geldware sich nur bedingt lösen, sie durch eine andere nicht einfach ersetzen kann. Die Intransigenz, die Marx auch hier an den Tag legt, stellt letztlich unter Beweis, wie wenig er doch bei der „reinen" Kritik der politischen Ökonomie den Souverän aus den Augen verliert, wie aufmerksam also seine Kritik vor allem auch als eine der „reinen Ökonomie" gelesen werden muss: Das Materielle, mit dem das Zeichen verschmolzen ist, kann in ihrem Sinn nur als „gesellschaftliche Tat", als die Anwesenheit des Staats außerhalb des Staats, in der Zirkulation, begriffen werden. Wie umgekehrt jede Kritik der politischen Ökonomie, die in der Deutung des Marxschen *Kapital* dieses in der Geldware fixierte Hinzutreten des Souveräns ignoriert oder bloß als „historisches Geldsystem" abbucht, das in der Formanalyse nichts zu suchen habe, zwangsläufig zur nominalistischen Geldauffassung tendieren wird, also dazu, im Geld ein bloßes Zeichen zu sehen.

Eine solche Auffassung trägt aber, wenn auch mit falschen Begriffen, der Entwicklung nach dem Ende des Nationalsozialismus Rechnung. Bereits 1944 war das Abkommen von Bretton Woods geschlossen worden, das statt einer Rückkehr zur unmittelbaren Bindung der Währungen an den Goldstandard die mittelbare Bindung über den Dollar vorsah – auf der Grundlage eines Systems politisch geregelter Wechselkurse, zu dem die Staaten der westlichen Hemisphäre unter der Pax Americana verpflichtet wurden. Künftig sollte die Stabilität des Dollar und daher auch die des internationalen Zahlungssystems nicht auf den eigenen Goldreserven der USA basieren, sondern auf der Bereitwilligkeit der europäischen Zentralbanken, ihre Dollars (unter dem Druck der USA) nicht mehr in Gold einzutauschen. Die Zerrüttung des Zahlungssystems wurde also dadurch vermieden, dass jenes in den Vereinigten Staaten vermehrte Geld nicht mehr direkt durch das Gold, sondern vermittelt durch die politische Macht gedeckt wurde. Das „barbarische Metall" wird nicht durch ein anderes ersetzt, sondern durch den Souverän, der die zivilisatorische und zivilisierende Militärmaschine kommandiert.

Mit der politischen Bedeutung der übrigen Rohstoffe muss es sich der Marxschen Analyse gemäß ganz anders verhalten. Sie stellen wie jede Ware

---

37 „Das Übersinnliche kann gar nicht sinnlich existieren, es kann nur vermittels eines sinnlichen Gegenstands bezeichnet werden. [...] Indem Marx seine Geldtheorie an die Existenz einer Geldware knüpft, verquickt er die abstrakteste Bestimmung des Geldes mit einem bestimmten historischen Geldsystem. Es kann auf der Ebene des Tauschprozesses aber zunächst nur um Geld als solches gehen, ohne Konkretisierung eines bestimmten Geldsystems." (Michael Heinrich: Die Wissenschaft vom Wert, 2.Aufl., Münster 2001, S.240.)

nur „das selbständige Dasein des Tauschwerths, der allgemeinen gesellschaftlichen Arbeit, des abstrakten Reichthums“ vor, und sind eben darin substituierbar. Daran ändert sich auch nichts, wenn ein einziger unter ihnen zum wichtigsten wird: Rohstoff in der Produktion, Treibstoff für die Zirkulation; allgemeiner Primärenergieträger und industrielles Ausgangsmaterial in einem; und somit prädestiniert zu einzigartiger strategischer Bedeutung im Politischen. Auch dann nicht, wenn er diese Bedeutung in der Warenzirkulation dergestalt bewährt, dass etwa die Entscheidung, ob das Erdölgeschäft in einer Region in Dollar oder Euro abgewickelt wird, die politischen Konflikte in dieser Region determiniert. Indirekt kommt durch den überragenden Stellenwert dieser Ressource allerdings wieder die Frage des Golds ins Spiel: Welche Währung welchen Souveräns also vermag zu garantieren, was sonst das Gold leistet?

Zur Zeit des Nationalsozialismus rechnete das Erdöl schon zu den allerwichtigsten Rohstoffen, von immenser politisch-strategischer Bedeutung für Staat und Gesellschaft im Frieden wie im Krieg. Die zerstörerische Kraft des Nationalsozialismus, die aus dem vorausgesetzten Selbstzweck der Vernichtung resultierte, wurde als ein einziger rasender Feldzug militärischer und paramilitärischer Kollektive in großem Maßstab geplant und wirklich in einem Zug durchgeführt. Die Versorgung mit Rohstoffen war darin eine stets wachsende Notwendigkeit, diese Vernichtungsmaschinerie in Gang zu halten.

Wie überall in der Krise der Verwertung war auch im Nationalsozialismus die Abkoppelung vom Gold notwendig, um Freiraum für staatliche Interventionen zu gewinnen. Diese Abkoppelung bedeutete tendenzielle Entflechtung in den wirtschaftlichen Beziehungen zwischen Nationen und Kontinenten; und das war nicht zuletzt Bedingung für die Einheitlichkeit des nationalsozialistischen Vernichtungsfeldzugs, für die klaren Fronten, die sich schließlich bildeten. (Einzelnen Firmen wie Standard Oil und IBM gelang es dennoch – trotz Ermittlungen und Verfahren der US-Behörden – über die Fronten hinweg am Vernichtungsfeldzug zumindest eine Zeitlang zu partizipieren.)

Die Fundierung aller Warenzirkulation durch die Einkünfte aus der Erdölförderung, womit man es bei den *Petrostates* von heute zu tun hat, eröffnet hingegen dem politischen Wahn und der zerstörerischen Kraft von Regimes wie dem des baathistischen Irak oder der Islamischen Republik Iran ganz andere Verlaufsformen. Sie erlaubt Entflechtung, etwa von außen erzwungen durch Boykott, bei gleichzeitiger Intensivierung der Weltmarktbeziehungen, basierend auf dem einzigartigen Stellenwert des Öls, dem kein Boykott standhält. (Ein Vergleich mit den Auswirkungen der Goldgewinnung auf die Entwicklung des europäischen Absolutismus oder der frühen Bewässerungstechnologie auf die der asiatischen Despotie ist darum nur begrenzt sinnvoll.) Die widersprüchliche Einbindung dieser Krisenstaaten in den Weltmarkt, der im Erdölgeschäft verankerte Status des Souveräns als Rentier der Weltproduktion, muss jedenfalls als die wesentliche Bestimmung für die fundamentale Uneinheitlichkeit, für die unklaren Fronten des globalen Feldzugs gelten, der heute vom Nahen und Mittleren Osten seinen Ausgang nimmt.

Europa: Erpressung als Versöhnung

„Es bedurfte des Heraufkommens des Dritten Reichs, um dem modernen Menschen in Erinnerung zurück zu rufen, daß das kalte Ungeheuer ‚Leviathan' noch einer Übersteigerung fähig ist."
Ernst Fraenkel[38]

Wiederum resultiert die zerstörerische Kraft aus dem vorausgesetzten Selbstzweck der Vernichtung, wodurch ein politisches Subjekt das blinde Zerstörungspotenzial kapitalistischer Krisen sehenden Auges zur eigenen Sache macht. Darüber lassen der Antisemitismus islamischer Politik, die fundamentale Logik des Selbstmordattentats und die einzigartig repressive Moral der politischen Banden und Theokratien, die es organisieren, wenig Zweifel. Ökonomie und Technik ihres Einsatzes sind allerdings so vielfältig und zerstreut wie die verschiedenen Projekte der Nationalsozialisten in den letzten und allerletzten Tagen des Dritten Reichs. Und sie werden, anders als jenes letzte Aufgebot der Deutschen, von der ganzen Welt kreditiert: wären es allein politisch-motivierte und sozialpolitisch camouflierte Zuwendungen, wie die aus den Töpfen der UN-Organisationen und der EU, die Gefahr für Israel wäre vermutlich überschaubar und zu bewältigen. Aber es ist eben wortwörtlich zu verstehen, dass die antisemitischen Vernichtungsaktionen global finanziert werden – von den vereinten, aber eben durchs Kapitalverhältnis vereinten Nationen, in Gestalt nämlich der Renditen, die aus dem weltweiten Erdölhandel in die Staaten des Nahen und Mittleren Ostens fließen.

Vordem musste der Staat, ob er nun die großen Unternehmen übernahm oder nicht, Unabhängigkeit vom Welthandel gewinnen, um seine Krisenbewältigungspotenziale zu entfalten, und dann etwa notgedrungen die Rohstoffe durch Krieg sich unmittelbar aneignen (auch hierin war der Überfall des Irak auf Kuwait eine Reminiszenz). Nunmehr trachtet er danach, sobald die Erdölförderung einverleibt ist, umso enger an den Welthandel sich anzuschließen, jede Abkoppelung dadurch wettzumachen und genau hier die fehlende militärische Schlagkraft zu kompensieren. Er bildet mit Seinesgleichen Kartelle (so in der OPEC), um den internationalen Erdölkonzernen Paroli zu bieten und selbst zum *global player* aufzusteigen. Aber kein Staat agiert, wie das bloße Kapital agieren würde. Die Aktien gelten ihm, wenn's drauf ankommt, doch nur als *Entrebillets* für die Waffenarsenale. Der Konkurrenzkampf und der Kampf gegen Israel sind (spätestens seit 1973) bei den Preisabsprachen zwischen den *Petrostates* nicht zu trennen.

Der Unstaat des Nationalsozialismus beinhaltete noch wirkliche Industrie, die aber immer weniger über den Weltmarkt finanziert und immer

38 Ernst Fraenkel: Das Produkt des Großkapitals [1942], in: Ders.: Gesammelte Schriften, Bd. 2, Baden-Baden 1999, S.576.

mehr von einer anderen Art ‚Kredit', den künftig zu erwartenden Kriegsgewinnen, getragen wurde. Daraus ergab sich der Zwang, sofort loszuschlagen, dem Hitler, tobsüchtig von der göttlichen „Vorsehung" durchdrungen und zu jeder längerfristigen Überlegung unfähig, in allem entsprach. Der Unstaat von heute, der die Erdölrente bekommt und Industrialisierung nur punktuell betreibt, vereinigt Apathie und Aktivismus, unerschöpfliche Lammsgeduld und spontane Opferbereitschaft, Gottvertrauen und Todessehnsucht: das selige Grinsen in Ahmadinejads Drohgebärden gibt davon einen Begriff. Vor allem resultiert daraus die zeitliche Unberechenbarkeit: Die Massenvernichtungswaffe kann irgendwann, vielleicht jetzt, vielleicht in ein paar Jahren oder auch Jahrzehnten, fertig gestellt und eingesetzt werden.

Wer Ahmadinejad mit Hitler identifiziert, läuft zwar zunächst nicht Gefahr, die augenblickliche Bedrohung zu verharmlosen, und sie kann nicht ernst genug genommen werden. Es besteht jedoch die Möglichkeit, ihre Ausdauer und Beharrlichkeit zu unterschätzen. Dieser Vernichtungswahn kann sofort losschlagen, und er kann warten; ein anderer Führer vermag sich irgendwann an seine Spitze zu stellen; oder diese Spitze wird überhaupt nur noch von stets wechselnden Rackets besetzt, bei denen die Führerrolle undurchsichtig bleibt, da es doch den ideellen Gesamtbandenführer gibt, das himmlische Oberkommando aller Rackets. Allein die bloße Drohung mit der Atombombe wäre aber bereits imstande, die politische Handlungsfähigkeit, die Souveränität Israels wesentlich einzuschränken, so dass der Rest dann von den Banden vor Ort getan werden könnte. Das hat Stephan Grigat mit Bezug auf Michael B. Oren und Yossi Klein Halevi vom Shalem Center in Jerusalem deutlich gemacht: „Atomwaffen in der Hand der iranischen Mullahs würden es jedem arabischen Regime in der Zukunft verunmöglichen, einen Friedensschluss mit Israel anzustreben. Israel könnte selbst gegen massiven Raketenbeschuss durch die iranischen Verbündeten im Süden oder Norden des Landes, also die Hamas und die Hisbollah, angesichts der Drohung mit der Teheraner Bombe nicht mehr adäquat reagieren, woraufhin sich fast die gesamte Bevölkerung in das Landesinnere flüchten müsste. Und ohne einen einzigen Schuss abzugeben, könnte Ahmadinejad oder einer seiner Nachfolger eine Entvölkerung Israels herbeizwingen. Schon heute überlegen 27 Prozent der Israelis, das Land zu verlassen, sobald der Iran über Nuklearwaffen verfügt."[39]

Damals wie heute bildet die Einheit in den Unstaaten ein Erlösungsversprechen: die Vernichtung der Juden, die Zerstörung Israels. Das Versprechen wird jeweils anders formuliert – so wie die Aufrüstungskonjunktur im Nazistaat sofort in den Einsatz der produzierten Waffen mündet, während die Erdölkonjunktur des Islam immer weitergeht, solange der Welthandel nach dem Rohstoff verlangt und damit den Kauf oder die Konstruktion der Massenvernichtungswaffen ermöglicht. Als viertgrößter Erdölexporteur ist die Islamische Republik den Boykottversuchen auf lange Sicht gewach-

39 Stephan Grigat: Die iranische Bedrohung, In: Die Presse, 8.9.2007.

sen. Denn die Front des Westens, so heftig sie auch gegen den Terror beschworen wird, vermag sich ökonomisch niemals ganz zu schließen: der Hinweis auf China und Russland, mit denen zu vermitteln Deutschland sich in seiner Position, innerhalb und zugleich außerhalb des Westens zu sein, neu bewähren kann, ist nur empirischer Anhaltspunkt dafür, dass der Westen selbst eben nichts anderes als einen Begriff darstellt für den Versuch, politische Vernunft inmitten eines unvernünftigen Ganzen zu bewahren. So ist alles zu tun, diese Vernunft zu stärken, aber ohne Illusionen, denn die schwächen sie letztlich nur – eher noch glückte nämlich die kommunistische Weltrevolution, als dass die Front des Westens gegenüber dem Vernichtungswahn sich endgültig schließen würde.

Matthias Küntzel hat recht, wenn er sagt, die Geschäfte mit den iranischen Mullahs entspringen „keiner Notwendigkeit", sondern „einer freien Entscheidung"[40] – aber nicht, weil der Anteil des Iran an allen europäischen Exporten derzeit nur bei 1,2 Prozent liegt. Mildernde Umstände dürfen, wo es um Politik und Vernichtung geht, nicht anerkannt werden. Am liebsten verwenden dabei die Dialog- und Geschäftsbereiten in den Staatskanzleien und Redaktionen, die auf solche Umstände zählen, das Argument, das in allen Vorstandsetagen, ob in den USA oder Europa, ganz unwiderlegbar ist: Wenn wir nicht mit dem Iran ins Geschäft kommen, dann tun es eben die anderen.[41] Die politischen Kollaborateure setzen sich die ökonomische Charaktermaske auf und sprechen vom Sachzwang. Aber das Argument ist in den Staatskanzleien und Redaktionen tatsächlich widerlegbar, indem die ökonomische Konkurrenz der politischen Vernunft untergeordnet wird und den Vorständen der entsprechenden Unternehmen die Geschäfte einfach untersagt werden. Das setzt jedoch einen Souverän voraus, der die Verwertung des Kapitals in seinem Interessensbereich und dort auf Dauer zu sichern da ist, und zu diesem Zweck auf seine Gewalt pocht. Das ist die ihm allein mögliche Vernunft. Wo jedoch ein Vakuum an Souveränität erzeugt worden ist, wächst sichtlich der Drang, neben der ökonomischen Sicherung der Verwertung auf deren Krise politisch zu spekulieren und die Vernichtung, die dem Kapital als Krisenpotenzial ebenso innewohnt wie sie die Unvernunft des Ganzen restlos vollstreckt, unausgesprochen schon einzuplanen. Das ist dann eben ein Sachzwang ganz eigener Art, dem keine

40 Matthias Küntzel: Wohin steuern Österreich und die OMV, Wien 9. Mai 2007; http://www.cafecritique.priv.at/ (6.12.2007).

41 „'If the germans stop exporting, if the French stop exporting, the Chinese will do it. Period,' said Albert Sax, the managing director of Labcon, a small company that supplies laboratory equipment to Iran." http://www.nytimes.com/2007/09/21/world/europe/21germany.html?_r=1&oref=slogin&ref=world&pagewanted=print (6.12.2007).
Die Glaubwürdigkeit der US-Sanktionspolitik zu hinterfragen, dient stets dazu, die eigenen Firmen besser zu positionieren: „Die Präsenz von Microsoft-Programmen, Caterpillar-Baggern sowie der Marken Pepsi und Coca Cola in Teheran sei [...] unübersehbar. Die unterschiedlich strenge Umsetzung von Sanktionen bewirke eine ‚Verdrängung deutscher Firmen aus dem Iran', klagt ein Spitzenmann aus Steinmeiers Ressort." http://www.spiegel.de/politik/debatte/0,1518,507240,00.html (6.12.2007).

Rationalität mehr beikommt: der bloße Hang zum politischen Verbrechen im demokratischen Europa.[42]

Keine einzelne Tat oder Untat, ob sie jenes Potenzial realisiert oder realisieren hilft, kann deshalb vom Kapital selber abgeleitet oder damit begründet werden. Es bedarf stets eines Individuums und seiner, in welcher Weise auch immer bewussten Entscheidung, das Unheil des Ganzen auch in die politische Tat umzusetzen – sei es nun in der iranischen Revolutionsgarde oder in einer österreichischen Partei aktiv. Dennoch lässt sich mit nahezu naturwissenschaftlicher Gewissheit erkennen, wie viel die Verdrängung des Souveräns in Europa dazu beiträgt, dass dem Schlimmsten, das droht, nichts entgegengesetzt wird.

Letztlich hängen damit noch die Schwächen derer zusammen, die gegen die Geschäfte mit den Mullahs protestieren und nicht wahrhaben wollen, dass die politische Konstitution der Europäischen Union jede konsequente Stellungnahme unterminiert; dass die EU selbst, mit ihrem Herzstück Deutschland und Österreich, das Problem ist, das vom Vernichtungswahn des iranischen Regimes sich gar nicht trennen lässt. Wie Karl Kraus vor dem Ersten Weltkrieg an der flagranten Politik, „den Balkan durcheinanderzubringen", festgehalten hat, sind es vor allen Rohstoffreserven „die Reserven zur Herstellung des allgemeinen Chaos", auf die man es „weitblickend" abgesehen haben kann.[43] Eine solche Politik als unmoralisch und zweideutig zu bezeichnen, ist ein Euphemismus. Denn Unmoral und Zweideutigkeit haben hier System: Ein einheitlicher politischer Wille, durch den sie zu ermessen wären, soll erst gar nicht möglich sein. Wer, was dringend geboten ist, an ihre Vertreter appelliert, im Sinn der Vernunft und westlicher Politik zu handeln, muss sich zugleich bewusst sein, dass er es immer auch mit einem Phantom zu tun hat. Der Appellierende verwandelt sich selber in eins, wenn er nicht mehr die eigene Ohnmacht angesichts dieser gespenstischen Macht in Rechnung stellt. Und es ist eine ganz bestimmte Ohnmacht: sie kommt daher, wie in Europa der Bruch mit dem Nationalsozialismus vollzogen wurde und wird; wie durch ihn hindurch der alte Unstaat fortwest.[44] Noch die innersten Strukturen der EU lassen erkennen, dass Europa von außen befreit wurde, und sie reproduzieren nichts als diese Unfähigkeit, sich selbst zu befreien und von sich aus westlich zu werden – also politische Rationalität in irrationaler Gesellschaft

---

42 Vielleicht haben der neue französische Präsident Sarkozy und sein Außenminister Kouchner etwas von diesem Hang begriffen – zumindest im Sinn von Jean-Claude Milner: Les penchants criminels de l'Europe démocratique (Lagrasse 2004) oder Alain Finkielkraut: Au nom de l'autre (Paris 2003) – und treten ihm, gestützt auf die Traditionen französischer Souveränität, konsequenter entgegen als das in Deutschland und Österreich je der Fall sein wird. Welche Wirkung das allerdings in der Europäischen Union insgesamt haben kann, ist eine andere Frage, da doch auch Frankreich in eben diesem Zusammenhang seine Souveränität längst herabsetzen musste.

43 Karl Kraus: Apokalypse (Offener Brief an das Publikum) [1908], in: Ders.: Untergang der Welt durch schwarze Magie. Schriften, Bd. 4, Frankfurt am Main 1989, S.11f.

44 Vgl. Tjark Kunstreich: Realpolitik und Ressentiment. Auch für die Israelsolidarität gilt: Keine deutsche Bewegung ohne NS-Relativierung, in: Bahamas 52/2007, S.45.

zu behaupten. Dass Frankreich hier anders einzuschätzen ist als Deutschland (und Österreich), und England überhaupt eine Ausnahme darstellt, versteht sich von selbst – und versteht sich doch nicht von selbst, da immer offen ist, wie groß der Widerstand gegenüber diesem „Kerneuropa" werden kann. Das Problem aber bleibt bestehen: Es ist die politische und ideologische Form, in der die Staaten Europas aufeinander bezogen sind und die in ihren inneren Auseinandersetzungen wiederkehrt.

Diese Einigung Europas ohne einigenden Souverän, diese halbierte Souveränität der zur Währungsunion versammelten Staaten – sie treibt so sicher zum Chaos außerhalb Europas wie sie das friedliche Komplement zum kriegerischen Unstaat des Islam ist. Als ihr politischer Kern erscheint eigentlich nur der Wille, sich erpressbar zu machen. Und dabei wird dieser konsequente Weg des ständigen geringsten Widerstands als Inbegriff von Demokratie und Völkerrecht, Dialogbereitschaft und Vorbereitung des ewigen Friedens der Völker propagandistisch verwertet. Es ist der Übergang vom Appeasement zur Kollaboration, die zuletzt als nun leider einmal gegebene Notwendigkeit ökonomischer Abhängigkeit und militärischer Bedrohung erscheinen muss. (Innerlich schon jetzt vom „Volk" mit etwa denselben Phrasen akzeptiert, die Karl Kraus damals beim Imitator des „Volkskaisers" als Bejahung des Unheils aufgespießt hatte: „Mir bleibt doch nichts erspart. Ich glaube aber fast, man hat mich drangekriegt." – „Da kann man halt nix machen.") In Wahrheit wird alles eingefädelt, durch hunderte, tausende kleine Entscheidungen in den Institutionen und Gremien der EU, die dann grosso modo und tel quel von den europäischen Medien, in Fernsehen und Presse, noch einmal abgesegnet werden. Und in jeder dieser kleinen oder auch ein wenig größeren Entscheidungen trägt eine kleine oder auch ein wenig größere Lüge, an die man aber selber auch ein wenig oder mehr glaubt, den Sieg davon, der in aller Öffentlichkeit gefeiert wird – in allen ihren Facetten der genaue Gegensatz zur einfachen Wahrheit jener US-amerikanischen Initiative, die iranischen Revolutionsgarden auf die Liste der Terrororganisationen zu setzen. Die Heuchelei im europäischen Jargon von Demokratie und Völkerrecht besteht eben darin vorzugeben, ganz im Sinne der Vernunft zu handeln – und die politische Realität zu diesem Zweck lieber nicht zur Kenntnis zu nehmen. Adornos Diktum über den Deutschen[45] variierend, müsste es heute vielleicht heißen: Ein Europäer ist ein Mensch, der keine diplomatische Lüge über die internationalen Gewaltverhältnisse aussprechen kann, ohne sie tatsächlich zu glauben. Aber wieder bereitet die Lüge, die der Lügner selber glaubt, der Vernichtung den Boden.

45 „Ein Deutscher ist ein Mensch, der keine Lüge aussprechen kann, ohne sie selbst zu glauben." (Theodor W. Adorno: Minima Moralia. Reflexionen aus dem beschädigten Leben [1951], in: Ders.: Gesammelte Schriften. Bd. 4, S.124.)

Yossi Melman

Von den Nuklearambitionen des Schahs zur islamischen Bombe

Zur Geschichte des iranischen Atomprogramms und der Rolle der IAEO

Mohammad Reza Pahlavi, der Schah, wollte die Atombombe für den Iran. Dr. Akbar Etemad war derjenige, der damit beauftragt wurde, die Gelüste des Monarchen zu befriedigen und seinen Wunsch wahr zu machen. Er hätte bereits Mitte der 1980er der Vater der iranischen Atombombe sein können. Etemad tat in den 70er Jahren sein Bestes um die Ziele des Schahs zu verwirklichen, aber die Zeit wurde knapp: Khomeinis Revolution stand vor der Tür und im Februar 1979 war es soweit. Etemad musste wie viele andere loyale Monarchisten und Diener der Pfauenkrone aus seiner Heimat flüchten. Wäre er unter dem neuen Regime geblieben, hätte ihn nur ein Schicksal erwartet: Der Tod durch die Hände von Khomeinis Auftragsmördern. So wie zehntausende andere Militärs, SAVAK-Offiziere, Kabinettminister, Regierungsbeamte, Richter und Wissenschaftler ging er ins Exil. In einem noblen Pariser Vorort fand er in den letzten 25 Jahren ein bequemes Auskommen. „Ich kann mich erinnern", sagt er heute, „dass ich oft in seinem Büro saß und Seine Majestät sprach von der leuchtenden Zukunft, welche die Nuklearenergie dem Iran bringen würde. Zumindest einmal sprach er mit mir über die Notwendigkeit, darüber nachzudenken, in Zukunft eine Bombe zu haben. *Nuklear* bedeutete für ihn Ruhm, Stolz, Macht und Hegemonie in der Region." Das waren die Schlüsselwörter, um die Pahlavis zu verstehen, ihre Träume, Hoffnungen und Taten.

Mohammad Reza Pahlavi bezeichnete sich selbst als Shahanshah Aryamehr, was soviel bedeutet wie *König der Könige* und *Licht der Arier*. Politiker mussten jedes Mal klatschen, wenn sein Name erwähnt wurde. Iraner, die zu ihm vorgelassen wurden, wurden angewiesen, sich zu verbeugen oder seine Hand zu küssen – als eine Geste der Dankbarkeit. Hunderte Millionen von Dollar wurden für Paläste des Schahs ausgegeben. Aber mit Prunk allein baut man sich noch keine Macht auf. Zu diesem Zweck brauchte der Schah Waffen. Der Appetit des Schahs auf moderne militärische Macht war dermaßen unersättlich, dass er bereit war, die Staatssäckel des Landes zu leeren, um sein Ziel zu verfolgen, den Iran zu der Supermacht zu machen, die er sich vorstellte.

Das brachte die USA dazu, zu glauben, sie hätten einen starken Verbündeten in der Region und den Schah zu ermutigen, Amerikas „Poli zisten“ in der Region zu spielen. Er diente US-Interessen im Persischen Golf und stellte mit seiner scheinbar starken Armee sicher, dass das Öl in der Straße von Hormus nicht versiegte und die westlichen Ökonomien damit gefüttert wurden. Doch der Appetit des Schahs wurde größer und größer, von konventionellen Waffen verlagerte er sich auf nicht-konventionelle. Seine Bestrebungen spiegelten sich in den vorsichtig gewählten Worten eines seiner engsten Verbündeten wieder: Asadollah Alam, sein Justizminister, führte ein geheimes Tagesbuch, in dem er detailliert den Tagesablauf des Schahs, seiner Familie, der Gerichtsbarkeit und des Landes im Allgemeinen dokumentierte. Am 29. November 1975 schrieb er über seine Königliche Hoheit: „*Er* hat eine große Vision für die Zukunft dieses Landes, die – auch wenn er es abstreitet – wahrscheinlich die Herstellung eines nuklearen Abschreckungsmittels beinhaltet.“

Viele westliche Länder wären nur zu bereit gewesen, dem Iran mit seinem Nuklearprogramm zu helfen. US-Amerikaner, Franzosen, Deutsche und Südafrikaner warteten nur auf einen Wink des Schahs. ‚Sie fragen – wir verkaufen, was immer Sie brauchen‘; das war ihre Einstellung. Meister dieser Haltung waren die Amerikaner. Heute ist es eine Ironie der Geschichte, dass die USA, die an vorderster Front gegen die Nuklearisierung des Iran kämpfen, damals die ersten waren, die dem Schah in Sachen Nukleartechnik unter die Arme gegriffen hatten.

Im Herzen Teherans steht ein Mahnmal für diese kurzsichtige Haltung der USA. Dieses kuppelförmige Gebäude, das zur Universität von Teheran gehört, beherbergt das *Nuclear Research Center* (TNRC). Es hat einen funktionierenden 5-Megawatt-Forschungsreaktor, eine Radioisotopen-Produktionsmöglichkeit, radiochemische Labore und eine Abfallanlage. Die meisten dieser Komponenten wurden dem Schah von US-Firmen verkauft, an vorderster Front GA *Technologies*, mit dem Einverständnis der Regierungen von John F. Kennedy und Lyndon B. Johnson.

Im Juli 1968 unterzeichnete der Iran den Atomwaffensperrvertrag (*Non Proliferation Treaty*, NPT), im Bestreben, die Verhandlungen mit den USA über nukleare Deals zu beschleunigen. Artikel 4 des Atomwaffensperrvertrags erkennt das „unabdingbare Recht des Iran an, Nuklearenergie ohne Benachteiligungen für friedliche Zwecke zu entwickeln, zu erforschen, zu produzieren und zu nutzen, und Equipment, Materialien und wissenschaftliche und technologische Information zu erwerben.“

Im Bereich der Nuklearenergieentwicklung war der Iran zur Zeit des Schahs eine Goldgrube für die USA. Auf starken Druck von US-amerikanischen Firmen ermunterte Washington den Schah, hoch entwickelte Nukleartechnologie und Nuklearreaktoren zu kaufen.

Das Programm des Schahs war ambitioniert: Es war darauf ausgelegt, verschiedene Energiequellen zu erschließen, um den iranischen Energiebedarf in Zukunft abzudecken. Akbar Etemad erklärte, dass sich der Iran bereits Sorgen machte – einerseits über das Versiegen der Ölquellen, andererseits auch über den raschen Bevölkerungszuwachs und die entsprechende Energienachfrage. Als Standort für die ersten beiden Reaktoren wurde Busher ausgewählt, genau jener Ort, wo der Iran der Ayatollahs mit Hilfe Russlands heute sein erstes Atomkraftwerk baut.

Der erste – 3 Milliarden Dollar schwere – Auftrag für den Bau der ersten beiden Reaktoren ging an *Kraftwerk Union*, eine Tochtergesellschaft von *Siemens. Siemens* arbeitet bei vielen Kraftwerksprojekten auf der ganzen Welt mit der US-Firma *Bechtel Power* zusammen. FRAMATOME, ein französisches Kernenergie-Unternehmen, erhielt einen anderen großen Auftrag: Sie sollten zwei 950-Megawatt-Kernkraftwerke in der Nähe der Stadt Ahvaz beim Karun-Fluss bauen. Dieses Gebiet liegt in unmittelbarer Nähe zur irakischen Grenze und wurde während des irakischen Einmarsches schwer verwüstet. Der Schah und seine Berater, insbesondere Akbar Etemad, wussten, dass ein Atomreaktor ohne Treibstoff genauso sinnlos ist wie ein Auto ohne Benzin. Sie wollten den „nuklearen Treibstoff-Kreislauf" bewältigen, einer der wichtigsten Schritte zur Produktion von Nuklearwaffen. So wie Kohle, Öl und Gas, ist Uran eine Energiequelle, die in mehreren Schritten verarbeitet werden muss, um funktionierenden Treibstoff und damit Strom zu produzieren.

Um Uran für den Gebrauch in einem Kernkraftwerk aufzubereiten, muss es zunächst abgebaut und zerkleinert werden. Dieses Zwischenprodukt nennt man Urangelb oder auch „Yellowcake". Der nächste Schritt besteht darin, diesen Yellowcake in ein Chemiewerk zum Umwandeln zu schicken, wo es durch Zugabe von chemischen Materialien und Fluoriden zu Hexafluorid-Uran (UF6) in Gasform umgewandelt wird. Dieses Gas wird in Zentrifugen mit empfindlichen Rotoren gespeist. Die Zentrifugen arbeiten mit sehr hoher Geschwindigkeit und reichern das Uran an, von 3 Prozent bis 90 Prozent. Niedrig angereichertes Uran kann in einem Kernkraftwerk als Treibstoff verwendet werden. Hoch angereichertes Uran kann als spaltbares Material zum Bau von Atombomben verwendet werden. Unter dem Schah war der Iran auf der Suche nach Quellen für Uran als Treibstoff für Atomreaktoren und Kraftwerke. Die bevorzugte Lösung wäre die eigene Produktion im Iran gewesen, und tatsächlich entsandte die *Atomic Energy Organization of Iran* (AEOI) unter Akbar Etemad Experten, die geologische Studien auf der Suche nach Uranminen durchführten. Diese wurden schließlich in der Saghand-Wüste gefunden, in der Nähe der Stadt Yazd im Zentrum des Iran. Genau dort baut der Iran seit 2003 seine natürlichen Uranvorkommen ab. Doch solange der Schah und Etemad noch nicht auf die lokalen Vorkommen zurückgreifen konnten, waren sie von ausländischen Zulieferungen abhängig.

Zwei wichtige Quellen waren hierbei Südafrika und Argentinien. 1976 unterschrieb Etemads AEOI einen 700-Millionen-Dollar-Vertrag, um Uran (Yellowcake) aus Südafrika einzukaufen. Und die Peronisten Argentiniens unterzeichneten einen Vertrag, der dem Iran Know-How und angereichertes Uran verschaffte. Dem *Teheran Nuclear Research Center* wurden kleine Proben geschickt.

1975 behauptete der Schah, sein Land verfolge „keinerlei Ambitionen, Atomwaffen zu erwerben", fügte aber als Warnung hinzu: Sollten kleine

Staaten beginnen, welche zu bauen, müsste der Iran seine diesbezügliche Politik überdenken.

Da der Schah als Freund und Verbündeter der USA wahrgenommen wurde, glaubten die Amerikaner auch nicht, sich Sorgen machen zu müssen, er würde sie jemals verraten. Außerdem waren die USA, genauso wie Frankreich, Indien, Argentinien, Südafrika und Deutschland an den Dollars des Schahs interessiert. Die Bestrebungen des Schahs waren jedoch nicht nur friedlicher Natur. Er wollte auf einen atomar bewaffneten Iran hinaus, konnte jedoch seiner Rolle als Moses auf dem Weg ins gelobte atomare Land nicht gerecht werden.

Unbeabsichtigterweise hinterließ er die Reste seiner Träume in den Händen der schlimmsten Feinde seines Vaters – der Ayatollahs, die heute von einem messianischen Präsidenten angeführt werden.

Khomeini und die Bombe

Nuklearprogramm und nationaler Ruhm standen auf der Prioritätenliste des Ayatollah Khomeini keineswegs ganz oben, als er im Februar 1979 an die Macht kam – er musste sich mit dringlicheren Themen befassen. Überdies hatte er ernsthafte, beinahe schon an Aversionen grenzende Zweifel bezüglich Atomwaffen, die er mit der „dekadenten" Kultur des Westens und mit den „Imperialisten" identifizierte. Als schiitischer Moslem hielt Khomeini Atomkraft für böse – und Atomwaffen umso mehr.

Also war es für Khomeini logisch, die Reduktion des Atomprogramms zu befehlen. Dennoch erreichte einiges an Equipment und Systemen für die Reaktoren, die unter dem Schah bestellt wurden, den Iran. Die beiden Reaktoren in Busher wurden Mitte 1979 zur Hälfte fertig gestellt. Fereydun Sahabi, der iranische Energieminister und Aufseher der *Atomic Energy Organization of Iran* unter Khomeini, erklärte, seine Organisation sei wesentlich beschnitten worden. Dann kam der Krieg mit dem Irak, der auch dazu beitrug, das Atomprogramm weiter einzufrieren.

Der Krieg mit dem Irak, der acht Jahre dauerte, war jedoch eine traumatische Erfahrung für Khomeini, und er änderte seine Meinung über Massenvernichtungswaffen und speziell Atomwaffen. Seine theologischen Ansichten über Atom- und Massenvernichtungswaffen wurden in ihren Grundfesten erschüttert und veränderten sich durch die Schrecken des Krieges – auch durch den Einsatz chemischer Waffen durch irakische Truppen gegen iranische Soldaten an der Front, und speziell gegen Zivilisten.

Die Anzeichen häuften sich, dass Khomeini nach den Schrecken des Krieges glaubte, dass der Iran seine eigene Version von Massenvernichtungswaffen brauchen würde, um sich in Zukunft gegen wiederholte Angriffe mit chemischen Waffen zu verteidigen und seine potenziellen Feinde abzuschrecken. Sein Sinneswandel wurde öffentlich bekannt, als 2006 geheime Korrespondenz zwischen Khomeini und einem seiner hochrangigen Militärs an die iranische Presse gelangte.

Nach dem Krieg musste der Iran mit seinem Atomprogramm von vorne anfangen. In der zweiten Hälfte der 80er Jahre begann sich der Iran langsam von seiner durch Khomeini vorgegebenen zurückhaltenden Atom-Strategie zu verabschieden, und die Regierung implementierte eine neue Strategie. Der aktivste der „atomaren Ayatollahs" war Hashemi Rafsanjani. Seine Einbindung begann zunächst als Sprecher des Parlaments und steigerte sich später, als er Ali Khamenei als Präsident des Iran nachfolgte. Er war praktisch der Schutzengel der atomaren Träume und ging den mühsamen Weg durch die Instanzen, um die Idee voranzutreiben.

Zunächst versuchten die „atomaren Ayatollahs" unter der Führung von Rafsanjani die atomaren Beziehungen zum Westen zu erneuern. Sogar die USA wurden als geeigneter Ansprechpartner angesehen, trotz der scharfen Rhetorik zwischen den beiden Ländern. Aber die Reagan-Administration hatte mit ihrer anti-iranischen, pro-irakischen Strategie das Tischtuch zerschnitten für iranische Gesandte und Mittelsleute, und verhinderte auch Geschäfte mit anderen westlichen Staaten.

Als nur wenige Optionen übrig blieben, begriff das Rafsanjani-Regime, dass seine einzige Chance bei nicht-westlichen Verbündeten lag. In der Zeit zwischen den späten 80ern und der Jahrtausendwende wurden China, Pakistan und Russland zu den wichtigsten Säulen des iranischen Atomtraumes.

Die Verbindungen zu Pakistan wurden geheim gehalten. Im Unterschied zu China, das im Atomwaffensperrvertrag und der Charta der *Internationalen Atomenergiebehörde* (IAEO) als legitime Atommacht anerkannt und berechtigt ist, Atomwaffen zu produzieren, war und ist Pakistan bis heute kein Vertragspartner des NPT. Für den Iran als Teil von NPT und IAEO wäre es außerordentlich peinlich, wenn Geschäfte mit Pakistan ans Licht kämen. Im Februar 1986 reiste Abdul Qadeer Khan – bekannt als der „Vater der pakistanischen Atombombe" – erstmals in geheimer Mission in den Iran, traf sich dort mit iranischen Kollegen und besuchte Busher. Geheimdienstquellen zufolge traf Khan damals auch mit Rafsanjani zusammen, um ihm zu demonstrieren, wie sehr er vom Establishment respektiert wurde. Ein Jahr danach kam Khan wieder in den Iran. Diese ersten Kontakte führten direkt zu seiner Unterstützung des Iran bei der Beschaffung von Konstruktionstechnik und Equipment für das Urananreicherungsprogramm. Gleichzeitig unterhielt der Iran auch geheime Beziehungen mit der Sowjetunion. All das spielte sich ab, ohne die IAEO davon zu informieren, wie es der Iran laut NPT hätte tun müssen.

Auch andere Verbindungen blieben unentdeckt. Die von den revolutionären Garden betriebenen Beschaffungsnetzwerke bestanden üblicherweise aus iranischen Geschäftsleuten, die im Ausland lebten, aber immer noch starke familiäre Verbindungen in den Iran hatten. Die iranischen Autoritäten appellierten an ihren Nationalstolz und Patriotismus und fetteten das mit einer ordentlichen finanziellen Abgeltung auf.

Iranische Geheimdienstleute, die sich als Geschäftsleute oder Handelsreisende der Regierung ausgaben, sprachen, instruiert von Wissenschaftern der *Atomic Energy Organization of Iran*, Exiliraner an und fragten sie oder ihre Firmen, ob sie für sie einige unverfängliche Objekte von europäischen, asiatischen oder russischen Anbietern kaufen könnten. Sobald das Vertrauen auf diese Art einmal hergestellt war, wurden die Exiliraner beim nächsten Mal beauftragt, für mehrere Zwecke verwendbare Materialien, Technologie oder Equipment zu erstehen, Dinge, die sowohl für den legitimen zivilen Gebrauch – wie etwa in der Landwirtschaft, Medizin oder Industrie – als auch für weniger unschuldige Zwecke verwendet werden können, wie zum Beispiel in der Rüstungsindustrie oder für Diebstahl von Technologie oder Spionage.

Da er die Notwendigkeit erkannt hatte, die technische Infrastruktur des Iran zu verbessern, richtete Rafsanjani 1993 eine Spezialeinheit ein. Sie sollte neue Initiativen starten, um Wissenschafter anzuwerben und das politische Klima zu verbessern. Wissenschafter, die zuvor als Regimegegner inhaftiert worden waren, wurden nun freigelassen. Ihnen wurden wirtschaftliche Anreize wie Luxushäuser, Autos und großzügige Gehälter geboten. Das Regime versuchte außerdem, die Wissenschafter bei ihrem Patriotismus zu packen.

Tausende Ingenieure, Chemiker, Mathematiker und Physiker kamen aus dem Exil zurück, um am geheimen iranischen Atomprogramm zu arbeiten. Forschungseinrichtungen und Labors entwickelten sich, Verträge für technische Konstruktionspläne, Materialien, Equipment und sogar für ganze Kraftwerke wurden abgeschlossen. Zwischen 1988 und 1993 wurde am Teheraner *Nuclear Research Center* mit Plutonium-Kernspaltung experimentiert. Eine kleine Menge von wenigen Gramm wurde extrahiert. In Lashkar Aba'd, nordwestlich von Teheran, wurde ein weiteres Kraftwerk gebaut. Dort experimentierten iranische Experten damit, Uran mit Lasertechnologie anzureichern. Mit Lasertechnologie angereichertes Uran ist eine weitere Möglichkeit, zu spaltbarem Material für die Bombe zu kommen. Ähnliche Experimente wurden im *Laser Separation Laboratory* und im *Comprehensive Separation Laboratory* am TNRC durchgeführt. Diese Einrichtungen wurden während der Herrschaft des Schahs von den USA beliefert.

Der größte Erfolg lag aber vermutlich darin, dass es der Iran verstanden hat, seine wahren Intentionen vor der Welt zu verbergen. Während der Iran sein Atomprogramm wiederbelebt hat, wurde die internationale Gemeinschaft über die Ziele des Mullah-Regimes im Unklaren gelassen.

Vertuschung und Lügen

Als die Welt sich dessen bewusst wurde, geriet das Büro des Generaldirektors der IAEO im 28. Stock der UNO-City in Wien in die Kritik. Der Posten des Generaldirektors ist ein undankbarer Job, beinahe eine „mission impossible". Er soll den Weltfrieden verteidigen und die Verbreitung von Nukleartechnologie zur Herstellung von Massenvernichtungswaffen verhindern. Ihm steht keine Armee zur Verfügung, und er ist nur mit seiner Überzeugungskunst ausgestattet sowie mit dem Mandat und der Autorität, die ihm von der UN verliehen wird.

Der Posten des Generaldirektors der IAEO war als ein Job konzipiert, der genau den Charakteristika eines grauen Diplomaten in einer typischen bürokratischen UN-Institution angepasst wurde. Mohammed el Baradei, der ägyptische Diplomatenveteran, ist insofern die perfekte Wahl. Er spricht den politisch korrekten Diplomatenjargon der UN und unterzeichnet Berichte, die in einem technischen Kauderwelsch geschrieben sind. Dennoch wurde er zum Symbol der Bemühungen, das Verbreiten von Atomwaffen zu verhindern und gewann 2005 den Friedensnobelpreis. Nordkorea und der Iran führen die Liste seiner „Feinde" an. Dennoch verärgerte seine zurückhaltende Sprache die USA und Israel, die ihn als zu sanft gegenüber dem Iran wahrnahmen. Und in der Tat wurde bis zum Sommer 2002 der Iran in IAEO-Dokumenten selten erwähnt. Nichtsdestotrotz war die IAEO nicht alleine beim Ignorieren des Irans. Auch der US-amerikanische *National Intelligence Estimate*, die britischen MI6-Analysen und die Einschätzungen des Mossads in den späten 1990er Jahren schafften es nicht, den wahren Charakter des iranischen Atomprogramms zu erkennen.

All dies änderte sich jedoch im August 2002, als etliche Dokumente im Hauptquartier der IAEO landeten. Sie kamen von einer unerwarteten und bis dahin unzuverlässigen Quelle – dem *Nationalen Widerstandsrat im Iran* (NWRI). Der NWRI informierte die IAEO, dass der Iran im Begriff war, zwei geheime nukleare Anlagen zu bauen. Im Jargon der IAEO wurden sie als „undeklarierte" Anlagen bezeichnet. Ein Signatar des Atomwaffensperrvertrages wie der Iran, der ein *Safeguard Agreement* mit der IAEO besitzt, muss der IAEO all seine Atomanlagen und -materialien melden. Die Information der NWRI deckte den Bau einer undeklarierten Urananreicherungsanlage in Natanz auf. Der Bericht deckte ebenfalls auf, dass der Iran, ohne es der IAEO mitzuteilen, einen Schwerwasserreaktor und einen Atomreaktor in Arak baute, 200 km südwestlich von Teheran. Wenn diese 2012 fertiggestellt sind, könnte der Iran dort Plutonium produzieren. Diese Erkenntnis wird als Wendepunkt in der Einstellung der IAEO gegenüber dem Iran betrachtet.

Der stellvertretende Generaldirektor der IAEO, der finnische Wissenschaftler Hollie Juha Heinonen, verlangte sofort, am 16. August 2002, eine Erklärung vom Iran bezüglich der Vorgänge in Natanz und Arak. Seitdem etablierte sich ein Muster zwischen dem Iran und der IAEO, das einem Katz- und Mausspiel gleicht. Die IAEO stellt Fragen bezüglich Irans Atomanlagen, neuen Ankäufen und Technologie an Hand von Informationen, die meistens von den westlichen Geheimdiensten bereitgestellt werden. Der Iran verzögert seine Antwort, gibt dann sehr wenig preis und versucht später zu vertuschen und zu täuschen. Wenn er *in flagranti* erwischt wird, gibt er zögerlich seine Lügen zu. Erst sechs Monate nach den Enthüllungen der NWRI erlaubten die Iraner el Baradei und Heinonen Natanz zu besuchen. Was sie dort in den Produktionshallen sahen, war schockierend.

„Ich habe sie bereits einmal gesehen“, sagte Heinonen seinem Generaldirektor. Ihr Gastgeber war Golem Reza Aghazadeh, Vizepräsident der Islamischen Republik Iran. Sie sprachen von zirka 15 Zentrifugen, die in der großen Halle aufgestellt waren, um Uran anzureichern. Aghazadeh war sehr stolz auf die erste Charge an Zentrifugen, die der Iran zusammengestellt habe. „Sehen Sie wie gut iranische Wissenschaftler sind“, prahlte er. „Es ist unsere eigene Arbeit, wir haben es alleine geschafft. Es ist unsere Erfindung. Wir bewältigten die Maschinerie.“ Aber Heinonen, ein erfahrener Experte in Radiochemie, stellvertretender Generalsekretär beim *Department of Safeguards* der IAEO, kannte die Wahrheit. Er hatte die gleiche Konstruktion in wissenschaftlichen und technischen Büchern zur Urananreicherung gesehen. Es handelte sich hier nicht um ein selbst gebautes iranisches Produkt. Die installierte Maschinerie in Natanz, Irans *Pilot Fuel Enrichment Plant* (PFEP), waren exakt die gleichen Zentrifugen, die vor mehr als 30 Jahren beim *Uranium Enrichment Corporation of Western Europe* (URENCO) konzipiert und hergestellt wurden. Heinonen und el Baradei schauten einander an, blieben ausdruckslos und verstanden ohne irgendetwas zu sagen alles: Die Iraner hatten die Zentrifugen von jemandem im Ausland gekauft.

Sich mit Natanz und Arak zu befassen, war nur eine Mission, die auf der Tagesordnung stand. Heinonen und el Baradei waren auch an der *Kalaye Electric Company* interessiert. Heinonen verlangte, dass sie auch zur *Kalaye* Fabrik gebracht werden. Die Iraner waren wie gewöhnlich höflich, aber zeigten sich nicht sonderlich erfreut bezüglich der Anfrage und verzögerten ihre Antwort.

Einige Wochen später, im April, gab der Iran nach einiger Überredungskunst und Druck nach. Einem IAEO-Team wurde es gestattet, Kalaye zu betreten. Das „Lager“ war leer. Alle Gebäude waren renoviert: frischer Anstrich an den Wänden, neue Fliesen am Boden; sogar eine Toilette, die äußerst untypisch für gewöhnliche iranische Lagerhäuser ist. Es glänzte und die Lichter schalteten sich ein, sobald man die Toilette betrat. Keine Schalter, kein Fingerkontakt. Vermutlich wollten die Iraner den Inspektoren keinen Vorwand bieten, die Wände zu berühren, aus Angst, diese könnten mikroskopische Elemente hinterlassen, die Radioaktivität anzeigen würden. „Welch ein Wunder“, dachte einer der Inspektoren. „Erst vor drei Wochen war dieser Ort dreckig. Die Wände waren verschmutzt und schwarz, und der Anstrich war alt und blätterte ab.“ Die Iraner erklärten, dass der Arbeitsraum von Kalaye elektrische Wanduhren herstellt. Mitten auf der Uhr waren die Wörter *Allah o Akbar* (Gott ist groß) eingeschrieben. Um ihre Darstellung zu untermauern, zeigten sie Heinonen und seiner Gruppe sogar den Dachboden, wo sie um die hundert solcher Uhren in Boxen verstauten.

Trotzdem schafften es die Inspektoren um die 300 Proben von Kalaye und anderen Einrichtungen zu nehmen, welche in den IAEO-Laboratorien untersucht wurden, um herauszufinden, ob sie irgendwelche Spuren von angereichertem Uran beinhalteten. Sie taten es und der Iran musste noch eine Lüge zugeben: Die kontaminierten Zentrifugen waren keine einheimischen: die *Highly Enriched Uranium*-Partikel, die in Natanz gefunden wurden, wurden im Ausland erworben. Aber die Iraner weigerten sich, den Namen des Lieferanten preiszugeben.

Letzten Endes wurde der Name des Lieferanten enthüllt. Es war der Schmuggelring von Abdul Qadeer Khan aus Pakistan. Er verkaufte dem Iran seine Entwürfe für Uranzentrifugen. Basierend auf diesen Entwürfen stellt der Iran die in Kalaye und Natanz entdeckten Zentrifugen her. Es handelte sich um die veraltete P1-Konstruktion von Zentrifugen. Dies wurde aber erst 2004 entdeckt, nachdem Khan in Pakistan verhafte wurde und fast zwei Jahre nachdem der Iran volle Kooperation versprach.

Während der Iran zugab, Uran nur bis 1,2 Prozent angereichert zu haben, zeigten die IAEO-Resultate der Analyse, dass der Iran angereichertes Uran bis zu ungefähr 70 Prozent von U-235 getestet hatte. In anderen Fällen rangierten Spuren und Kontamination zwischen 36 Prozent und 54 Prozent. Laut iranischen Erklärungen stammte der höhere Grad der Anreicherung von den „ausländischen" Quellen. In anderen Worten: Es handelte sich um Zentrifugen aus zweiter Hand. Aber dies widersprach der ursprünglichen Behauptung Aghazadehs gegenüber el Baradei und Heinonen, dass die Zentrifugen selbst gebaut waren. Nichtsdestotrotz akzeptierte die IAEO die Erklärung, enthüllte in einem ihrer späteren Berichte jedoch, dass die Komponenten für die Zentrifugen nicht nur von dem „ausländischen" Lieferanten stammten.

Je mehr Entdeckungen der IAEO mit der Zeit öffentlich wurden, desto mehr geriet die AEOI in Panik. Um eine aufgeflogene Lüge zu vertuschen, warteten sie mit neuen Lügen auf. In der Zeit zwischen Ende 2002 und Mitte 2004 sicherte der Iran immer wieder volle Kooperation mit der IAEO zu, aber dies entpuppte sich wiederholt als leeres Versprechen. Der Iran setzt bis heute auf systematische Vertuschung und auf Lügen.

Ende 2003 waren die Iraner gezwungen, eine weitere Lüge einzugestehen. Sie hatten keine andere Wahl, als Libyens Revolutionsführer Gaddafi im Dezember 2003 die Welt überraschte, indem er einen Pakt mit den USA und Großbritannien schloss. Gaddafi versprach im Austausch für die Einstellung der Sanktionen gegen Libyen und diplomatischer und ökonomischer Annäherung seine Pläne für Nuklearwaffen einzustellen. Er kooperierte voll und ganz mit den Amerikanern, Briten und der IAEO. Er gab den Amerikanern riesige Kisten, die Dokumente über seine nuklearen Pläne beinhalteten. Der Inhalt dieser Kisten war enorm wertvoll. Die libyschen Dokumente zeigten, dass der Pakistani Khan Libyen Blaupausen von P1 und der weiter entwickelten P2 verkaufte, sowie Pläne und Skizzen zur Verfügung stellte, wie Zentrifugen zu bauen und nukleare Sprengköpfe zu montieren sind.

Die pakistanischen Skizzen, die Libyen überreicht wurden, glichen exakt jenen P1-Zentrifugen, die im Iran entdeckt wurden. Der Wanderzirkus der IAEO-Inspektoren, der zwischen Libyen und Wien pendelte, bewegte sich zu einem neuen Veranstaltungsort. Dieses Mal nach Pakistan sowie in die Schweiz, nach Deutschland, Großbritannien, Malaysia und die Vereinigten Arabischen Emirate, um mit Mitgliedern eines Schmugglerringes zu reden. Die Interviews und einige frühere Geheimdienstinformationen halfen dabei, den Pfad der „Schwarzmarktbomben" zu rekonstruieren. In diesem rekonstruierten Fall waren die Zentrifugen für Libyen bestimmt, aber die IAEO und westliche Geheimdienstler vermuteten, dass ähnliche Unternehmungen auch mit dem Iran getätigt wurden. Unter dem Druck der USA, Großbritanniens und der IAEO stellte der pakistanische Präsident Pervez Musharaf Abdul Qadeer Khan unter Hausarrest und pakistanische Experten befragten ihn. Er erlaubte weder der CIA noch IAEO-Inspektoren, direkt mit ihm zu sprechen. Aber was er sagte, war ausreichend und die Iraner gerieten noch mehr in Panik. Bevor sie abermals mit den Tatsachen konfrontiert wurden, entschlossen sie sich, diesmal mit ihrer eigenen Version aufzuwarten. Aber auch diese beinhaltete nicht die volle Wahrheit. Sie gaben zu, dass sie nicht nur P1-Entwürfe erwarben, sondern von Khans Netzwerk ebenso die weiter entwickelten P2-Zeichnungen. Im Januar 2004 „räumte der Iran zum ersten Mal ein, dass er 1994 Zeichnungen von P2-Zentrifugen erhalten hatte", wurde in einem IAEO-Bericht festgestellt.

Dennoch behaupteten die Iraner, dass sie sich nie mit den P2-Skizzen befasst hätten, sondern sie einfach in Kartons gelagert hätten. Weder die IAEO noch die westlichen Geheimdienste glaubten ihnen und vermuteten, dass irgendwo im Iran weitere geheime Installationen mit P2-Zentrifugen existieren, die es dem Iran erlauben, schneller und besser Uran anzureichern.

Die Libyer legten offen, dass sie von Khan Zeichnungen erhielten, die darlegten, wie nukleare Sprengköpfe und Waffen zu bauen sind. Dies ist der heikelste Schritt im Prozess der Nuklearwaffenkonstruktion und die Iraner gaben nie zu, dass Khan ihnen die Zeichnungen auch verkauft hat. Wenn einmal Uran angereichert oder Plutonium separiert wurde und genügend spaltbares Material vorhanden ist, ist es an der Zeit, eine Vorrichtung zu konzipieren und herzustellen, welche alle relevanten Komponenten zusammenfasst, um sie in „die Bombe" umzuwandeln. Dies wird *weaponization* genannt.

Alles neu durch NIE?

El Baradeis Berichte sind voll von Euphemismen und Mehrdeutigkeiten. Die USA und Israel behaupten, dass der Generaldirektor dadurch willentlich die Empfehlung des Irans an den UN-Sicherheitsrat verzögert hat. Erste Anzeichen dafür, dass der Iran sein *Safeguard Agreement* mit der IAEO verletzt, wurden bereits 2003 entdeckt. Erst im Februar 2006 stufte das *Board of Governors* den Iran als unwilligen Staat ein und übermittelte den Fall an den Sicherheitsrat. Aber in New York ist ein neues Verzögerungsspiel im Gange, diesmal initiiert von China und Russland, die sich weigern, substantielle Sanktionen gegen den Iran mitzutragen.

In der ersten Dezemberwoche 2007 wurde ein Bericht der amerikanischen Geheimdienste veröffentlicht. Die *National Intelligence Estimate* (NIE) wurde vom *Director of National Intelligence* zusammengestellt und basiert auf den Meinungen, Annahmen, Analysen und Daten der 16 geheimdienstlichen Organisationen der USA, die zu dem Ergebnis kamen, dass der Iran sein geheimes Nuklearprogramm, welches die Produktion einer nuklearen Bombe zum Ziel hatte, gestoppt habe. Der Bericht fügte jedoch hinzu, dass der Iran in Zukunft seine zivilen Aktivitäten im Nuklearbereich für militärische Zwecke einsetzen könnte.

In den USA, Israel und der EU existieren zahlreiche abweichende Einschätzungen, die nicht mit den Inhalten des Berichtes konform gehen und die glauben, dass der Iran weiterhin an der Bombe baut. Nichtsdestotrotz unterminiert der Bericht die Möglichkeit, dass entweder die USA oder Israel einen präventiven Luftangriff gegen Irans nukleare Aktivitäten ausführen.

Kann die Welt einen nuklearen Iran akzeptieren? Der iranische Präsident sagt, dass er Israel nicht unter den Nationen der Welt sehen will und die Welt glaubt ihm. Aber er behauptet ebenfalls, dass der Iran keine nuklearen Waffen haben will. Kann die Welt ihm vertrauen? Können wir das Risiko eingehen ihm zu glauben? Kann die Welt in Ruhe und Frieden mit einem nuklearen Iran leben und darauf vertrauen, dass seine Anführer niemals den Knopf drücken werden?

Yossi Klein Halevi/Michael B. Oren

Israels Alptraum

Die Rezeption der iranischen Gefahr im Staat der Shoahüberlebenden

Kurz nachdem Yitzak Rabin im Mai 1992 israelischer Premierminister geworden war, landeten die ersten Berichte des militärischen Nachrichtendienstes über das iranische Atomprogramm auf seinem Schreibtisch. Rabins Schlussfolgerung war unmissverständlich: Ein atomar gerüsteter Iran, erklärte er seinem Assistenten, stelle eine existenzielle Gefahr dar, der Israel nicht angemessen begegnen könnte. Als Rabin versuchte, die Clinton-Administration vor den Ambitionen Teherans zu warnen, stieß er jedoch auf Ungläubigkeit. Die Einschätzung der CIA, welche sich bis 1998 nicht ändern sollte, war, dass das iranische Atomprogramm ziviler und nicht militärischer Natur war. Israelische Sicherheitsbeamte meinten, dass die CIA-Ansicht von der US-Innenpolitik beeinflusst war; privat sprachen sie von der Agency als „CpIA" – wobei das „p" für „politisiert" steht.

Washingtons Gleichgültigkeit förderte Rabins Überzeugung, dass Israel beginnen muss, sich für einen möglichen Präventivschlag vorzubereiten. Er ordnete den Erwerb von Langstreckenbombern an, welche in der Lage sind, den Iran zu erreichen und traf eine schicksalsträchtige politische Entscheidung: Er gab seine Zwiespältigkeit hinsichtlich Verhandlungen mit der PLO auf und billigte informelle Gespräche, welche zwischen der israelischen Linken und PLO-Vertretern geführt wurden. Rabins Rechtfertigung für diese Kehrtwendung war, dass Israel seinen, wie er es nannte, „inneren Gefahrenkreis" – die Feinde an seinen Grenzen – neutralisieren muss, um sich auf die kommende Konfrontation mit dem Iran, den weitaus gefährlicheren „äußeren Gefahrenkreis", zu konzentrieren. Rabins Strategie war damals das genaue Gegenteil des Ansatzes, welcher im Dezember 2006 im Bericht der *Iraq Study Group* empfohlen wurde. Die beiden Hauptautoren des Berichts, der ehemalige US-Außenminister James Baker und der langjährige Kongressabgeordnete Lee Hamilton, wollen mit dem Iran verhandeln – auch um den Preis der Verharmlosung seiner atomaren Ambitionen –, um die Krise in der arabischen Welt zu lösen; Rabin wollte Frieden mit der arabischen Welt schließen, um die Hände frei zu haben um einen atomar gerüsteten Iran zu verhindern.

Heute, mehr als ein Jahrzehnt später, scheint sich das *worst-case scenario*, das Rabin vor Augen stand, unaufhaltsam zu nähern. Laut israelischen Geheimdiensten wird der Iran frühestens 2009 die Voraussetzungen geschaffen haben, eine Atombombe zu bauen. Israelis argwöhnen, dass es dem Westen an Entschlossenheit mangelt, einen atomaren Iran zu stoppen –

insbesondere nach der Veröffentlichung der *National Intelligence Estimate* (NIE) im Dezember 2007, der amerikanischen Beurteilung des iranischen Atomprogramms, die eine Aussetzung der iranischen Anstrengungen für die atomare Bewaffnung, jedoch nicht der Uran-Anreicherung, welche eine Atombombe ermöglichen würde, erklärte. Obwohl in Israel unter Strategen Uneinigkeit bezüglich der jeweiligen Wirksamkeit von Sanktionen oder Militärschlägen herrscht, stimmen in einem Punkt beinahe alle überein: Israel kann mit einem atomar gerüsteten Iran nicht leben.

Zwei Jahrzehnte lang, seit der Ära des ehemaligen Premierministers Menachem Begin, wurde, abgesehen von den Extremisten, der Holocaust in der israelischen Politik selten beschworen. Doch in den letzten Monaten ist mit der iranischen Bedrohung die „Endlösung" in das Zentrum des israelischen Diskurses zurückgekehrt. Hochrangige Armee-Kommandeure, welche einst Vergleiche des Holocaust mit dem Nahost-Konflikt wahrscheinlich als Beleidigung zionistischer Macht angesehen hätten, sprechen jetzt routinemäßig von der Möglichkeit eines „zweiten Holocausts". Von linken wie rechten Kommentatoren geschriebene *op-eds* vergleichen die gegenwärtige Zeit mit den 1930ern. Israelis entsinnen sich, wie die internationale Gemeinschaft mit Gleichgültigkeit reagierte, als eine schwer bewaffnete Nation der jüdischen Bevölkerung den Krieg erklärte; und sie nehmen heute ein ähnliches Muster wahr. Wenn auch die USA und Europa sich endlich für die atomare Bedrohung durch den Iran zu interessieren scheinen, werden Irans Aufrufe zur Zerstörung Israels von den westlichen Medien gewöhnlich als bloße Rhetorik abgetan. Doch hier in Israel haben diese Ankündigungen Rabins Engagement bestätigt, den Iran an die Spitze der strategischen Tagesordnung zu setzen.

Verantwortlich dafür, genau dies verfolgt zu haben, ist vor allem der Abgeordnete der Arbeitspartei und ehemalige Vize-Verteidigungsminister Ephraim Sneh, welchem Rabin seinerzeit die „Iran-Akte" seiner Regierung anvertraute. Wie die meisten Angehörigen des Verteidigungsapparates glaubt auch Sneh nicht, dass der Iran sofort einen atomaren Angriff gegen Israel starten würde. Doch der Iran müsse gar nicht die Bombe benützen, um Israel lahm zu legen. In Snehs Worten: „Sie wären in der Lage, den zionistischen Traum zu zerstören, ohne den Knopf zu drücken."

In abgehacktem Ton, der seine langjährige militärische Laufbahn verrät, skizziert er drei Auswirkungen einer iranischen Atombombe. Es beginnt damit, dass die Ära der Friedensverhandlungen zu einem Ende kommen wird: „Kein arabischer Staat wird in der Lage sein, Zugeständnisse zu machen, solange ihm ein atomar gerüsteter Iran ständig über die Schultern sieht." Zudem würden die militärischen Handlungsoptionen Israels drastisch beschränkt werden. Ein ermutigter Iran könnte Hisbollah und Hamas mit Raketen größerer Reichweite und gesteigerter Vernichtungskraft als die gegenwärtig existierenden Kassams und Katjuschas versorgen. Von atomarer Vergeltung bedroht, hätte Israel nur wenige Verteidigungsmaßnahmen gegen einen zunehmenden Raketenbeschuss an seiner nördlichen und südlichen Peripherie aufzubieten, deren Bewohner wohl in das Innere evakuiert werden müssten. Einen Vorgeschmack massenhafter Flucht hat Israel bereits im letzten Sommer im Libanonkrieg bekommen, als Hunderttausende Einwohner Galiläas zeitweilig zu Flüchtlingen im eigenen Land wurden. Schließlich werden ausländische Investoren und viele Israelis das Land verlassen. In einer Umfrage gaben 27 Prozent der Israelis an, eine Auswanderung zu erwägen, falls der Iran atomar rüsten würde. „Wer auswandern wird? Diejenigen mit Möglichkeiten im Ausland – die Eliten", sagt Sneh. Das Versprechen des Zionismus, einen Zufluchtsort für die Juden zu schaffen, wäre gescheitert und Juden würden stattdessen in der Diaspora eine vertrauenswürdigere Option sowohl für das persönliche als auch das kollektive Überleben sehen. Während des Libanonkriegs interviewte Israels berühmte TV-Satire *O What a Wonderful Land* einen Israeli, der behauptete, „hier" sei der sicherste Ort für Juden – die Kamera fuhr zurück und enthüllte, dass „hier" in London war.

Auch ohne Atombombe wächst die Bedrohung durch den Iran für Israel. Teheran hat sich der schiitischen Hisbollah, des alewitischen Regimes in Damaskus und der sunnitischen Hamas bedient, um seinen Einfluss in Libanon, Syrien und den palästinensischen Gebieten auszuweiten. Mit dem als Sieg der Hisbollah wahrgenommenen Libanonkrieg und der Fähigkeit der Hamas, ungeachtet wiederholter Armeeoperationen in Gaza weiterhin Raketen auf israelische Städte zu feuern, hat der Iran bewiesen, Israel faktisch straflos angreifen zu können. Die iranischen Zeitungen sind voll von hämischen Artikeln über das mutmaßliche Schwinden des israelischen Kampfwillens und den bevorstehenden Zusammenbruch seiner, wie ein Artikel kürzlich schrieb, „postmodernen" Armee. Das Selbstvertrauen des Iran wurde ermutigt durch Israels Versagen, Teheran für die Anzettelung des Libanonkrieges und für die Finanzierung terroristischer Operationen einen Preis zahlen zu lassen. Ebenso wenig gelang es Israel – von den UNO-Friedenstruppen ganz zu schweigen – die Wiederbewaffnung der Hisbollah zu verhindern. Falls es dem Iran gelingt, die US-Drohungen und UNO-Sanktionen zu überstehen und das Potenzial für Atomwaffen zu erlangen, wird er in der gesamten islamischen Welt als unaufhaltsam gelten.

Ein atomar gerüsteter Iran hätte ferner verheerende Konsequenzen für die sunnitischen arabischen Staaten. Ägypten, Saudi-Arabien, Algerien und zuletzt Jordanien haben ihr Interesse bekundet, Atomkraft zu erwerben. Der ägyptische Präsident Hosni Mubarak erklärte explizit, Ägypten könnte die Notwendigkeit verspüren, sich gegen die atomare Bedrohung des Iran zu schützen. Andere sunnitische Nationen könnten nachfolgen – einschließlich Libyen, dessen Feindschaft gegen die Saudis könnte es in das atomare Wettrüsten geradezu hineindrängen, falls Riad versuchen sollte eine Atombombe zu erlangen. Wahrscheinlich würde ein atomarer Wettlauf den Nahen Osten ergreifen. Jeder beliebige Unruheherd in dieser krisengeschüttelten Region würde somit zu einer potenziellen atomaren Krise werden.

Die Auswirkungen eines atomar gerüsteten Iran würden weit über den Nahen Osten hinaus reichen. Teheran könnte den Öl-Preis diktieren und sogar einen großen Teil der Ölversorgung durch die Straße von Hormus kontrollieren. Selbst ohne atomare Drohung gelang es dem Iran, die Saudis soweit einzuschüchtern, dass sie die iranischen Verdächtigen des Bombenanschlags auf die Khobar-Türme im Jahr 1997 freiließen. Die Vorstellung einer internationalen Gemeinschaft, die imstande sei, eine Weltordnung durchzusetzen, würde sich im Falle einer atomaren Aufrüstung des Iran schnell verflüchtigen. Wenn selbst ein Regime, das terroristische Operationen von Argentinien bis zum persischen Golf verübte, sich über Sanktionen hinwegsetzen und Atomwaffen erwerben konnte – wie sollte dann die UNO glaubhaft irgendjemand anderen daran hindern, das gleiche zu tun?

Das furchterregendste Szenario bleibt in diesen erschreckenden Planspielen jedoch ausgeklammert: Der Iran macht von der Atombombe Gebrauch. Laut einer Umfrage glauben 66 Prozent der Israelis daran, dass der Iran eine Atomwaffe gegen den jüdischen Staat einsetzen würde. Auch wenn die Verteidigungsexperten uneinig über die Wahrscheinlichkeit eines atomaren Angriffs sind, betrachtete jeder Stratege, mit dem wir für diesen Artikeln gesprochen haben, dieses Szenario als plausibel. „Niemand weiß, ob der Iran die Bombe anwenden wird oder nicht", erklärt Sneh. „Aber ich kann es nicht darauf ankommen lassen."

Apokalyptischer Messianismus

Die Gefahr eines theologisch motivierten atomaren Angriffs gegen Israel wird im Westen in der Regel heruntergespielt – in Israel nicht. Giora Eiland, der ehemalige Leiter des israelischen Nationalen Sicherheitsrates, warnte, dass ein von apokalyptischen Visionen angetriebener Mahmud Ahmadinejad fähig wäre, die Hälfte der Bevölkerung seines Landes zu opfern, um den jüdischen Staat zu vernichten. Militärangehörige klingen wie Theologen, wenn sie die iranische Gefahr erörtern. Ahmadinejad repräsentiert laut ihrer Erklärung eine neue „aktivistische" Form der Schia, welche behauptet, dass die Gläubigen die Rückkehr des verborgenen Imam, des schiitischen Messias, durch die Zerstörung des Bösen beschleunigen können. Eldad Pardo, ein iranischer Gelehrter an der Hebräischen Universität in Jerusalem, geht noch weiter: Er behauptet, die von Ayatollah Khomeini begründete Ideologie sei nichts anderes als eine „neue Religion", welche schiitische, sunnitische und marxistische Glaubenslehren kombiniere und westlichen messianischen Kulten gleiche, die Massenselbstmord befürwortet hätten.

Dementsprechend werden Ahmadinejads Verlautbarungen über die bevorstehende Wiederkehr des verborgenen Imam und die Zerstörung Israels nicht als bloße innenpolitische Manöver, sondern als Momentaufnahmen eines apokalyptischen Spielplans angesehen. Berichten zufolge erklärte Ahmadinejad seinem Kabinett, der verborgene Imam werde im Jahr 2009 erscheinen – genau dem Jahr, in dem der Iran nach israelischer

Einschätzung zur atomaren Rüstung in der Lage sein wird. In einem letzten Treffen mit dem scheidenden UNO-Generalsekretär Kofi Annan prophezeite der iranische Präsident, dass die USA und Großbritannien zwar den letzten Weltkrieg gewonnen hätten, der Iran jedoch den nächsten gewinnen werde. Und eine Website der iranischen Regierung gab bekannt, dass der verborgene Imam seinen Erzfeind in einer finalen Schlacht in Jerusalem bezwingen werde. Zumindest ein Ayatollah hat diese Glaubenslehre offen ausgesprochen: Im Jahr 2005 erklärte Hussein Nuri Hamdani, dass „die Juden bekämpft und zur Aufgabe gezwungen werden müssten, um die Ankunft des verborgenen Imam vorzubereiten."

Verteidigungsexperten gestehen bereitwillig zu, dass Ahmadinejad nicht allmächtig und dem Wächterrat verpflichtet ist. Die letzten Wahlen brachten für beinahe alle mit Ahmadinejad verbündeten Geistlichen Verluste; zudem unterzeichneten in einer beispiellosen Aktion 150 iranische Parlamentarier einen Brief, der den Präsidenten für die wachsende Inflation und Arbeitslosigkeit verantwortlich machte. Aber nichts davon kann Israelis beruhigen, weil es nicht Ahmadinejad allein ist, der apokalyptische Szenarios beschwört. Im Februar 2006 erließen beispielsweise Geistliche in Qom eine Fatwa, die den atomaren Krieg gestattet.

Sanktionen, Verhandlungen und die militärische Option

Angesichts dieser grauenhaften Szenarien würde man erwarten, eine der Verzweiflung nahe Stimmung im israelischen Verteidigungsapparat vorzufinden. Doch leitende Beamte meinen, dass die Ereignisse im gewissen Sinne zugunsten Israels laufen; auf die eine oder andere Weise könne das iranische Atomprogramm immer noch gestoppt werden. Zum Teil ist diese Haltung auf die wachsende internationale Unterstützung für die Sanktionspolitik zurückzuführen. Folglich sind einige im israelischen Verteidigungsapparat überzeugt, dass einer militärischen Option durch aggressive Sanktionen, welche das iranische Regime zwingen würden, zwischen dem Atomprogramm und innenpolitischer Stabilität zu wählen, selbst zu diesem späten Zeitpunkt noch zuvorgekommen werden kann. Freilich meinen selbst die optimistischsten Israelis, dass der jüngste UNO-Beschluss, minimale Sanktionen gegen den Iran zu verhängen, seine Fruchtlosigkeit erweisen wird. Diese Sanktionen waren vorgesehen, den Iran am Erwerb atomaren Materials und know-how zu hindern und zu verunmöglichen, dass Teheran hinsichtlich seines Atomprogramms autark wird. Da der Iran aber rapide der atomaren Selbstversorgung näher kommt, wird die Verhängung der Sanktionen in Israel fast einhellig als um mindestens zwei Jahre verspätet angesehen.

Sanktionsbefürworter erklären jedoch, dass durch die formelle Einstufung des Irans in die Kategorie „Gefahr für den internationalen Frieden" die Vereinten Nationen die USA und ihre Alliierten stillschweigend ermächtigt hätten, aggressivere Sanktionen durchzuführen, welche Instabilität im Iran auslösen könnten – wie etwa die stillen Anstrengungen der Bush-Administration in den letzten zwei Jahren, ausländische Banken aus Teheran herauszudrängen. Verbunden mit den im Iran bereits bestehenden sozialen und ökonomischen Problemen – eine enorme verdeckte Arbeitslosigkeit, weit verbreitete Korruption, zunehmender Drogenmissbrauch und Prostitution – und dem Hass unter Studenten und der Mittelklasse gegen das Regime, könnten aggressive Sanktionen nach Meinung mancher Israelis einen Regime Change in Teheran beschleunigen, indem die iranische Bevölkerung dazu gezwungen wird, den Preis für die Provokationen ihrer Führung zu zahlen. Natürlich würde sich mit einem Regime Change auch die Gefahr verringern, welche durch eine iranische Atombombe gegeben ist. Schließlich ist nicht die atomare Aufrüstung des Iran das Problem, sondern die atomare Aufrüstung *dieses Iran*. Allein schon die Drohung zusätzlicher Sanktionen führte in Teheran zu einer drastischen Steigerung der Lebensmittel- und Wohnungspreise und könnte auch jene Parlamentarier ermutigt haben, welche den Protestbrief an Ahmadinejad unterschrieben. „Die Iraner sind sehr stolze Menschen", erklärt ein israelischer Beamter mit jahrelanger Erfahrung im Iran. „Sie werden es nicht ertragen, zu Ausgestoßenen zu werden, und dass wird ihren Groll gegen das Regime mehren."

Zusätzlich zu Sanktionen fordern einige israelische Beamte eine massive, aber gewaltfreie Intervention der USA in die iranische Innenpolitik: Finanzierung der iranischen Opposition, Umgestaltung der in Farsi ausgestrahlten US-Sendungen in *Radio Free Iran*, welche das persische Publikum durch das Internet erreichen könnte, und schärfere Konfrontation der iranischen Regierung mit ihren Menschenrechtsverletzungen. Israelische Befürworter des Regime Change drängen Washington seit Jahren, diese Politik zu übernehmen und verstehen nicht, warum auch die Bush-Administration dagegen Bedenken erhebt. „Niemand verlangt, sich nicht auf eine Militäraktion einzustellen", meint der Beamte mit Erfahrungen im Iran. „Doch wieso geben wir dem, angesichts der verheerenden Folgen eines Militärschlages, keine Chance?"

Gegenüber Sanktionen skeptisch eingestellte Israelis betonen, dass der Zeitrahmen zu knapp und der Einsatz für Israel zu hoch sei, um die Hoffnungen auf einen nachhaltigen Regime Change zu stützen. Sie bekräftigen, dass die internationale Gemeinschaft unfähig sei, wirksame Sanktionen durchzusetzen, welche zudem mit an Sicherheit grenzender Wahrscheinlichkeit von Russland und China gebrochen werden würden. Sie geben zu, dass das Ayatollah-Regime in Schwierigkeiten steckt und möglicherweise stürzen wird – aber eben nicht rechtzeitig. Tatsächlich sagen die Optimisten einen bevorstehenden Regime Change seit über einem Jahrzehnt voraus, und als der erfolglose Reformer Mohammed Khatami 1997 Präsident wurde, verkündeten manche im Westen, dass der Regime Change bereits begonnen hätte. Doch die iranischen Führer wissen, wie sie sich selbst gegen ihre Gegner zu verteidigen haben. Als Busfahrer 2006 einen wilden Streik organisierten, wurde der Anführer inhaftiert und seine Zunge abgeschnitten.

Für jene Israelis, die Sanktionen skeptisch gegenüberstehen, gibt es einen letzten Ausweg: einen Militärschlag. Die Experten geben die Komplexität eines Angriffs gegen die iranischen Atomanlagen offen zu. Inzwischen sind diese auf dutzende Plätze verstreut, viele sind schwer befestigt und liegen tief unter der Erde. Doch ein Angriff auf drei Schlüsselstellen – speziell die Uran-Anreicherungsanlage in Natanz – würde die Pläne des Irans um Jahre zurückwerfen. Nach Ansicht des früheren ranghohen Verteidigungsbeamten wäre es nicht notwendig, die iranischen Atomanlagen zu zerstören. Durch wiederholte Schläge gegen deren Eingänge könnten die Einrichtungen unzugänglich gemacht werden. Gleichzeitig würde Israel wahrscheinlich zentrale staatliche Einrichtungen, beispielsweise Stützpunkte der Revolutionswächter, bombardieren, um eine Restabilisierung des Regimes zu sabotieren. Während sich die iranische Bevölkerung aller Voraussicht nach anfangs um die Regierung scharen würde, könnte der Effekt einer militärischen Aktion kombiniert mit ökonomischen Sanktionen am Ende einen Aufstand auslösen. Regelmäßige Luftschläge, fügt er hinzu, würden Versuche verhindern, die Atomanlagen wiederaufzubauen.

Verteidigungsexperten glauben nicht an die Möglichkeit geheimer und den westlichen Geheimdiensten unbekannter Anlagen. „Wenn wir einen Selbstmordattentäter ausfindig machen, während er sich von Ort zu Ort bewegt, dann können wir auch ein feststehendes Ziel orten, selbst wenn es tief unter der Erde liegt“, erklärt der ehemalige Verteidigungsbeamte. Auch sind diese Anlagen keineswegs so undurchdringlich, wie manche ausländische Berichte behaupten. Yuval Steinitz, ehemaliger Vorsitzender des Komitees der Knesset für auswärtige Angelegenheiten und Verteidigung meint: „Die Iraner signalisieren uns, dass das Atomprojekt verwundbar ist. Wer mehrere Milliarden Dollar in Luftabwehrsysteme rund um die Atomanlagen investiert, zeigt an, dass diese Stätten verwundbar sind. Es gäbe keinen Grund, diese Summen zu investieren, wenn ihre Bunker tief genug wären.“

Die israelische Luftwaffe bereitet sich seit 1993 aktiv auf einen Angriff vor, die Reichweite ihrer Bomber wurde erhöht und panzerbrechende Munition erworben. „Technisch gesehen besitzen wir die Fähigkeit die zentralen Einrichtungen anzugreifen“, erklärt ein ehemaliger Kommandeur der Luftwaffe. Im Gegensatz zur Armee, deren Ansehen im Libanonkrieg ramponiert wurde, erfüllte die Luftwaffe ihre Aufgabe und zerstörte routinemäßig die Langstreckenraketen-Rampen der Hisbollah innerhalb weniger als fünf Minuten nach Abschuss einer Rakete.

Entgegen eines Berichts in der Londoner *Sunday Times* Ende 2006, wonach Israel einen Angriff gegen die iranischen Atomanlagen mittels taktischer Atomwaffen erwägt, wird Israel mit größter Wahrscheinlichkeit keine Atomwaffen auf das Schlachtfeld des Nahen Ostens einführen. Die Geschichte, wahrscheinlich von israelischen Stellen in die Welt gesetzt und prompt verneint, war möglicherweise Teil eines im Gang befindlichen israelischen Versuchs, zwei Ziele zu erreichen: die internationale Gemeinschaft zu warnen, dass im Falle ihres Scheiterns den Iran zu stoppen, „crazy Israel“ entfesselt wird, und zu verhindern, dass die iranische Krise zu einem rein israelischen Problem wird.

Ein israelischer Angriff könnte das iranische Atomprogramm nur aufhalten, aber nicht beenden, weil Israel nicht tagelang einen Lufteinsatz gegen so entfernte Ziele aufrechterhalten kann. Dies könnte nur von den USA, möglicherweise gemeinsam mit NATO-Verbündeten, durch eine laufende Serie von Luftschlägen, ähnlich dem „shock and awe“-Einsatz, der zu Beginn des Irakkrieges durchgeführt wurde, erreicht werden. Angesichts der Auswirkung der *National Intelligence Estimate* auf die Meinung der amerikanischen Bevölkerung, glauben in Israel allerdings wenige, dass Präsident Bush einen Militärschlag gegen die iranischen Anlagen befehlen wird.

Falls Israel durch dieses Versäumnis gezwungen wird loszuschlagen, dann wird dies wahrscheinlich innerhalb der nächsten zwei Jahre geschehen. Ein Angriff muss stattfinden, bevor die Atomanlagen radioaktiv werden; ein Zuwarten könnte zu schweren zivilen Opfern führen. Trotzdem wird Israel höchstwahrscheinlich warten, bis eindeutig feststeht, dass Sanktionen gescheitert sind und die USA oder die NATO nicht zuschlagen werden. Die heikelste Entscheidung wird dann sein, den richtigen Zeitpunkt zu bestimmen: jenen delikaten Moment bevor die iranischen Anlagen tödlich werden und das Versagen der internationalen Gemeinschaft offensichtlich geworden ist. Israel wird Washington vor einem Angriff warnen: „Angesichts der anzunehmenden iranischen Vergeltungsmaßnahmen gegen amerikanische Truppen im Irak und im Nahen Osten werden wir die Amerikaner nicht überraschen“, erklärt ein den Nachrichtendiensten nahe stehender Analyst. Die Genehmigung der USA wird auch benötigt, falls die Israelis entscheiden, ihre Flugzeuge über den irakischen Luftraum zu schicken und die Erwartung in Jerusalem ist, dass die Genehmigung erteilt wird. (Israel hat zwei mögliche Angriffsrouten, beide sind problematisch: über den türkischen Luftraum oder entlang der saudisch-irakischen Grenze hin zum persischen Golf.) Dennoch: Im Falle einer Entscheidung wird Israel, dem ehemaligen Kommandeur der Luftwaffe zufolge, „alleine agieren, nicht als Bote von jemand anderem.“

Unabhängig ob israelische oder westliche Streitkräfte einen Militärschlag ausführen, der Iran wird mit ziemlicher Sicherheit gegen den jüdischen Staat zurückschlagen. Experten sind nur uneinig über die Ausmaße eines iranischen Angriffs und Israels Fähigkeit standzuhalten. Manche meinen, dass selbst wenn iranische Raketen gegen israelische Städte losschlagen und Katjuschas der Hisbollah und Kassams der Hamas massenhaft herunterstürzen, das israelische Anti-Raketen- und zivile Verteidigungssystem, verbunden mit Israels Fähigkeit zu Vergeltungsmaßnahmen, ausreichen wird, um die Gefahr in Schach zu halten. Optimisten spielen auch die Möglichkeiten des Irans herunter, terroristische Angriffe im Westen durchzuführen: Der 11. September hat einen noch nie da gewesenen

Grad an Zusammenarbeit zwischen den westlichen Geheimdiensten hervorgebracht; sowohl Schläfer-Zellen als auch iranische Diplomaten, von denen angenommen wird, in der Vergangenheit ihre der Immunität unterliegende Bewegungsfreiheit für den Schmuggel von Sprengstoff ausgenützt zu haben, werden von ihnen überwacht.

Das Szenario der Pessimisten ist allerdings entmutigend. Nicht nur könnten iranische Raketen – möglicherweise mit chemischen Sprengköpfen bestückt – israelische Städte verwüsten, sollte sich auch Syrien anschließen, würden tausende zusätzliche Langstreckenraketen auf das Land fallen. Und sollte Israel als Vergeltung Damaskus bombardieren, könnten in anderen arabischen Staaten öffentliche Forderungen laut werden, sich dem Krieg gegen Israel anzuschließen. Die Folge könnte eine *konventionelle* Bedrohung von Israels Existenz sein. Dieses Szenario führt manche im Sicherheitsapparat dazu, erneute Friedensverhandlungen mit Syrien zu fordern, um es von der pro-iranischen Front zu entfernen. Die zunehmende Debatte bezüglich Syrien positioniert den Mossad, nach dessen Einschätzung es nicht mehr möglich ist Damaskus von Teheran zu trennen, gegen den militärischen Nachrichtendienst, der davon ausgeht, dass Präsident Baschar Assad Verhandlungen mit Israel anstrebt und sei es nur, um drohende Sanktionen gegen Damaskus wegen dessen mutmaßlicher Rolle bei der Ermordung libanesischer Politiker abzuwenden.

Unter Israelis gibt es jedoch keine Debatte bezüglich Sinn oder Unsinn von Verhandlungen des Westens mit dem Iran. Dies wäre, nach einstimmiger Meinung aller Experten, die schlechteste aller Optionen. Jetzige Verhandlungen würden zu einem Zeitpunkt stattfinden, an dem der Iran im Aufstieg begriffen ist. Die Zeit, um mit dem Iran zu verhandeln, sagen einige, war unmittelbar nach dem anfänglichen US-Triumph im Irak, nicht heute, wo die USA den Krieg verlieren könnten. Unter diesen Umständen würde das Regime mit Verhandlungen nur Zeit gewinnen, um sein Atomprogramm weiterzuführen. Fortwährende Gespräche mit dem iranischen Regime, ungeachtet dessen wiederholter Täuschungsabsichten in früheren Gesprächen über dessen Atomprogramm, würden nur unbegründete Hoffnungen wecken, die Dringlichkeit von Sanktionen untergraben und darüber hinaus der iranischen Bevölkerung die falsche Botschaft übermitteln: Das Regime besitzt internationale Anerkennung, Widerstand ist zwecklos.

Kritik am US-Geheimdienstbericht

Ebenso wenig gibt es eine kontroverse israelische Diskussion über den US-amerikanischen Geheimdienstbericht über das iranische Nuklearprogramm vom Dezember 2007. Er wird allgemein von Angehörigen der Nachrichtendienste als Fehleinschätzung sowohl hinsichtlich der iranischen Intentionen als auch Fähigkeiten abgelehnt. Ironischerweise bestätigt eine israelische Lesart des Berichts, quer durch das politische

Spektrum, nur die hiesigen Befürchtungen, welche hinsichtlich der iranischen Intentionen und Fähigkeiten gehegt werden. Auf den Bericht Bezug nehmend, klingt die linke Tageszeitung *Haaretz* wie ein Organ der Neo-Cons: „Solange der Iran fortfährt, Israel mit der Vernichtung zu drohen, ist es irrelevant, was der US-Geheimdienst über Irans Atom-Potenzial denkt [...] Der Bericht stellt fest, dass der Iran, falls er es will, eine Bombe bauen kann und falls er es nicht will, es eben lässt. Diese Einschätzung mag hemmende Auswirkungen auf die amerikanische Innenpolitik haben, auf die israelische Politik sollte sie jedoch die entgegen gesetzten Reaktionen hervorrufen." Schließlich bestätigt der US-Bericht nicht nur, dass die Erlangung von Atomwaffen als zentrales Ziel innerhalb der iranischen Führung bestehen bleibt, sondern ferner, dass der Iran durch die laufende Urananreicherung seine Anstrengungen aufrechterhält, dieses Ziel auch praktisch erreichbar zu machen. Für israelische Sicherheitsanalysten ist die Aussetzung des geheimen iranischen Atomwaffenprogramms im Jahr 2003 – das bestimmende Ergebnis des Berichts – kaum relevant. Zum einen ist es die Arbeitshypothese des israelischen Geheimdienstes, dass der Iran sein geheimes Atomwaffenprogramm wieder aufgenommen hat: „Die Syrer hatten bereits sieben Jahre an ihrem Atomprogramm gearbeitet und wir haben es erst kürzlich entdeckt", sagt ein Sicherheitsanalyst. „Die Amerikaner wussten überhaupt nichts darüber. Wie können sie hinsichtlich des Iran so sicher sein?"

Doch der weitaus zwingendere Grund, die Bedeutung einer zeitweiligen Einstellung des geheimen Atomwaffenprogramms herabzusetzen, ist, dass in dieser Phase der Entwicklung einer iranischen Atombombe das Atomwaffenprogramm selbst zweitrangig ist. Der Iran verfolgt weiterhin energisch zwei andere Programme: die Urananreicherung und ein Raketen-Entwicklungssystem. Deren Erfolg würde dem Iran auch ohne ein bereits aufgestelltes Waffenprogramm gewährleisten, relativ kurzfristig militärisches Potenzial zu erreichen. Shabtai Shavit, ehemaliger Leiter des Mossad erklärt: „Meine Einschätzung ist, dass, nachdem die Entscheidung Atomwaffen anzustreben getroffen wurde, sie auf drei parallelen Schienen voranschreiten: Urananreicherung, Produktion der Komponenten für eine Bombe und Raketenentwicklung. Die Raketen sind bereit zum Einsatz. Was die Urananreicherung betrifft, sind sie auf allerlei Probleme, beispielsweise explodierende Zentrifugen, gestoßen. Auf der militärischen Schiene haben sie in kurzer Zeit große Fortschritte gemacht. Solange sie Schwierigkeiten mit der Urananreicherung haben, können sie es sich erlauben, die militärische Schiene aufzuschieben und auf Fortschritte in der Anreicherung zu warten." Angesichts der weltweiten Aufmerksamkeit hinsichtlich der militärischen Schiene machte ein taktisches Zugeständnis des Iran Sinn.

Nach Shavit liegt das Problem des US-Geheimdiensberichts nicht in seinen Fakten, sondern in seiner wohlüberlegten Doppeldeutigkeit. „Der ganze Bericht ist durchsetzt mit Einschätzungen von ‚hoher', ‚mittlerer' und ‚niedriger Wahrscheinlichkeit'. Ich kann damit nichts anfangen." Und falls er den Bericht geschrieben hätte? „Ich hätte meine Einschätzung allein auf Fakten begründet und unmissverständlich erklärt: Der Iran ist im Begriff die Voraussetzungen zu schaffen, eine Atombombe zu bauen."

Auch die vage Einschätzung in der *National Intelligence Estimate*, wann der Iran den *point of no return* erreicht – frühestens 2010, jedoch wahrscheinlich nicht vor 2013 oder gar 2015 – wird von ranghohen israelischen Analysten nicht ernst genommen. Israels *point of no return* ist dann erreicht, wenn der Iran die Fähigkeit erworben hat, genügend spaltbares Material zum Bau einer Bombe zu produzieren. Falls sich keine weiteren unvorgesehenen oder technischen Zwischenfälle ereignen, wird dies vermutlich innerhalb der nächsten anderthalb Jahre geschehen.

Ist das spaltbare Material einmal verfügbar, ist der letzte Schritt zum Bau einer Atombombe der am wenigsten aufwendige Teil der Entwicklung. „Eine Bombe zu bauen ist ein viel kürzerer Prozess als die Urananreicherung", erklärt Ephraim Asculai, leitender Forschungsstipendiat am Institut für Studien zur Nationalen Sicherheit und Veteran der Israelischen Atom Energie Kommission. „Heute reichert der Iran Uran auf 4 Prozent an, um eine Atombombe zu bauen, werden 90 Prozent benötigt. Der größte Teil der Arbeit bestand darin, die 4 Prozent zu erreichen. Von diesem Punkt an erfordert der Fortgang nicht allzu viel Zeit. Es ist eine Frage von Monaten, nicht von Jahren."

Überschattet wird die israelische Diskussion über die atomare Aufrüstung des Iran durch die jüngste Holocaust-Leugner Konferenz in Teheran und den, in den Augen der Israelis, skandalösen und unangemessenen Reaktionen der internationalen Gemeinschaft. Die Konferenz wurde zwar auch im Westen verurteilt, doch hatten sich Israelis erwartet, die internationale Gemeinschaft würde in der Konferenz mehr sehen als eine bizarre Nebenvorstellung.

Ahmadinejad verleugnet den Holocaust, um die seiner Meinung nach einzige Rechfertigung für die Existenz Israels zu untergraben. In den Jahren vor dem Zweiten Weltkrieg bereiteten Nazi-Propagandisten Europa auf die Endlösung vor, indem sie die Juden entmenschlichten; heute bereitet Ahmadinejad die islamische Welt auf die Zerstörung des jüdischen Staates vor, indem er dessen geschichtliche Legitimation in Frage stellt. Nicht allein die islamische Welt: Die Holocaust-Leugnung zielt ebenso auf den Westen, von dem viele Moslems annehmen, er würde Israel nur aufgrund von Schuldgefühlen wegen des Holocaust unterstützen. Nimm ihnen diese Schuld und Israel ist wehrlos. „Die Holocaust-Frage wird in der Zerstörung Israels ihr Ende finden", erklärte Mohammad Ali Ramin, Leiter eines neuen staatlichen Instituts im Iran, das sich der Holocaust-Leugnung widmet.

Der französische Philosoph André Glucksmann bemerkte, dass der Iran, mit seinen Drohungen Israel zu zerstören und seinen Anstrengungen, die dazu erforderlichen Mittel zu erlangen, gegen jene Zwillingstabus verstößt, auf denen die Weltordnung nach dem Zweiten Weltkrieg aufbaute: Niemals wieder Hiroshima, niemals wieder Auschwitz. Die internationale Gemeinschaft hat nun die Möglichkeit, diese Ordnung zu erhalten.

Sollte sie versagen, wird Israel keine andere Wahl haben, als seiner Aufgabe als Zufluchts- und Schutzstätte für die jüdische Bevölkerung zu entsprechen. Ein jüdischer Staat, der es zulässt, von einem Land mit Atomwaffen bedroht zu werden, das den Genozid an 6 Millionen europäischen Juden leugnet und gleichzeitig 6 Millionen Juden in Israel ins Visier nimmt, hätte sein Recht verwirkt, im Namen der jüdischen Geschichte zu sprechen. Glücklicherweise hat sogar die Regierung Olmert, die gemeinhin für ihre Inkompetenz und Korruption kritisiert wird, verstanden, dass sie zumindest in dieser Angelegenheit nicht scheitern darf.

Fathiyeh Naghibzadeh

Die göttliche Mission der Frau

Zu Geschichte und Struktur des Geschlechterverhältnisses im Gottesstaat Iran

An deutschen und europäischen Universitäten, in den Gender Studies und den Medien wird das Phänomen eines ‚islamischen Feminismus' diskutiert. Gibt es im Iran eine fortschrittliche Frauenbewegung? Kann es überhaupt einen ‚islamischen Feminismus' geben oder ist dies ein Widerspruch in sich?

Die heutige gesellschaftliche Stellung der Frau im Iran hängt mit der Entwicklung eines spezifischen Verhältnisses von Öffentlichkeit und Privatheit zusammen. Sie spiegelt sich wider in der Entwicklung des Familien- und Strafrechts. In der traditionellen iranischen Gesellschaft galt das Vaterrecht; das heißt, die Frau war ein Teil des Haushalts, sie hatte in der öffentlichen Sphäre nichts zu suchen. Sie war kein Rechtssubjekt, hatte also keine Rechte, war allerdings auch nicht vor dem Gesetz verantwortlich. Der Vater als Familienvorstand trat als Vermittler zwischen der Frau beziehungsweise der Familie und der Gesellschaft auf. Er war für alle Handlungen der Frau verantwortlich und hatte die absolute Macht innerhalb der Familie. Der Vater durfte sogar darüber bestimmen, ob seine Kinder schreiben und lesen lernen. Die Frau wurde als *safih* angesehen, was auf Deutsch ‚unreif' oder ‚töricht' bedeutet.

Die gebildete Frau ist nicht über Nacht erfunden worden, sondern sie hat ihre eigene Geschichte. Der Vater erlaubte seinen Töchtern in der Regel nicht, Schreiben zu lernen, weil sie so zum Beispiel möglicherweise einem Geliebten einen Brief schreiben und damit die Ehre der Familie in Gefahr bringen könnten. Deswegen durften die Frauen zunächst nur Lesen lernen, um den Koran studieren zu können.

Fatemeh Baraghani, mit Spitznamen Tahirih Qurratu'l-Ayn (die Reine/Trost der Augen) (1817–1853), erlangte als erste Frau in der modernen Geschichte Irans Berühmtheit. Sie war nicht nur gebildet, sondern unterrichtete auch viele Männer. Sie war eine Anführerin der Baha'i-Religion und die erste Frau, die den Hijab, den traditionellen Schleier ablegte. Die Regierung Nasser ad-Dīn Schah aus der Dynastie der Kadscharen richtete sie im Jahre 1853 hin. Genau 32 Jahre später, 1885, schrieb Bibi Khanum Astarabadi ihr Traktat *Plädoyer gegen das Vaterrecht*. Bibi Khanum wurde im Jahre 1859 geboren. Man weiß leider sehr wenig über sie. Die iranische Geschichtsschreibung wurde von Männern dominiert, und wir wissen sehr wenig über die Situation der iranischen Frauen in dieser Zeit. Erst im Jahre 1978 wurde Bibi Khanum von den bekannten HistorikerInnen Homa

Nategh und Fereydoon Adamiat erwähnt.[1] Auf humorvolle Weise stellte Bibi Khanum die Rolle der ‚vernünftigen' Männer in Frage. Sie schreibt in ihrem Plädoyer über die Männer, die das Land regieren: „Schaut genau hin, was Ihr mit dem Land gemacht habt, wir (die Frauen) waren am Herd, Ihr (die Männer) wart diejenigen, die das Land ruiniert haben. Ihr seid keine Staatsmänner, sondern nur ein Haufen Betrüger."[2]

Weitere zwanzig Jahre später, im Jahr 1914, zeichnete die iranische Prinzessin Taj ol-Saltaneh in ihrem Tagebuch über die Situation iranischer Frauen ein sehr düsteres Bild: „Das Leben iranischer Frauen hat zwei Seiten: die eine schwarz, und die andere weiß. Schwarz, wenn man auf der Straße spazieren geht und wie eine trauernde und erschreckende Figur aussieht – und weiß, wenn man stirbt und in ein Leichentuch gehüllt wird. Ich bin eine von diesen unglücklichen Frauen."[3]

Diese drei Frauen standen am Beginn einer neuen Ära im Iran; das Vaterrecht konnte sich nicht mehr auf die unvernünftige, törichte Frau berufen. Die ersten Frauen, die im Iran Lesen und Schreiben gelernt haben, haben den Austritt der Frauen aus ihrer traditionellen, quasi außergesellschaftlichen Position vorbereitet.

In der konstitutionellen Revolution von 1905 bis 1911 spielten die gebildeten Frauen eine wichtige Rolle. Zum ersten Mal in der iranischen Geschichte erhoben sie zahlreich ihre Stimme und protestierten politisch gegen die Geschlechterungleichheit. Gefordert wurden die Einführung einer Verfassung, eines Parlaments und die Trennung von Religion und Staat.

In der darauf folgenden Diktatur der Pahlavi-Dynastie versuchten die Pahlavis, den Iran autoritär von oben zu modernisieren. Reza Schah, der mit Hilfe Englands an die Macht kam, verordnete zum Beispiel die Ausweispflicht aller Iraner – auch der Frauen, womit das traditionelle Vaterrecht zumindest relativiert wurde. Reza Schah verhängte in den 1930er Jahren ein vollständiges Verbot des Kopftuchs in der Öffentlichkeit und versuchte, den Einfluss des schiitischen Klerus zurückzudrängen. Er stellte die absolute Macht des Vaters in der Familie in Frage – an dessen Stelle trat der ‚Vater-Staat'. So wurde der erste Schritt zur Säkularisierung des Rechts ermöglicht.

Sein Sohn und Nachfolger Mohammad Reza Schah setzte diese Politik unter anderem mit der Reform des Wahl- und Familienrechts im Jahr 1963 und 1968 fort. Frauen sollten das Wahlrecht bekommen, die Polygamie wurde praktisch unmöglich gemacht. Das Scheidungs- und Fürsorgerecht wurde zugunsten der Frau reformiert. Frauen waren bei ihrer Entscheidung

1 Homa Nategh/Fereydoon Adamiat: „afkar-e edschtemai, siasi wa eghtesadi dar asar montasher nashodeh ghadschar" (Unveröffentlichte Quellen über das Gesellschaftliche, Politische und Ökonomische in den klassischen Werken der Kadscharen-Dynastie), Teheran, 1356 (1978).

2 Zit. n. Abdol-Hossein Nahid: Die Frauen in der konstitutionellen Revolution, in: Tashakoll-e mostaghel-e demokratik-e zanan-e irani in europa (Autonomer Demokratischer Verein der Iranischen Frauen im Exil), o. O., 1982, S.21.

3 Ebd., S.39.

für Studium und Lohnarbeit nicht mehr verpflichtet, die Zustimmung des Mannes einzuholen. Alle diese Reformen ermöglichten den iranischen Frauen, ihr Selbstbewusstsein zu stärken.

Die iranische Frau war fortan nicht nur im Dienstleistungssektor beschäftigt, sondern spielte auch in der Regierung und selbst in der Armee eine wichtige Rolle. Eine Folge der Gesetzesreformen war auch, dass nun Frauen, die gegen die Diktatur des Schahs agierten, als politische Gefangene ins Gefängnis geworfen werden konnten. Das Bild der Frau hatte sich bedeutend verändert: vom unmündigen, außergesellschaftlichen Nicht-Subjekt zum ‚zweiten schwachen Geschlecht', das unter der Kontrolle von Staat und Mullahs in eine untergeordnete Rolle innerhalb einer Gesellschaft im industriellen Aufbau verwiesen wurde.

Diese Reformen sollte man also nicht als politische Gleichberechtigung der Frauen missverstehen, weil alle Reformen unter Beobachtung der Mullahs durchgeführt wurden, die mit dem Schah zusammen arbeiteten. Der Schah von Persien legte sehr viel Wert auf die Meinung der Mullahs, besonders was das Wahlrecht der Frau betraf; Khomeini hatte dagegen gleich im Juni 1963 protestiert. Danach wurde der Schah mit seinen Reformen im Familiengesetz sehr vorsichtig. Er holte sich immer die Zustimmung bekannter religiöser Führer.

Während das allgemeine Rechtssystem unter dem Schah säkular ausgerichtet war, blieben im Familienrecht traditionelle und religiöse Begründungen erhalten. Dieses Bündnis hatte die Aufgabe, die Auswirkungen der Reformen in kontrollierten Bahnen zu halten und eine politische Radikalisierung der Frauen und vor allem die Spaltung zwischen Familie und Gesellschaft zu verhindern. Unter dem System des Vaterrechts war der Vater der einzige Vermittler zwischen Familie und Gesellschaft. Unter der modernisierten Männerherrschaft des Schah-Regimes definierte der Staat im Familienrecht die Rolle der Frau in dreierlei Hinsicht: Erstens als Ehefrau des Mannes, zweitens als die Mutter der Kinder und schließlich als die berufstätige Frau.

1971 formulierte der Theologe Ali Shariati die Kritik an der Emanzipation der Frau in der Sprache des antiwestlichen Ressentiments. Die iranische Frau werde durch die Reformen ‚verwestlicht' und ihrer Identität beraubt. Die Antwort der Islamisten könne aber kein Zurück zur traditionellen Frauenrolle sein. Sein Buch *Fatima ist Fatima* wurde zum Leitfaden des islamistischen Frauenbilds: Die Frau solle in der Gesellschaft politisch agieren, allerdings unter eindeutigen islamischen Vorgaben.

Ali Shariati beginnt seinen Text mit folgender Kritik an den iranischen Frauen: „In unserer Gesellschaft ändern sich die Frauen rapide. Zeit und Umstände sowie der Einfluss der Institutionen entfernen sie von dem, ‚was sie sind' und berauben sie ihrer traditionellen Eigenschaften und Werte, um aus ihnen das zu machen, ‚was sie wollen'; wie wir sehen, haben sie Erfolg damit."[4]

---

4 www.islamischer-weg.de/buecher/Fatima_ist_Fatima.pdf (13.12.2007).

Shariati bezieht sich auf die moderne Frau als Sportlerin, Richterin, Schauspielerin aber auch auf ihr Gegenbild, die traditionell-religiöse Frau. Beide widersprechen Shariatis Ziel: Sein Traktat ist kein Plädoyer gegen Bildung oder Berufstätigkeit von Frauen, sondern für die islamische Frau, die nicht in einer traditionell-patriarchalischen Familienrolle aufgeht, die aber ihre öffentlichen Aufgaben auch nicht als individuelle Selbstverwirklichung, sondern im Namen von ‚Gottes Weg' wahrnimmt. Shariati stellt gegen die traditionell-islamische und die modernistische Frau die Frau mit dem Hijab, die nur als Mitkämpferin des islamistischen Mannes aktiv am gesellschaftlichen Leben teilnehmen kann. Deswegen stellt Shariati der islamischen Mutterfigur Fatima ihre Tochter Zainab gegenüber, die in Kerbala gegen die damaligen Kalifen der Umayyaden-Dynastie (661–750) agitierte und somit die öffentliche Rolle der Frau im Islam repräsentiert.

Ali Shariati starb vor der islamischen Revolution. Erst vor dem Hintergrund des iranischen Gottesstaates kann man Shariatis Konzept eines neuen Typs der ‚islamischen Frau' jedoch voll verstehen. Es wird klar, dass es Shariati um eine Frau ging, die sich nicht als Individuum versteht, aber ihr Leben für den Gottesstaat riskieren soll. Den ‚Weg Gottes' zu gehen bedeutete für die Frauen beispielsweise, im Krieg gegen den Irak sogar ihre Kinder auf die Minenfelder zu schicken oder ihr Hab und Gut für die Armee zu spenden. Gleichheit der Geschlechter gibt es nicht vor dem Gesetz, sondern vor dem Auge Gottes. Die Frauen mögen rechtlich halb so wenig wert sein wie die Männer, von Gott werden sie jedoch belobigt und ins Paradies geschickt. Das paradiesische Jenseits ist der Lohn des Einsatzes für den Gottesstaat im Diesseits.

Die Frau als Institution

Auch unter dem Schah-Regime gab es wegen der Unterdrückung zivilgesellschaftlicher Bewegungen keine Frauenbewegung, die organisiert die Emanzipation der Frau vorangetrieben hätte. Aber durch ein plurales Frauenbild war zumindest die Grundlage für den weiteren Kampf um Emanzipation gegeben. Nachdem sich die Islamisten in der Revolution von 1979 gegen den Schah durchgesetzt hatten, bestanden ihre ersten Maßnahmen in der Abschaffung des Familiengesetzes und der Einführung der Zwangsverschleierung. In modernen bürgerlichen Gesellschaften hat die Familie die Funktion, die Normen und Werte dieser Gesellschaften in der Erziehung zu reproduzieren. Im islamischen Grundgesetz wird jedoch nicht die Familie, sondern die Frau institutionalisiert.[5]

Die der Frau vom islamischen Regime zugedachte Rolle lässt sich im islamischen Grundgesetz des Iran studieren. Ihre brisante Rolle wird in der Präambel definiert. Die Frau werde „vom Zustand eines

5 Vgl. Jale Ahmadi: Zur Funktion des Hijab in der Staatsideologie der islamischen Republik Iran, in: Vorgänge, Nr. 150, 2000, S.66–70.

Gebrauchsobjektes bzw. eines Werkzeuges im Dienste des Anreizes zu übermäßigem Konsum und von der Ausbeutung befreit; während sie die bedeutende und wertvolle Aufgabe der Mutterschaft zur Erziehung von Menschen [islamischen Menschen][6] mit fester Weltanschauung zurückgewinnt, ist sie zunächst die Mitkämpferin der Männer im aktiven Leben. Als Folge der Übernahme einer größeren Verantwortung wird ihr aus der Sicht des Islam eine größere Wertschätzung und höhere Würde zuteil."[7]

Was ist unter dieser „bedeutenden und wertvollen Aufgabe" der Frau im Islam genau zu verstehen? Ihre Erziehungsaufgabe bezieht sich auf islamische Menschen, es geht hier nur um die islamische Mutter. Somit hat das Grundgesetz die jüdische, christliche oder atheistische Mutter von diesem Status ausgeschlossen (was nicht bedeutet, dass jüdische oder christliche Frauen von den islamischen Kleidungsvorschriften befreit wären) und gleichzeitig die islamische Mutter bzw. die islamische Frau zur heiligen Institution erklärt. Ihre zentrale Aufgabe besteht darin, dass sie für die islamische Männlichkeit verantwortlich ist.

Aber was ist islamische Männlichkeit? Der islamische Mann soll im Iran ständig um ‚Gottes Weg' kämpfen. Dieser Kampf wird ‚Djihad' genannt. Es gibt zwei Arten von Djihad: zum einen den ‚kleinen Djihad': der Mann muss nach innen seine weltlichen, insbesondere seine sexuellen Wünsche unterdrücken. Erst wenn diese Selbstbeherrschung erreicht ist, kann der ‚große Djihad' – der Krieg nach außen gegen die Ungläubigen im Namen Gottes in Angriff genommen werden.

Islamische Männlichkeit definiert sich über den Schleier der Frau. Im Westen wird von vielen muslimischen Frauen und Kulturrelativistinnen behauptet, dass das Kopftuch als Schutz gegen Gewalt, Pornographie usw. getragen werde. Aber in Wirklichkeit ist der Hijab nicht für den Schutz der Frau gedacht, sondern er soll den Mann vor der sexuellen Versuchung schützen.

Unter dem Schah-Regime war die Frage, ob die Ehefrau ein Kopftuch trägt oder nicht, eine Familienangelegenheit, genauer, die Entscheidung darüber oblag dem Ehemann.

Heute beansprucht der Gottesstaat die absolute Entscheidungsgewalt über die Verschleierung der Frau. Als Soldat Gottes ist dem Mann die individuelle Entscheidung über den Lebenswandel seiner Ehefrau entzogen – dafür ist er zu Übergriffen gegen alle Frauen ermächtigt, die sich ‚unislamisch' verhalten.

Nach der Revolution hat man mit Hilfe des Hijabs ein einziges, eindeutiges Frauenbild durchgesetzt: die Frau mit Kopftuch, die entweder Ba-hijab oder Bad-hijab ist. Ba-hijab bedeutet, gut und sittsam nach den Regeln des

6 „ensan maktabi" ‚ensan' bedeutet im persischen ‚der Mensch' und ‚maktabi' ist jemand, der nach der Tradition Mohammeds und seiner Nachfolger lebt.

7 Verfassung der Islamischen Republik Iran, Präambel; http://www.eslam.de/manuskripte/verfassung_iri/praeambel%20.htm (13.12.2007).

Islam verschleiert zu sein. Bad-hijab bedeutet, schlecht verschleiert zu sein, enge Kleidung zu tragen oder zu viel Haar sehen zu lassen.[8]

Man muss das Konzept dieser beiden Frauenbilder als die zentrale Dichotomie des Gottesstaates verstehen. Beide Frauenbilder sind ideologisch aufgeladen, sie verkörpern alle Gegensätze, die gesellschaftlich, religiös oder politisch existieren. Gut – Böse, Göttlich – Weltlich, Tugend – Sünde, Östliches Prinzip – Westliches Prinzip, Tradition – Moderne. Die Bad-hijabfrau verkörpert das böse, westliche, moderne, weltliche Prinzip, die Ba-hijabfrau den anderen Teil: die Tradition, das Gute, das Göttliche. Die Frau ist nicht mehr traditionell oder modern, berufstätig oder Hausfrau, sie ist nur noch Ba-hijab oder Bad-hijab. Man hat es geschafft, alle anderen Möglichkeiten des Frauseins zu versperren.

Die phallozentristische islamische Gesellschaft schreibt der Frau die Reproduktion der islamischen Normen und Werte vor, während der Mann auf die kriegerische Expansion des Islam ausgerichtet werden soll. Dieser heterosexuelle Phallozentrismus lässt sich an einem weiteren Beispiel verdeutlichen: Nach der Revolution im Iran verordnete Khomeini, dass im Islam die Geschlechtsumwandlung erlaubt sei. Das war natürlich eine Erleichterung für diejenigen, die sich seit langem einer Geschlechtsumwandlung unterziehen wollten, was aber aus rechtlichen Gründen nicht möglich war. Diese Entscheidung wurde gefeiert und sie erscheint in westlichen Medien als exotisches Beispiel für die Ambivalenz der Sexualpolitik in der Islamischen Republik.

Die Sache ist jedoch wesentlich einfacher. Für die Islamisten ist die Geschlechterdifferenz ein gottgegebener Unterschied. Wer sich dagegen stellt, ist gegen Gottes Gesetz. Für Khomeini war die Vorstellung, dass zum Beispiel ein Mensch mit männlichem Körper sich als Frau fühlt, vollkommen inakzeptabel; der Mensch ist entweder ein Mann oder eine Frau, außerhalb der heterosexuell codierten Geschlechterdifferenz gibt es nichts. Diejenigen, die dies nicht akzeptieren wollen, werden mit ihrem Leben bezahlen. Die Zulassung von Geschlechtsumwandlungen soll die Einheit von Körperlichkeit und sexueller Identität wiederherstellen, ist also – vorausgesetzt, dass sie die heterosexuelle Norm befestigt und die transsexuelle „Krankheit“ überwindet – kein Widerspruch zur Todesstrafe für den Homosexuellen, der die islamische Geschlechterordnung mit seiner Lebensweise infrage stellt.

Der traditionelle Feminismus sah in der Familie zu Recht eine reaktionäre Institution, die dabei hilft, ein hierarchisches Geschlechterverhältnis aufrecht zu erhalten. Der feministische Slogan ‚Das Private ist politisch‘ zielte auf die Überwindung dieses Zustands. Die Familie sollte kein Ort mehr sein, an dem die politische, rechtliche, ökonomische und politische Emanzipation durch individuelle männliche Willkür zurückgenommen werden kann.

---

8 Vgl. dazu Fathiyeh Naghibzadeh: „Im Iran herrscht ein religiöser Faschismus.“ Interview in Phase 2; http://phase2.nadir.org/rechts.php?artikel=434&print= (13.12.2007).

Sehr oft wird im Westen (und auch von einigen iranischen Frauen) die Lage der Frauen in Saudi-Arabien oder in Afghanistan mit jener der Frauen im Iran verglichen. Dabei wird von der Geschichte dieser Länder abstrahiert und der Iran wird als positives Beispiel Afghanistan und Saudi-Arabien entgegengestellt; beispielsweise in dem Buch von Bettina Mathes und Christina von Braun *Verschleierte Wirklichkeit.*[9] Ihrer Ansicht nach ist das Kopftuch im Gottesstaat Iran kein Zeichen von Unterdrückung, sondern im Gegenteil Symbol des Fortschritts, da heute die Hälfte der Studierenden weiblich sei. Die sozialen Prozesse im Iran werden bei solchen Einschätzungen völlig ausgeblendet.

Die Grundlagen des saudischen Staates wurden im 18. Jahrhundert gelegt. Das heutige Land Saudi-Arabien wurde erst im Jahre 1902 errichtet. Saudi-Arabien ist ein Land, das nach islamischer Tradition strukturiert ist, und die Sharia war in diesem Land von Anfang an als Rechtsgrundlage gesetzt.[10] 2001 bekamen Frauen zum ersten Mal in der saudischen Geschichte einen Personalausweis.[11] Bezüglich der Geschlechtertrennung gibt es in der Regel im Alltagsleben des saudischen Volks *keine* Trennung zwischen öffentlich und privat. Mathes und Braun sparen sich die Mühe, die Lage der Frauen in Saudi-Arabien und im Iran in der privaten und öffentlichen Sphäre zu analysieren, bevor sie diese Länder miteinander vergleichen, da sie genau wissen, dass dies in eine Sackgasse führen würde. Stattdessen vergleichen sie die iranische Gesellschaft mit der Geschichte der jüdischen Diaspora in Europa.

Am 11.11.2004 schrieb Charlotte Wiedemann in der *Zeit* einen sehr lesenswerten Artikel mit dem Titel *Das schleierhafte Land.*[12] Es ist ein Bericht über das Alltagesleben im Gottesstaat Iran. Wiedemann zeigt das Leben im Privaten und Öffentlichen als eine Art gelebter Schizophrenie. Die Menschen können ihr Alltagsleben nur mit dem massiven Einsatz von Antidepressiva ertragen. Der Artikel von Wiedemann wird im Buch von Braun und Mathes erwähnt, aber sein Inhalt wird völlig auf den Kopf gestellt.

---

9 „In den Augen des Westens beinhaltet die Sexualordnung des Islam Unterdrückung der Frauen. Das traf zweifellos auf die Taliban in Afghanistan zu, und gilt in mancher Hinsicht für Saudi-Arabien. Aber diese pauschale Beschuldigung des Islam übersieht die Tatsache, dass im Iran mehr als die Hälfte aller Studierenden Frauen sind, [...]." Christina von Braun/Bettina Mathes: Verschleierte Wirklichkeit. Die Frau, der Islam und der Westen, Berlin 2007, S.86. „Selbst da, wo der Schleier erzwungen wird, wie im Iran, hindert er Frauen nicht, Bildung zu erwerben und ihren Weg in akademische Berufe zu machen. Wir bestreiten nicht, dass unter islamischem Recht, der Sharia, Frauen Gewalt und Entrechtung erfahren. Aber mit dem Kopftuch, das als Symbol für diese Entrechtung herangezogen wird, hat das wenig zu tun. Die Burkha unter den Taliban in Afghanistan war tatsächlich ein Symbol für die gewalttätige Unterwerfung der Frau und ihre Entmündigung. Aber im heutigen Iran sind mehr als die Hälfte der Studierenden weiblich". Ebd., S.320.

10 Vgl. http://www.auswaertiges-amt.de/diplo/de/Laenderinformationen/SaudiArabien/Geschichte.html (15.12.2007).

11 Vgl. http://www.d-a-g.de/26-11-SPIEGEL-online.htm (13.12.2007).

12 Vgl. http://www.zeit.de/2004/47/Iran?page=1 (13.12.2007).

Die jüdische Diaspora in Europa wird bei Mathes und Braun mit dem Leben der Iraner im Iran analogisiert, jedoch wird nicht das unterdrückte *Individuum* in der iranischen Gesellschaft mit der jüdischen Verfolgungsgeschichte verglichen. Vielmehr steht das imaginäre iranisch-islamische Kollektiv dem westlichen Kulturimperialismus gegenüber. Die Schizophrenie von Alltagspraxen und die Flucht ins Private unter einer religiösen Despotie werden so zu ihrem Gegenteil umgedeutet – nämlich einem vermeintlichen Selbstschutz der iranischen Bevölkerung gegenüber dem Einbruch der westlichen Moderne.[13]

Für die Islamische Republik stellt diese Privatheit und die traditionelle Funktion der Familie jedoch eine potenzielle Bedrohung dar. Denn weder der Frau, noch dem Mann ist es erlaubt, das Geschlechterverhältnis nach eigener Willkür zu gestalten.

Die reaktionäre Institution Familie wird so als einzige relativ staatsfreie Zone der iranischen Gesellschaft paradoxerweise zum Terrain relativer Freiheit; oder doch zumindest zum Kampfplatz, auf dem die Gestaltung des Geschlechterverhältnisses im Privaten ausgefochten wird. Diese Spannung zwischen Öffentlichkeit und Privatsphäre hat zu einem rapiden Anstieg häuslicher Gewalt und einer erhöhten Scheidungsrate im Iran geführt.

Zusammenfassend kann man sagen, dass im Gottesstaat in gewisser Weise die traditionell-patriarchale Familiensituation auf den Kopf gestellt ist: Nicht mehr der Vater fungiert als Vermittler zwischen rechtloser Frau und Gesellschaft, sondern die durch die Sharia entrechtete Ehefrau ist die zentrale Institution, die für die Reproduktion der islamischen Gesellschaft, so wie sie von der religiösen Führung definiert wird, verantwortlich ist.

Dadurch wird die Frau einerseits sakralisiert und zum Ausgangspunkt der islamischen Gesellschaft gemacht; andererseits steht sie unter dem permanenten Generalverdacht, ihre Aufgabe als Reproduzentin der islamischen Normen und Werte nicht zu erfüllen. Sie ist Heilige und potenziell gefährlichster Staatsfeind zugleich. Aufgrund dieses Generalverdachts muss der islamische Staat in Permanenz die Aufrechterhaltung der islamischen Ordnung überwachen: Die islamische Geschlechtertrennung muss über die Zwangsverschleierung sichergestellt werden, deren Einhaltung wiederum durch die Omnipräsenz der Sittenpolizei garantiert wird.

Die Frau ist laut der Sharia nur halb so viel wert wie der Mann. In vieler Hinsicht ist sie vollkommen rechtlos. Die Scheidung ist ihr nur erlaubt,

13 „Der iranische Psychologe Abdurazzah Kordi spricht von ‚paradoxen Identitäten' und ‚Zwei-Sein' der Menschen in der Iranischen Republik, und die Soziologin Masserat Ebrahim schreibt, der iranischen Gesellschaft seien ‚multiple Persönlichkeiten zur zweiten Natur geworden'. Einen solchen Umgang mit Paradoxien kannten jüdische Gemeinschaften schon lange; er war die Folge der Diaspora, durch die Juden gezwungen wurden, sich nach den Lebensgewohnheiten der Mehrheitsgesellschaft zu richten und dennoch ihre Eigenständigkeit zu bewahren. […]
Viele islamische Gesellschaften scheinen sich heute in einer vergleichbaren Situation zu befinden – nur daß sich die weit überwiegende Mehrzahl der Muslime nicht in der Fremde befindet, sondern die Fremde in ihre ‚Heimat' eingedrungen ist." Braun/Mathes, a. a. O, S.129.

wenn der Mann seine Aufgaben der islamischen Reproduktion – beispielsweise wegen Unfruchtbarkeit oder Impotenz – nicht erfüllt. Diese Rechtlosigkeit stellt jedoch keine Rückkehr zur vormodernen iranischen Gesellschaft dar. Denn im Gegensatz zur Situation im Vaterrecht ist die Frau strafmündig und wird für jedes Vergehen gegen die Normen des Gottesstaates mindestens ebenso hart bestraft wie der Mann.

Unter diesen Bedingungen stellt sich die Frage: Kann es eine fortschrittliche Frauenbewegung im Iran im Rahmen des islamischen Gesetzes geben? Nehmen wir den Slogan ‚Das Private ist politisch' zur Grundlage, stellt sich die Situation folgendermaßen dar: So genannte islamische Feministinnen im Iran können nur vage Forderungen nach rechtlicher Gleichstellung im islamischen Rechtssystem formulieren, denn ein Kampf um vollständige Gleichberechtigung wäre entweder ein Frontalangriff auf das System der Islamischen Republik, weil es im Islam keine Gleichberechtigung von Frauen und Männern gibt – oder er impliziert einen ‚Ausgleich' zwischen öffentlicher und privater Sphäre nach islamischen Prämissen.

Als das Künstlerpaar Christo und Jeanne-Claude den deutschen Reichstag verhüllten, wurde das unter anderem so interpretiert, dass der Reichstag von seiner Geschichte befreit werden sollte. Von der Nazi-Zeit und von der Bonner Republik. Als er dann wieder enthüllt wurde, habe man – wenn auch nicht unbehelligt von der alten Geschichte – eine neue Geschichte schreiben können. Die iranische Frau wurde auch verhüllt. Aber nicht um wieder enthüllt zu werden, sondern um verhüllt zu bleiben und nie wieder Geschichte zu schreiben.

Eine Analyse und Kritik des Geschlechterverhältnisses unter dem islamischen Regime im Iran, die nicht den Vorgaben des Kulturrelativismus folgt, muss deshalb gerade die Spezifika dieses Regimes ins Visier nehmen, wenn sie nicht zum Feigenblatt einer ‚reformierten' islamischen Diktatur werden soll. Die Unterdrückung der Frau ist schließlich die Grundlage des Islamischen Gottesstaates. Die Abschaffung des islamischen Rechts, der Sharia, und der Sturz der Islamischen Republik Iran sind deshalb der unabdingbare Ausgangspunkt des Kampfes um Gleichberechtigung im Iran.

Alex Gruber

Der Kampf gegen das „Freudenhaus der Bourgeoisie"

Zur Lage der Homosexuellen im Iran

Am 10. Mai 2007 wurden in der iranischen Stadt Isfahan 87 Männer, die an der Geburtstagsfeier eines Freundes teilgenommen hatten, wegen Homosexualität festgenommen. Laut der in Toronto ansässigen *Iranian Queer Organisation* (IRQO) umstellte und stürmte die Polizei gemeinsam mit Basiji-Einheiten der Revolutionsgarden das Privathaus, in dem die Feier stattfand und ging mit brutaler Gewalt gegen die Männer vor. Augenzeugen berichteten von blutüberströmten Männern, von denen einige aus Verzweiflung aus dem zweiten Stock des Hauses sprangen, um ihren Häschern zu entgehen. Die Verhafteten wurden im Gefängnis misshandelt und gefoltert; 70 von ihnen wurden gegen Kaution freigelassen, ihnen droht aber weitere Strafverfolgung. Siebzehn weitere blieben in Haft, da sie einer Anklage wegen *Hamjensgarai* („homosexuelles Benehmen") und wegen des Konsums von Alkohol entgegensehen: Für beide Delikte kann die Todesstrafe verhängt werden.[1]

Das seit der Revolution von 1979 unter Ayatollah Ruhollah Khomeini geltende islamische Recht, die Sharia, welches die Grundlage des iranischen Strafgesetzbuches ist, sieht für homosexuelle Handlungen die Todesstrafe vor, die auch regelmäßig vollzogen wird – wie etwa am 20. Juli 2005, als in Mashhad der 16jährige Mahmoud Asgari und der 18jährige Ayaz Marhoni wegen homosexueller Handlungen an einem Baukran erhängt wurden. Seit 1979 sollen in der Islamischen Republik Iran Menschenrechtsorganisationen zufolge mindestens 4.000 Homosexuelle hingerichtet worden sein. Laut Paragraph 110 des iranischen Strafgesetzbuches ist der Sex zwischen zwei Männern, der als Sodomie bezeichnet wird, mit dem Tod zu bestrafen. Die Paragraphen 121 und 122 bestrafen Sexualkontakte ohne Penetration mit 100 Peitschenhieben für beide Partner; nach dem vierten Vergehen ist ebenfalls die Exekution vorgesehen. Dasselbe gilt laut Paragraph 127 bis 134 für lesbische Sexualhandlungen. Nach der im Iran offiziellen Auslegung der Sharia gelten Mädchen bereits als Neunjährige und Jungen mit 15 Jahren als Erwachsene und können folglich ab diesem Alter hingerichtet werden.[2]

---

1 Vgl. IRQO (Iranian Queer Organisation): 87 Arrested in Raid on „Gay" Party, 2007; http://www.irqo.net/IRQO/English/pages/062.htm (10.12.2007).

2 Vgl. amnesty international – MERSI (Menschenrechte und sexuelle Identität): Das iranische Strafgesetz, 2002; http://www.mersi-amnesty.de/index.php?m=6&id=76&cat=39& (10.12.2007).

„Für männliche und weibliche Homosexuelle hat der Islam die strengsten Strafen vorgeschrieben. […] Nachdem auf Basis der Shari'a der Beweis erbracht wurde, sollen sie ihn (oder sie) ergreifen, sie sollen dafür sorgen, dass er stehenbleibt, sie sollen ihn mit einem Schwert entzweispalten, sie sollen ihn enthaupten oder seinen Körper von seinem Kopf abtrennen. […] Wenn er tot ist, sollen sie Holz bringen, einen Scheiterhaufen bauen, die Leiche darauf tun, sie in Brand stecken und sie verbrennen, oder sie soll zu einem Berg gebracht und hinuntergeworfen werden. Danach sollen die Leichenteile eingesammelt und verbrannt werden. Oder sie sollen ein Loch graben und ein Feuer in dieser Grube entzünden und ihn bei lebendigem Leibe ins Feuer werfen. Für andere Delikte haben wir solche Strafen nicht", erklärte Ayatollah Seyyed Abdolkarim Musavi-Ardebili, der ehemalige Vorsitzende des Obersten Gerichts der Islamischen Republik Iran, bei einer Freitagspredigt an der Universität Teheran.[3] Dies ist nicht die vereinzelte Meinung eines radikalen Hardliners. Der in Europa stets als moderat beschriebene Ex-Präsident Mohammad Khatami sagte zum Beispiel am 10. September 2006 auf einer Veranstaltung an der Harvard Kennedy School Of Government, dass der Islam sehr wohl die Todesstrafe kenne und dass diese Strafe für Homosexualität vorgesehen ist. Dies sei jedoch keine Gewalt: Die Strafe sei vielmehr ihrerseits die Antwort auf Gewalt oder Abweichung innerhalb der Gesellschaft, und ohne solch eine Antwort könne eine Gesellschaft nicht reibungsfrei funktionieren.[4] Die Botschaft des Iran in Den Haag ließ 1987 verlautbaren, dass „homosexuality in Iran, treated according to the Islamic law, is a sin in the eyes of God and a crime for society. In Islam, generally, homosexuality is among the worst possible sins you can imagine."[5]

Gemäß dem islamischen Verständnis der Mullahs, das eine Trennung zwischen Religion, Gesellschaft und Staat nicht kennt, ist die Homosexualität eine Sünde wider Gott. Sie ist keine gewöhnliche Straftat, sondern ein streng zu sanktionierendes Vergehen gegen die göttliche Ordnung und kommt damit der Apostasie, dem Abfall vom Glauben, gleich, auf die gemäß der Sharia ebenfalls die Todesstrafe steht. Der politische Islam beansprucht, der Vollstrecker göttlicher Ziele zu sein; jener Vollstrecker, der im Kampf um die Gemeinschaft, in der diese Ziele erfüllt sind, die Gegner Gottes bekämpft, da ihre Vernichtung die Voraussetzung für die (Re)Etablierung der göttlichen Ordnung sei.

---

3 Seyyed Abdolkarim Musavi-Ardebili: Freitagspredigt an der Universität Teheran, 1990; Zit. n.: http://www.whk.de/whkS%FCdbaden0400.htm (10.12.2007).

4 Vgl. HOMAN (The Iranian Gay, Lesbian, Bisexual & Transgender Organisation): Iran's Ex President Responds to Question About Killing Gays in Harvard Talk, 2006; http://www.homanla.org/New/Khatami.htm (10.12.2007).

5 Zit. n. Keihani, Keyan: Beyond Bounds. A Brief History of Male Homosexuality in Islamic Culture, 2005; http://www.iranian.com/Opinion/2005/December/Homosexuality/index.html (10.12.2007).

Homosexuellenfeindliche Erweckungsbewegung

Die apokalyptische Weltanschauung[6], wie sie für das iranische Regime kennzeichnend ist, betrachtet die vermeintlichen Gegner der „revolutionären Ummah"[7], zu denen auch die Homosexuellen gerechnet werden, als notwendige Opfer, mittels deren Vernichtung die ideologische Prophezeiung der identitären Einheit sich erfüllt. Neben der khomeinistischen Weltanschauung, in der die Idee der Wiederkehr des Mahdi ebenfalls eine zentrale Rolle spielte, sind es immer stärker zunehmende messianistische Züge, die das iranische Regime kennzeichnen. Der Mahdi-Glauben erlangt durch Politiker wie etwa Akbar Velayati, dem früheren iranischen Außenminister, der nun Berater des obersten geistlichen Führers Ayatollah Ali Khamenei ist, oder Mustafa Pour-Mohamadi und Gholam Hossein Ejehi, die Innen- bzw. Informationsminister sind und als solche wichtige Positionen im Obersten Nationalen Sicherheitsrat besetzen dürfen, sowie durch einflussreiche Kleriker, wie etwa Mojtaba Samere Hashemi, der einer von Ahmadinejads persönlichen Beratern ist, immer größere Bedeutung für die Islamische Republik Iran.[8] Alle genannten Politiker und Kleriker sind ehemalige Studenten des Ayatollah-Khomeini-Instituts in Qom, das von Ayatollah Muhammad Taghi Mesbah Yazdi geleitet wird.

Mesbah Yazdi, ein enger Freund und Verbündeter Ahmadinejads, gilt als einer der radikalsten Begründer der Lehre, dass die Rückkehr des Mahdi zwar nicht erzwungen, wohl aber durch den Kampf gegen die Feinde des Islam beschleunigt werden könne, und dass diese Beschleunigung das Ziel jeden gottgefälligen Muslims zu sein habe. Ebenjener Mesbah Yazdi erließ während des Präsidentschaftswahlkampfes 2005 eine Fatwa, in der er es zur religiösen Pflicht erklärte, Ahmadinejad zu wählen und erläuterte nach dem Wahlerfolg, dass Ahmadinejad nur deshalb Präsident geworden sei, weil er die direkte Hilfe des Mahdi auf seiner Seite gehabt habe. Dass Ahmadinejad diesen Ausführungen Glauben schenkt, erwies sich unter anderem in einer seiner ersten öffentlichen Erklärungen als Präsident:

---

6 So führte etwa Khomeini im Oktober 1980 aus, dass ihm das Leben als wertlos und der Tod als der Beginn der eigentlichen Existenz gelte: „Die natürliche Welt", erklärte er, „ist der niedrigste Aspekt, der Abschaum der Schöpfung." Entscheidend sei das Jenseits, jene „göttliche Welt, die unerschöpflich" ist. Militärische Siege seien sekundär, erklärte Khomeini folgerichtig anlässlich des Iran-Irakkrieges im September 1980: „Wir müssen unsere Ziele mit heiligen Maßstäben messen und Sieg und Niederlage auf dem heiligen Schlachtfeld definieren. [...]. Selbst wenn die ganze Welt gegen uns aufsteht und uns vernichtet, haben wir doch gesiegt." Zit. n. Matthias Küntzel: Ahmadinejads Welt. Der Bassidschi-Einsatz auf den Minenfeldern zeigt, was vom Mullah-Regime zu erwarten ist, 2006; http://www.matthiaskuentzel.de/contents/ahmadinejads-welt (10.12.2007).

7 Ali Schariati: Wo fangen wir an?, Bonn 1983, S.13. Zit. n. Jan Gerber: Der „Lehrer der Revolution". Ali Schariati und der „islamische Protestantismus", in: Bahamas, Nr. 48, 2005, S.51.

8 Vgl. Yossi Melman/Meir Javedanfar: The Nuclear Sphinx of Tehran. Mahmoud Ahmadinejad and the State of Iran, New York 2007, S.47.

Darin bezeichnete er es als sein politisches Ziel, „to establish an advanced, powerful, and exemplary society, so that it becomes a blueprint for the people of the world and thus ultimately serves as a platform for the reappearence of the Mahdi.“[9]

Der Mahdi ist der zwölfte und letzte schiitische Imam und als solcher eine mythische Figur, die als einziger Sohn des elften Imams im Alter von fünf Jahren spurlos verschwand, wodurch die Linie der legitimen Nachfolger Mohammeds laut schiitischem Verständnis abbrach. Eine weitere zentrale Figur für das schiitische Verständnis ist der dritte Imam Hussein, der Enkel Mohammeds, dessen Aufstand gegen den „unrechtmäßigen“, nicht-rechtsgeleiteten Kalifen Yazid die Trennung in Schia und Sunna bedeutete. Die Schlacht von Kerbala, in der Hussein fiel und seine Truppen durch die Übermacht Yazids aufgerieben wurden, gilt der Schia als eine Schlacht, die den Kampf des Guten gegen das Böse repräsentiert. Das höchste schiitische Fest ist dementsprechend das Ashura-Fest, an dem des Martyriums Husseins gedacht wird, das dem Ziel gegolten habe, den Islam wieder zu der gerechten und göttlichen Ordnung zu machen, die er unter Mohammed war, und die durch die nicht-rechtsgeleiteten Kalifen entehrt und zerstört worden sei. Husseins Märtyrertod gilt der Schia als Beleg dafür, dass das Sterben für den Islam heilig sei und einen Platz im Paradies garantiere.

Die Rückkehr des zwölften Imams, des Mahdi, der in direkter Linie zu Hussein steht, bedeutet für die Schia folgerichtig nicht nur die Wiedererrichtung jener friedvollen und gerechten Ordnung, wie sie unter Mohammed geherrscht haben soll, sondern auch die Errichtung einer weltumspannenden Islamischen Republik, da nur dann diese Ordnung wirklich universell und allumfassend sein kann. Dementsprechend schrieb Ayatollah Mesbah Yazdi am 10. September 2006 in der iranischen Tageszeitung *Kayhan*: „One of the ideological aspects of the Mahdist doctrine is [its] universality, since the Mahdi comes to establish justice and righteousness in the entire world. [...] Since it is the Hidden Imam who is responsible for disseminating righteousness and justice, the world will need to have a single center and government [...] so that it will emerge from a state of [division] and establish a single [universal] rule headed by the [Hidden Imam], and every kind of oppression and exploitation will [then] vanish from the world.“[10]

Für die Anhänger der Theokratie war die Islamische Revolution von 1979 die Fortsetzung von Imam Husseins Kampf gegen die Feinde dieser gerechten Ordnung, also der Kampf gegen die Ungläubigen und Abtrünnigen, die Imperialisten, Kolonialisten und „Zionisten“: Jeder der dem Selbstverständnis der Revolution im Wege steht, muss diesem Verständnis

---

9 Zit. n. ebd., S.46.

10 A. Savyon/Y. Mansharof: The Doctrine of Mahdism in the Ideological and Political Philosophy of Mahmoud Ahmadinejad and Ayatollah Mesbah-e Yazdi, 2007, S.6; http://www.memri.org/ftp/publicdocs/doctrine_of_mahdism.pdf (10.12.2007).

nach bekämpft werden, wie einst der Kalif Yazid durch den Imam Hussein. Ayatollah Khomeini etwa bezeichnete 1963 Schah Reza Pahlevi als einen Widergänger Yazids[11] und zog später eine Analogie zwischen der Herrschaft des Yazid und jener der Amerikaner als einer „Herrschaft des Bösen".[12]

Doch für das Verständnis der Politik Ahmadinejads und seiner „Zweiten Revolution", welche die Korruption und die Einflüsse des Westens bekämpfen möchte, vielleicht noch bedeutender ist die Rolle, die der messianistische Kult um die Wiederkehr des Mahdi und die mit ihm einsetzende Reinigung der Welt von allen Übeln spielt. Ahmadinejad und die ihm nahe stehenden Politiker und Kleriker warten nicht nur auf diese Wiederkehr, sondern setzen alles daran sie zu beschleunigen. Dies bedeutet, den Kampf gegen die Feinde des „wahren Glaubens" um jeden Preis zu intensivieren, weil diese Auseinandersetzung zwischen den Kräften des Guten und den Kräften des Bösen, die apokalyptische letzte Schlacht vorzubereiten hilft, in die der Mahdi die Gläubigen und Gerechten führen wird, – jene „platform for the reappearence of the Mahdi", die Ahmadinejad nach seiner Wahl zu errichten versprach.

In diesem Zusammenhang ist die massive Repressions- und Hinrichtungswelle zu sehen, die momentan im Iran stattfindet. Regelmäßig erklärt Ahmadinejad, dass für die Rückkehr zum reinen Islam die Säuberung der Milieus der Kritiker, der unmoralischen und ausschweifenden Jugend, der Drogenhändler und der Schnapsbrenner unerlässlich sei. Nach Angaben von *Amnesty International* wurden im laufenden Jahr bereits 154 Menschen hingerichtet; im Jahr 2006 waren es 177. Damit ist die Islamische Republik Iran das Land, das in Relation zu seiner Bevölkerung die höchste Rate an Hinrichtungen weltweit hat. In absoluten Zahlen ist der Iran der Staat, in dem weltweit am meisten Jugendliche hingerichtet werden und in der Gesamtzahl der Opfer rangiert er gleich hinter China auf Platz zwei bezüglich der vollstreckten Todesurteile.[13] Laut Angaben von Said Mortazawi, dem Chefankläger der Islamischen Republik Iran, standen Anfang August noch mindestens 150 Hinrichtungen durch Erhängung oder Steinigung vor ihrer Vollstreckung.[14] Damit ist die jüngste Welle von Hinrichtungen die

11 Vgl. Michael Struemph: A Stoic Khomeini and How Poetry Incited the Iranian Revolution. Paper presented at the annual meeting of the Midwest Political Science Association, Chicago 2004 (Unpublished Manuscript); http://www.allacademic.com/meta/p83951_index.html (10.12.2007).

12 Vgl. MEMRI (The Middle East Media Research Institute): Special Dispatch: Rafsanjani: „Wir müssen Abweichungen entgegentreten", 2003; http://www.memri.de/uebersetzungen_analysen/2003_01_JFM/iran_rafsanjani_20_03_03.pdf (10.12.2007).

13 Hinrichtungen in Iran – Macht oder Schwäche? Versuch zur Durchsetzung islamischer Moralvorstellungen, 2007; http://www.nzz.ch/nachrichten/international/hinrichtungen_in_iran__macht_oder_schwaeche_1.539430.html (12.12.2007).

14 Ein Berliner Gericht hat 2007 die Abschiebung der 31jährigen lesbischen Iranerin Jasmin K. beschlossen, obwohl diese von einem iranischen Gericht in Abwesenheit wegen Homosexualität zum Tode verurteilt worden war, was ihre Anwältin dem Gericht beweisen konnte. Im Iran erwartet Jasmin K. nun die Steinigung. Das Gericht berief sich in seiner Entscheidung auf ein Gespräch, das Mitarbeiter des deutschen Außenministeriums

größte seit dem Jahr 1984, als Khomeini die Erschießung von tausenden inhaftierten Oppositionellen befahl.[15]

Berichten diverser Menschenrechtsorganisationen zufolge sind viele der großteils öffentlich hingerichteten Personen im Zuge der Kampagne zur Wiederherstellung der Moral durch die Sittenwächter des Regimes, die sich zu großen Teilen aus Ahmadinejad treu ergebenen Bassiji-Milizen zusammensetzen, verhaftet worden. Der groß angelegten Kampagne, die sich auf das „Gesetz zur Durchsetzung der neuen islamischen Kleiderordnung" berief, welches im Mai 2006 von der Majlis, dem iranischen Parlament, beschlossen wurde, fielen größtenteils unzureichend verschleierte Frauen, zu westlich gekleidete oder frisierte Männer und Homosexuelle zum Opfer.[16] Sie machen mit fast einer Million Menschen die größte Gruppe der kurzzeitig Arretierten aus, von der noch über 20.000 in Haft sind und Anklagen erwarten; gemeinsam mit über 6.000 Männern und Frauen, die unehelicher sexueller Beziehungen beschuldigt werden.[17] Die iranische Regierung kündigte im Juli laut Agenturmeldungen an, 20 Männer wegen „moralischer Vergehen" nach islamischem Gesetz hinzurichten. In einem Interview mit dem britischen *Guardian* teilte der Sprecher des Justizministeriums Alireza Jamschidi mit, die Todesstrafe werde wegen „Vergewaltigung, der Beleidigung der Religion und Homosexualität" angewendet.[18] Im Zuge des Feldzuges für die Moral und gegen Ausschweifung sind allein im Mai 2007 mehr als 1.000 Männer festgenommen worden, wobei die Polizei meist mit übermäßiger Brutalität vorging.

---

im Iran mit der Mutter von Jasmin K. geführt hätten. In diesem Gespräch habe die verzweifelte und verängstigte Mutter abgestritten, dass ihre Tochter lesbisch sei, was angesichts der Lage von Homosexuellen im Iran kein Wunder ist. Auf Grund dieser „Beweisführung" soll nun die Asylbewerberin – trotz des Todesurteils – abgeschoben werden. (Vgl. haGalil: Beihilfe zum Mord. Berlin liefert Menschen nach Teheran aus, 2007; http://www.hagalil.com/01/de/Antisemitismus.php?itemid=1179 (10.12.2007)).

15 Vgl. Amir Taheri: Domestic Terror in Iran. Iran has just carried out the largest wave of executions since 1984, 2007; http://www.opinionjournal.com/forms/printThis.html?id=110010434 (10.12.2007).

16 Von der momentan im Iran vonstatten gehenden Repressionswelle, die der Einschüchterung jeglicher Opposition und Abweichung von der bestehenden Ordnung dienen soll, sind auch Journalisten, Gewerkschafter, Studentenaktivisten, Frauenrechtlerinnen, „anti-islamische Hooligans", Drogensüchtige und sogar oppositionelle Mullahs, sowie Minderheiten wie die Kurden oder die Baha'i betroffen. Welch absurde Ausmaße die Paranoia des iranischen Regimes annehmen kann, erwies sich im August, als die Nachrichtenagentur der Islamischen Republik verlautbaren ließ, dass es den Sicherheitsbehörden in Kermanshah gelungen sei, Eichhörnchen aufzugreifen, die von den US-Amerikanern im Irak mit Spionagetechnik ausgerüstet und in den Iran eingeschmuggelt worden wären. Vgl. Taheri, a. a. O. Vgl. auch Al Kamen: Before elections. Kazakhztan Does a Little Campaigning, Washigton Post, 20.7.2007; http://www.washingtonpost.com/wp-dyn/content/article/2007/07/19/AR2007071902453_3.html (15. 12. 2007) sowie Ali Arouzi: Iran's spying squirrels?; http://worldblog.msnbc.msn.com/archive/2007/07/20/280529.aspx (15.12.2007).

17 Vgl. Taheri, a. a. O.

18 Vgl. queer.de: Iran: Neue Homo-Exekutionen geplant, 2007; http://www.queer.de/news_detail.php?article_id=7266 (10.12.2007).

Mindestens 120 Tageszeitungen und Zeitschriften mussten in den letzten Jahren auf richterlichen Befehl ihr Erscheinen einstellen. Am 8. August 2007 traf es die reformorientierte Zeitung *Sharq* („Der Osten"), die ein Interview mit der lesbischen Dichterin Saghi Ghahreman abgedruckt hatte. In dem Interview ging es vor allem um Fragen der Lyrik, die Autorin erwähnte aber auch das Recht jedes Individuums, sich zu seiner eigenen sexuellen Identität zu bekennen, worauf die Zeitung von den Justizbehörden geschlossen wurde. Ein Sprecher des Religionsministeriums nannte als Grund für das Verbot der Zeitung die „antirevolutionäre Haltung" der Dichterin, sowie ihren Versuch der „Sittenlosigkeit" Vorschub zu leisten. „Der Hauptgrund für das Verbot war ein Interview mit einer Konterrevolutionärin, die die Unmoral predigt", sekundierte ihm Alireza Malekian vom Kulturministerium gegenüber der staatlichen Nachrichtenagentur IRNA. Der iranische Parlamentspräsident Gholam-Ali Hadad-Adel warf im Anschluss daran den reformorientierten Kräften die „Förderung von Homosexualität" in den Medien vor und erklärte: „Die Reformer beziehen sich auf Personen, deren Schriften dem Glauben des Volkes komplett zuwiderlaufen."[19]

Aber nicht nur unmittelbar im Iran selber bedroht das Mullah-Regime Homosexuelle mit Verfolgung und Hinrichtung, sondern auch die zwei großen schiitischen Milizen im Irak, die in unmittelbarer Nähe zum iranischen Regime stehen[20], die Badr-Milizen der regierenden Schiitenpartei *Oberster Rat für die Islamische Revolution im Irak* (SCIRI), die sich am 11. Mai 2007 in *Oberster Islamischer Rat im Irak* umbenannte, und die Mahdi-Milizen des khomeinistischen Geistlichen Muqtada al-Sadr, ermorden systematisch Homosexuelle. Laut eines Vortrags von Ali Hili, einem Aktivisten der Schwulenrechtsgruppe *Iraqi* LGBT, haben Mitglieder dieser Milizen die irakische Polizei infiltriert, um ihre polizeiliche Autorität zur Verfolgung von Homosexuellen zu nutzen. Ali Hili bezeichnet die Situation für Homosexuelle im Irak als organisiertes „sexual cleansing", das von einzelnen Angriffen zu bisher nicht da gewesenen organisierten und systematisch durchgeführten Akten der Gewalt – wie etwa Verschleppungen, „Verschwinden lassen" und gezielte Attentaten – eskaliert sei.[21] 2006 wurden die Badr-Milizen, deren Mitglieder ihre Gehälter bis dato vom Iran erhalten hatten, offiziell in die irakische Polizei übernommen, womit sie ihren Lohn nun vom irakischen

19 Iran. Empörung über Interview mit lesbischer Dichterin. Zeitung von Justizbehörden gesperrt – Parlamentschef wirft reformorientierten Kräften die „Förderung von Homosexualität" in den Medien vor, 2007; http://diestandard.at/?url=/?id=2990549 (10.12.2007).

20 So hatte SCIRI während des Iran-Irak-Krieges seinen Hauptsitz in Teheran und wurde vom Iran als Regierung der „Islamischen Republik Irak" anerkannt und ihr bewaffneter Arm, die Badr-Milizen, kämpften auf Seiten des Mullah-Regimes und später dann aus dem Exil im Iran gegen den im schiitischen Verständnis als Widergänger des Kalifen Yazid angesehenen Saddam Hussein. Die Mahdi-Milizen des Muqtada al-Sadr gelten als direkte Befehlsempfänger Teherans.

21 Vgl. Ali Hili: Homophobia and Human Rights in Iraq, 2007; http://www.democratiya.com/review.asp?reviews_id=69 (10.12.2007).

Innenministerium erhalten, dessen damaliger Leiter der SCIRI-Politiker Bajan Dschabr war, der gleichzeitig hochrangiges Mitglied der Badr-Milizen ist. Die Mitglieder, der aus diesen Milizen rekrutierten Todesschwadronen tragen also Polizeiuniformen und verfügen über volle polizeiliche Befugnisse, die sie dazu benutzen, Attentate auf und Ermordungen von Homosexuellen auszuführen.

Die geistliche Rechtfertigung und göttliche Autorität für die Aktionen der Todesschwadronen der schiitischen Milizen gab eine im Oktober 2005 herausgegebene Fatwa des im Iran geborenen und dort teilweise ausgebildeten[22] Ayatollahs Ali al-Sistani, dem obersten geistlichen Führer der irakischen Schiiten, dem besonders SCIRI und sein bewaffneter Arm, die Badr-Milizen, in unverbrüchlicher Treue ergeben sind. In diesem religiösen Rechtsgutachten erklärte al-Sistani, dass schwuler und lesbischer Sex dem islamischen Recht und der islamischen Moral gemäß verboten seien und rief zum Mord an Homosexuellen auf: „Die Menschen, die in so einen Akt verwickelt sind, sollten auf die schlimmste, am meisten Schmerzen einflößende Weise getötet werden.“[23]

Sogar die *United Nations Mission in Iraq* (UNAMI) kam im Januar 2007 nicht darum herum zu bestätigen, dass im Irak organisierte Kampagnen zur Ermordung von Homosexuellen im Gange sind. Der Bericht beinhaltete zum ersten Mal die Kategorie „sexuelle Orientierung“, zu der ausgeführt wird, dass das UNAMI-Menschenrechtsbüro „was also alerted to the existence of religious courts, supervised by clerics, where alleged homosexuals would be ‚tried‘, ‚sentenced‘ to death, and then executed.“[24] Die irakische Regierung, in der die vom Iran unterstützte SCIRI etwa den stellvertretenden Präsident des Irak Adil Abd al-Mahdi stellt, kritisierte den UNAMI-Report scharf, weil dieser Themen diskutiere, die in der irakischen Gesellschaft tabu seien – wie etwa Homosexualität oder die systematische Ermordung von Schwulen und Lesben –, womit die UNO die Werte und Traditionen im Irak nicht respektiere.[25] Außerdem wird solche Kritik als Einmischung in die inneren Angelegenheiten des Landes betrachtet: Laut der irakischen Verfassung ist die Sharia, die für Homosexualität die Todesstrafe vorsieht, eine der Grundlagen jedes Gesetzes.

In einem Interview mit der online-Zeitschrift *Gay City News* erläuterte der im Exil lebende Ali Hili, dass die Badr-Milizen aus dem Iran Unter-

22 Al-Sistani erhielt einen Teil seiner religiösen Ausbildung in den iranischen Städten Mashhad und Qom, bevor er in den Irak ging, um dort seine Ausbildung in Najaf abzuschließen. Heute gehört er jener konservativen Gruppe von Ayatollahs an, die einen islamischen Staat vertreten, in dem kein Gesetz dem Islam widersprechen darf, die aber keine unmittelbare Rolle der Kleriker in der Politik anstreben.

23 queer.de: Irakischer Ajatollah: Tötet Schwule, 2006; http://www.queer.de/news_detail.php?article_id=4480 (10.12.2007).

24 Doug Ireland: U.N. Confirms Iraqi Gay Killings, 2007; http://gaycitynews.com/site/index.cfm?newsid=17749913&BRD=2729&PAG=461&dept_id=568864&rfi=8 (10.12.2007).

25 Vgl. queer.de: Irak empört über Homos in UN-Bericht, 2007: http://queer.de/news_detail.php?article_id=6276 (10.12.2007).

stützung erhielten sowie Anweisungen, wie Homosexuelle zu verfolgen und anzugreifen seien.[26] In der Islamischen Republik Iran startete das Regime unter Berufung auf Mahmoud Ahmadinejads ausgerufenen Feldzug zur Durchsetzung islamischer Moralvorstellungen eine Verfolgungswelle gegen Homosexuelle, die sich auch auf Internet-Foren erstreckt: In diesen Foren werden Homosexuelle angesprochen und ein Treffen mit ihnen vereinbart, um sie dann am ausgemachten Treffpunkt zu verhaften oder umzubringen. Die Badr-Milizen übernahmen diese Taktik um Homosexuelle im Irak identifizieren und verfolgen zu können. Die von Ali Hili geleitete Homosexuellenrechtsgruppe beruft sich hierbei auf Beweise, dass iranische Berater sowohl SCIRI als auch der irakischen Polizei Anweisungen geben, wie sie bei der Homosexuellenverfolgung vorzugehen haben: Nicht nur sei die iranische Methode der Internetfallen übernommen worden; es gibt auch Berichte, dass iranische Agenten an Verhören beteiligt waren, in denen sie die Arretierten mittels Dolmetschern auf Persisch befragten.[27]

Kampf gegen Zivilisation und Emanzipation

Die Triebe und damit auch die Sexualität, so sie gottgefällig sein wollen, sind im Verständnis der Mullahs an die Ehe gebunden.[28] Diese ist demnach auch der einzige Rahmen, in dem Sexualität ausgelebt werden darf. Der Hass auf die Homosexualität gliedert sich also ein in die Lustfeindschaft und den Kampf gegen den eigenen Körper des als gesellschaftliche Erweckungsbewegung auftretenden Islam. Gegen die Individualisierung und damit partielle Befreiung der Lust, die mit Ausschweifung und Sittenverfall gleichgesetzt wird, werden ein rigider Moralkodex und ein strenges Sittengesetz errichtet, die sich neben den Frauen, die etwa unter das Kopftuch, den Hijab sowie unter lange Mäntel gezwungen werden, um ihre „verderblichen Reize" zu verbergen, auch gegen die Homosexuellen richten, welche mit ungehemmten und damit „gemeinschaftsschädlichen" Triebregungen identifiziert werden.

---

26 Vgl. Doug Ireland: Shia Death Squads Target Iraqi Gays, 2006; http://gaycitynews.com/site/index.cfm?newsid=17008100&BRD=2729&PAG=461&dept_id=568864&rfi=8 (10.12.2007).

27 Vgl. ebd.

28 Diese Unterwerfung der Sexualität unter den islamischen Sittenkodex geht soweit, dass der amtierende iranische Innenminister und radikale Anhänger des Mahdi-Glaubens sich für die schiitische Tradition der Sigheg, der zeitlich begrenzten Ehe stark macht. Mustafa Pour-Mohammadi erklärte die Sigheg als „God's rule", „[that] we must encourage". Die zeitlich begrenzte Ehe, die sich über wenige Stunden erstrecken kann, soll eine Lösung sein, die sexuellen Bedürfnisse im Sinne der strikten geschlechtlichen Segregation im Iran zu kanalisieren, während unverheiratete Sexualpartner von Arrest und Auspeitschung bedroht sind. (Vgl. Michael Theodoulou: How to Stop illicit affairs? Have one hour marriages say Iranian cleric, 2007; http://news.scotsman.com/international.cfm?id=869842007 (10.12.2007)).

Der Kampf gegen die insgeheim ersehnten, gleichzeitig aber verbotenen, vom islamischen Sittengesetz mit Sanktion belegten und darum abzuwehrenden Verlockungen erfolgt als pathische und hasserfüllte Form der Lösung des Ambivalenzkonflikts, welche die Widersprüchlichkeit des modernen Subjekts still stellen und es in reiner Identität erstarren lassen soll. „Man darf dem verpönten Trieb nur frönen, wenn außer Zweifel steht, daß es seiner Ausrottung gilt."[29] Homosexualität darf nur in Beziehung mit grausamen Straf- und Vernichtungsphantasien thematisiert werden: So beschreibt etwa Ali Mahdjoubi an einer autobiographischen Stelle seines Artikels *Homosexualität in islamischen Ländern am Beispiel Iran*[30], wie er kurz nach der islamischen Revolution im Iran gemeinsam mit linken Oppositionellen im Fernsehen eine Sendung über das Islamische Strafrecht mitverfolgte. „Ayatollah Gilani erzählte sehr detailliert, welche Straftaten wie und mit welchen Strafen geahndet werden müssten, wenn wir ein islamisches Rechtssystem hätten. [...] Der Ayatollah, selber ergriffen durch die empfundene Lust, die einen vor dem Bildschirm ansteckte, schilderte mit atemberaubender Genauigkeit, welche Sexualpraktiken zwei Männer oder zwei Frauen miteinander vollziehen könnten. [...] In dem Moment war diese Fernsehsendung mit den angedrohten Strafen für mich eine Art Weiterbildungsseminar. [...] Ich sog alles auf, was aus seinen erregten Lippen herauskam. [...] Allein die Tatsache, wie offen sie [die Homosexualität; A.G.] angesprochen wird, mit welcher Akribie diese Sexualpraktiken von den Rechtsgelehrten studiert und dann unter Strafe gestellt werden, ist sehr bemerkenswert."[31]

---

29 Max Horkheimer/Theodor W. Adorno: Dialektik der Aufklärung. Philosophische Fragmente [1947], in: Theodor W. Adorno: Gesammelte Schriften, Bd. 3, Frankfurt am Main 1997, S.209.

30 Ali Mahdjoubi: Homosexualität in islamischen Ländern am Beispiel Iran, in: Michael Bochow/Rainer Marbach (Hg.): Homosexualität und Islam. Koran – Islamische Länder – Situation in Deutschland, Hamburg 2003. Von seiner theoretischen Ausrichtung her ist Mahdjoubis Artikel kritikwürdig: So stellt er etwa die These auf, dass „(d)ie Reduzierung der Homosexualität auf Analverkehr [...] der Versuch vieler islamischer Staaten (ist), sich Gehör zu verschaffen und Verbündete im Westen zu finden." Die islamischen Rechtsgelehrten wüssten sehr wohl, „dass ‚Erfolge' in diesem ‚heiligen Kampf' nur dann erzielt werden können, wenn die Vereinfachungen und Parolen auch im Westen einen Resonanzboden finden." (Ebd., S.92f.) Angesichts der Tatsache, dass viele islamische Rechtsgelehrte verkünden, im Islam gäbe es gar keine Homosexualität, diese sei vielmehr eine Verschwörung von westlichen Kolonialisten, die mittels solch „dekadenter und korrumpierter Lebensart" die ethischen und sittlichen Fundamente des Islam untergraben wollten (vgl. etwa: HOMAN (The Iranian Gay, Lesbian, Bisexual & Transgender Organisation): Special Report. Out in Iran, 2007; http://www.homanla.org/New/outiniran.htm (10.12.2007)), ist diese These wenig plausibel. Auch Ahmadinejad zeigte in seiner am 24. September 2007 gehaltenen Rede an der New Yorker Columbia University keinerlei Anzeichen, an die homosexuellenfeindlichen Ressentiments im Westen anzuknüpfen. Vielmehr antwortete er auf eine kritische Nachfrage aus dem Auditorium: „Im Iran haben wir keine Homosexuellen wie in Ihrem Land. Wir kennen dieses Phänomen nicht. Ich weiß nicht, wer Ihnen erzählt, dass wir so etwas haben." (Zit. n. Dennis Klein: Ahmadinedschad: Iran schwulenfrei, 2007; http://queer.de/szene_politik_international_detail.php?article_id=7656&ptitle=Ahmadinedschad:%20Iran%20schwulenfrei) (10.12.2007).

31 Mahdjoubi, a. a. O., S.88ff.

Die mit der rigiden Moral und dem strengen Sittenkodex nicht in Deckung zu bringenden Triebansprüche werden projiziert und am (beispielsweise homosexuellen) Ersatzobjekt gewaltsam bekämpft und sollen mit diesem vernichtet werden. „Regungen, die vom Subjekt als dessen eigene nicht durchgelassen werden und ihm doch eigen sind, werden dem Objekt zugeschrieben: dem prospektiven Opfer. […] Die psychoanalytische Theorie der pathischen Projektion hat als deren Substanz die Übertragung gesellschaftlich tabuierter Regungen des Subjekts auf das Objekt erkannt.“[32]

Die Unterwerfung unter den Willen Gottes, die Islam wörtlich bedeutet, und die gleichbedeutend ist mit der Unterwerfung unter seine von den Rechtsgelehrten ausgelegten Verhaltenskodices, ist direkt an die Unterwerfung des Triebes geknüpft: Sie beinhaltet eine bestimmte Haltung zum Physischen und zur Naturhaftigkeit – zum quälbaren Leib wie zum lustgerichteten Trieb.[33] Die Anstrengung, die Welt dem Willen Allahs zu unterwerfen, wie sie sich im universalistischen Anspruch des Islam manifestiert[34], beginnt mit der Unterwerfung des eigenen Körpers – dem Djihad an-Nafs, der als Streben gegen sich selbst, gegen die „niederen Triebe“; sprich: als Kampf gegen die körperliche Lust zu charakterisieren ist. Die „Bezwingung der eigenen ‚Triebhaftigkeit‘“ gilt „als notwendig, um die Einheit Gottes (Tawhid) zu erreichen. […] Der Djihad an-Nafs wäre somit der Inbegriff des Djihad, weil erst durch ihn die Unterwerfung unter Gottes Willen, die den Islam ausmacht, gesellschaftliche Praxis wird.“[35]

32 Horkheimer/Adorno, a. a. O., S.212.

33 Vgl. Gerhard Scheit: Suicide Attack. Zur Kritik der politischen Gewalt, Freiburg 2004, S.438.

34 Nur unter islamischer Herrschaft ist es dem einzelnen Moslem möglich, völlig den Maßgaben der Sharia gemäß zu leben. Demgemäß ist es letztlich die religiös-politische Pflicht jedes einzelnen, solange er sich zum Islam bekennt, zur Errichtung dieser Herrschaft beizutragen. (Vgl. Gerhard Scheit: Sympathie für den perversen Tyrannen. Wie der Antirassismus zum Ersatz-Islam für Nicht-Muslime wird, in: Bahamas, Nr. 50, 2006, S.53). Die Theoretiker und Führer des politischen Islam belegen ihre Lehren folgerichtig mit dem Koran, etwa mit der Sure 8/40: „Bekämpft sie bis alle Versuchung (fitna) aufhört und Allahs Religion allgemein verbreitet ist.“ Zit. n. Hans-Peter Raddatz: Von Allah zum Terror? Der Djihad und die Deformierung des Westens, München 2003, S.36. Sayyid Qutb etwa, einer der Cheftheoretiker der ägyptischen Muslimbruderschaft, definiert die Anstrengung zur Durchsetzung des Willens Allahs folgendermaßen: „Wenn der Islam Frieden anstrebt, will er keinen billigen Frieden, einen Frieden, der nicht mehr als ein sicheres Leben in einem islamischen Gebiet bedeutet. Nein er will einen Frieden, in dem alle Religion Allah gehört. Dies bedeutet daß alle Menschen allein Allah anbeten und daß sie sich nicht selbst als Objekte der Anbetung ansehen, um Allah auszuschließen.“ Zit. n. ebd., S.167. Und auch Khomeini hatte mit der Islamischen Revolution die gesamte Menschheit im Blick: „God's messenger is a just ruler. If he orders that a position be occupied or that a corrupting group of people be wiped out, he rules justly because if he fails to do so, he would be violating justice and because his rule is always in harmony with the requirements of Moslems, rather with the requirements of human life in its entirety.“ Ayatollah Ruhollah Khomeini: Islamic Government. Governance of Jurisprudent, Honolulu 2005 (1979), S.39.

35 Esther Marian: Zum Begriff des Jihad. (Unveröffentlichte Hausarbeit), Marburg 2003, S.26.

Das triebhafte Verlangen wird nicht sublimiert, sondern bekämpft. Dieser Kampf gegen das Es und seine trieblichen Ansprüche steht für das Aufgehen der Einzelnen in der Gemeinschaft der revolutionären Umma, aus dem diese Einzelnen dann wiederum narzisstische Gratifikation ziehen. Dieses Idealbild des den diesseitigen Gelüsten völlig enthobenen Menschen kann aber notwendigerweise niemals erreicht werden. Die Anstrengung gegen sich selbst, der Djihad an-Nafs, erweist sich so als zwanghafte Form der Verdrängung, die ohne pathische Projektion nicht auskommen kann: Sie benötigt zwangsläufig das Feindbild, dem all das aufgebürdet werden kann, was das Selbst als eigenes nicht wahrhaben will. Der „große Djihad", die Anstrengung gegen die sündigen Triebe, mittels dessen sich der Einzelne zu einem gottgefälligen Exemplar der Gemeinschaft zurichten soll, entpuppt sich so als die eine Seite der Medaille, deren andere der „kleine Djihad" ist, der Kampf gegen die äußeren Feinde. „Die Zurichtung der Individuen zum Selbstopfer, der Krieg also gegen den eigenen Körper, impliziert die besondere Erniedrigung der Frau, wie die absolute Ächtung der Homosexualität."[36]

Die Strafphantasien, die gegen die projektiven Feindbilder ausgelebt werden, dienen solcherart der Herstellung von Gemeinschaft. Der kollektive Akt der Gewalt, der bei öffentlichen Auspeitschungen, Steinigungen und Erhängungen zelebriert wird, ist ein Akt, an dem die unmittelbare Gemeinschaft der Umma erfahren wird: An der „Verfolgung stärkt [...] sich der krankhafte Zusammenhalt."[37] Die störenden und verunsichernden Impulse werden mittels Projektion als von außen in das an und für sich harmonische Kollektiv der Umma eindringende imaginiert. Die islamische Gemeinschaft wie das Selbst des sie verkörpernden Einzelnen werden solcherart als sich in Notwehr gegen die Personifikationen des Prinzips Homosexualität befindlich wahrgenommen. Dieses gilt den Mullahs als westlich-dekadentes, durch „das Freudenhaus der Bourgeoisie"[38] in die islamische Welt importiertes, das aus dieser wieder verschwinden müsse, damit sie zur Einheit zurückfinde. „For centuries, the agents of colonialism and the educational and political agencies have injected their poisons into people's minds and ethics until they corrupted them. [...] The sick ideas coming from abroad must also be uprooted and every form of corruption evil and deviation in society must be fought."[39] Insofern nimmt es nicht wunder, dass beispielsweise den zum Tode verurteilten Jugendlichen Mahmoud Asgari und Ayaz Marhoni neben ihren homosexuellen Handlungen auch Diebstahl und Genuss von Alkohol vorgeworfen wurde, um sie gänzlich als ihrer Kultur und den damit verbundenen Moralvorstellungen entfremdet und westlichen Einflüssen erlegen zu denunzieren.[40]

36 Scheit: Suicide Attack, a. a. O., S.442.

37 Horkheimer/Adorno, a. a. O., S.222.

38 Schariati, a. a. O., S.50.

39 Khomeini, a. a. O., S.63.

40 Vgl. GLBT-News.Israel-Live.de: Islamo-Faschisten hängen Kinder: Iran lässt schwule Teenager hinrichten, 2005; http://glbt-news.israel-live.de/islam/iran.htm (10.12.2007).

Dass die unter anderem im Hass auf Homosexuelle sich ausdrückende Verteufelung des Triebes und der Sexualität nur in Vermittlung mit dem antizivilisatorischen und antisemitischen Ressentiment zu denken ist, ergibt sich etwa aus der Aussage eines der Hauptideologen des politischen Islam. Für Sayyid Qutb ist klar, wer ursächlich für den Import der Homosexualität in das Kollektiv der Umma verantwortlich ist: „Die Juden befreien die sinnlichen Begierden von ihren Beschränkungen und sie zerstören die Grundlage, auf der der reine Glaube basiert. [...] Hinter der Doktrin des atheistischen Materialismus steckte ein Jude; hinter der Doktrin der animalistischen Sexualität steckte ein Jude und hinter der Zerstörung der Familie und der Erschütterung der geheiligten Beziehungen in der Gesellschaft steckte ebenfalls ein Jude."[41] Es seien mit Marx, Freud und Durkheim also die Juden gewesen, welche Dekadenz und Perversion in die Welt gesetzt und damit auch der Homosexualität Tür und Tor geöffnet haben, mit dem Ziel die islamische Welt vom „reinen Glauben" und damit von ihren Wurzeln zu entfremden.

Die Ideologie der islamischen Erweckungsbewegung versucht die Gesellschaft und die Religion gegen den Ansturm der Moderne zu bewahren und zu verteidigen. Doch die imaginierte Ursprünglichkeit ist eine aus zweiter Hand: Weder Religion noch Gesellschaft sind mehr das, als was sie erscheinen, sie sind vielmehr als durch das Kapitalverhältnis reproduzierte, als Bedingung von dessen Reproduktion gesetzte zu charakterisieren.[42] Die Vergesellschaftung vermittelt durch das Kapitalverhältnis hat ebenfalls in der islamischen Welt stattgefunden, wenn auch unter weit weniger entwickelten ökonomischen und politischen Rahmenbedingungen als sie zur selben Zeit etwa in Europa geherrscht haben. So kommt der niemals gebrochene Charakter der islamischen Tradition, die eine Trennung von Staat, Religion und Gesellschaft nicht kennt, der pathologischen Krisenlösung entgegen, welche die kapitalistisch durchgesetzte Trennung von Staat und Gesellschaft wiederum zu kassieren trachtet. Der politische Islam ist also als eine konformistische Revolte gegen das Kapital auf der Basis des Kapitalverhältnisses zu charakterisieren, in der die Berufung auf den Islam jene Einheit herstellen soll, die in der Realität nicht herrscht. Insofern wäre es sinnlos, die Grundlagen für die heutige Entwicklung allein aus dem Koran, den Hadithen und anderen religiösen Schriften deduzieren zu wollen. Die Entwicklung des Islam als politische Erweckungsbewegung ist vielmehr nur im Zusammenhang mit dem Ganzen der kapitalistischen Vergesellschaftung, ihrer Subjektform und der daraus erwachsenden Ideologie[43] sowie den wahnhaften Denkformen zu kritisieren. Nichtsdestotrotz

41 Sayyid Qutb, zit. n. Scheit: Suicide Attack, a. a. O., S.445f.

42 Vgl. ebd., S.440.

43 Zum Zusammenhang von Warenform und Denkform, der universalistisch ist und nicht westlich oder sonst wie territorial zu begrenzen vgl. etwa: Manfred Dahlmann: Warenform und Denkform. Eine Einführung in den Grundgedanken Alfred Sohn-Rethels, in: Weg und Ziel, Nr. 4, 1999, S.34–42; Langfassung unter: http://www.rote-ruhr-uni.com/cms/Warenform-und-Denkform.html (10.12.2007).

bleibt die Frage, auf welche Weise bestimmte Traditionen der Entwicklung Vorschub leisten, sich diese wahnhaften Denkformen in einer bestimmten Form zu eigen zu machen.[44]

Es ist also unsinnig zu behaupten, die (abstrakte) Subjektform des Homosexuellen und damit auch der Homosexuellenhass seien ein Import aus dem Westen; und europäische Theoretiker, die dies dennoch tun, klingen nicht zufällig ähnlich wie arabische Verschwörungstheoretiker, die in der Sprache zwar radikaler, aber im Inhalt durchaus deckungsgleich behaupten, „westliche Überheblichkeit und Arroganz" würden Homosexualität erzeugen, wo sie gar nicht existiere. Georg Klauda beispielsweise formuliert in seinem 2003 erschienenen Artikel *Globalizing Homophobia*, dass „dem westlichen Blick die Vorgänge in der arabisch-islamischen Welt aufgrund einer Perspektive, die identitäre Denkformen naturalisiert, nur in rassistischer, die eigene Überheblichkeit hervorkehrender Weise zugänglich (ist). Dies macht sich in Diskursen über außereuropäische Länder bemerkbar, in denen die Existenz von Lesben und Schwulen fraglos vorausgesetzt wird."[45] In anderen Worten zuzüglich eines gehörigen Schusses Verschwörungstheorie behauptet Joseph Adoni Massad, Professor für Modern Arab Politics and Intellectual History an der Columbia-University in New York[46], in seiner 2002 erschienenen Schrift *Re-Orienting*

44 Vgl. Gerhard Scheit: Wer Wurzeln sucht, geht in den Wald. Eine Antwort auf Thomas Schmidingers kritische Bemerkungen, 2003; http://www.contextxxi.at/context/content/view/143/88/ (10.12.2007).

45 Georg Klauda: Globalizing Homophobia. Die Schwulenverfolgung in der islamischen Welt, die sich propagandistisch gegen den Westen richtet, setzt paradoxerweise den Import seines Identitätsmodells voraus, 2003; http://gigi.x-berg.de/texte/globalizing (10.12.2007). Die Versicherung, dass auch „westlich zivilisierte Homos" nur das „Produkt einer epistemologischen Falte sind", die „verschwinden wird, sobald unser Wissen eine neue Form gefunden haben wird" (ebd.), wird die zu Tode verurteilten Homosexuellen in der islamischen Welt sicherlich sehr trösten. Solche Ausführungen bringen das Desinteresse des dekonstruktivistischen Gedankengebäudes – das davon ausgeht, ein soziales Phänomen gäbe es nicht, wenn man es nicht diskursiv konstruiere – am Leiden des quälbaren und gequälten Körpers auf den Punkt.

46 Als solcher verfasste Massad im Jahre 2002 eine Buchrezension, in der er Norman Finkelsteins Buch „The Holocaust Industry" eine uneingeschränkt positive Besprechung zukommen lässt: Jenem Buch, in dem Finkelstein die antisemitische Verschwörungstheorie ausbreitet, jüdische Organisationen würden die Vernichtung des europäischen Judentums ökonomisch ausbeuten und dafür benutzen, jeden „Israelkritiker" mundtot zu machen. Massad verleiht Finkelstein das Prädikat, sein Buch sei „indispensable for anyone interested in understanding how international Zionism, Israel and the United States have collaborated in producing an elaborate ideological defense system of Israeli crimes." Zit. n. Armin Rosen: 2007: Mamdani's Darfur Lobby; http://www.columbia.edu/cu/current/articles/spring2007/mamdani-darfur-lobby.html (10.12.2007). In einem Essay mit dem Titel „Palestinians and Jewish History" wird Massads Antisemitismus gänzlich offensichtlich. Rosen konstatiert, dass für Massad „any Jewish activism on genocide is necessarily an offshoot of Zionist ideology. Massad reasons that the Holocaust is a poor excuse for Jewish humanism, because the very intimation of a connection between Jews and genocide provides an ideological basis for Israeli crimes. For Massad [...] there is an obsession with the idea that Zionist motives inform all Jewish activism and, therefore, any such activism must be scrutinized because its motives are necessarily cynical. By [his] reasoning, Jewish activism on Darfur would be self-serving and

Desire: The Gay International and the Arab World dasselbe. Dieser Artikel Massads ist die Grundlage für sein 2007 erschienenes Buch *Desiring Arabs* in dem er von einer „,missionary' campaign" spricht, die von einer Bewegung initiiert würde, die Massad die „Gay International" nennt: „[T]he Gay International was to reserve a special place for the Muslim countries in its discourse as well as its advocacy."[47] Diese „Schwule Internationale" sei also verantwortlich dafür, dass Debatten über Homosexualität in die nichtwestlichen Länder getragen würden und damit Homosexualität dort überhaupt erst geschaffen würde: „It is the very discourse of the Gay International which produces homosexuals, as well as gays and lesbians, where they do not exist."[48]

Klauda assistiert Massad, wenn er ausführt, die „Einführung eines abstrakten Begriffs *der* Homosexualität" sei das Resultat einer „z.T. kritiklosen Übernahme westlicher Denkformen". Damit trage der „gesellschaftliche Widerpart" des Mullah-Regimes, das „aufgeklärte Bürgertum", in dem „ansatzweise die Formierung einer homosexuellen Identität zu beobachten ist", mit dazu bei, „dass die Ausdrucksformen traditioneller Freundschaftsbeziehungen wie Küssen, Umarmen und Händchenhalten als ,homosexuell' – mithin als Ausdruck einer konstitutiven Andersartigkeit identifiziert und unter Verdacht gestellt werden."[49] Die Liberalen und letzten Endes auch die vom Mullah-Regime mit dem Tod Bedrohten, die sich selbst als Homosexuelle betrachten, sollen also mit Schuld sein an Verfolgung und Ermordung und mit der Religion soll das alles gar nichts zu tun haben, da „der Begriff der Homosexualität im Horizont der heiligen Schriften gar keinen Sinn ergibt"[50], wie Klauda weiter ausführt. Dieser Argumentation liegt die Vorstellung eines „wahren Islam" zugrunde, der einmal offenbart worden sei und ewig die gleiche Gültigkeit behalte; die Idee einer Religion als reiner buchstäblicher Theorie, die von jeder gesellschaftlichen Praxis abgetrennt sei. Dass es die islamische Tradition ist, genau jene gesellschaftliche Praxis also, die zur bestimmten Form der politischen Ideologie des Islam als Erweckungsbewegung beigetragen haben könnte – wie etwa der christliche Antijudaismus in einem bestimmten Verhältnis zur Denkform des modernen Antisemitismus steht – dieser Gedanke wird von den Ver-

illegitimate no matter the scope of the killing in Darfur. To Massad […], the specter of Zionism cancels the possibility of purely moral or humanitarian efforts by Jewish activists." (Ebd.)

47 Joseph Andoni Massad: Desiring Arabs, Chicago 2007, S.161.

48 Ebd., S.162f. Das letzte Opfer der „Schwulen Internationale" sei übrigens die palästinensische Autonomiebehörde gewesen, so Massad: „The most recent campaign has targeted the Palestinian Authority (PA). The campaign started two years after the second intifada. Articles published in the US-Press, written by Israelis or pro-Jewish activists, claimed that Palestinian ,gays' are so oppressed that they could only find refuge in ,democratic' Israel. Interviews with such ,gay refugees' recounted horrid torture by PA elements. Indeed, the effort was inaugurated by US Congressman Barney Frank himself, who used the occasion to praise Israeli ,democracy' […]." Ebd., S.188.

49 Georg Klauda: it's not religion stupid! Freundschaft, „Homosexualität" und Islam. Das Beispiel Iran, 2004; http://gigi.x-berg.de/texte/islam/ (10.12.2007).

50 Ebd.

ächtern der Zivilisation und ihrer Subjektform nicht einmal in Betracht gezogen.

Die Ablehnung des Subjektstatus ist Ausdruck des regressiven Wunsches, sich der zivilisatorischen Ambivalenzen zu entschlagen und zu einer gesellschaftlichen Form zu gelangen, in dem der Einzelne ganz in Gemeinschaft aufgeht und dabei die Selbstabschaffung des eigenen Subjektstatus auch noch als Emanzipation feiert. Als Alternative zu den „westlichen Zumutungen" wird ein Zustand beschworen, der sexuelle Orientierung als Akzidens des Individuums nicht mehr kennt, worin sich die Sehnsucht nach einem Kollektiv ausdrückt, in dem subjektive Unterscheidungen nicht mehr hervortreten[51] – was die Abschaffung nicht nur des homosexuellen Subjekts sondern aller Individualität bedeutet. Dies wird auch offen eingestanden, wenn etwa das Endziel solchen Kampfes gegen den Subjektstatus als jener Zustand charakterisiert wird, der es gestattet „frei von jeder Identität zu sterben."[52]

Aufklärungsverrat

Der zutiefst sexuell konnotierte Hass auf die Zivilisation, der sich letztendlich im antisemitischen Ressentiment ausdrückt, findet in den Homosexuellen notwendig ein weiteres Ersatzobjekt: Diese werden vom als Erweckungsbewegung auftretenden Islam imaginiert als vollständig verkommene Menschen, die von den Verlockungen der „befreiten Triebe" in Versuchung geführt, den wahren Glauben verraten. Sie werden imaginiert als Menschen, die sich bloß ihren Gelüsten überlassen, welche sie ohne die Bindung an die Sittenkodices des islamischen Rechts nicht mehr zu kontrollieren in der Lage sind, womit sie zu Gegnern der auf Opferbereitschaft und kontinuierlicher Verfolgung von „Gemeinschaftsschädlingen" basierenden revolutionären Umma erklärt sind. Der Kampf gegen „kulturelle und religiöse Entfremdung", den die Islamische Republik Iran – und nicht nur sie – sich auf ihre Fahnen geschrieben hat und dem in Europa mit soviel Verständnis und Entgegenkommen begegnet wird, ist der Kampf gegen weltliche Freuden, gegen Ausschweifung und Sinnlichkeit, gegen Genuss und Hingabe.

Gerade darin liegt der eminente Aufklärungsverrat, der sich in der Kollaboration mit der Islamischen Republik Iran und ihren Gemeinschaftsvorstellungen äußert. Was die kapitalistische Gesellschaft den Einzelnen stets nur verspricht, was sie aufgrund ihrer Konstitution und ihrer Verlaufsform aber niemals einlösen kann, dem soll in einem bewussten Akt der Garaus gemacht werden. Was den Einzelnen nicht zuteil werden

51 Vgl. Tjark Kunstreich: Die Abschaffung des homosexuellen Subjekts. Homophobie und Sexualität im autoritären Kollektiv, in: Bahamas, Nr. 44, 2004, S.53.

52 Michel Foucault, zit. n. Tjark Kunstreich: Zum 20. Todestag Michel Foucaults: Die Lust an der Unfreiheit, in: konkret, Nr. 8, 2004, S.41.

kann, und was sie in weiterer Folge sich selbst versagen, das soll auch keinem anderen zukommen: Gegen die Versprechungen gleichberechtigter Liebe und selbstbewusster Sexualität ohne Reproduktionszwang, die in der modernen Gesellschaft immer auch mit Verunsicherungen und Kränkungen einhergehen, wird die „kulturell eingebundene Sexualität" samt dem ihr notwendig immanenten Hass auf alles Abweichende gegen die Kritik durch „westliche Arroganz" und „Aufklärungsfundamentalismus"[53] verteidigt. Die westlichen Ideen und Moralvorstellungen, die mit subjektiver Verantwortung einhergehen, seien aufgrund der kulturellen Differenz für die islamische Welt ungeeignet, so der Tenor der Ausführungen, aus denen der Wunsch spricht, selbst von diesen als Zumutung empfundenen Phänomenen dispensiert zu werden. Damit wird zugleich der Kampf gegen den schönen Schein eröffnet, der Kampf gegen die Versprechungen der modernen Gesellschaft, die doch einzig der Vorschein dessen sein können, was möglich wäre.

53 Diesen Begriff prägte Ian Buruma, als er in seinem Buch über die Ermordung des niederländischen Filmemachers Theo van Gogh dessen Mitstreiterin Ayan Hirs Ali als „Enlightenment fundamentalist" denunzierte. Ian Buruma: Murder in Amsterdam. The Death of Theo Van Gogh and the Limits of Tolerance, New York 2006, S.27.

Florian Markl

Der lange Arm der Mullahs

Iranischer Terror von Beirut bis Buenos Aires

„Iran's revolution took nearly all foreign observers by surprise – indeed, it took nearly all Iranians by surprise. A sober analysis of what happened and why it happened still leaves the dissatisfying sense that the revolution is a mystery."[1]

Kaum jemand hielt für möglich, dass sich Millionen Menschen an einem Umsturz beteiligten, der sich unter dem Banner einer durch und durch reaktionären Ideologie schiitischer Geistlicher vollzog. „Foreign journalists estimated the crowds in Tehran at 500.000 to 1 million strong on December 10th, and 500.000 to more than 1 million the next day. Opposition publications estimated 2 to 4 million in Tehran on the 11th.."[2] Landesweit demonstrierten zwischen sechs und neun Millionen Menschen. Damit waren an diesen beiden Tagen im Winter 1978 rund 10 Prozent der iranischen Bevölkerung auf den Straßen – keine andere Revolution der modernen Geschichte kam auch nur annähernd an diese Zahlen heran.

Die Großdemonstrationen gegen den Schah verliefen ohne größere Zwischenfälle, und das in einem Land, dessen Geschichte wahrlich reich an politischer Gewalt war. Die Millionen von Demonstranten brachten die Herrschaft eines Monarchen an den Rand des Abgrunds, der über die sechstgrößte Armee der Welt verfügte und dessen Geheimdienst SAVAK für seine Brutalität berüchtigt war. Die relative Zurückhaltung Khomeinis und seiner Anhänger war allerdings taktischer, nicht ideologischer Natur. Khomeini hatte erkannt, dass ein gewalttätiger Aufstand gegen den Schah zum Scheitern verurteilt gewesen wäre. Nach dem Sieg der Revolution war es mit dieser Zurückhaltung freilich schnell vorbei. „After assuming power, Khomeini quite willingly turned to violence and was no less reluctant to use it than was his predecessor, the shah."[3] Tatsächlich sollte sich alsbald herausstellen, dass die entfesselte Gewalt der Islamisten die Grausamkeiten des SAVAK sowohl in quantitativer als auch qualitativer Hinsicht mühelos in den Schatten stellte.

Als Khomeini Anfang Februar 1979 nach seinem langjährigen Exil wieder in den Iran zurückkehrte, war er der unumstrittene Führer einer Revo-

1 Patrick Clawson/Michael Rubin: Eternal Iran. Continuity and Chaos, New York 2005, S.88.

2 Charles Kurzmann: The Unthinkable Revolution in Iran, Cambridge et. al. 2004, S.121f.

3 Jerrold D. Green: Terrorism and Politics in Iran, in: Martha Crenshaw (Hg.): Terrorism in Context, Pennsylvania 1995, S.553–594, hier S.574.

lution, die von unterschiedlichen Gruppen mit teils enorm divergierenden Positionen mitgetragen wurde. Aus taktischen Gründen hatte Khomeini in seine flammenden Anklagen des Schahs populäre Ausdrücke aus dem sozialrevolutionären Jargon aufgenommen, doch ging es ihm nie um die radikale Änderung der ökonomischen Verhältnisse, die von der politischen Linken anvisiert wurde. Der Schah galt als Verkörperung des Bösen, nicht weil Armut oder politische Unterdrückung im Iran auf der Tagesordnung standen, sondern weil er sich an der göttlichen Ordnung Allahs vergangen hatte. Khomeinis Kampf drehte sich um die Beseitigung der als Ausdruck von Unglauben denunzierten modernen, westlichen Einflüsse auf die iranische Gesellschaft. Sein Ziel war die Schaffung einer gottgefälligen Gesellschaft, und zu diesem Zwecke mussten alle Ressourcen des Staates mobilisiert werden. Khomeini war stets der Ansicht gewesen, der Islam könne zwar durch das vorbildhafte Wirken wahrer Gläubiger gefördert, müsse aber vor allem durch allgemeinen Zwang durchgesetzt werden. „Es war undenkbar, zunächst ‚islamische Einzelpersönlichkeiten' zu schaffen und dann mit ihnen eine islamische Gesellschaftsordnung aufzubauen. Der umgekehrte Weg war richtig: Man musste gleichsam über die Individuen eine islamische Gesellschaftsordnung stülpen, unter der der einzelne zwangsläufig zum guten Moslem würde."[4] Der Islam müsse den Menschen „aufgezwungen, nicht nur angetragen werden."[5] Würde man die Menschen sich selbst überlassen, würden sie alsbald den Verlockungen des Lebens anheim fallen. Jede Form der Ablenkung oder Zerstreuung sei ein Werk des Satans. So verkündete Khomeini via Radio am 8. September 1978:

> „Das Ziel der Schöpfung war es, die Menschheit durch Härte und im Gebet auf die Probe zu stellen. Die islamische Herrschaft muss in jeder Hinsicht streng sein. Im Islam wird nicht gespaßt. Deshalb kennt der Islam keinen Humor. Auch Heiterkeit gibt es im Islam nicht. Wenn etwas ernst ist, kann es keine Heiterkeit und Freude geben."[6]

Ganz in diesem Sinne rollte nach dem Sturz des Schahs eine Welle der Gewalt und des Terrors über die iranische Gesellschaft hinweg. Aus Halbwüchsigen bestehende Schlägertrupps gingen mit Prügeln, Messern und ähnlichen Utensilien gegen Orte der Apostasie (Musik- oder Tanzlokale, Kinos etc.) vor. „Extremisten glaubten, einen Auftrag Gottes zu erfüllen, wenn sie bei Nacht und Nebel in Privatwohnungen eindrangen und nach Schallplatten, Musikinstrumenten sowie anderen ‚Zeichen der Korruption' wie Spielkarten, Schachbrettern und Backgammon-Spielen suchten."[7]

Ganze Bevölkerungsgruppen wurden zum Abschuss freigegeben: das verwestlichte Bürgertum, Homosexuelle, religiöse Minderheiten (allen

4 Amir Taheri: Chomeini und die islamische Revolution, Hamburg 1985, S.326.
5 Ebd., S.327.
6 Zit. n. ebd., S. 325
7 Ebd., S. 324.

voran die Anhänger des Baha'i-Glaubens, aber auch Christen und selbstverständlich Juden) oder ethnische Minderheiten wie die Kurden. Frauen, deren Kleidung den neuen islamischen Vorschriften nicht entsprach, wurden zum Ziel von Angriffen mit Rasiermessern oder Säure. Die besondere Misogynie der Islamisten ist einer Freitagspredigt des im Westen immer als moderate Kraft gesehenen Ali Akbar Hashemi Rafsanjani zu entnehmen: „Jede einzelne Locke, die unter einem nachlässig getragenen *tschador* hervorlugt, gleicht einem ins Herz unserer Märtyrer zielenden Dolch.“ Und weiter heißt es in diesem pathologischen Ausbruch von Paranoia:

> „Amerika kann den Islam auch mit all den Panzern, Bombern und Raketen, über die Reagan befiehlt, nicht besiegen. Der Islam aber wird bezwungen werden, wenn sich die Frauen weigern, die Haare zu bedecken und sich anständig zu kleiden.“[8]

Neben dem willkürlichen Straßenterror gingen die neuen Machthaber daran, Vertreter des gestürzten Regimes zu liquidieren. Es kann bezweifelt werden, dass Khomeini vor seiner Rückkehr in den Iran detaillierte Vorstellungen über das Ausmaß der bevorstehenden Exekutionen hegte. Klar ist aber, dass sich die Mordkampagne schnell verselbständigte. Hastig improvisierte „Gerichte“ fällten „Urteile“ über eine immer schneller wachsende Zahl von Menschen. Die „Anklagen“ lauteten oftmals darauf, der Delinquent sei ein „Verderber auf Erden“ oder beteilige sich an der „Kriegführung gegen Allah“. Handelte es sich bei den ersten Hingerichteten noch um ehemalige Spitzenpolitiker, Generäle der Armee oder Offiziere des SAVAK, so weitete sich der Kreis der Opfer schnell auf immer größere Gruppen aus.[9] Da sich das neue Regime als Verkörperung von Allahs Wille verstand, wurde jedes „Verbrechen“ als nichts geringeres denn als Verbrechen gegen Gott betrachtet. Ayatollah Sadeq Khalkhali, einer der blutrünstigsten „islamischen Revolutionsrichter“ Khomeinis, formulierte seine Aufgabe so: „Gegner des Tötens haben keinen Platz im Islam. Unser Prophet tötete mit seinen eigenen gesegneten Händen. Unser Imam Ali tötete an einem einzigen Tage über siebenhundert Personen. Ist Blutvergießen für den Bestand unseres Glaubens vonnöten, sind wir da, unsere Pflicht zu erfüllen.“[10]

---

8 Zit. n. Amir Taheri: Morden für Allah. Terrorismus im Auftrag der Mullahs, München 1993, S.40.

9 Von den ehemals 80 Generälen der Armeeführung wurden mindestens 70 hingerichtet, dazu noch eine große Zahl Offiziere und niederer Dienstränge. Diese „Säuberung“ sollte den Iran teuer zu stehen kommen, als der Irak 1980 angriff und bei seinen Vorstößen auf eine desorientierte und unorganisierte iranische Armee traf.

10 Zit. n. Taheri: Morden für Allah, a. a. O., S.71.

Die Kurdenmorde von Wien und das Mykonos-Urteil

Der mörderische Feldzug gegen Vertreter der Herrschaft des Schahs blieb nicht lange auf den Iran beschränkt. Im September 1979 musste Khalkhali zu seinem großen Bedauern Khomeini berichten, dass viele der Todgeweihten geflüchtet waren und nunmehr von Europa und den USA aus gegen das neue Regime agitierten. Seine Liste umfasste 79 Personen, die man zur Rückkehr in den Iran auffordern sollte, damit sie sich vor einem islamischen Gericht für ihre Verbrechen verantworten. Sollte dieser Aufforderung nicht nachgekommen werden, müssten die „Angeklagten" eben im Ausland hingerichtet werden.[11] In speziellen Trainingscamps wurden Mitglieder der Pasdaran darauf vorbereitet, die „Urteile" zu vollstrecken.

Am 13. Juli 1989 wurden der Generalsekretär der Demokratischen Partei Kurdistans im Iran (DPK-I), Abdul Rahman Ghassemlou, der Auslandsvertreter der DPK-I, Abdollah Ghaderi Azer, sowie der in Wien lebende und als Vermittler agierende Fadhil Rassoul durch ein Mordkommando hingerichtet. Sie hatten sich mit einer iranischen Delegation zu Geheimgesprächen getroffen. Den zunächst für die Ermittlungen zuständigen Beamten der *Einsatzgruppe zur Bekämpfung des Terrorismus* war von Beginn an klar, wer für das Verbrechen in der Wohnung in der Linken Bahngasse im dritten Wiener Gemeindebezirk verantwortlich war. Oswald Kessler, damaliger Leiter der EBT, fasste seine Eindrücke kurz und prägnant zusammen: „Die Kurden sind hingerichtet worden, die Iraner leben. Für uns ist die Sache klar. Die Entscheidung liegt jetzt bei der Politik."[12] Doch so eindeutig die Sachlage auch war – selbst 18 Jahre nach dem Attentat musste die Witwe Ghassemlous konstatieren: „Die Mörder meines Mannes bekleiden hohe Ämter im Iran – sind sie deswegen unantastbar? [...] Ich hoffe immer noch, dass der Tag kommen wird, an dem die Mörder meines Mannes vor einem österreichischen Gericht abgeurteilt und ihrer Strafe zugeführt werden."[13]

Der Iran setzte gleich nach dem Anschlag alle Hebel in Bewegung, um Druck auf die Ermittler auszuüben. Bei den in der Wohnung anwesenden drei Mitgliedern der iranischen Delegation, so wurde den Behörden weiszumachen versucht, habe es sich nicht um die *Täter*, sondern um die *Opfer* eines Mordanschlages gehandelt. Bis heute hält der Iran an dieser abstrusen Geschichte, die sämtlichen Ermittlungsergebnissen widerspricht, fest.[14] Die ständigen Interventionen und Drohungen hatten Erfolg: Unter massivem Druck des Außenministeriums (unter dem damaligen Minister

11 Vgl. ebd., S.136.

12 Zit. n. Peter Pilz: Eskorte nach Teheran. Der österreichische Rechtsstaat und die Kurdenmorde, Wien 1997, S.73.

13 Helen Ghassemlou: Das lange Warten auf Gerechtigkeit, in: Die Presse 03.08.2007, www.diepresse.com/home/meinung/gastkommentar/321005/print/do (10.12.2007).

14 Vgl. Martin Staudinger: Alles Opfer, oder was?, in: profil, Nr. 37, 2007.

Alois Mock und dem Generalsekretär Thomas Klestil), der Staatspolizei sowie des Justizministeriums hielt die Staatsanwaltschaft in Wien lange Zeit daran fest, dass es keinen konkreten Tatverdacht gegen die Mitglieder des Mordkommandos gebe und diese nicht als mutmaßliche Täter, sondern bloß als Zeugen zu betrachten wären. Erst als sie das Land verlassen hatten, wurden Haftbefehle wegen Mordverdachts ausgestellt, die zwar bis heute aufrecht sind, aber niemanden sonderlich interessieren. Zu keinem Zeitpunkt wurden Schritte unternommen, um, über die konkret Tatbeteiligten hinausgehend, die Hintermänner und Auftraggeber des Anschlages zu ermitteln. Die österreichischen Behörden ließen drei Mörder laufen, um die politischen und wirtschaftlichen Beziehungen mit dem Terrorregime in Teheran nicht zu gefährden. „Es war weder Unfähigkeit noch Schlamperei, und es war auch keine Abfolge bedauerlicher Pannen. Spitzen aus Politik, Diplomatie und Justiz organisierten für drei Mörder aus ‚Staatsraison' eine Eskorte nach Teheran."[15] In unfreiwilliger Offenheit brachte das Justizminister Egmont Foregger zwei Wochen nach den Morden zum Ausdruck. Auf einer Pressekonferenz erklärte er, dass bei einem „Problem des Staatsnotstands [...] auch ein Verstoß gegen ein Gesetz [...] entschuldigt sein kann."[16]

Einige Mitglieder des Terrorkommandos von Wien haben seither Karriere gemacht. Der mutmaßliche Anführer des Hit-Teams, Mohammad Jafari Sahraroodi, der bei dem Attentat durch einen Querschläger schwer verletzt worden war, setzte nach seiner Rückkehr im Rahmen seiner Arbeit als Kommandant des 15. Armeekorps der Pasdaran (Revolutionsgarden) den Kampf gegen die Kurden fort. Zu seinen Einsatzgebieten zählte u.a. der Nordirak, wo er 1996 einen Angriff auf einen Stützpunkt der DPK-I befehligte. Per Funk soll er den Kurden gedroht haben: „So wie ich Ghassemlou umgebracht habe, werde ich jetzt euch vernichten."[17] Heute bekleidet er das Amt des stellvertretenden Chefs des Nationalen Sicherheitsrates der Islamischen Republik Iran. Im Januar 2007 scheiterten U.S. Special Forces bei einem Einsatz gegen iranische Terrorunterstützer in der nordirakischen Stadt Arbil bei dem Versuch, Jafari festzunehmen. Wenige Monate später saß er im ägyptischen Badeort Sharm el-Sheikh als Gesandter der iranischen Regierung US-Außenministerin Condoleezza Rice am Verhandlungstisch gegenüber, um über die Sicherheitslage im Irak zu verhandeln.[18]

Der Mann, der 1989 in der iranischen Botschaft vermutlich für die Übergabe der Waffen verantwortlich und während der Tat mit einer Maschinenpistole vor dem Haus postiert war, ist sogar noch weiter aufgestiegen. Nach einem kurzen Intermezzo als Bürgermeister von Teheran ist Mahmoud Ahmadinejad heute iranischer Staatspräsident. Angesichts dessen wird

15 Pilz: Eskorte nach Teheran, a. a. O., S.8.

16 Zit. n. ebd., S.117.

17 Zit. n. Martin Staudinger: Mordskarriere, in: profil, Nr. 31, 2007.

18 Michael Hirsh: Iranian Diplomat: We're Ready to Help in Iraq, in: Newsweek 23. Juni 2007; www.msnbc.msn.com/id/19762048/site/newsweek/page/0/ (1.12.2007).

die Hoffnung Helen Ghassemlous, dass die Mörder ihres Mannes sich eines Tages vor einem österreichischen Gericht verantworten müssen, in Zukunft genauso enttäuscht werden wie in den achtzehn Jahren, die seit dem Attentat bereits vergangen sind.

Das willentliche Versagen der Justiz, die Kurdenmorde von Wien aufzuklären und die Verantwortlichen zur Rechenschaft zu ziehen, hatte weit über Österreich hinausgehende Bedeutung. Die iranische Staatsführung konnte davon ausgehen, dass insbesondere jene europäischen Länder, die um eine Vertiefung der politischen und wirtschaftlichen Beziehungen bemüht waren, nicht ernsthaft auf terroristische Aktionen des Iran reagieren würden.[19] Nicht zuletzt deshalb hatte sie wenig Skrupel, sich die Morde von Wien zum Vorbild zu nehmen und sich des Nachfolgers Ghassemlous als Generalsekretär der DPK-I auf die gleiche Art und Weise anzunehmen. Am 17. September 1992 wurden im Berliner Restaurant *Mykonos* Sadegh Sharafkandi sowie drei weitere Kurden von einem iranischen Killerkommando ermordet. Peter Pilz übertreibt nur wenig, wenn er kommentiert: „Zum Mykonos-Attentat wäre es, so vermuten viele, ohne die österreichische Nachgiebigkeit gegenüber dem Terror des Iran nicht gekommen."[20]

Die Rechnung des iranischen Regimes wäre auch in Deutschland um ein Haar aufgegangen. Wie drei Jahre zuvor die österreichische Regierung kein Interesse daran hatte, die guten Beziehungen zum Iran wegen ein paar ermordeter Kurden aufs Spiel zu setzen, lag auch der deutschen Bundesregierung wenig an einer Verschlechterung der Kontakte zu den Mullahs. Nur drei Monate nach dem *Mykonos*-Attentat beschloss die Europäische Union auf dem Gipfel von Edinburgh im Dezember 1992 unter Federführung des deutschen Außenministers Klaus Kinkel die Eröffnung des so genannten „kritischen Dialogs" mit dem Iran. Allerdings gab es

---

19 Vgl. Ely Karmon: Counterterrorism Policy – Why Tehran Starts and Stops Terrorism, in: Middle East Quarterly, December 1998; www.meforum.org/article/427 (11.12.2007). Dass gerade die guten Beziehungen Österreich und Deutschland zu bevorzugten Orten für Terroranschläge auf iranische Oppositionelle machten, ist auch dem Urteil im Mykonos-Prozess zu entnehmen: „Obwohl der in Aussicht genommene Tatort in der Bundesrepublik Deutschland lag, mit der der Iran gute zwischenstaatliche Beziehungen unterhielt, brauchte dies einen Anschlag nicht zu hindern. Gerade der positive Stand der zwischenstaatlichen Beziehungen gab aus der Sicht des Iran Grund zu der Annahme, dass die Beziehungen eine Belastung schon aushielten, falls sich ein Verdacht der Verstrickung des Iran in das Geschehen ergeben sollte." (Kammergericht Berlin: Urteil vom 10. April 1997, Aktenzeichen (1) 2 StE 2/93 (19/93); www.kammergericht.de/entscheidungen/Strafsenate/1_StE_19-93.pdf, S.22f.) „Der machtpolitisch orientierten und rechtsstaatlichen Grundsätzen nicht verhafteten Haltung des Iran entsprach es, gerade aufgrund der guten Beziehungen zur Bundesrepublik Deutschland die allerdings falsche Hoffnung zu hegen, dass einer staatlichen Beteiligung an dem Anschlag keine ernsthaften Reaktionen folgen würden. Für diese Erwägungen spricht, dass die Tat in der Bundesrepublik Deutschland und nicht in Paris am Wohn- und Arbeitsort Dr. Sharafkandis ausgeführt wurde, wo Dr. Sharafkandi ebenso wie in Berlin keinen Personenschutz hatte und wo die Unwägbarkeiten, ihn zu erreichen, wesentlich geringer waren als anlässlich der Tagung in Berlin." (Ebd., S.350)

20 Pilz: Eskorte nach Teheran, a. a. O., S.189.

in Berlin, im Gegensatz zu Wien, eine funktionierende Justiz, die nicht in vorauseilendem politischem Gehorsam auf die Verfolgung der Täter verzichtete. „Die Selbstachtung der Justiz war offenbar stärker ausgeprägt als die Selbstachtung der Politik."[21] Der Mykonos-Prozess endete im April 1997 mit Schuldsprüchen und langen Haftstrafen für vier der fünf Angeklagten. Die deutschen Strafverfolgungsbehörden begnügten sich jedoch nicht mit der Verurteilung der unmittelbar Beteiligten, sondern verfolgten auch die Spuren der Auftraggeber – bis hinein in die Spitzen des Teheraner Regimes. So liest sich das Urteil des Berliner Kammergerichts passagenweise wie ein Musterbeispiel politischer Aufklärung.

Die DPK-I, so begannen die Richter ihre Schilderung des Sachverhalts, habe 1979 die islamische Revolution unterstützt und auf eine zukünftige Verankerung von Autonomierechten für die iranischen Kurden gehofft. Khomeini hatte jedoch nichts dergleichen vor Augen. Als Ursache der kurdischen Autonomiebestrebungen sah er eine Verschwörung des Westens, die das Ziel verfolge, die „Einheit der Gläubigen" zu zerstören. „Seiner Auffassung nach konnte das Kurdenproblem nur durch die Zerschlagung der politischen Strukturen der kurdischen Parteien und die Liquidierung ihrer Führungspersönlichkeiten gelöst werden."[22] Der im Westen so oft formulierten Unterscheidung zwischen Hardlinern und Moderaten konnte das Gericht wenig abgewinnen. Das islamistische Regime agierte in der Verfolgung der Kurden „ungeachtet der politischen Strömungen in seinem Herrschaftsbereich einheitlich und geschlossen."

Beispielhaft waren die Vorgänge in Wien 1989; die Attentate in Wien und Berlin wiesen „mannigfache Beziehungen"[23] auf. Nach den Morden von Wien kam man in Teheran zu dem Schluss, dass der Tod Ghassemlous die DPK-I nicht nachhaltig getroffen habe, weil mit Sharafkandi ein charismatischer Nachfolger zur Verfügung stünde. Das Berliner Gericht folgerte: „Das Ergebnis dieser Beratung weist darauf hin, dass gegen Dr. Sharafkandi die gleichen Maßnahmen ergriffen werden würden wie gegen Dr. Ghassemlou. Die späteren Ereignisse in dem Lokal ‚Mykonos' bestätigen das."[24]

In beiden Fällen wurde der Mordauftrag im *Komitee für Sonderangelegenheiten* beschlossen.[25] Klingt dieser Name auch, als wäre er einer billigen Mafiaparodie entnommen, so handelte es sich dabei doch um ein Gremium, in dem neben anderen Mitgliedern die Spitzen des iranischen Regimes versammelt waren: Staatspräsident Ali Akbar Hashemi Rafsanjani, der religiöse Führer Ali Khamenei, der Chef des Ministeriums für Aufklärung und Sicherheit (VEVAK) Ali Fallahian sowie Außenminister Ali Akbar Velayati. „Gremien, in denen die Inhaber höchster Staatsämter vertreten

21 Robert Leicht: Das Mykonos-Urteil zwingt zum Bruch mit Teheran, in: Die Zeit, Nr. 17, 1997; www.zeit.de/1997/17/iran.txt.19970418.xml (11.12.2007).
22 Kammergericht: Urteil vom 10. April, a. a. O., S.17.
23 Ebd., S.347.
24 Ebd., S.354.
25 Vgl. zur Ermordung Ghassemlous ebd., S.348f.

waren, beschlossen aus den gleichen Gründen wie bei Dr. Ghassemlou den Tod Dr. Sharafkandis und seiner führenden Mitarbeiter."[26] Die Durchführung der Beschlüsse wurde „demjenigen Komiteemitglied übertragen, das Bezug zu dem Ziel oder dem Zweck der Operation hatte und aufgrund seiner Möglichkeiten am geeignetsten erschien"[27] – sowohl Wien als auch Berlin betreffend war dies Sicherheitsminister Ali Fallahian.

Für die Vollstreckung der Todesurteile waren die diplomatischen Einrichtungen des Iran in den Zielländern unerlässlich. Sie stellten die notwendigen Papiere für die Mörder aus, importierten und lagerten die erforderlichen Waffen, dienten als Ausgangs- und Rückzugsbasis der Hit-Teams und beteiligten sich eifrig daran, nach erfolgter Tat Einfluss auf die Ermittlungsbehörden zu nehmen. Bis 1987 war die Botschaft in Paris die Schaltzentrale des iranischen Terrors in Europa. Nach der so genannten Gordji-Affäre[28] und den daraus resultierenden Spannungen zwischen dem Iran und Frankreich übernahm die iranische Botschaft in Wien diese Funktion.[29]

Bezüglich der Verantwortung der iranischen Staatsführung kam das Gericht zu einem eindeutigen Urteil. Die Ermittlungen hatten ergeben, „dass iranische Machthaber terroristische Anschläge im Ausland nicht nur billigen und ihren Tätern unverständlicherweise Ehrungen zukommen lassen, sondern dass sie selbst solche Anschläge gegen Menschen ins Werk setzen, die ihnen allein wegen der politischen Einstellungen missliebig geworden sind. Ihre politischen Gegner lassen sie um der reinen Machterhaltung willen liquidieren."[30] Die Tatsache, dass die Angeklagten als ideologisch überzeugte Täter zu Werke gegangen waren, wurde als Schuldminderungsgrund explizit ausgeschlossen. Vielmehr wurde festgestellt, dass es sich bei ihnen um Anhänger „eine(s) menschenverachtenden System(s)"[31] handelte. Über einen der Verurteilten hieß es zutreffend: „Dass er ein zu allem bereiter Gefolgsmann der Islamischen Revolution war, ändert nichts an der besonderen Verwerflichkeit seines Motivs, sondern ist dessen Grundlage."[32]

Das Urteil im Mykonos-Prozess bot seltenen Einblick in die Funktionsweise eines Regimes, das sich skrupellos terroristischer Methoden

---

26 Ebd., S.370.

27 Ebd., S.24.

28 Nach einer Serie von Anschlägen auf Regimekritiker in Paris im Sommer 1987 versteckte sich der iranische Geheimdienstmitarbeiter Vahid Gordji in der iranischen Botschaft in Paris, um sich seiner Verhaftung zu entziehen. Die Botschaft weigerte sich, den mutmaßlichen Drahtzieher der Attentate auszuliefern. Frankreich brach daraufhin die diplomatischen Beziehungen zum Iran ab. Die Affäre endete nach ein paar Monaten mit einer de facto-Kapitulation Frankreichs. Vgl. Pilz: Eskorte nach Teheran, a. a. O., S.51.

29 Vgl. ebd., S.50f. Vgl. auch Rolf Tophoven: Sterben für Allah. Die Schiiten und der Terrorismus, Düsseldorf/Wien 1993, S.162.

30 Kammergericht: Das Urteil vom 10. April 1997, a. a. O., S.370.

31 Ebd., S.386.

32 Ebd., S.385.

bedient, um seine Ziele zu verfolgen. Ghassemlou und Sharafkandi waren bei weitem nicht die einzigen, die dem bis gegen Ende der neunziger Jahre andauernden terroristischen Feldzug der iranischen Machthaber gegen tatsächliche und vermeintliche Gegner zum Opfer gefallen sind. Zwischen 1979 und 1992 verübten die von den Mullahs ausgesandten Killerkommandos in zwölf europäischen Staaten und den USA allein über 130 politische Morde. Besonderes Aufsehen erregte 1991 das Attentat auf Schapur Bakhtiar, den letzten Premierminister unter Schah Reza Pahlevi: die Täter schnitten dem mittlerweile Achtzigjährigen in seiner Wohnung nahe Paris die Kehle durch.[33] Viele andere standen ebenfalls auf der schwarzen Liste, überlebten aber die gegen sie gerichteten Mordanschläge.

Export der islamischen Revolution

Die Verfolgung politischer Dissidenten war keineswegs das einzige Gebiet, auf dem der Iran gezielt Terrorismus einsetzte, um seine Ziele zu befördern. Die Machteroberung im Iran war, wie Khomeini immer wieder betonte, nur der erste Schritt im Kampf um die Herrschaft des Islam auf Allahs weiter Erde. Zum einen inspirierte sie islamistische Gruppierungen in anderen muslimischen Ländern, den Kampf gegen die „unislamischen" Machthaber zu intensivieren. Zum anderen unternahm der Iran selbst Schritte, um die islamische Revolution zu exportieren. Programmatisch kündigte Khomeini das im Sommer 1979 an:

> „The governments of the world should know that Islam cannot be defeated. Islam will be victorious in all the countries of the world, and Islam and the teachings of the Koran will prevail all over the world."[34]

Kurz nach der Revolution wurde im Zentrum Teherans eine Zentralstelle für den Revolutionsexport eröffnet. Das vierstöckige Gebäude beherbergte Vertreter all jener Gruppierungen, die in den Folgejahren in den umliegenden Staaten durch Mordanschläge, Bombenattentate, Entführungen und versuchte Aufstände aktiv werden sollten. Die *Islamische Front für die Befreiung Bahrains* war ebenso vertreten, wie entsprechende Organisationen aus den anderen Golfstaaten, aus Nordafrika oder dem Libanon. Vereinigt wurden die verschiedenen Gruppen im *Rat für die Islamische Revolution*, der von niemand geringerem geleitet wurde als dem designierten Nachfolger Khomeinis, Hussein Ali Montazeri. Über den ganzen Iran verstreut eröffneten die Pasdaran Trainingscamps, in denen ausländische Freiwillige aus dem Nahen Osten und der ganzen Welt ausgebildet wurden,

33 Vgl. Taheri: Morden für Allah, a. a. O., S.10.

34 Zit. n. Robin Wright: Sacred Rage. The Wrath of Militant Islam. Updated with New Chapters, New York 2001, S.21.

um nach der Rückkehr in die Heimatländer ihrerseits Rekruten für den heiligen Krieg zu drillen und die lokalen Schiiten zum Aufstand zu motivieren. Die Früchte dieser Arbeit ließen nicht lange auf sich warten.

Ab dem Sommer 1979 erschütterten mehrere Anschlagswellen den Irak. Irakische Schiiten hatten tatkräftig an der Revolution im Iran mitgewirkt und waren nun mit dem Auftrag zurückgeschickt worden, das Baath-Regime Saddam Husseins zu stürzen und auf Basis der unterdrückten schiitischen Bevölkerungsmehrheit einen Gottesstaat nach iranischem Vorbild zu errichten. Das Vorhaben scheiterte an massiver Repression. Die Attentate gaben „dem irakischen Regime den Vorwand für eine landesweite Kampagne gegen die schiitische Opposition. Binnen weniger Tage wurden mehrere tausend Personen, darunter Hunderte von Mullahs, ins Gefängnis geworfen und eine große Anzahl ohne Verfahren erschossen."[35] Der vom Iran ausgehende Terror war eine der Ursachen für den irakischen Angriff im September 1980, der einen auf beiden Seiten mit unvorstellbarer Grausamkeit geführten, acht Jahre dauernden Krieg eröffnete.

Als nächstes kamen die Mitgliedstaaten des Golfkooperationsrates an die Reihe. Im Dezember 1981 wurde in Bahrain ein Putschversuch schiitischer Moslems gegen das sunnitische Herrscherhaus vereitelt. Was die Sicherheitsbehörden besonders beunruhigte, war die Tatsache, dass es sich bei den 73 Festgenommenen, Mitglieder der *Islamischen Front für die Befreiung Bahrains*, nicht um iranische Agenten, sondern um Bürger aus Saudi-Arabien, Bahrain, Kuwait und dem Oman handelte. Der Premierminister Bahrains nahm sich kein Blatt vor den Mund: Teheran, so fasste er die Ermittlungsergebnisse seiner Sicherheitsdienste zusammen, „bears full responsibility for training hundreds of nationals from Gulf states in special camps under the supervision of experts on sabotage and demolition."[36]

Neben Bahrain geriet vor allem Kuwait ins Fadenkreuz des revolutionären Furors iranischer Prägung. „Das übliche Szenario einer islamischen Revolution begann im Frühjahr 1982 […] mit einer Serie von Anschlägen auf Kinos, Mädchenschulen, Restaurants und Büchereien."[37] Der Höhepunkt der Terrorwelle wurde am 12. Dezember 1983 erreicht: An sechs verschiedenen Orten wurden Anschläge unternommen. Unter den Zielen befanden sich die amerikanische und die französische Botschaft sowie die größte Erdölverarbeitungsanlage des Landes – nur enormem Glück war es zu verdanken, dass lediglich sechs Menschen getötet und über achtzig verletzt wurden. Anschläge und Aufstände ereigneten sich darüber hinaus im Oman und in Saudi-Arabien. All diese Versuche des Exports der iranischen Revolution scheiterten, insofern in keinem der Golfstaaten der Sturz der regierenden Herrscherhäuser gelang. Dennoch verfehlten die Unternehmungen der vom Iran inspirierten Islamisten nicht ihre

35 Taheri: Morden für Allah, a. a. O., S.223.
36 Zit. nach Wright: Sacred Rage, a.a.O., S.116.
37 Taheri: Morden für Allah, a. a. O., S.226.

Wirkung. Waren in den siebziger Jahren noch gelegentlich schüchterne Versuche zur Modernisierung und politischen Reformierung der reichen, ölproduzierenden Staaten unternommen worden, so drehte der Einfluss aus Teheran jetzt das Rad der Zeit zurück. Kein Regime wollte sich dem Verdacht aussetzen, in Fragen einer religiös verbrämten gesellschaftlichen Ordnung zu lax zu agieren.

Die Hisbollah

Folgenschwerer als der Versuch des Exports der Revolution in die Staaten am Persischen Golf erwiesen sich die iranischen Aktivitäten im Libanon. Die mit tatkräftiger Unterstützung der Pasdaran im Jahre 1982 gegründete Hisbollah („Partei Gottes"[38]) wurde im Laufe der Jahre zum wohl wichtigsten Instrument des Iran im Kampf gegen Israel, im Ringen um regionale Vorherrschaft und zur Durchführung terroristischer Anschläge auf der internationalen Bühne.

In der Regel wird die Gründung der Hisbollah auf den israelischen Einmarsch in den Libanon im Sommer 1982 zurückgeführt. Nachdem ein Kommando der Abu Nidal-Organisation einen Mordanschlag auf den israelischen Botschafter in London unternommen hatte, entschloss sich Israel, gegen den „Staat im Staate" vorzugehen, den die PLO Jassir Arafats im Südlibanon errichtet hatte. Die mehrheitlich schiitische Bevölkerung dieses Gebietes habe ursprünglich den israelischen Einmarsch begrüßt, doch sei die anfängliche Unterstützung bald einer erbitterten Feindschaft gewichen, als klar wurde, dass die israelische Armee nicht beabsichtigte, sich bald wieder aus dem Südlibanon zurückzuziehen. Die Gründung der Hisbollah war dieser Sichtweise nach die Folge des wachsenden schiitischen Widerstands gegen die andauernde israelische Besatzung. Der ehemalige Premierminister Ehud Barak formulierte dies in einem Interview folgendermaßen: „When we entered Lebanon […] there was no Hezbollah. We were accepted with perfumed rice and flowers by the Shia in the south. It was our presence there that created Hezbollah."[39] Unzweifelhaft bot der Libanonkrieg 1982 den Anlass für die Gründung der Partei Gottes, deren Ursache war er aber nicht. Schon seit längerem waren radikale schiitische Geistliche im Libanon um eine politische und religiöse Mobilisierung der verarmten schiitischen Massen bemüht – eine Entwicklung, die durch die Revolution im Iran weiter angetrieben wurde. „Even if Israel had not launched its invasion of southern Lebanon in 1982, the young would-be revolutionaries among the Shi'a would have pursued the path of emulating Iran's Islamic revolution."[40]

---

38 Der Name bezieht sich auf Vers 57 der fünften Koransure: „Wer sich nun Allah und seinen Gesandten und die Gläubigen zu seinen Freunden nimmt, der gehört zu der Partei Allahs, und zu denen, welche obsiegen." (Der Koran. Das heilige Buch des Islam, München 1959, S.98.)

39 Zit. n. Augustus Richard Norton: Hezbollah. A short history, Princeton 2007, S.33.

40 Ebd.

An der Wiege der Hisbollah stand die so genannte Nadjaf-Connection. Das irakische Nadjaf gilt unter Schiiten als heilige Stadt und eines der wichtigsten Zentren religiöser Studien. Die theologischen Seminare Nadjafs waren nicht nur lange Zeit Heimat des exilierten Ayatollahs Khomeini, der dort seine Theorie des wahren islamischen Staatswesens entwickelte, sondern auch vieler jener Geistlicher, die später am Aufbau der Hisbollah maßgeblich beteiligt waren. Als das Regime Saddam Husseins gegen die schiitisch-islamistische Dawa-Partei Mohammed Bakir al-Sadrs vorzugehen begann, wurden die ausländischen Gäste der theologischen Schulen aus dem Irak ausgewiesen und kehrten in ihre Heimatländer zurück. Die religiösen und persönlichen Verbindungen blieben jedoch aufrecht, und so ging auch der revolutionäre Geist nicht verloren, der die Kreise der radikalen Mullahs beseelte.

Bis zur israelischen Invasion 1982 war die 1974 vom charismatischen Musa al-Sadr gegründete und, seit dessen mysteriösem Verschwinden vier Jahre später, von Nabih Berri geführte Amal-Bewegung die politische Heimat vieler libanesischer Schiiten. In den Augen der radikalisierten Mullahs versagte Amal jedoch kläglich angesichts der israelischen Besetzung des Südlibanon, als Berri dem vom libanesischen Präsidenten ins Leben gerufenen *Nationalen Rettungskomitee* beitrat. Unter der Führung von Hussein al-Musawi spaltete sich die *Islamische Amal* von der Mutterorganisation ab. Die eigentliche Gründung der Hisbollah bestand aus der Zusammenführung der *Islamischen Amal* mit verschiedenen anderen islamistischen Splittergruppen unter ein gemeinsames organisatorisches Dach; ihre Ausbreitung im Land erfolgte in drei Phasen, von der Bekaa-Ebene ausgehend über die südlichen Bezirke Beiruts bis in den umkämpften Südlibanon. Unterstützt durch iranische Pasdaran setzte sie in den von ihr kontrollierten Gebieten ihre Vorstellungen vom Aufbau einer islamischen Gesellschaft durch. Ähnlich wie die Hamas in den palästinensischen Gebieten, stützte sich die Hisbollah dabei auf das Zuckerbrot eines vom Iran großzügig mitfinanzierten Systems sozialer Einrichtungen, scheute aber auch keineswegs davor zurück, die Peitsche auszupacken, um etwa islamistische Dresscodes zu forcieren und als ‚westlich' identifizierte Verhaltensweisen zu bekämpfen.[41]

Über die politische Ausrichtung der Partei Gottes, die zunächst nicht unter ihrem eigenen Namen in Erscheinung trat und erst drei Jahre nach ihrer Gründung in Form eines „offenen Briefes" ihre politischen Grundsätze öffentlich proklamierte, bestand von Anfang an kein Zweifel. Hassan Nasrallah, selbst ehemaliges Mitglied der Amal und seit 1992 Generalsekretär der Hisbollah, blickt in einem Interview auf die Gründungszeit der Partei zurück:

> „Iranian revolutionary guards arrived in the Bekaa upon the orders of Imam al-Khomeini, and the faithful were of the opinion that a

41 Vgl. zur Gründungsgeschichte der Hisbollah Magnus Ranstorp: Hizb'Allah in Lebanon. The Politics of the Western Hostage Crises, London et al. 1997, S.25ff.

> revolutionary and Islamist current should be established to adequately confront the new challenge facing Lebanon. This current was to have a clear Islamist political vision, and operate through a consistent ideology based on the principles and political line of Imam al-Khomeini, and according to the principle of *wilayat al-faqih* in which we believe. This is how Hezbollah came to be.“[42]

Die Treue zur iranischen Revolution und zu deren geistlichem Führer blieb ein Charakteristikum der Hisbollah; nach dem Tod Khomeinis trat Ali Khamenei an dessen Stelle und wird seitdem als Führer anerkannt.[43] Auch diesbezüglich lässt Nasrallah keine Unklarheiten aufkommen: „The Supreme Guide Ayatollah Khamenei will remain our leader, imam, master, and inspiration in jihad, patience, and willpower.“[44]

Der iranische Einfluss auf die Geschehnisse im Libanon wurde vor allem anhand der spektakulären Anschläge deutlich, die von der Hisbollah ab dem Spätherbst 1982 durchgeführt wurden. Am 11. November raste der fünfzehnjährige Ahmad Qusayr, ein Schiit aus dem Südlibanon, mit einem zu einer Riesenautobombe umfunktionierten Fahrzeug in das Verwaltungsgebäude der israelischen Armee in Tyros – 62 Menschen kamen bei der Explosion ums Leben. Der damalige Generalsekretär der Hisbollah, Abbas al-Musawi, kommentierte einige Jahre später die Aktion, die ein neues Kapitel in der Geschichte des Selbstmordattentates einläuten sollte:

> „Es ist die Schulung durch die Revolutionswächter, die die islamische Jugend so verwandelt hat, dass sie sich nach dem Martyrium sehnt. Deshalb waren wir auch nicht weiter überrascht, als kurze Zeit nach dem Eintreffen der Revolutionsgardisten ein mit einer 1.200 Kilogramm Bombe ausgerüsteter muslimischer Jugendlicher im Libanon lächelnd in den Tod ging. Das ist die Schule der Revolutionsgarde; die Kunst des Martyriums und das Vermögen, dem israelischen Feind entgegenzutreten, verdanken wir den Revolutionswächtern und ihrem vergossenen Blut.“[45]

Auf den Anschlag in Tyros folgten innerhalb von nicht einmal zwei Jahren insgesamt sechs Selbstmordattentate, die mit erschreckender Konsequenz und Präzision durchgeführt wurden. Am 18. April 1983 raste ein

---

42 Nicholas Noe (Hg.): Voice of Hezbollah. The Statements of Sayyed Hassan Nasrallah, New York 2007, S.26.

43 Allerdings wurde die Führerschaft Khameneis nicht von allen wichtigen Akteuren der Hisbollah anerkannt; insbesondere Mohammed Hussein Fadlallah, der allgemein als geistlicher Führer der Partei Gottes bezeichnet wird, verweigerte dem neuen Machthaber im Iran die Gefolgschaft, weil er ihm die religiöse Berechtigung absprach und er aus seiner Zeit in Nadjaf einem Konkurrenten Khameneis verbunden war. Hier zeigt sich die große Bedeutung, die persönliche Gefolgschaften im schiitischen Islam spielen.

44 Ebd., S.54.

45 Zit. n. Joseph Croitoru: Der Märtyrer als Waffe. Die historischen Wurzeln des Selbstmordattentates, München 2006, S.128.

mit Sprengstoff beladener Wagen in die amerikanische Botschaft in West-Beirut, am 23. Oktober flogen in einem Doppelanschlag das Hauptquartier der amerikanischen Marines sowie die Zentrale der französischen Fallschirmjäger in Beirut in die Luft (beide Staaten waren an der multinationalen Truppe beteiligt, die ursprünglich den Abzug der PLO aus Beirut beaufsichtigen sollte). Am 4. November war die neu errichtete Zentrale der israelischen Armee in Tyros Ziel eines Anschlages, am 13. April 1984 raste ein Selbstmordattentäter in einen israelischen Militärkonvoi. Am 20. September wurde schließlich die ebenfalls neu errichtete amerikanische Botschaft in Beirut ins Visier genommen. Für all diese Anschläge zeichnete eine Organisation namens *Islamischer Djihad* verantwortlich, doch besteht kaum Zweifel daran, dass es sich dabei um Aktionen von Hisbollahmännern handelte, die tatkräftige Unterstützung aus Syrien und dem Iran erhielten.[46]

Aus Sicht der Partei Gottes waren die Selbstmordanschläge ein voller Erfolg. Obwohl Präsident Reagan zunächst verkündete, die USA würden niemals dem Terror weichen, zog sich die multinationale Friedenstruppe alsbald aus dem Libanon zurück; die israelische Armee sah sich ihrerseits gezwungen, ihr Aktionsgebiet auf einen entlang der israelischen Grenze gelegenen Sicherheitskorridor im Südlibanon zu beschränken. Insbesondere der Rückzug der Amerikaner wird bis heute von Djihadisten als beispielhafter und wegweisender Erfolg gefeiert.

Neben den Selbstmordattentaten wurde die Hisbollah in den achtziger Jahren durch eine Reihe von Flugzeugentführungen und Kidnappings westlicher Bürger bekannt. Zwischen 1982 und 1992 wurden über 100 Ausländer im Libanon entführt und zum Teil mehrere Jahre lang in Gefangenschaft gehalten. Der Associated Press-Reporter Terry Anderson hält diesbezüglich einen traurigen Rekord: Seine Verschleppung dauerte sieben Jahre. Die Situation wurde für westliche Ausländer so gefährlich, dass das amerikanische State Department 1987 bei Libanonreisen die Verwendung eines amerikanischen Passes verbot.[47] Neben der Hisbollah selbst konnte der Iran aus diesen Operationen enormen Profit erzielen: Seine libanesischen Klienten entführten Menschen, der Iran verhandelte daraufhin über deren Freilassung. Das ist der Kontext der so genannten Iran-Contra-Affäre, in der die USA dem Iran über ihren Verbündeten Israel Waffenlieferungen für den Krieg gegen den Irak zukommen ließen und darüber hinaus weitere Zugeständnisse machten, um im Gegenzug die Freilassung der Verschleppten zu erwirken.[48]

---

46 Sowohl die Serie von Selbstmordanschlägen als auch die Welle von Entführungen westlicher Staatsbürger, für die ebenfalls der Islamische Djihad die Verantwortung übernahm, stellten die islamischen Geistlichen vor enorme Probleme, fehlte derartigen Aktionen doch jegliche theologische Begründung. Vgl. dazu Martin Kramer: The moral logic of Hizballah, in: Walter Reich (Hg.): Origins of Terrorism. Psychologies, Ideologies, Theologies, States of Mind, Washington 1998, S.131–157.

47 Vgl. Norton: Hezbollah, a. a. O., S.74.

48 Vgl. dazu ausführlich Ranstorp: Hizb'Allah in Lebanon, a. a. O.

Der Iran verfügt mit der Hisbollah nicht nur über ein direkt an der Grenze zum zionistischen Erzfeind gelegenes Standbein im Libanon, sondern auch über ein Instrument, auf das er zur Durchführung von Terrorakten zurückgreifen kann. Die Hisbollah wird mit etlichen Anschlägen vom Nahen Osten über Westeuropa bis nach Amerika in Verbindung gebracht. Als Beispiel für den dabei praktizierten modus operandi kann Argentinien dienen, das in den neunziger Jahren gleich zwei Mal durch Bomben der Partei Gottes erschüttert wurde.[49]

Am 17. März 1992 krachte ein Selbstmordattentäter mit einem sprengstoffbeladenen Lastwagen in den Eingangsbereich der israelischen Botschaft in Buenos Aires. Das Botschaftsgebäude, eine angrenzende katholische Kirche sowie eine Schule wurden zerstört; 29 Menschen kamen ums Leben und über 200 wurden verletzt. Zu dem Anschlag bekannte sich eine Gruppe namens Islamischer Djihad. Obwohl der Fall nie aufgeklärt wurde, gilt als sicher, dass auch diesmal in Wahrheit die Hisbollah sich hinter diesem Decknamen verbarg.[50]

Am 18. Juli 1994 raste ein der Hisbollah angehörender Selbstmordattentäter in das jüdische Gemeindezentrum (Asociación Mutual Israelita Argentinia/AMIA) in Buenos Aires. Die Explosion war heftig genug, um das siebenstöckige Haus zum Einsturz zu bringen. 85 Menschen starben in den Trümmern, über 150 wurden verletzt. Mehr als zwölf Jahre danach veröffentlichte der argentinische Generalstaatsanwalt im Oktober 2006 seine Anklageschrift, die sich teilweise wie eine Kopie der Anklage der Mykonos-Attentäter liest. Die argentinischen Ermittlungsbehörden kamen zu dem Schluss, dass die Drahtzieher des Angriffs in den höchsten Rängen der iranischen Staatsführung zu finden sind – wieder ist vom Komitee für Sonderangelegenheiten die Rede. Die Durchführung der Aktion wurde der Hisbollah anvertraut. Insgesamt wurden gegen sieben Iraner (darunter den Präsidenten, den Außenminister, den Innenminister sowie den Kommandeur der Pasdaran) und einen Libanesen (den Chef der Auslandseinsatzabteilung der Hisbollah) Haftbefehle erlassen. Bezeichnend ist das Motiv, das die Justiz hinter dem Anschlag vermutet: Argentinien hatte beschlossen, seine Unterstützung des iranischen Nuklearforschungsprogramms zu beenden und sollte die Rechnung für diesen Schritt präsentiert bekommen.[51]

49 Der erste Akt internationalen Terrorismus des neuen iranischen Regimes fand allerdings in Teheran selbst statt: die Besetzung der amerikanischen Botschaft durch radikale „Studenten" am 4. November 1979, die den Auftakt zu einem 444 Tage lang dauernden Geiseldrama bildete. Vgl. Mark Bowden: Guests of the Ayatollah: The First Battle in America's War With Militant Islam, New York 2006. Vgl. auch David Farber: Taken Hostage. The Iran Hostage Crises and America's First Encounter with Radical Islam, Princeton 2005.

50 Der Anschlag wird allgemein als Racheakt für die Tötung des damaligen Generalsekretärs der Hisbollah durch einen Raketenangriff der israelischen Armee verstanden.

51 Vgl. Intelligence and Terrorism Information Center at the Center for Special Studies: Argentina accuses Iran of responsibility for the Hezbollah terrorist attack which destroyed Jewish Community Center in Buenos Aires, 1994. The Argentinean Attorney

Die beiden Selbstmordattentate in Buenos Aires hatten ein interessantes Nachspiel. Im Februar 2007 meldeten mehrere Zeitungen, ein hochrangiges Mitglied der iranischen Führung habe sich aus der Türkei in den Westen abgesetzt. Das Regime in Teheran reagierte äußerst nervös auf diese Nachricht, und es hatte allen Grund dazu: Ali Reza Asghari hatte in der Vergangenheit unter anderem das Amt des stellvertretenden iranischen Verteidigungsministers bekleidet und verfügt möglicherweise über brisantes Wissen über das iranische Atomwaffenprogramm.[52] So machen bereits Gerüchte die Runde, Asghari habe Israel mit bisher unbekannten Informationen über ein syrisches Nuklearprogramm versorgt, die Anfang September 2007 zu einem bis heute mysteriösen Angriff der Israeli Air Force auf ein Ziel nahe der türkisch-syrischen Grenze geführt hätten. Doch das ist bei weitem noch nicht alles, was der iranischen Führung Kopfschmerzen bereitet. Asghari war lange Zeit der Kommandeur der Pasdaran und in den achtziger Jahren im Libanon stationiert. Das bedeutet, dass er bestens über die Selbstmordattentate der Hisbollah gegen amerikanische Ziele im Libanon Bescheid weiß und sich dadurch als wahre Goldader für amerikanische Geheimdienste erweisen könnte – man muss sich dabei vor Augen halten, dass mit Ausnahme der al-Qaeda keine andere Terrorgruppe so viele Amerikaner getötet hat, wie die Hisbollah. Darüber hinaus war Asghari im Jahre 1994 dritter Sekretär der iranischen Botschaft in Buenos Aires und ist einer jener sieben Iraner, die von der argentinischen Justiz direkt für das AMIA-Attentat verantwortlich gemacht werden. Sollte das alles zutreffen – man ist hier zwangsläufig auf Spekulationen angewiesen –, ist es nur zu wahrscheinlich, dass westliche Geheimdienste einen Deal abgeschlossen haben: Informationen gegen Straffreiheit. Das bedeutet zwar, dass Asghari für seine Beihilfe zum mehrfachen Mord nie zur Rechenschaft gezogen werden wird, in anderer Hinsicht aber von unschätzbarem Wert sein könnte.

Die „zweite islamische Revolution" und die aktuellen Gefahren des iranischen Terrorismus

Obwohl der Aufstieg der Hisbollah ohne iranische Unterstützung nicht denkbar gewesen wäre und der Iran mit Sicherheit in alle wichtigen Entscheidungen der Hisbollah eingebunden ist, handelt es sich bei ihr nicht bloß um eine Befehlsempfängerin Teherans. Allgemein lässt sich sagen,

---

General's office announced it had found Iran responsible for the terrorist attack and an Argentinean judge issued arrest warrants for seven Iranians and one senior Hezbollah member, 14. November 2006; www.terrorism-info.org.il/malam_multimedia/English/eng_n/pdf/argentina_amia_e.pdf (11.12.2007).

52 Vgl. Fred Burton: The Asghari Case: Defection and Damage Control. Stratfor: Terrorism Intelligence Report, 14. März 2007.

dass die Beziehungen umso besser sind, je radikaler sich die iranische Führung gerade verhält. Daher ist es alles andere als verwunderlich, dass seit dem Amtsantritt Mahmoud Ahmadinejads die Zusammenarbeit zwischen dem Iran und der Hisbollah sehr viel enger geworden ist, als sie es etwa während der Amtszeit des vergleichsweise moderaten Präsidenten Khatami gewesen ist.[53] Der als „zweite islamische Revolution“ bezeichnete Radikalismus Ahmadinejads zielt auf eine grundlegende Umgestaltung der Verhältnisse im Nahen Osten. Er ist bestimmt durch die Rückkehr zu dem von Khomeini propagierten Export der iranischen Revolution, der auf den Umsturz der als unislamisch denunzierten Regimes und die Entfachung eines Kampfes gegen westliche Einflüsse auf die Region abzielt; durch den Versuch der Etablierung einer iranischen Hegemonie über die arabische und islamische Welt, insbesondere aber über die ölreichen Staaten am Persischen Golf sowie durch den unnachgiebigen Kampf gegen Israel.[54] Ahmadinejads zweite islamische Revolution bedeutet in einigen Punkten ein Hinausgehen über die politischen Ambitionen Khomeinis:

> „(It) distinguishes itself from the original Islamic revolution in three important ways: (1) Iran is not only using Middle Eastern Shiite communities to spread subversion, it actively seeks to reach out to the Sunni Muslim world, especially by activating the Arab street over the heads of current Arab governments. (2) It seeks to obtain broader support from non-Muslim Third World leaders like Hugo Chavez of Venezuela. (3) Unlike the first Islamic revolution, the new revolution led by Ahmadinejad assumes that Iran's strategy will be able to depend on its acquisition of a nuclear capability in the very near future.“[55]

Dem Iran ist es gelungen, eine Allianz zu schmieden, die noch vor wenigen Jahren für unvorstellbar gehalten worden wäre, und der so unterschiedliche Kräfte angehören wie die Mahdi-Miliz eines Muktada al-Sadr und andere schiitisch-islamistische Gruppen im Irak, das national-islamistische Regime des Baschar al-Assad in Syrien[56], die Hisbollah im Libanon und all jene Kräfte in den palästinensischen Gebieten, die sich strikt gegen jegliche Form der Beilegung des Konfliktes mit Israel aussprechen (Hamas, Palästi-

---

53 Ich beziehe mich hier auf die außenpolitische Linie des Iran: In der Zeit von Khatamis Präsidentschaft agierte er als regionale Status-quo-Macht, während Ahmadinejads zweite islamische Revolution für eine viel aggressivere Außenpolitik steht. Was die Ziele dieser Politik betrifft, sind die Unterschiede weitaus geringer. Das iranische Atomwaffenprogramm etwa wurde nicht erst unter Ahmadinejad in Gang gesetzt, genauso wie die aktive Sabotage des „Nahostfriedensprozesses“ auch unter Khatami ganz selbstverständlich Teil des außenpolitischen Programms war.

54 Vgl. Shimon Shapira/Daniel Diker: Iran's Second Islamic Revolution: Strategic Implications for the West, in: Jerusalem Center for Public Affairs: Iran, Hizbullah, Hamas and the Global Jihad. A new Conflict Paradigm for the West, Jerusalem 2007, S.33–51, hier S.34.

55 Ebd., S.36f.

56 Vgl. Barry Rubin: The Truth About Syria, New York 2007, S.238.

nensischer Islamischer Djihad etc.). Selbst jene Staaten und Bewegungen, die bislang nicht Teil dieser Allianz sind, geraten zunehmend unter Druck. Angesichts der Furcht vor dem Erwachsen eines „schiitischen Halbmonds“[57], dessen Besonderheit nicht zuletzt darin besteht, sich eben nicht mehr nur auf schiitisch-islamistische Gruppierungen zu stützen, verschlechtern sich die Aussichten auf dringend notwendige gesellschaftliche Reformen in den arabischen Staaten im gleichen Maße, wie die Gefahr größerer kriegerischer Auseinandersetzungen in der Region wächst. Das Erstarken der iranisch geführten Allianz macht darüber hinaus alle Hoffnung auf ein Ende des israelisch-palästinensischen Konflikts zunichte. Barry Rubin fasst zusammen: „Given Iran's rejectionist stance, no Arab state, or the Palestinian Authority, would dare move towards peace with Israel. Even if you believe such a thing is possible now, forget about it for 20 or 30 years.“[58]

Wie Shapira und Diker feststellen, kommt in diesem strategischen Design dem iranischen Atomwaffenprogramm ein zentraler Stellenwert zu. Die Verfügung über die Bombe gewährleistet aus der Sicht Ahmadinejads die Sicherheit, dass niemand die Macht haben wird, den iranischen Plänen entgegenzutreten. So sprach der Präsident im Oktober 2006: „I have a connection with God and God said to me that no strategy will help the apostates against the believers. There is only one step left in achieving nuclear capability and then the West will not dare attack us.“[59] Die eigentümliche Mischung aus regionalem Dominanzstreben und nuklearen Aufrüstungsbemühungen erhält umso mehr Brisanz, wenn man Ahmadinejads Begeisterung für eine besonders apokalyptische Ausformung der Doktrin des Mahdismus mit in Betracht zieht.[60]

Vor diesem Hintergrund ist davon auszugehen, dass der Iran im Falle von Angriffen auf seine Nuklearanlagen nicht davor zurückschrecken würde, auf seine terroristischen Kapazitäten zurückzugreifen. Er könnte den Nahen Osten mit einer Terrorwelle überziehen, die nicht nur die Lage im Irak oder im Libanon gefährlich eskalieren würde; und durch Angriffe auf Schiffe in der Straße von Hormus wäre er in der Lage, die weltweite Ölversorgung empfindlich zu stören. Zudem besteht die Gefahr, dass der Iran – entweder selbst, oder durch seine terroristischen Handlanger aus den Reihen der Hisbollah – mit Anschlägen auf westliche bzw. jüdische Ziele auf der ganzen Welt reagiert.

Die Vorgangsweise für solche Angriffe konnte in der Vergangenheit ausgiebig studiert werden. Iranische Geheimdienstmitarbeiter bzw. His-

---

57 So die Bezeichnung, die der jordanische König Abdullah für die neue Bedrohung gewählt hat. Vgl. Shapira/Diker: Iran's Second Islamic Revolution, a. a. O., S.46.

58 Barry Rubin: The Region: Understanding the Iranian threat, in: Jerusalem Post, 11.11.2007; www.jpost.com/servlet/Satellite?cid=1192380790571&pagename=Jpost%FJPArticle%2FShowFull (11.12.2007).

59 Zit. n. Shapira/Diker: Iran's Second Islamic Revolution, a. a. O., S.41.

60 Vgl. A. Savyon/Y. Mansharof: The Doctrine of Mahdism in the Ideological and Political Philosophy of Mahmoud Ahmadinejad and Ayatollah Medbah-e Yazdi. Middle East Media Research Institute Inquiry & Analysis #357; www.memri.org (11.12.2007).

bollah-Mitglieder haben mit Sicherheit schon Pläne für eine ganze Reihe möglicher Ziele in ihren Schubladen bereitliegen. Fred Burton spricht im Zusammenhang mit der Hisbollah von einem „off the shelf"-Model terroristischer Planung: „This means that hypothetical targets are selected and initial surveillance conducted without any violence necessarily ensuing. The advantage of such a planning model is that it allows the group to strike hard and fast once a ‚go forward' decision has been made."[61] Sollte sich der Konflikt um das iranische Atomwaffenprogramm weiter zuspitzen, müssten diese im Voraus erstellten Pläne nur noch auf den neuesten Stand gebracht werden, etwa um veränderte Sicherheitsvorkehrungen zu berücksichtigen. Ermittler kamen zu dem Schluss, dass der Iran und die Hisbollah vom Beschluss bis zur Durchführung eines Anschlags vier bis fünf Wochen Zeit benötigen würden, um die vorhandenen Pläne zu aktualisieren und die erforderlichen Vorbereitungen zu treffen (Rekrutierung der Attentäter, Bereitstellung des Sprengstoffes etc.). Wie die Beispiele von Wien, Berlin und Buenos Aires zeigen, spielen iranische Botschaften eine wichtige Rolle bei der Vorbereitung und Durchführung von Anschlägen. Westliche Sicherheitsbehörden werden daher sehr interessiert jeden Personenwechsel in iranischen Niederlassungen verfolgen – so mochte kaum jemand den Beteuerungen Teherans Glauben schenken, wonach es reine Routine gewesen sei, als im Frühjahr 2006 rund sechzig diplomatische Vertreter in westlichen Hauptstädten wie London, Paris oder Berlin ausgetauscht wurden.[62]

Während im Falle einer militärischen Auseinandersetzung um das iranische Atomwaffenprogramm für westliche Sicherheitsdienste Alarmstufe Rot herrschen dürfte, entlädt sich die terroristische Energie des Regimes vorerst gegen jene Menschen, denen schon die erste Gewaltwelle nach der islamischen Revolution gegolten hat. Wie Amir Taheri berichtet, findet im Iran selbst gerade die größte Hinrichtungs- und Repressionswelle seit über 20 Jahren statt.[63]

---

61 Fred Burton: Hezbollah: Gaming Out a Threat Matrix. Stratfor: Terrorism Intelligence Report, 19. Juli 2006.

62 Vgl. Shapira/Diker: Iran's Second Islamic Revolution, a. a. O., S.37.

63 Vgl. Amir Taheri: Domestic Terror in Iran, Wall Street Journal, 6. August 2007; www.opinionjournal.com/editorial/feature.html?id=110010434 (11.12.2007).

Thomas Uwer/Thomas von der Osten-Sacken

Kalkül und Chaos

Der iranische Einfluss im Irak

Es könne, so heißt es gemeinhin, die Entwicklungen im Irak, vielleicht im gesamten Vorderen Orient nicht verstehen, wer den Iran nicht verstehe. Das klingt vernünftig, originell ist es nicht. Seit demnächst drei Jahrzehnten orientiert sich die westliche Politik in der Golfregion an den antizipierten Ambitionen und Möglichkeiten des Iran. Nach dem zweiten Golfkrieg warnten die Experten weltweit vor einem Umsturz in Bagdad, weil sie einen Vorstoß des Iran in das befürchtete Machtvakuum prognostizierten. Aus dem gleichen Grund empfahlen später, als die Probleme mit Saddam Hussein immer drängender wurden, einige von Ihnen den Umsturz und eine Teilung des Irak. Nicht aus Sympathie zur Frauenpolitik des Königtums, sondern aus Sorge vor einer möglichen militärischen Hegemonie des Iran am Golf und einer Ausweitung seiner „islamischen Revolution“ wurde Saudi-Arabien zum Partner der Vereinigten Staaten – bis 2001 deutlich wurde, dass es der wahabitische Partner, nicht der schiitische Feind war, der die jüngste, permanente Revolution der Al Qaeda hervorgebracht hatte. Die Einsicht hielt nicht lange vor. Heute liefern die Vereinigten Staaten wieder subventionierte Waffensysteme an das saudische Königshaus – mit Blick auf das iranische Nuklearprogramm und eine möglicherweise anstehende militärische Auseinandersetzung. Die Liste der Beispiele ließe sich beliebig fortsetzen und zeigte doch immer nur eines: Westliche Regierungen sind verzweifelt darum bemüht, den Iran zu verstehen und ihre Politik entsprechend auszurichten. Genauso verzweifelt scheitern sie regelmäßig an dieser Aufgabe.

Nicht zuletzt seitdem der Iran über ein ambitioniertes Nuklearprogramm verfügt, wird die Fähigkeit zur Antizipation möglicher Handlungen und Beweggründe des Regimes in Teheran händeringend gesucht – und nicht gefunden. Zuförderst daran scheiterten alle bislang unternommenen Versuche, das iranische Atomprogramm entweder zu stoppen oder aber wenigstens einzudämmen. „Die Androhung unmittelbarer Gewalt“, mutmaßte beispielsweise die *Foreign Policy* 2005, „könnte den Iran dazu bringen, klein beizugeben, könnte aber genauso gut auch den gegenteiligen Effekt haben, den Iran zum Austritt aus dem NPT [Non Proliferation Treaty] treiben und dazu, so schnell wie möglich die Bombe zu entwickeln.“[1] Die Urananreicherung sei eben keine Glaubensfrage, sondern eine Trumpfkarte in der Diplomatie des Iran, und ein Verzicht bei ent-

1 Christopher de Bellaigue: Think Again: Iran, in: Foreign Policy, May/June 2005; http://www.foreignpolicy.com/story/cms.php?story_id=2828 (15.12.2007)

sprechendem Entgegenkommen wahrscheinlich. Bereits zwei Jahre zuvor hatte man die Gefahr einer iranischen Nuklearrüstung bereits als mehr oder weniger gebannt gesehen: „Die Vereinigten Staaten haben“, hieß es im Sommer 2003, „zwei der unmittelbarsten Bedrohungen der Sicherheit beseitigt, die den Iran zur Entwicklung nuklearer Waffen motivieren könnten: Iraks Präsident Saddam Hussein und die von Pakistan gestützten Taliban.“[2] Recht behalten haben beide nicht.

Im Falle des Iran gilt, wie einst (und heute erneut) gegenüber den palästinensischen Organisationen, dass, wer vom Worst Case Scenario ausgeht, in der Regel die beste Näherung an die Realität erzielt. Was als die schlimmste vorstellbare Entwicklung erscheint – die Entwicklung und der Einsatz von Nuklearwaffen, die Vernichtung Israels und der damit verbundene Tod von Millionen Menschen – wird von iranischen, syrischen und palästinensischen Staatsmedien unablässig und mit neuer Verve propagiert. Seit dem 11. September 2001, dem Irakkrieg und insbesondere dem Libanonkrieg 2006 ist eine Wiederbelebung des alten arabisch-nationalistischen Topos von der Verwundbarkeit des „amerikanisch-zionistischen“ Westens unter islamischen Vorzeichen zu beobachten.[3] Schwach und verwundbar ist der Westen aus dieser Perspektive in der Tat: Das System internationaler Politik scheitert notwendig, wenn das Worst Case Scenario zum erklärten Ziel von Politik gehört. Die Forderung, mit dem nicht zu verhandeln, der das Ziel der Vernichtung Israels verfolgt, hat daher nicht nur ethische, sondern auch praktische Gründe: Es funktioniert einfach nicht.

Verhandlungen genauso wie militärische Abschreckung setzen zumindest ein gewisses Maß an Berechenbarkeit voraus sowie wenigstens *ein* geteiltes Interesse: einen absehbar zur Selbstvernichtung führenden Ausbruch kriegerischer Handlungen zu verhindern. Dieses Minimum, das noch in den kritischsten Momenten des Kalten Krieges zwischen Ost und West existierte und den Umschwung in den offenen Nuklearkrieg verhinderte, sucht man in der Auseinandersetzung mit dem Iran bislang vergebens – auch wenn sich die USA bemühen, immer wieder in Verhandlungen mit dem Iran zu konkreten Fragen der Irakpolitik weiter zu kommen. Sicher, verhandeln lässt sich vorzüglich mit dem Iran, ob aber die dem bürgerlichen wie internationalen Vertrag zugrunde liegende Voraussetzung, dass einen Vertrag nur eingeht, wer wenigstens gedenkt, ihn auch über den Tag hinaus einzuhalten, ist alleine schon aufgrund des Mangels an einer langfristig garantierten Interessensidentität mehr als fraglich. Weit unterhalb der Ebene institutionalisierter Verhandlungen funktionierte der Kalte Krieg als Konkurrenz zweier hoch professionalisierter technisch-militärischer Apparate, die sich in Aufbau und Funktionsweise

---

2 George Perkovich: From Victory to Success: Can Iran and the United States Bridge the Gulf?, in: Foreign Policy, July/August 2003; http://www.foreignpolicy.com/story/cms.php?story_id=128 (15.12.2007).

3 Vgl. Barry Rubin: Why Syria Matters, in: MERIA (Middle East Review of International Affairs)-Journal, Vol. 10, Nr. 4, 2006; http://meria.idc.ac.il/journal/2006/issue4/jv10no4a2.html (15.12.2007).

weit ähnlicher waren, als gerne eingestanden wurde und wird.[4] Ohne diese Voraussetzung ist ein einigermaßen funktionsfähiges Modell der Abschreckung und gegenseitigen Kontrolle nicht denkbar. Dass derzeit niemand ernsthaft zu sagen vermag, ob der iranische Staatspräsident tatsächlich einen nuklearen Showdown zur Vernichtung Israels anzetteln würde, wenn er die technische Möglichkeit dazu hätte, ist vor diesem Hintergrund durchaus keine Beruhigung, sondern die eigentliche Gefahr. Wüsste man es, wäre die Option klar. So aber wird jeder fündig, der im Iran einen „Hardliner" oder einen „Gemäßigten" sucht, wobei der Maßstab, an dem letztere gemessen werden, kontinuierlich sinkt.

Wer also ernsthaft die Politik des Iran verstehen möchte, der muss zuallererst verstehen, dass es wenig zu verstehen gibt. Ein Grund für das notwendige Nichtverstehen ist bereits benannt: Die aus den mittlerweile klassischen Konfliktkonstellationen bekannten Mechanismen gegenseitiger Kontrolle durch Antizipation des jeweils gegnerischen Verhaltens hat im Falle des Iran selten funktioniert. Die Spielregeln internationaler Diplomatie funktionieren eben, wie überall sonst auch, nur, wenn sie zumindest im Prinzip anerkannt werden. Seit der islamischen Revolution von 1979 durchbricht der Iran diese Regeln konsequent. Dass dies so ist, liegt nur zum Teil an der oft bemängelten Diskontinuität des diplomatischen und politischen Personals – zuletzt deutlich geworden mit der Ersetzung des bisherigen Chefunterhändlers Ali Larijani durch Said Jalili.[5] Auch der Irak galt zu Recht als völlig unberechenbarer Staat, dessen stete Säuberung selbst vor dem innersten Führungskreis nicht halt machte. Im Gegensatz zu den monolithischen Machtkonstellationen arabisch-nationalistischer Diktaturen – wie dem Irak unter Saddam Hussein oder Syrien unter Assad – kommt im Falle des Iran jedoch hinzu, dass von *einem* geschlossenen Machtzentrum nicht ausgegangen werden kann. Der Fall der iranischen Irakpolitik der vergangenen Jahre macht vielmehr deutlich, dass die unterschiedlichsten Akteure auf die verschiedenste Art und Weise zum Teil vollkommen widersprüchliche Ambitionen verfolgen und ihnen dabei nur insofern auch Erfolg bescheinigt werden kann, als alle iranischen Interventionen sich durchweg negativ auf die Entwicklungen im Irak auswirkten. Nur: Ist das im Interesse des Iran?

Wie schwer die Bewertung der iranischen Außenpolitik allgemein und im besonderen Falle des Irak fällt, zeigt sich bereits an der Frage selbst. Sie setzt voraus, dass es tatsächlich so etwas wie ein kohärentes Interesse gibt, das auf das Minimum reduziert als der Wunsch nach Erhalt und Überleben der herrschenden staatlichen Ordnung und der Nation angenommen werden kann. Dem widerspricht bereits die immer wieder aufs Neue

---

4 Dies war zugleich die Voraussetzung für die heute nostalgisch anmutende Form der Spionage und Gegenspionage.

5 Angesichts von Jalili wird Larijani, mit dessen Amtsantritt 2005 bereits eine deutliche Verschärfung der Verhandlungen einherging, aus der Sicht des westlichen Auslands plötzlich zum kleineren Übel. Der Fall zeigt, wie schnell ein vermeintlicher „Reformer" geboren wird sobald jemand auftritt, der noch verstockter ist.

wiederholte Bereitschaft zur Selbstaufopferung, die Teil des tendenziell anti-etatistischen islamischen Projekts ist. Die von Gilles Kepel einst im *Schwarzbuch des Djihad* aufgestellte These, dass der Islamismus mit Übernahme der Regierungsgewalt bereits seinen Höhepunkt überschritten hat[6], ist wenigstens insofern zutreffend, als die islamische Ideologie sich per se als der nationalstaatlichen Ordnung übergeordnet versteht und bereits mit der politisch wie rechtlich wirksamen Einteilung der Welt in Dar-al-Islam und Harb-al-Islam einen universell gültigen und holistischen Anspruch vertritt, dem Nationalstaaten bestenfalls im Wege stehen. Dass dieser Widerspruch, bei aller Verstaatlichung, auch im Iran niemals gelöst wurde, zeigt nicht zuletzt die Regierung Ahmadinejads, deren Handeln aus der Perspektive nationalstaatlicher Interessenpolitik nicht mehr nachvollziehbar ist. Während aber Ahmadinejad in Teheran die Holocaustleugner und Antisemiten dieser Welt versammelt und nach der Vernichtung Israels ruft, touren seine Kollegen vom Wirtschaftsamt durch die Welt und präsentieren ein (scheinbar) entgegengesetztes Bild. Zur Realität der iranischen Außenpolitik gehört der destruktive Internationalismus der Islamisten eben genauso, wie die Orientierung an rationalen wirtschaftlichen und hegemonialen Interessen. Das Scheitern der europäischen Politik gegenüber dem Iran, die darauf zielt, die vermeintlich gemäßigten Akteure zu stützen und die „Radikalen" einzudämmen, hat seine Ursache unter anderem auch darin, dass der eine ohne den anderen nicht denkbar ist. Im Irak zeigt sich derweil, dass sich in der konkreten Auseinandersetzung die von den islamistischen Revolutionären entfaltete destruktive Dynamik durchsetzt und alle am Maßstab rationaler Interessensverwaltung gemessenen Ambitionen unterminiert. „Ahmadinejad und seine Generation von Revolutionsgardisten werden kämpfen", heißt es ganz zutreffend in einer Analyse der *Asia Times*, „und vorsichtige alte Männer wie Rafsanjani werden sie nicht aufhalten können."[7] Die Frage ist nur, ob sie dies überhaupt wollen.

Motive iranischer Irakpolitik

Regelmäßig wird der Iran als eigentlicher Sieger des „War on Terror" bezeichnet.[8] Der Sturz zuerst der Taliban im Osten, sodann Saddam Husseins im Westen hat den Iran von zwei unmittelbaren Bedrohungen befreit. Der Einfluss schiitischer Parteien in den post-ba'thistischen Regierungen des Irak und die Schwächung der amerikanischen Irakpolitik durch den

6 Vgl. Gilles Kepel: Das Schwarzbuch des Dschihad. Aufstieg und Niedergang des Islamismus, München 2002.

7 Spengler: Iran will fight, not compromise, Asia Times, 30.5.2007; http://www.atimes.com/atimes/middle_east/ie30ak03.html (3.12.2007).

8 Vgl. etwa: There is little doubt that Iran has been the chief beneficiary of the war on terror in the Middle East, in: Chatham House: Iran, its Neighbours and the Regional Crises; http://www.chathamhouse.org.uk/research/middle_east/papers/view/-/id/409/ (3.12.2007).

terroristischen Untergrund werden gemeinhin als im iranischen Interesse interpretiert. So erklärt etwa Geoffrey Gresh die dauernd perpetuierte Instabilität im Irak zum langfristigen Ziel iranischer Politik, die so lange erfolgreich ist, wie das „selbstproduzierte Chaos" weder zu einer Stabilisierung des Irak noch zu einer Destabilisierung des Iran führt.[9] Paul Kennedys populärer Begriff des „imperial overstretch"[10] wird heruntergerechnet auf eine militärische Überbelastung der US-Streitkräfte durch die doppelte Bindung in Afghanistan und dem Irak, welche die Gefahr einer militärischen Bedrohung des Iran minimiere. Die Verluste der US-Streitkräfte im Irak zeigten einerseits die Verwundbarkeit des Hegemon und andererseits den Erfolg einer asymmetrischen Kriegsführung, wie sie der Iran durch die Förderung des irakischen Untergrunds betrieb. Zur Not wird ein Wechsel auf die Zukunft gelöst. Irgendwann werden die USA aus dem Irak abziehen. Spätestens dann werde der Iran als wahrer Sieger aus dem Konflikt hervorgehen, die Hoffnung, zum Hegemon am Golf aufzusteigen, würde sich bestätigt sehen. Was aber der Möchtegern-Hegemon am Golf will, außer eben Hegemon zu sein, welche Interessen sich also mit der Hoffnung verbinden, eine absolute Vormachtstellung zu erlangen, wird selten gefragt.

Wie widersprüchlich das Zwischenergebnis der iranischen Irakpolitik tatsächlich ausfällt, wird bereits bei dem Versuch deutlich, die (möglichen) Interessen herauszusondern, die das Handeln Teherans im Irak bestimmen. Zuförderst hat der Iran ein vitales Interesse daran, (1.) einen traditionell feindlichen und gefährlichen Nachbarn einzudämmen, indem er (2.) mögliche Gefahrenquellen kontrolliert oder ausschaltet.

Historisch hat sich stets die Militarisierung der irakischen Politik als größte Gefahr erwiesen, die sich durch Rüstung und Modernisierung einerseits, durch einen Bedeutungszuwachs des Militärs im Inneren andererseits auszeichnet. Neben der konkreten Bedrohung durch irakische Waffen stellten die pan-arabischen und irakisch-nationalistischen Bewegungen im Irak eine Bedrohung entweder des iranischen Hegemonialanspruchs oder aber, ab 1979, der „islamischen Republik" dar. Auch diese Bewegungen rekrutierten sich fast ausnahmslos aus dem irakischen Militär. Entgegen der landläufigen Annahme, dass ein gefestigter, demokratischer und pro-westlicher Irak die größte Bedrohung des Iran darstelle, zeigt die Geschichte weiter, dass es eben nicht die vergleichsweise stabilen pro-westlichen Regierungen (vor allem Nuri as-Saids während der Monarchie[11]) waren, die den Iran bedrohten, sondern die aus der langen

9 Geoffrey Gresh: Instigating Instability: Iran's Support of Non-State Armed Groups in Iraq, Spring 2006, S.5; http://fletcher.tufts.edu/al_nakhlah/archives/spring2006/gresh.pdf (3.12.2007).

10 Paul Kennedy: The rise and fall of the great powers, New York 1987, S.438f.

11 Wobei die Regierung Nuri as Saids keineswegs demokratisch war und obendrein jenen arabischen Nationalismus bediente, der die Monarchie im Irak schließlich zu Fall bringen sollte. Nicht unerwähnt sollte beispielsweise der krasse Antisemitismus der seinerzeitigen irakischen Regierung bleiben, welche die „Werbung für den Zionismus"

Phase der Coups d'États hervorgegangenen arabisch-nationalistischen Notstands- und Militärregierungen. Es war der Putsch der so genannten Freien Offiziere unter Abd-al Karim Qasem 1958, der den Bruch des Bagdad-Paktes[12] herbeiführte, den Irak an Nassers Ägypten ausrichtete, die Schaffung eines arabischen Großreichs auf die Agenda setzte und den Staat zur Sowjetunion hin öffnete. Und es war der mit der Sowjetunion verbündete „arabisch-sozialistische" Ba'th-Staat unter Saddam Hussein, der am 22. September 1980 den ersten Golfkrieg begann.

Um die Bedrohung durch irakisches Militär, säkulare oder sunnitisch dominierte Parteien einzudämmen, ist es (3.) weiter erforderlich, die Umwandlung der demographischen Mehrheit der Schiiten im Irak in eine politische Majorität zu fördern und über sie Einfluss auf die Regierung des Irak zu nehmen. Der Wunsch nach Einfluss im Irak erwächst zusätzlich aus (4.) der Notwendigkeit der Schwächung oppositioneller iranischer Kräfte und der Eindämmung kurdischer Autonomiebestrebungen.

Diese auf die Abwehr der potenziell vom Irak ausgehenden Gefahren gerichteten Interessen werden flankiert von solchen, die eine Ausweitung und Stabilisierung der eigenen politischen Macht bezwecken: (5.) Die Stärkung iranischer Interessen am Golf und (6.) die Erweiterung des eigenen Marktes, die Ausbeutung und wirtschaftliche Verwertung des irakischen Marktes.

Alle diese Motive kann man als durchweg rational verbuchen. Sie spielen, wenigstens zum Teil, eine gewichtige Rolle in der Irakpolitik Teherans und prägen beispielsweise den durchaus pragmatischen Umgang mit der kurdischen Autonomieregion im Nordirak. Gleichwohl geben sie nur einen Teil der verwirrenden und widersprüchlichen Interessenlage wieder. Hinzu kommen all jene Motive, die nicht nationalstaatlicher Interessenpolitik, sondern entweder revolutionär-islamischem Universalismus oder schiitisch-klerikaler Dominanz geschuldet sind.

Zuförderst (7.) fürchtete die iranische Regierung – wie diejenige Syriens auch –, dass mit dem Sturz Saddam Husseins tatsächlich eine nah-östliche Demokratisierungswelle eingeleitet werden könnte und versuchte bereits frühzeitig, alle Versuche einer Stabilisierung und Demokratisierung zu sabotieren. Kimberley Kagan behauptet, iranische Nachrichtendienste hätten bereits 2002 mit der Bewaffnung und Infiltration radikaler schiitischer Gruppen begonnen, mit dem Ziel, Angriffe auf die erwarteten Koalitionstruppen durchzuführen. „Iran has consistently supplied weapons, its own advisors, and Lebanese Hizbollah advisors to multiple resistance groups

---

als Straftatbestand neben der Werbung für den Kommunismus und die Anarchie in das irakische Strafgesetzbuch aufnahm und ab 1950 irakischen Juden die Staatsbürgerschafts- und Eigentumsrechte aberkannte. Vgl. Ya'akov Meron: Why Jews Fled the Arab Countries, in: Middle East Quarterly, Vol. II, Nr. 3, September 1995; http://www.meforum.org/article/263 (15.12.2007).

12 Der Bagdad-Pakt von 1955, dem zuerst der Irak, die Türkei und die USA angehörten, später auch der Iran, war als strategisches Bündnis gegen eine Ausweitung sowjetischen Einflusses im Vorderen Orient ins Leben gerufen worden.

in Iraq, both Sunni and Shia, and has supported these groups as they have targeted Sunni Arabs, Coalition Forces, Iraqi Security Forces, and the Iraqi Government itself. [...] Iranian-backed insurgents accounts for roughly half the attacks on Coalition Forces..."[13] Mit der amerikanisch-britischen Truppenpräsenz im Irak drohte sich zugleich einer der praktischen wie ideologischen Erzfeinde des Regimes in direkter Nachbarschaft zu etablieren. Der (8.) seit langem (nicht nur) propagierte Kampf gegen den „US-Imperialismus" konnte endlich auf konkretem und nun auch „muslimischem" Grund ausgetragen werden mit der Hoffnung, dem „Satan" eine Niederlage zu bereiten. Die amerikanische Politik im Irak wurde offensichtlich auch im Iran als Schwäche interpretiert und den USA in Gestalt der Koalitionstruppen „der Krieg erklärt".

Der Irak bot den tendenziell von jeder Institutionalisierung bedrohten Islamisten weiter die Gelegenheit zur (9.) Übertragung und Neubelebung „revolutionärer" islamischer Mobilisierung von Massen und zur (10.) Schaffung einflussreicher Gruppen unterhalb der Regierungsebene. Diese werden auch insofern benötigt, als mit der Befreiung des Irak auch die Furcht um eine Schwächung des Iran als schiitischen Glaubenszentrums einherging. Nicht nur haben die irakischen Städte Nadjaf und Kerbala einen bedeutsameren Rang als das iranische Qom, auch befindet sich unter den irakischen Klerikern ein im Vergleich zum Iran verhältnismäßig moderater Flügel.

Schon angesichts dieser unvollständigen Aufzählung von leitenden Interessen und Motiven der iranischen Irakpolitik wird ein unauflöslicher Widerspruch deutlich. Folgte man den ersten sechs, weitgehend an nationaler Interessenwahrung orientierten Motiven, so müsste der Iran ein starkes Interesse an einem demilitarisierten, einigermaßen gefestigten Irak mit dominierendem schiitischem Einfluss haben. Entsprechend erhielten denn auch die irakisch-schiitischen Parteien, die unter der *Coalition Provisional Authority* (CPA) an der Übergangsregierung teilnahmen, iranische Unterstützung. Und wenigstens vorübergehend sollten sie damit auch Erfolg haben: Nicht das Modell einer unter Besatzung kommissarisch eingesetzten Regierung, sondern freie Wahlen haben den irakischen Schiiten zu einer bis dahin nie da gewesenen Macht innerhalb des irakischen Staates verholfen. Gleichwohl unterstützte der Iran massiv den Klerikal-Hooligan Muqtada al-Sadr und seine Mahdi-Miliz, die seit 2003 die irakische Shia aufspalten, die vergleichsweise moderaten Parteien angreifen und die Regierungskontrolle unterminieren, ohne in der Lage zu sein, die Regierungskontrolle selbst zu übernehmen. Der ganze Irrsinn, der sich unter iranischem Einfluss entfaltete, wurde offenbar, als sich in Basra und Amara, in Nadjaf und Kerbala die Mahdi-Milizen Muqtada al-Sadrs und die Badr-Brigaden der staatstragenden SCIRI (Supreme Council of the

13 Kimberly Kagan: Iran's proxy war against the U.S. in Iraq, in: Weekly Standard, 29.8.2007, http://www.weeklystandard.com/weblogs/TWSFP/IraqReport06.2.pdf (3.12.2007).

Islamic Revolution in Iraq)[14] bekämpften und beide von unterschiedlichen iranischen Diensten dabei unterstützt wurden. „SCIRI's intelligence and security apparatus as well as the party's militia, the Badr Brigade, were until recently run entirely by Iranian security personnel", schreibt etwa Walter Posch.[15] Muqtada al-Sadr soll hingegen alleine in den ersten Monaten des Jahres 2004 an die 80 Millionen Dollar aus dem Iran zum Aufbau seiner außerparlamentarischen Opposition erhalten haben, seine Mahdi-Milizen erhielten Hilfe zur militärischen Ausbildung im Iran selbst.[16]

Der im Irak offen ausgetragene Kleinkrieg war somit auch einer zwischen konkurrierenden Diensten und Institutionen im Iran selbst. Yossi Melman beschreibt, wie sich in Teheran Militär und Geheimdienst (Vavak), die eher staatliche Institutionen sind, und solche der „Bewegung" und islamischen Revolution, die Quds Brigaden und Revolutionswächter, gegenüberstehen. Auch wenn alle diese Institutionen in Terroraktivitäten im Ausland verwickelt sind, bestehen zwischen ihnen doch gravierende Differenzen, ja oft offene Konkurrenz.[17]

Die Konkurrenz der Dienste

Im Irak trieb diese Konkurrenz der Dienste zuweilen bizarre Blüten. Nicht nur schiitische Parteien und Milizen, auch der sunnitisch-islamistische Untergrund im Irak erhielt iranische Unterstützung[18] (so haben beispielsweise die mittlerweile als Ansar al-Sunna auftretenden Kämpfer der Ansar al-Islam im Nordirak aus dem Iran heraus operiert) und griff – mit freundlicher Duldung des Iran – unter anderem auch schiitische Einrichtungen an. Umgekehrt bilden wiederum die ebenfalls vom Iran geförderten Mahdi-Milizen Todesschwadronen, die Sunniten jagen. Das Ergebnis dieser Operationen fällt zumindest widersprüchlich aus: Der vom Iran geförderte, logistisch unterstützte und finanziell sowie mit Waffen bediente terroristische Untergrund einerseits, die Weigerung der Parteien, ihre Mahdi-, Badr- und sonstigen Milizen aufzugeben andererseits haben

14 Um das Ende ihrer „revolutionären" Phase zu markieren und sich ein wenig von Teheran zu distanzieren, benannte sich SCIRI 2007 in Supreme Iraqi Islamic Council (ISCI) um: „The name change was made to suggest SCIRI's transformation from an exile-based rebel group associated with the Islamic Revolution in Iran to a responsible party of government in Iraq.", International Crisis Group, Shiite Politics in Iraq: The Role of the Supreme Council, Middle East Report N°70, 15. November 2007; http://www.crisisgroup.org/home/index.cfm?id=5158&l=1 (3.12.2007).

15 Walter Posch: Iran and the Shia of Iraq, Krakow 2005; http://www.iss.europa.eu/new/analysis/analy117.pdf (3.12.2007).

16 Vgl. Gary C. Gambill: Iran, Sadr, and the Shiite Uprising in Iraq, in: Middle East Intelligence Bulletin, Vol. 6, No. 4, 2004, http://www.meib.org/articles/0404_iraq1.htm (3.12.2007).

17 So sollen sogar einzelne Dienste Informationen über ihre Konkurrenten an den „imperialistischen" Westen geliefert haben. Vgl.Yossi Melman/Meir Javedanfar: The Nuclear Sphinx of Tehran, New York 2007, S.205–217.

18 Vgl. Gersh, a. a. O.

dazu geführt, dass der irakische Militär- und Sicherheitsapparat entgegen ursprünglicher Planungen in beträchtlicher Größe wiederaufgebaut und von amerikanischen Streitkräften ausgebildet wird. Der wirtschaftlich – aufgrund seines Rohstoffreichtums und seines Zugangs zur arabischen Seite des Golfs – sowie geostrategisch – aufgrund seiner Lage in direkter Nachbarschaft zu Saudi-Arabien, Kuwait und den Emiraten – so bedeutsame Südirak ist derweil unter dem Einfluss des Iran und der von ihm geförderten schiitischen Fraktionen zu einer unregierbaren Zone des Bandenkrieges geworden, in der Ressourcenausbeutung und Handel auf das unterste Schwarzmarktniveau abgesenkt wurden. Die Lage in Basra ist inzwischen derart, dass die irakische Regierung kürzlich gedroht hat, sie werde die Stadt militärisch befrieden, sollte nicht bald Ruhe und Ordnung in der südirakischen Hafenstadt einkehren. So erklärte der Polizeichef der Stadt im Herbst 2007: „Prime Minister Nouri al-Maliki has notified me that the government will mobilize the entire army if it has to, in order to apply the rule of law in this city."[19]

Bedenkt man all dies, so ergibt sich das Bild einer durch und durch chaotischen und widersprüchlichen Politik, keineswegs aber jenes einer kohärenten Strategie. Zumindest was die ersten der genannten zentralen Anliegen iranischer Irakpolitik angeht, so muss ihnen statt Erfolg vielmehr ein grandioses Scheitern attestiert werden. Weder ist die Gefahr eines möglichen militärischen Konflikts wirkungsvoll eingedämmt (der Irak wird vielmehr mit Unterstützung der USA remilitarisiert), noch wurden mögliche Gefahrenquellen im Irak ausgeschaltet (die arabisch-sunnitischen Parteien haben vielmehr ihre Machtstellung seit 2003 wieder ausbauen können), noch funktioniert die Einflussnahme über etablierte schiitische Parteien auf die irakische Regierung (der schiitische Parteien-Block *United Iraqi Alliance* steht aufgrund interner Konflikte vielmehr stets am Rande des Auseinanderbrechens), von einer wirtschaftlichen Übernahme des irakischen Marktes ganz zu schweigen.[20]

Das ganze Desaster iranischer Irakpolitik wird erst richtig deutlich, bezieht man die Sicherheitsinteressen des Iran über den Irak hinaus in die Betrachtung ein: Der schwelende Konflikt mit den USA stellt seit langer Zeit mutmaßlich die größte Bedrohung des iranischen Staatsapparates dar. Mit dem Sturz Saddam Husseins 2003 bot sich dem Iran die vermutlich einmalige Chance, diesen Konflikt auf eine berechenbare Größe zu reduzieren und die Gefahr einer direkten militärischen Konfrontation womög-

19 Niqash Weekly vom 12.11.2007; http://www.niqash.org/print.php?contentTypeID=265&id=2088&plang=0 (3.12.2007).

20 Diesen hat inzwischen weitgehend die Türkei übernommen, deren Irakpolitik zwar ebenfalls keinesfalls durch Kohärenz ausgezeichnet ist, die aber, anders als der Iran, durchaus in der Lage ist von den Möglichkeiten, die der irakische Markt bietet, in bedeutendem Ausmaß zu profitieren. So beträgt der jährliche Exportumsatz der Türkei in den Irak 5 Milliarden USD, der des Iran weniger als die Hälfte. Vgl. Iran-Iraq trade on the rise, Press TV; http://www.iraqupdates.com/p_articles.php/article/20714 und Gradual embargo on northern Iraq begins, Turkish Daily News, 30.10.2007; http://www.turkishdailynews.com.tr/article.php?enewsid=87246 (3.12.2007).

lich dauerhaft zu bannen. Die amerikanische Regierung hat, nachdem die anfänglich favorisierte *Liberation Policy* bereits frühzeitig durch einen fatalen Pragmatismus ersetzt wurde, keinen Zweifel daran gelassen, dass sie praktisch jeden Kompromiss im Irak zu akzeptieren bereit ist, sofern er nur zu einer dauerhaften Stabilisierung führt. Mit beinahe schon stupender Geduld hat sich die CPA unter Paul Bremer darum bemüht, die schiitischen Parteien und Fraktionen einzubinden und für sich zu gewinnen. Von iranischer Seite wurde dieses Angebot in der fatalen Tradition nah-östlicher Bewegungen lediglich als Schwäche interpretiert und der Irak zum Schlachtfeld, auf dem der Krieg gegen die USA ausgetragen wird. „In Iraq", schreibt Barry Rubin, „Iran has gone into a virtual state of war against the United States, trying to project Teheran's influence and killing American soldiers."[21] Kimberley Kagan listet sorgfältig auf, in welchem Ausmaß sich verschiedene iranische Akteure seit 2003 in irakische Angelegenheiten eingemischt haben.[22] Dazu gehören neben einem breiten Propagandaapparat von über 40 verschiedenen arabisch- und kurdischsprachigen Radio- und TV-Stationen im Irak[23] das Training von Terroristen und Milizionären, die Belieferung mit Waffen, Sprengstoff, Zündmechanismen und Kapseln für die berüchtigten IED (*Improvised Explosive Devices*) und die finanzielle und nachrichtendienstliche Unterstützung von Untergrundgruppen. Die offene Unterstützung der Sadristen im Irak und der Versuch, überall in der arabischen Welt schiitische Bewegungen in ähnlicher Weise zu initiieren, haben zu einem der äußerst seltenen Momente der Einheit unter den arabischen Regierungen der Region geführt.[24] Saudi-Arabien rüstet auf, nicht gegen Al Qaeda, sondern gegen den Iran und saudische Blätter werben für ein Anti-Iran-Bündnis der *Gulf Cooperation Council*-Länder.[25] Konfliktvermeidung sieht anders aus.

Die Logik der „Revolution"

Nur vordergründig scheint das iranische Engagement im Irak demnach erfolgreich zu sein. Es ist erfolgreich nur insofern, als es auf eine Destabilisierung des Irak, eine Schwächung der US-Streitkräfte und die Unterminierung einer möglichen irakischen Demokratisierung zielt. Keineswegs

21 Barry Rubin: The Region: Ahmadinejad's agenda, Jerusalem Post, 30.9.2007; http://www.jpost.com/servlet/Satellite?cid=1189411516214&pagename=JPost%2FJPArticle%2FshowFull (3.12.2007).

22 Vgl. Kagan: Iran's proxy war against the U.S. in Iraq, a. a. O.

23 Vgl. Kenneth R. Timmerman: Call It War, Mr. President, FrontPageMagazine.com, 5.9.2007; http://www.kentimmerman.com/news/2007_09_05-war.html (3.12.2007).

24 Vgl. David Hirst: Arab leaders watch in fear as Shia emancipation draws near, Guardian, 27.1.2005; http://www.guardian.co.uk/Iraq/Story/0,2763,1399370,00.html (3.12.2007).

25 Memri Special Dispatch Series – No. 1769: Saudi Columnists Call on Gulf States to Form Anti-Iran Front, 20.11.2007; http://memri.org/bin/latestnews.cgi?ID=SD176907 (3.12.2007).

erklärt dies den pragmatischen Umgang mit den Kurden im Norden des Irak und den Versuch, über die großen schiitischen Verbände Einfluss auf die Regierung zu gewinnen. Die widersprüchlichen außenpolitischen Motive der iranischen Führung sind, wie gezeigt, in den meisten Fällen schwer harmonisierbar. Sie widersprechen sich häufiger als sie miteinander vereinbar wären. Vielmehr scheint es, als leite nicht eine einigermaßen kohärente Strategie, sondern einzig die Logik der Tat die iranische Irakpolitik.

Dafür spricht, dass anders als etwa im Irak Saddam Husseins, der von einem verschwindend kleinen Machtzentrum aus regiert wurde, das niemand neben sich zuließ und gegen Ende an zunehmendem Realitätsverlust litt, im Iran unterschiedliche Machtzentren existieren. Es wurde bereits darauf hingewiesen, dass der Iran nicht *eine* Außenpolitik betreibt, sondern unterschiedliche, häufig untereinander konkurrierende Institutionen arbeiten außenpolitisch wohl ebenso oft aneinander vorbei, wie sie miteinander kooperieren – ungeachtet der Tatsache, dass sie in den großen ideologischen Zielen weitgehend miteinander übereinstimmen mögen.

Der Irak ist vor allem ein Beispiel dafür, wie sehr sich die unterschiedlichen iranischen Interessen gegenseitig im Wege stehen. Weder kann, wie gezeigt, dem Iran an einer noch weiteren Destabilisierung des Landes gelegen sein, noch an einer nachhaltigen demokratischen Stabilisierung. Entgegen der gerne behaupteten Perspektive auf Zeit, die den Iran spätestens nach dem Abzug der Koalitionstruppen an der Macht sieht, kann die Zeit aber in gleicher Weise gegen iranische Interessen spielen. Auf Dauer kann das Land nicht künstlich im Schwebezustand gehalten werden. Dass dies so ist, dafür sorgen vor allen anderen die iranisch geförderten Akteure vor Ort. Wird Muqtada al-Sadr zu mächtig, wenden sich die übrigen schiitischen Parteien ab, entzieht man Sadr andererseits die Unterstützung, so droht dieser sich von Teheran abzuwenden.

Hier wird bereits eines der zentralen Probleme der iranischen Irakpolitik deutlich: Gruppen wie die Milizen Muqtada al-Sadrs, aber auch die Hisbollah, sind schlechte Verbündete. Ihr ideologischer Rigorismus, die Logik des beständigen Kampfes und nicht zuletzt organisatorische Eigeninteressen machen es schwer, sie dauerhaft und verlässlich unter Kontrolle zu halten. Sie bedürfen daher genauso strenger Kontrolle wie großzügiger Unterstützung, die beide nicht abreißen dürfen, will man gewährleisten, dass der kleine Partner vor Ort sich nicht auf Pfade begibt, die diejenigen des Patrons durchkreuzen. Selbst die Hisbollah ist nicht nur Satellit Teherans, sondern droht beständig Eigeninteressen zu entwickeln, die sich mit jenen des Iran nicht decken.[26] Mit jedem Erfolg, den der kleine Partner

26 Melman und Javedanfar berichten, dass die Revolutionären Garden im Libanon sich alles andere als begeistert über den von der Hisbollah vom Zaun gebrochenen Krieg mit Israel zeigten, gelang es der IDF doch in den ersten Tagen 80 Prozent der vom Iran gelieferten Mittelstreckenraketen der Hisbollah am Boden zu zerstören. Diese hatte der Iran eigentlich als Waffe im finalen Endkampf mit dem Judenstaat einsetzen wollen. Vgl. Melman/Javedanfar, a. a. O., S.201–203.

erzielt, steigt zugleich die Angst, er könnte sich zum Konkurrenten entwickeln.

Zugleich zeigt sich, dass, sind derartige Verbündete erst einmal zu militärisch bedeutsamen Verbänden geworden und vom Zaum gelassen, sie schwer wieder auf einen anderen, zivileren und von Kompromissen geprägten Kurs gebracht werden können. Die ideologischen Ziele, die Hisbollah wie Mahdi-Miliz ins Stammbuch geschrieben wurden, sind unteilbar. Sowohl die Vernichtung Israels als auch der Sieg über die USA und in besonderem Maße religiöse Heilsversprechen schließen Kompromisse grundsätzlich aus. Es mag, wie hierzulande immer behauptet, durchaus auch in den Reihen der Hisbollah Pragmatiker geben, die im Austausch für strategische Vorteile Kompromisse einzugehen bereit sind. Sie werden sich aber alleine deshalb kaum durchsetzen können, weil Organisationen wie die Hisbollah trotz aller Verstaatlichungs- und Institutionalisierungstendenzen in hohem Maße von der Dynamik beständiger Mobilisierung leben. Ihre größte Popularität gewinnt die Hisbollah eben im Zustand des Krieges. Beschränkt sie sich auf ihre Rolle als politische Partei, verliert sie ihre Basis.

Dies gilt für die Mahdi-Miliz unter Muqtada al-Sadr in weitaus größerem Maße. An der steilen Karriere des Klerikalhooligans Sadr lässt sich nachzeichnen, wie die unterschiedlichen Interessen iranischer Irakpolitik zusammenwirken – um am Ende in eine weit gehende Blockade zu führen.

Der Aufstieg Muqtada al-Sadrs begann mit einem Mord. Im April 2003, direkt im Anschluss an die Befreiung Iraks, stürmte ein mit Messern bewaffneter Mob die Imam Ali Moschee in Najaf und tötete Ayatollah Abdul Majid al-Khoei. Obwohl eine direkte Verantwortung Muqtada al-Sadrs für die Tat niemals nachgewiesen wurde, waren es doch Männer der damals erstmals in Erscheinung tretenden Mahdi-Armee, die Khoei niederstachen.[27] Ohne diesen Mord wäre Sadr möglicherweise geblieben, was er war: Ein unbedeutender, in der geistlichen Nomenklatura der Schia subalterner und in seiner politischen Wirkung auf einen lokalen Bezirk Bagdads begrenzter Islamrabauke. Mit seinerzeit kaum mehr als ein paar hundert Anhängern hatte Sadr im März/April 2003 seinen Marsch nach Najaf angetreten und versucht, sich als schiitischer Revolutionsführer in der Stadt zu etablieren. Sein einziges Kapital bestand darin, Sohn des 1999 ermordeten Großayatollah Mohammad Sadiq al-Sadr zu sein, dessen Tod seinerzeit heftige Unruhen in dem damals noch als „Saddam-City" bekannten Bagdader Elendsviertel Sadr-City nach sich zog. Muqtada al-Sadr, der keineswegs für die Nachfolge seines Vaters bestimmt und vorbereitet worden war, schlug Kapital aus den Ereignissen, indem er sich als schiitischer Revolutionsführer inszenierte, der nun in offene Konkurrenz zum etablierten Klerus trat. Wochenlang belagerten seine Anhänger das Haus Ayatollah Ali al-Sistanis und forderten die geistige und politische

27 Vgl. Newsweek, 19.05.2003: Murder At The Mosque; http://www.newsweek.com/id/59338 (23.8.2007).

Führungsrolle innerhalb der Schia. Gegenüber der US-Militärverwaltung trat Sadr bereits als Führungsperson auf und forderte die Kontrolle über die Koordination und Verteilung humanitärer Güter in der Stadt.[28] Nach kurzer Zeit wurde Sadr jedoch wieder aus Najaf vertrieben – allerdings nur vorerst, wie sich zeigen sollte.

Für das politische Überleben Sadrs spielte der Mord an Ayatollah Khoei eine entscheidende Rolle: Khoei galt als ausgesprochen liberaler Vertreter einer quietistischen Schule der Schia und begrüßte die Befreiung des Irak durch die Koalitionstruppen. Als Sohn des Großayatollah von Najaf, Abdul-Qasim al-Khoei, der 1992 unter fraglichen Umständen im Hausarrest starb, war er einer der höchsten geistlichen Vertreter der Schia im Irak und einer der damals zwei möglichen Kandidaten für eine künftige Nachfolge Sistanis als höchster schiitischer Geistlicher des Landes.[29] Vor allem aber knüpfte er an die durch die Verfolgung unter dem Ba'th-Regime unterbrochene Tradition der schiitischen Schule von Najaf an, der innerhalb der schiitischen Nomenklatura ein herausgehobener Stellenwert zukommt. Kurz: Khoei war das exakte Gegenstück Muqtada al-Sadrs, ein pro-westlicher Vertreter des gebildeten und alt eingesessenen Establishments, zurückgekehrt aus dem Exil.

Sadrs Erfolg indessen fußte von Anfang an darauf, dass er sich gegen die aus dem Exil zurückkehrenden schiitischen Kleriker wandte, die mit den Koalitionstruppen kooperierten und zu einer Normalisierung der Zustände aufriefen. Sadr lehnte eine Anerkennung der Koalitionsverwaltung ab und forderte einen „Fortgang des Aufstandes", der keiner war. Anstelle einer Entwaffnung der losen Milizhaufen und einer Trennung von jenen Briganten, die vom Militär und dem Sicherheitsapparat des untergegangenen Staates übrig geblieben waren und sich zu bewaffneten Plündergruppen zusammengeschlossen hatten, verlieh er ihnen Legitimität und Macht in Sadr-City. Die Herrschaft im Chaos sicherte er sich mithilfe von Sharia-Gerichten, in denen seine Milizen „göttliches Recht" exekutierten, das sich oft genug jedoch als dasjenige deklassierter und unter der Erfahrung von Gewalt und Diktatur verrohter junger Männer entpuppte.[30]

Muqtada al-Sadrs Stärke bestand also einerseits in der faktischen Kontrolle unmittelbarer Gewalt, indem er jene Deklassierten und Perspekti-

28 Vgl. Tony Karon: What a Shiite Stabbing Says About Post-Saddam Perils; http://www.time.com/time/world/article/0,8599,442342,00.html (3.12.2007).

29 Der zweite Kandidat war der Führer des Supreme Council of the Islamic Revolution in Iraq (SCIRI) Ayatollah Bakir al-Hakim, der im August 2003 beim Verlassen der Imam Ali Moschee von einer Autobombe getötet wurde. Auch wenn eine direkte Beteiligung des Iran oder al-Sadrs an diesem Anschlag nicht nachgewiesen werden konnte, profitierte er doch am meisten von dem Tod dieses „Widersachers". Vgl. Asia Times, 2.9.2003: Ayatollah's killing: Winners and losers; http://www.atimes.com/atimes/Middle_East/EI02Ak01.html (15.12.2007).

30 Wenn sie beispielsweise ein 16-jähriges Mädchen exekutierten. Vgl. Iraqi Bloggers Central: Muqtada Al-Sadr's Mullah Backers Hang 16-year-old Girl, 22.08.2004; http://jarrarsupariver.blogspot.com/2004/08/muqtada-al-sadrs-mullah-backers-hang.html (12.9.2007).

venlosen hinter sich zu bringen vermochte, die mit dem Zusammenbruch staatlicher Kontrolle zu den Herrschern der Elendsquartiere geworden waren, und andererseits darin, den ohnehin herrschenden Zustand von Gesetzlosigkeit und Gewalt zu perpetuieren und ihm einen quasi politisch-religiösen Sinn zu geben. Die Sadr-Milizen, die später den Namen Mahdi-Armee erhielten, verstanden sich von Anfang an als Rebellen, nicht nur gegen die Koalitionstruppen, sondern gegen jede Art von staatlicher oder institutioneller Ordnung und zuvörderst gegen den schiitischen Klerus, dem Verrat und Abweichung vom wahren Weg vorgeworfen wurde. Muqtada al-Sadr hingegen war einer der ihren, ein Rebell, ohne religiöse Bildung und Amt. Aktionismus, Kompromisslosigkeit und Gewalt vor allem gegen vermeintliche „Abweichler" wurden die prägenden Merkmale der Sadr-Milizen. Dem Mord an Ayatollah Khoei kam in diesem Zusammenhang ein hoher symbolischer Wert zu. Er zeigte an, dass die Sadristen auf ihrem Weg permanenter Revolution auch vor dem eigenen Klerus nicht halt machen. Weniger prominente Opfer waren Frauen, die sich dem Verhüllungszwang widersetzten, Journalisten, Ärzte und junge Männer, die sich zum Dienst bei der staatlichen Polizei gemeldet haben.

Bis hierher folgte die großmütige Unterstützung, die Sadr aus dem Iran zuteil wurde, durchaus rationalen Interessenabwägungen. Zwar legen nationale Sicherheitserwägungen nahe, dass der Iran an einem stabilen und demilitarisierten westlichen Nachbarn interessiert sein müsste. Eine erfolgreiche Transformation der Despotie in eine demokratische Gesellschaft allerdings wurde vom Establishment aller Nachbarstaaten des Irak genauso als Bedrohung angesehen, wie der iranische Klerus ein Wiedererstarken der religiösen Zentren in Najaf und Kerbala fürchtete. Die Tradition der irakischen Shia gefährdet die Fundamente des revolutionären Selbstverständnisses des im Iran herrschenden Klerus. So reaktionär die Äußerungen des Großayatollah Sistani auch klingen mögen, in ihm verkörpert sich eine Linie der Shia, die nicht Enthaltsamkeit von Politik, wohl aber eine Ämtertrennung predigt. Nach Vorstellung der Mehrheit der irakischen Shia sollen und dürfen Kleriker sich nicht an der Regierung beteiligen, sondern diese nur beraten und darüber wachen, dass keine der Sharia widersprechenden Gesetze erlassen werden. Als liberalster und zugleich einer der prominentesten Vertreter dieser Schule galt Ayatollah Khoei. Dass die Sadristen im Irak dieser Konkurrenz den Kampf ansagten, kam dem iranischen Klerus also durchaus zu Pass. Zugleich birgt die „revolutionäre" Mobilisierung gegen das Establishment aber auch Gefahren. Niemand vermag vorherzusagen, ob sich die permanente schiitische Revolution nicht künftig auch gegen den Klerus im Iran richten wird, spätestens dann, wenn die Interessen Sadrs nicht mehr leichthin mit denjenigen des iranischen Klerus korrespondieren. Dass dies jederzeit geschehen kann, dafür sorgt die Beschaffenheit der Bewegung Muqtada al-Sadrs, die eine effektive Kontrolle von Außen verhindert.

Dass Sadr wirklich einen Gottesstaat nach dem Vorbild des Iran errichten möchte, ja überhaupt ein längerfristiges Programm verfolgt, ist lediglich eine gutwillige Interpretation. Dass er einen auch nur irgend begründeten militärischen Protest gegen die „Globalisierung" betreibe, ist eine Erfindung von Naomi Klein, die in Sadr einen autochthonen Vertreter des „irakischen Widerstandes" entdeckte.[31] Genau genommen markiert er in seinen Predigten lediglich die zur Vernichtung freigegebenen Feinde: Juden, Zionisten, Amerikaner, Imperialisten und ihre lokalen „Kollaborateure" aus der politischen und religiösen Elite. Heruntergerechnet auf die Realität der Straßengangs, die ihm folgten, waren dies Händler, die sich der Erpressung entzogen, Mädchen, die man nicht ohne Gewalt besitzen konnte, Amts- und Würdenträger, Gebildete und Säkulare oder Nachbarn, die man nie mochte, Christen oder andere Minderheiten, die man in Ermangelung des zionistischen Feindes vor Ort ermordete. Kennzeichnend für die Sadristen ist ein denkbar niedriges ideologisches Niveau bei gleichzeitig extrem hoher Bereitschaft zu gravierenden Gewalttaten, die in der immer gleichen Art und Weise verübt werden. Vermummte Männer mit Kalaschnikow-Gewehren und sowjetischen Panzerabwehrraketen patrouillieren als grölende Horden in den Straßen Sadr-Citys, verlesen als Richter Koranverse für Bekennervideos oder richten als anonyme Todesschwadronen vermeintliche Ungläubige und Kollaborateure per Kopfschuss auf der Überlandstraße hin.

In Sadr-City sind allgemeingültige Regeln und Gesetze sowie staatliche Institutionen ersetzt worden von der unmittelbaren und personalen Herrschaft bewaffneter Banden. In ihnen sammeln sich Leute, deren einziges Kapital in der Bereitschaft und Fähigkeit besteht, zu töten, die sie zugleich machtvoll und ersetzbar macht. Da der Reiz dieser Banden zu einem großen Teil darin besteht, Machtlose und Deklassierte mit der Macht auszustatten, über Leben und Tod zu entscheiden, müssen beständig aufs Neue derartige Situationen – Entführungen, Belagerungen, Hinterhalte, Säuberungen – herbeigeführt werden, während die einzelne Mordtat vollständig entindividualisiert von den immer gleichen vermummten Gestalten an beliebigen Personen vollzogen wird. Für die Bevölkerung gerät die Herrschaft der Banden damit im eigentlichen Sinne zu Terror.

Es liegt einerseits auf der Hand, dass Bewegungen wie jene Muqtada al-Sadrs zwar in einem zerstörerischen Sinne äußerst effektiv sein können, aber ohne Feind zu überleben kaum in der Lage sind, geschweige denn eine Region auch nur ansatzweise verwalten oder dauerhaft kontrollieren können. Spätestens seit 2004 lässt sich beobachten, wie sich die Herrschaft der schiitischen Milizen in Sadr-City, aber auch in Städten wie Basra, zu einem mafiösen Gewaltunternehmertum entwickelte, das in der Eroberung von Stadtteilen und damit zusammenhängend der Kontrolle der Distribution von Hilfsgütern und Ölschmuggel, der Befugnis über Teilhabe und Ausschluss zu entscheiden besteht. Längst sind die Mahdi-Milizen weniger Gotteskrieger als vielmehr islamisch verbrämte Freibeuter, die beständig

31 Vgl. Jörn Schulz: Vom Logo zur Theologie, in: Jungle World, 15.4.2004; http://www.jungle-world.com/seiten/2004/38/3940.php (3.12.2007).

auf Trab gehalten werden müssen, damit sie sich nicht gegen ihre eigene Führung richten.

Sadr und seine Milizen stellen daher mindestens in gleichem Maße eine Bedrohung dar, wie sie sich als nützlich erweisen, um gemeinsame Feinde auszuschalten. Kein Zweifel kann daran bestehen, dass die Karriere Muqtada al-Sadrs genau in jenem Moment dem Ende zugehen wird, in dem er den Weg der permanenten Revolte verlässt und politische Kompromisse eingeht. Diese aber sind aus iranischer Perspektive umso mehr gefragt, als sich die Lage im Irak normalisiert und die ebenfalls aus dem Iran unterstützte Partei SCIRI versucht, ihre Vormachtstellung zu konsolidieren. So lassen sich derzeit Versuche beobachten, die Mahdi-Armee in eine „zivile" oder doch wenigstens einigermaßen organisierte Struktur zu überführen, die allerdings an der Realität der Sadr-Bewegung kläglich scheitern. Um eine Ausweitung der erfolgreichen Militärkampagne der US-Armee gegen den terroristischen Untergrund auf Sadr-City abzuwenden, hat Muqtada al-Sadr seine Anhänger bereits Anfang September 2007 dazu aufgerufen, sich ruhig zu verhalten und Militäraktionen gegen „Besatzer" und „Kollaborateure" einzustellen. Bis Mitte November allerdings ohne Erfolg. Nicht nur die irakische Schia, auch die Sadr-Bewegung selbst ist zwischenzeitlich tief gespalten und immer mehr mit internen Kämpfen beschäftigt[32], wobei ein Teil der Bewegung neuerdings offen für eine Unterstützung der US-Streitkräfte wirbt. So zeigt sich, dass Korrumpierbarkeit ein zweischneidiges Schwert ist. Ein Verbündeter wie Muqtada al-Sadr mag sich leicht einkaufen lassen. Genauso leicht aber bietet er seine Dienste auch einem Dritten an, sofern dessen Angebot nur verlockend genug erscheint.

Worst Case Scenario

Das Beispiel Sadrs zeigt, wie sehr gegensätzliche Interessen und nebeneinanderher operierende iranische Dienste sich gegenseitig blockieren. Was für die Mahdi-Miliz und in gewisser Weise selbst für die Hisbollah im Kleinen gilt, gilt für die iranische Außenpolitik im Ganzen. Im Widerspruch zwischen den zweckrationalen Interessen einerseits (Machtsicherung, Eindämmung und Kontrolle der Feinde und politisch-ökonomische Expansion), den hochgradig ideologischen (islamisch-revolutionäre Mission, schiitischer Führungsanspruch, Krieg gegen den „großen Satan" und Vernichtung Israels) andererseits, setzen sich die ideologischen aufgrund der destruktiven Dynamik, die sie zu entfalten vermögen, zwangsläufig durch. Da sie auf Eskalation, beständigen Ausnahmezustand und Destabilisierung bauen, profitieren sie nur von der Blockade, die der unauflösliche Widerspruch erzeugt. Keineswegs führt der Widerspruch der Interessen

---

32 Vgl. BBC, 29.08.2007; http://news.bbc.co.uk/1/hi/world/middle_east/6968720.stm (30.8.2007).

zu einer Neutralisierung, vielmehr bringt er beständig jene destruktiven Kräfte nach oben, die sich einer an Interessen und zweckrationalen Erwägungen orientierten Analyse entziehen. Je mehr sich, wie im Irak mit Muqtada al-Sadr, die Logik der Revolution in der Praxis durchsetzt, desto schwerer wird es, die kommende iranische Politik zu antizipieren. Unter rationalen Gesichtspunkten jedenfalls ist die iranische Irakpolitik vornehmlich ein Desaster. Hingegen ist es der iranischen Führung im Irak gelungen, sich weltweit an die Spitze der islamisch-globalen Revolution zu setzen, an vorderster Front den Kampf gegen Israel und die USA zu führen und weltweit eine antiimperialistische Achse gemeinsam mit Ländern wie Kuba, Venezuela und nichtstaatlichen Antiglobalisierungsbewegungen und Antiimperialisten anzuführen – und sich zugleich als Verhandlungspartner der USA zur „Befriedung" des Irak anzubieten.

Dabei ist die iranische Politik heute in etwa so „erfolgreich" wie diejenige der Al Qaeda vor ein paar Jahren. Von diesem vermeintlichen Erfolg indessen hat weder der Iran noch der Irak selbst etwas. Die iranische Wirtschaft, so man jenseits des alles dominierenden Ölsektors von so etwas ernsthaft sprechen kann, liegt am Boden. Größter Arbeitgeber, wie in allen auf Ölrente fußenden Flächenstaaten des Nahen Ostens, ist der Staat, der ca. 50% aller Arbeitsplätze stellt. Geschätzte 30% aller Iraner sind arbeitslos, unter Jugendlichen liegt die Quote bei über 50%, wobei mehr als die Hälfte aller Iraner jünger als zwanzig Jahre alt sind.[33] Lebten 1959 nur 31% aller Iraner in Städten, so sind es heute 65%, ohne dass es eine sie assimilierende ökonomische Infrastruktur gäbe. Längst vegetiert die Mehrheit der Menschen in Armensiedlungen in Teheran, Isfahan oder anderen Metropolen, ohne dabei urbanisiert worden zu sein. Der Iran hätte erheblich vom Irak profitieren können. Nichts dergleichen aber ist geschehen.

Die *Asia Times* analysierte unlängst den gegenwärtigen Iran wie einst den „kranken Mann am Bosporus"[34]: Das Problem aller Verhandlungen mit dem Iran ähnele dem eines Arztes, der einen Patienten zu behandeln habe, der gleichzeitig an „Krebs, AIDS, Alzheimer, Diabetes, Nierenversagen und weiteren Krankheiten" leide. Irans Wirtschaft und Gesellschaft sei derart am Ende, das es wenig gäbe, was einen Zerfall des Staates noch aufhalten könne. Einzig Expansion und Übernahme von weiteren Ölfeldern in Saudi-Arabien und dem Südirak könnten die Implosion des Landes zwar nicht aufhalten, wohl aber etwas hinauszögern. Die Zuspitzung des Konflikts mit dem Iran sei daher nicht eine Folge iranischer Stärke, sondern umgekehrt ein Symptom der Schwäche.

Dieser Analyse ist einiges abzugewinnen. Sie weist vor allem auf die drohende Gefahr hin, die vom Iran ausgeht. Denn dass dieser unter rationalen Gesichtspunkten wenig erfolgreich agiert, bedeutet noch lange nicht,

33 Vgl. Katajun Amirpur/Reinhard Witzke: Schauplatz Iran – Ein Report, Freiburg 2004, S.12.

34 Spengler, a. a. O.

dass er auch ungefährlich ist. Im Gegenteil: In der destruktiven Logik islamischer Revolution hat der Untergang einen festen Platz. Die Entscheidung für diese Option fällt umso leichter, je schlechter es um den Iran bestellt ist. Denn nur wer die Wahl zwischen Krieg und Frieden hat, kann sich für den Frieden entscheiden.

Das Beispiel Irak zeigt zugleich, wie schwer es zwangsläufig ist, iranische Politik zu antizipieren und unter der Voraussetzung einer rationalen Interessenabwägung zu verstehen. Alles sprach dafür, dass der Iran seine reichhaltigen strategischen Vorteile im Irak zum eigenen Vorteil nutzen würde. Dass am Ende des iranischen Engagements im Irak zwar Bandenkrieg, islamischer Terror und hohe Verluste des Feindes USA stehen, keineswegs aber ein starker Iran, ist eine Option, mit der nicht gerechnet wurde. Es ist leicht, dem Iran Hegemonialstreben zu unterstellen. Im Zweifelsfall wird man damit Recht behalten. Dass aber der Hegemon deshalb zum Hegemon wird, weil er damit Interessen verbindet, die materiell wie ideologisch korrespondieren und nur durch eine hegemoniale Vorherrschaft auch durchsetzbar sind, wird dabei gerne vergessen, möglicherweise vom iranischen Establishment selbst. Diese Lücke vermögen alle Analysen nicht zu füllen, weshalb sie immer wieder in derselben Sackgasse enden. In einer fundierten und engagierten Analyse legt die *International Crisis Group* beispielsweise dar, dass die iranische Irak-Politik erfolgreich sei, weil sie für dauernde Instabilität sorge und aufgrund dieser Instabilität ihren Hegemonialanspruch am Golf behaupte.[35] Warum das aber im Interesse des Iran sein sollte, fragt sich niemand. Hegemonie besteht – militärisch wie nicht-militärisch – in der erfolgreichen Eroberung, der Vernichtung des Gegners, der Übernahme der steuernden Institutionen und Abschöpfung des Marktes. Es bedarf andererseits eines guten Grundes, die damit verbundenen Risiken einzugehen.

Der Fall des Irak legt also zuvörderst die Frage nahe, was der Iran denn eigentlich so sehr erreichen will, dass er dafür Hegemonialmacht werden muss. Das Ergebnis der praktischen Erfahrungen gibt hier den schlimmsten Befürchtungen Recht. Hegemonial ist der Iran nur, wo es um die permanente Revolution, die Revolte Deklassierter und den beständigen Krawall gegen den „US-Imperialismus" und Israel geht. Das mag sich, wenigstens was den Fall Irak angeht, ändern. Es scheint, als habe sich zumindest die Erkenntnis durchgesetzt, dass mit Islamrabauken wie Muqtada al-Sadr auf Dauer nichts zu gewinnen ist. Auch ein Sistani nahe stehender iranischer Kleriker meint: „Iran's policy in Iraq is 100 percent wrong [...] We have lost the trust of the Iraqi people."[36] Verloren ist nicht nur das Vertrauen der irakischen Bevölkerung, das nach einschlägigen Erfahrungen gegenüber jeder Regierung als eher gering eingeschätzt werden kann, sondern auch die Chance, die permanente Bedrohung durch

35 Vgl. International Crisis Group: Iran in Iraq: How much Influence?, Middle East Report, Nr. 38, 21.03.2005.

36 Ebd.

den traditionell feindlichen Nachbarn dauerhaft zu bannen und an einem funktionierenden Irak unter einer mehrheitlich schiitischen Regierung tüchtig zu profitieren. Denn unter den gegebenen Bedingungen und nach vier Jahren iranischer Intervention im Irak wird jede irakische Regierung vor die Wahl gestellt werden, entweder den inneren Konflikt anzugehen und damit zwangsläufig in Konflikt mit dem Iran zu geraten, oder aber die Auseinandersetzung mit dem Iran zu scheuen und in Kauf zu nehmen, dass der innere Konflikt weiter eskaliert. Die Chancen, dass die destruktive Irak-Politik des Iran ein Ende findet, sind dementsprechend gering.

Nasrin Amirsedghi

Von der Sehnsucht nach Arbeitermacht zur Ayatollahmacht

Anmerkungen zur Kollaboration der iranischen Linken mit dem Islam

Die Geschichte der iranischen Linken ist ohne die der *Confederation of Iranian Student National Union* (CISNU)[1] nicht vorstellbar. Die Geschichte der CISNU wiederum ist sehr eng mit der Geschichte der internationalen, insbesondere der deutschen Studentenbewegung verknüpft. Innerhalb von wenigen Jahren war sie im westlichen Ausland zur bestorganisierten politischen Opposition gegen das Schah-Regime geworden. Die Stärke der CISNU zeigte sich nicht nur in ihren hohen Mitgliederzahlen, sondern auch in ihren weltweiten Aktionen (Demonstrationen, Hungerstreiks, Botschaftsbesetzungen). In ihr waren nicht nur Studierende organisiert, sondern auch die politisch aktiven jüngeren Iraner aller Gruppierungen außerhalb des Iran, von linksbürgerlichen über leninistisch-maoistische Positionen bis zu religiösen Liberalen. Die CISNU wurde während der 1960er und 1970er Jahre zur wichtigsten radikalen Opposition gegen das Schah-Regime.

In der Bundesrepublik Deutschland war es die CISNU, die durch ihre Aktivitäten die Aufmerksamkeit der Bevölkerung auf das Schah-Regime lenkte. Die Erschießung Benno Ohnesorgs am 2. Juni 1967 bei einer Demonstration, die während des Deutschlandbesuchs des Schahs von der CISNU zusammen mit dem Sozialistischen Deutschen Studentenbund[2] und anderen deutschen Studentengruppen organisiert worden war, wurde zu einem entscheidenden Auslöser der bundesdeutschen 68er-Bewegung. Der Schah war seitdem in Deutschland persona non grata. Bundespräsident Gustav Heinemann[3] sagte 1970 seine Teilnahme an den 2500-Jahr-Feiern der persischen Monarchie im Iran mit Rücksicht auf die Anti-Schah-Stimmung in der bundesdeutschen Bevölkerung ab.

Die iranische Linke und mit ihr die CISNU sind Paradebeispiele einer Bewegung der Dritten Welt, die sich von der eigenen Geschichte, Herkunft und Tradition entfernt hat und die in ihrer sozialen und politischen Entfremdung von den modernistischen europäischen und amerikanischen Kulturen des linken Spektrums assimiliert wurde. Ihre anfängliche, durch die Anpassung an das politische Umfeld im Ausland und durch die Iden-

1 Gegründet im April 1960 in Heidelberg, Auflösung 1979.
2 Gegründet 1946, aufgelöst 1970.
3 Gustav Walter Heinemann war bis 1952 Mitglied in der CDU, ab 1957 in der SPD.

tifizierung mit aktuellen Revolutionen in Algerien, Vietnam, China, Kuba etc. entstandene Stärke wurde zu einer deutlichen Schwäche im Hinblick auf die eigene Gesellschaft. Die CISNU und die Linke haben faktisch keine konstruktive Rolle bei einer der Revolutionen gespielt, für die sie auf internationaler Ebene propagandistisch den Boden bereiten halfen.

Es ist bemerkenswert, dass 28 Jahre nach dem Scheitern einer der aktivsten internationalen Studentenorganisationen der Welt immer noch keine ideologiefreie und kritische Aufarbeitung dieser Bewegung, weder in deutscher noch in persischer Sprache, vorliegt. Wenn man bedenkt, dass mehr als drei Millionen Iraner im Ausland bzw. im Exil leben, ist es für die Zeitgeschichte und für künftige deutsch-iranische Generationen durchaus von Bedeutung, die Ursachen des Aufschwungs und Niedergangs eines für die kulturellen Beziehungen Europas mit der Dritten Welt so prägnanten Beispiels zu analysieren und zu dokumentieren. Die tiefsitzende nostalgische Erinnerung an CISNU-Zeiten ist aber immer noch in vielen Köpfen der Iraner und ihrer deutschen 68er-Mitstreiter lebendig und lässt kein klares Bild von ihrer Entstehung, ihrem Werdegang und ihrem Scheitern zu. Aus Angst vor der eigenen historischen Verantwortung scheut man die Entmystifizierung; die ehemals politisch Aktiven können nicht durchschauen, was in der damaligen Welt vor sich ging und welche realen Prozesse eine Gesellschaft wie die iranische durchmachte. Statt Unwissen in Wissen zu verwandeln, haben sie die Rückbesinnung so mystifiziert, dass sie sich am Ende wieder unwissend in die selbst konstruierte Falle hinein manövriert haben. Ihr revolutionär-religiöser, autoritär-kommunistischer bzw. sozialistischer Traum ist erst 1979, spätestens mit der Auflösung der Sowjetunion 1990 geplatzt. Aus ihrem Land ist ein Land unter der Herrschaft von Islamofaschisten geworden: leidend unter Elend, Grausamkeit, Verfolgung im Namen Gottes und täglichen Hinrichtungen auf offener Straße auf Geheiß des islamischen Gottes und dazu noch auf dem Weg zur atomaren Macht, nicht nur für Israel, sondern für die Weltgemeinschaft bedrohend. Der Weg der Ursachenforschung in Bezug auf diesen Mythos ist nicht nur mit Stolpersteinen gepflastert, sondern auch langwierig. Hier soll ein erster Abriss des Desasters gezeichnet werden, ohne Anspruch auf Vollständigkeit, die im Rahmen dieses Buches nicht möglich ist.

Ein Land zwischen Kadavergehorsam und Verrat

Im Zuge von Modernisierungsversuchen seit Naser ad-Din Schah Kadschar, der von 1848 bis 1896 herrschte, war der Iran konfrontiert mit zwei großen Ereignissen: zum einen in Teheran mit der „jungpersischen Revolution", auch „konstitutionelle Revolution" genannt (*Enghelab Maschruteh*, 1905–1911), die eine bürgerlich-demokratische Revolution für die Errichtung einer parlamentarisch-konstitutionellen Monarchie war und die sich gegen die Aufteilung des Landes durch Russland und Großbritannien

(Teilungsvertrag 1907) richtete; zum anderen mit dem anschließenden Bürgerkrieg von 1915[4] in Nordiran. Zu dieser Zeit diente Reza Khan (Reza Schah Pahlevi), der in die „jungpersische Revolution" verwickelt gewesen war, zunächst als Soldat, wurde später Oberbefehlshaber (*Sardar Sepah*) der persischen Streitkräfte und 1921 Verteidigungsminister und General.

Nach dem Scheitern der „jungpersischen Revolution" stößt die Vorstellung von Reza Khan über die Auflösung der Kadscharen-Dynastie (1779–1925) und die Ausrufung einer Republik auf Zustimmung im Parlament (21. März 1924), bei den Klerikern auf Ablehnung. Am 31. Oktober 1925 begründet Mohammad Mossadegh (1882–1967)[5] seinen Widerstand gegen ein Gesetz, mit dem das Parlament dem Schah die Regierungsmacht in jeder Hinsicht zubilligen sollte, folgendermaßen: „Schah, Premierminister, Verteidigungsminister und auch noch Oberbefehlshaber! Solch eine Regierung gibt es nicht mal in Sansibar. Auch wenn man mich köpft oder in Stücke hackt, gebe ich dieser Regierung mein Votum nicht!"[6]

Am 12. Dezember 1925 beschließt das neu zusammengesetzte Parlament, Reza Khan zum Schah (Kaiser) zu erheben. Er beginnt, das Land in jeder Hinsicht und mit allen Mitteln zu modernisieren: im Schulsystem, der Infrastruktur, im Gesundheits- und Rechtswesen, hier insbesondere mit der Abschaffung der alleinigen Rechtssprechung durch Sharia-Tribunale (1936)[7] und der Entschleierung der Frauen (1935). In Teheran wird 1935 die erste Universität gegründet. Dabei wird auf allen Feldern versucht, den Klerus zurückzudrängen, der seinem Glauben gemäß gegen jede Modernisierung und Fortschritt ist.

Im Zweiten Weltkrieg bekam der Iran international neues Gewicht, als er seine Neutralität wahren wollte. Das veranlasste die Alliierten, in das Land einzumarschieren. Reza Schah wurde im September 1941 gezwungen, zugunsten seines Sohnes Mohammad Reza abzudanken und ins Exil zu gehen. Mohammad Reza Schah, der bis 1979 regierte, setzte den Modernisierungstraum des Vaters teilweise erfolgreich fort, ohne dabei allerdings wahrzuhaben, dass Kultur und Gesellschaft des Landes unheilbar infiziert waren vom Islam, der im Kern ein mündiges Denken verbietet. Dieses selbstverschuldete Unvermögen war in allen Schichten, in bildungsfernen genauso wie in gebildeten, spürbar und reichte von den Intellektuellen, der Linken, der Rechten, den Nationalisten, Patrioten und Monarchisten bis zum Fußvolk. Mohammad Reza Schah versuchte, im Gegensatz zu seinem Vater, mit den Klerikern des Landes einen faulen Kompromisskurs zu fahren, indem er einige von seinem Vater erlassene Gesetze abmilderte und vieles tolerierte, obwohl er persönlich sehr westlich orientiert war.

---

4 In Rascht operierten Dchangali-Rebellen unter Mirza Kutschek Khan.

5 1951–1953 Premierminister.

6 Zit. n. Hamid Shokat (Hg.): Die zwanzigjährige Geschichte der Confederation Iranischer Studenten National Union (CISNU), Saarbrücken 1994, 1. Bd., S.38.

7 Vgl. Yann Richard: Der verborgene Imam, Berlin 1983, S.58.

Mohammad Reza Schah verkannte offensichtlich die Gefahr: Eine Gesellschaft, in der nie auch nur ein Windhauch von Mündigkeit wehte, ist nicht im Stande aus eigener Kraft und Selbstverantwortung zu handeln. Statt sich der Vernunft und des Verstandes zu bedienen, ordnet sie sich entweder dem himmlischen Wunder unter oder den irdischen roten Götter-Genossen, und allesamt blättern sie eifrig im Koran und folgen den heiligen Männern in Qom.[8] Entstanden ist die Abhängigkeit vom (Irr)Glauben – sei es der islamische oder der kommunistische – ohne dass selbständiges Denken gelernt worden wäre. Und so übernimmt keiner im Fall einer historischen Katastrophe, die in unserer Kultur keine Seltenheit ist, die Verantwortung. Denn immer sind ja die Anderen schuld! Obsessive Schuldprojektionen greifen um sich: mal sind es die Engländer, mal die Russen, mal die Juden, mal die Amerikaner, immer öfter die Imperialisten und die Zionisten. Kaum jemand von uns Iranern stellt die Frage: Wie sind die Westler zu Wohlstand, Forschritt, Freiheit und Humanismus gekommen, während wir, im 21. Jahrhundert, noch immer darum bangen müssen? Woran liegt es, dass nur *wir* ausgebeutet und betrogen werden?

Die neuen innenpolitischen Unruhen der Jahre 1950 bis 1953

Noch sind die alten Wunden offen, da erlebt der Iran 1950 bis 1953 neue Krisen, welche die nächsten 57 Jahre des Landes entscheidend mitbestimmen. Was wir seit der Machtübernahme der Islamofaschisten 1979 im Iran erleben, hat seine Wurzeln in der Unfähigkeit bzw. dem Verrat mancher entscheidenden Persönlichkeiten oder Gruppen der politischen Arena jener Zeit. Mit dem Ende des Zweiten Weltkriegs wurde der Iran zum neuen Schauplatz des Kalten Krieges. Nach außen genauso wie im Inneren.

Hauptmerkmale dieser Krisen sind die alten, unterschiedlichen Einschätzungen über die Zukunft des Landes und seine Ölprodukte: Da sind einerseits die Alliierten (die USA, die Sowjetunion im Norden, die Engländer im Süden), andererseits die innenpolitischen Strömungen unter Führung der Nationalen Front (*Dschebh Melli*)[9] und, mit der Galionsfigur des Antiimperialismus, Mohammad Mossadegh, die linken Parteien unter

---

8 Heilige Stadt, etwa 150 km südlich von Teheran. Qom ist der bedeutendste iranische Wallfahrtsort mit Sitz der wichtigsten Theologieschule (Feizihe Qom) für die schiitische Lehre.

9 Von Mohammad Mossadegh gegründetes Bündnis, das von 1941 bis 1979 bestand. Es setzte sich aus folgenden Organisationen zusammen: Partei des Iran, Partei des iranischen Volkes, der sozialistischen Dritten Macht, der Nationalistischen Partei der Nation des Iran, der Vereinigung der Kaufleute der Basare, dem Rat der Ulemas von Teheran sowie weiteren kleineren Gruppen. (Vgl. Ahmad Farughy/Jean-Loup Reverier: Persien – Aufbruch ins Chaos? München 1979, S.212).

starkem Einfluss der *Tudeh-Partei* (TPI)[10] und die übermächtigen Kleriker. Wann immer, wenn auch höchst selten, die Bewegung in Richtung Demokratie und Freiheit ging, wurde das von den Klerikern und ihrem roten Gesindel geschickt umgelenkt, verhindert und zerstört. Was bei der schiitisch-islamischen Ausprägung unserer Kultur nicht verwunderlich ist! Wir sind ja alle durch und durch gläubig. Wir brauchen immer eine übersinnliche Macht, an die wir uns anhängen, um später von ihr aufgehängt zu werden. Wenn wir dann tot sind, zelebrieren wir unsere Trauer und singen im Chor: Tod dem Schah, Nieder mit Mossadegh, Tod dem Zionismus! Tod dem Imperialismus!

Mohammad Mossadegh, ein ambitionierter Patriot, politisch inflexibel, situationsfremder Egoist, störrisch, zänkisch, sehr empfindlich und launisch, der jeden, der gegen ihn argumentierte, als Landesverräter titulierte, war schon zu Zeiten Kadschars unter anderem Finanzminister und an der Ablösung der Kadscharen-Dynastie als Parlamentsabgeordneter beteiligt. Er sollte in diesen schweren Zeiten den Iran erneut retten und das Land nicht nur politisch, sondern auch ökonomisch unabhängig machen. Im April 1951 wurde er zum Premierminister ernannt. Als er für seine Pläne, unter anderem für die Verstaatlichung der Erdölindustrie sowie die Durchsetzung der konstitutionellen Monarchie kämpfte, fiel er bei seinen Gönnern, unter ihnen der damalige mächtige Parlamentspräsident Ayatollah Abol-Ghasem Kaschani, und bei der *Tudeh-Partei* in Ungnade.

Zum Verständnis der Rolle Ayatollah Kaschanis und der *Tudeh-Partei*, die an der politischen Niederlage dieser Zeit Mitschuld trugen, ist ein kurzer Rückblick notwendig. In den letzten Monaten der Regierungszeit von Reza Schah im Jahr 1941 erlebte der Iran schwierige Tage, als das Land Schauplatz eifriger Tätigkeit von Engländern und Deutschen wurde. Ayatollah Kaschani unterstützte damals mit allen Mitteln, auch mit Hilfe der Deutschen, die Palästinenser sowie deren Mufti, „Allameh Husseini" (Mohammed Amin al-Husseini), einen Antisemiten, der nach Teheran geflüchtet war und dem er im gleichen Jahr zur Flucht nach Deutschland verhalf. Dort begann Husseini sofort mit seiner täglichen antizionistischen, antisemitischen und antibritischen Agitation im Berliner Rundfunk. Mit dem Sieg der Alliierten über Hitler wurde die Lage der Deutschen überall und auch im Iran sehr bedrohlich. Nach einigen Gefängnisaufenthalten setzte Ayatollah Kaschani erneut seinen Widerstand gegen die Bildung des Staates Israel sowie gegen Mohammad Reza Schahs Bemühungen für eine

10 Iranische marxistisch-leninistische Partei. Der Name bedeutet übersetzt Partei der Massen des Iran oder Partei des Volkes des Iran. Sie ist eine Reorganisation nationalistischer und sozialistischer Gruppen, deren Gründung bis ins späte 19. Jahrhundert zurückreicht. Die Kommunistische Partei des Iran (KPI) wurde unter Heidar Amou Oghly, der an der konstitutionellen Revolution beteiligt gewesen war, im Juni 1920 in der Provinz Gilan im Norden des Iran gegründet. Zur gleichen Zeit wurde mit Hilfe der Roten Armee die Iranische Sowjetrepublik (Sowjetrepublik von Gilan 1920–1921) unter Führung von Mirza Kutschek Khan ins Leben gerufen.

Säkularisierung des Landes fort und unterstützte noch von Teheran aus weiter die Palästinenser. Kaschanis Agitation gegen Israel und sein Einfluss auf Jugendliche gingen so weit, dass Tausende von jungen Iranern sich zum Kampf für die Befreiung Palästinas meldeten. Nach einem vereitelten Attentat auf Mohammad Reza Schah am 4. Februar 1949 wurde auch Ayatollah Kaschani verhaftet und in den Libanon verbannt, die *Tudeh-Partei* wurde verboten. Zwei Jahre später kommt Kaschani zurück und wird als Parlamentsabgeordneter in die *Versammlung des Nationalrates* gewählt.

Während jener heillosen Zeit wurde am 2. Oktober 1941 die *Tudeh-Partei* offiziell gegründet, die enge Beziehungen zur Kommunistischen Partei der Sowjetunion pflegte. Die lautstarken Parolen der Partei wie Unterstützung des Weltfriedens, Verteidigung der Rechte der Armen, Kampf gegen Despotismus und Rückständigkeit zogen junge Menschen, Intellektuelle, Bauern und Arbeiter an. Die Partei, die sich anfangs für die Unabhängigkeit des Landes und insbesondere für die Verstaatlichung der Erdölindustrie Seite an Seite mit Mossadegh und gegen jede Beteiligung ausländischer Konzerne aussprach, drehte nach der Interessenbekundung der Sowjetunion ihre Strategie um 180 Grad.[11] Ab da sollten ihre innenpolitischen Programme sich den Wünschen und Befehlen der Sowjetunion anpassen. Bei jeder Entscheidung in Teheran richteten sich alle Augen und Ohren auf die Sowjetunion: Wie die Muslime in Richtung Mekka beten, beteten die Tudeh-Parteiführer in Richtung Moskau. Mittendrin irrte Mohammad Mossadegh mit einem Koffer voller Wut zwischen vier Wallfahrtsorten hin und her: Qom, Moskau, London, Den Haag. Jeder suchte im Iran seine Sicherheitszone, und er selbst war nicht mehr sein eigener Herr! „Der Norden ist Sicherheitszone der Russen. Der Süden ist Sicherheitszone der Engländer [...] Wo liegt denn dann die Sicherheitszone des Iran? fragte wütend Mossadegh einen Tudeh-Parteiführer."[12]

Im Chaos der Verhandlungen und des Staatsbankrotts, dem Kasperletheater zwischen Mossadegh, Klerikern, Kommunisten und dem Volk sah er die Aussichtslosigkeit seiner Schein-Bemühungen und trat im Januar 1952 zurück. Später wird er wieder ins Parlament gewählt; am 19. August 1953 muss er nach einem von den USA mitgeplanten Putsch das Mandat niederlegen und wird unter Hausarrest gestellt.

Mohammad Mossadegh, ein trotziger Mensch, wurde geliebt, verehrt, bewundert, gehasst und am Ende verraten. Verraten von seiner eigenen politischen Unfähigkeit und vor allem aus den Reihen seiner Mitstreiter: der Nationalen Front, der *Tudeh-Partei* und von den Klerikern. Allein innerhalb der etwa drei Jahre, in denen Mossadegh im Amt war, geriet das Land soweit in politische und ökonomische Nöte, dass am Ende der Staat de facto bankrott war und eine enorm hohe Inflation herrschte. Die Studierenden sollten zurück in die Heimat, weil in der Staatskasse für sie keine Groschen mehr klingelten. Die Auslandskonten für die Studenten

11 Vgl. Shokat, 1. Bd., a. a. O., S. 38–43.
12 Edd., S.43.

wurden gesperrt, was zu einem Auslöser ihrer offensichtlichen Politisierung wurde. Mohammad Reza Schah kehrte nach kurzem erzwungenem Exil durch Mossadegh zurück und zog jetzt als Marionette der USA den zunehmenden Hass auf sich. Dieser Wendepunkt war der Beginn der Studentenmobilisierung sowohl im Iran als auch im Ausland.

Sacrificium intellectus: ein Opferritual der iranischen linken Intellektuellen, das zur Zerstörung der menschlichen und kulturellen Ressourcen des Landes führte

Bis zum Zweiten Weltkrieg war ein Studium im Ausland nur denjenigen möglich, die aus einer einflussreichen Elite-Familie stammten. Mit dem Ende des Krieges nahmen die Möglichkeiten zu; jetzt konnte auch die Mittelschicht ihre Söhne und Töchter mithilfe von Bank-Krediten zum Studium ins Ausland schicken: nach Österreich, Deutschland, in die Schweiz, nach Frankreich, England und in die USA. In dieser Zeit befanden sich auch die westlichen Länder in einem Wandlungsprozess. Mit zunehmendem sowjetischem Einfluss trat Europa in ein neues Zeitalter ein. Die Welt teilte sich in zwei Blöcke, den „Kommunismus" und den „Kapitalismus", und Europa in „West" und „Ost".

Beim Eintreffen der ersten iranischen Studenten in Europa hatte der Kalte Krieg schon begonnen. Mit ihm begann auch im Iran im Jahr 1946 die Konfrontation der Blöcke: Es stellte sich die Frage der weiteren Präsenz der sowjetischen Armee und die der weiteren Beteiligung an der de-facto-Aufteilung der Ölproduktion zwischen den USA und der Sowjetunion. Dies waren Anlässe für viele junge Iraner, sich in die Politik einzumischen, die zum Schauplatz wurde sowohl für die leidenschaftliche Verteidigung durch die nationalen Kräfte wie für die Sympathisanten der linken iranischen Volkspartei Tudeh. Die Innenpolitik wurde in dieser Zeit auch für Studenten im Ausland zum Thema. Die Entwicklung im Iran, die Ölprobleme und die Nachwirkungen des Krieges in den Gastländern waren Fragen, welche die Studenten neben der Bewältigung ihrer Alltagsprobleme wie Immatrikulation, Wohnungssuche und Spracherwerb beschäftigten. So entstanden überall in Europa iranische Studentenorganisationen mit eigenen Zeitschriften, die eher Gruppeninteressen vertraten und weniger eine bestimmte politische Linie verfolgten. In Westeuropa selbst gab es noch keine Studentenbewegung, an der sich iranische Studierende hätten orientieren können; zum anderen verhinderte ein starker Antikommunismus die Offenlegung jeglicher Sympathie mit der Linken, was zudem gerade für ausländische Studierende nicht ungefährlich war. Deshalb sollten sie sich nicht direkt in politische Auseinandersetzungen einmischen, sondern sich vorwiegend mit kultureller Arbeit wie der Ausrichtung traditioneller iranischer Feste oder ähnlichem begnügen.

Was die iranischen Studentenorganisationen in dieser Zeit jedoch am meisten beschäftigte, war die moralkulturelle Wandlung der europäischen Gesellschaften, in denen sie lebten und die Frage, wie sie sich selbst vor dem Zerfall ihrer eigenen kulturellen Identität schützen könnten. Darüber diskutierten sie schonungslos in ihren Zeitschriften und Organen. So zeigen sich Diskussionsthemen und Atmosphäre dieser Zeit im Leitartikel „Vermeiden wir existentialistische Klubs – das pessimistische, unheilbringende Phänomen des Krieges" in der Zeitschrift der iranischen Studenten der Universität Bonn *Der Studentenbrief* vom Februar 1952. Einziger Sinn und Zweck eines Studienaufenthaltes war zu lernen, die Examen zu bestehen und zurückzugehen in die Heimat – nicht mehr und nicht weniger. Politisch betätigen wollte und konnte man sich inzwischen im Iran selbst, und außer wenigen Anführern der *Tudeh-Partei* war niemand zum politischen Exil gezwungen.

Ein noch wichtigerer Grund für die Parole „Wir dürfen nicht politisch aktiv werden" lag in der Arbeitsphilosophie der Organisatoren. Sie waren überwiegend Sympathisanten oder Mitglieder der *Tudeh-Partei* und glaubten, eine Studentenorganisation müsse sich aus der Politik heraushalten, sich aber gleichwohl in den Dienst der Partei stellen. Solche Organisationen, die nach gängiger kommunistischer Methode gegründet waren und funktionierten, legten die Namen ihrer Mitglieder nach außen hin nicht offen. Ihre Anführer und Aktivisten leugneten und vertuschten ihre Verbindung zur Partei. Für die *Tudeh-Partei* wie auch für die *Dritte Kraft*[13] spielten die Studentenorganisationen sowohl im Iran als auch im Ausland die Rolle von Treibriemen zwischen Partei und Volk, Druckpotenzial auf den Staat und Reservoir zur Rekrutierung von kompetenten Persönlichkeiten für die Partei.[14]

Die politische Radikalisierung gegen das Schah-Regime nahm unter Jugendlichen und Intellektuellen Jahr für Jahr zu. Die fehlende demokratische Basis des Systems zwang die Opposition in den Untergrund, was dazu führte, dass keine offene und vernünftige politische Debatte und Auseinandersetzung in der Gesellschaft möglich war. Eine Kettenreaktion sowohl innerhalb der Opposition als auch außerhalb setzte ein. Das Regime baute seinen Nachrichtendienst SAVAK[15] aus, der seine Aufgabe nicht im Schutz und in der Bewahrung der demokratischen Grundprinzipien haben sollte, sondern ein Kontrollapparat war, der in die Offensive ging und all seine verirrten Kinder als Feinde ansah. Statt sie selbstbewusst durch

13 Partei des iranischen arbeitsamen Volkes (Hezb-e zahmatkeshan-e melat-e iran), gegründet im April 1951 von Mozafar Baghai und Khalil Maleki. Nach der Tudeh-Partei war sie die stärkste und bestorganisierte linke Partei. Nach der Spaltung im September 1952 wurde sie in Partei des iranischen arbeitsamen Volkes (Dritte Kraft, Nirui-e sewom) umbenannt.

14 Vgl. Shokat, 1. Bd., a. a. O., S.67–73.

15 SAVAK (Sazeman-e Ettela'at va Amniat-e Keshvar), übersetzt: Organisation zur Information und zum Schutz des Landes, iranischer Nachrichtendienst. Er wurde offiziell im Jahr 1957 gegründet, geht aber auf ein Gesetz aus der Zeit von Mossadegh zurück.

demokratische Bildung zu Menschen werden zu lassen, entzog er dem Volk sein Vertrauen und das Volk ihm ebenso. Wer könnte in einer solchen politischen Unkultur Demokratie lernen, in der es gar keinen Spielraum für das Ausüben gibt? Reicht allein Reichtum, reicht der bloße Stolz auf 2500 Jahre Geschichte und auf eine einseitige Modernisierung? Wie kann eine Nation ohne freiheitlich-demokratische Spielregeln in die Zukunft blicken, wenn ihr die leuchtende Gegenwart geraubt wird? Ein fataler Fehler: rasante Modernisierung ohne politisch-demokratische Bildung. Das Volk war überfordert und mit ihm seine Zukunft. Man konsumierte so vieles – materielle wie ideelle Güter – ohne das geringste Bewusstsein davon zu haben und ohne etwas zu hinterfragen.

Der Sohn eines angesehenen Staatsmanns, eines Kaufmanns aus dem Basar oder eines Geistlichen fuhr in den 1960ern einen BMW 1600 Cabriolet, studierte in der Schweiz, in Frankreich oder wo auch immer in „Franggestan"[16], war Atheist und linker Aktivist, heiratete aber eine von der Mutter oder Großtante ausgesuchte keusche iranische Jungfrau! Die Trauung sollte unbedingt von einem Imam vorgenommen werden, und die Hochzeitreise führte in die heilige Stadt Maschad. Modern, aber in altvertrauter Tradition. Eine ansteckende Schizophrenie, die sich in der politischen Szene der Intellektuellen und Studierenden widerspiegelte. Wie Hitler in Deutschland, der nicht vom Himmel auf die Erde gefallen ist, ist Khomeini auch nicht aus dem Paradies auf die Erde herabgestiegen. Beide stammen aus dem Volk und sind Übel ihrer Zeit.

Ab 1960, dem Gründungsjahr der CISNU, bis zur iranischen Revolution 1979 waren alle Augen und Ohren der Humanisten und Linken der Welt auf den Iran gerichtet. Ganz gleich, was der ehemalige Schah machte (Landreform[17], die Verbesserung des Familienrechtes[18], Säkularisierung des Rechts[19], Wirtschaftsentwicklung[20] etc.), er war verhasst und wurde verteufelt. Hustete er, war weltweit die Gefolgschaft der Studentenorganisation (CISNU) zusammen mit den internationalen und deutschen Kollegen sofort auf der Straße, lag im Hungerstreik flach auf dem Boden der Universitäts-Mensa oder verbarrikadierte allerorts Botschaftsgebäude, um die Welt auf die „Misere" im Iran aufmerksam zu machen. Er sollte weg. Koste es was es wolle, ohne sich darüber einigen zu können, was die Alternative sein könnte. Dennoch sah sich jeder der Stammesführer als alleinige Alternative: Geistliche, die Nationale Front, die *Tudeh-Partei*, die zersplitterten radikal-marxistischen Organisa-

16 Altmodisches persisches Wort für Europa.

17 „Weiße Revolution" 1963 zur Umverteilung des Landes der Großgrundbesitzer mittels eines Referendums, die unter massivem Protest unter anderem seitens der Kleriker stand.

18 Abschaffung der Polygamie und Einführung des Scheidungsrechts für Frauen.

19 Zum Beispiel gleiche Rechte für Frauen und Männer und die Trennung von Staat und Religion.

20 Die Ansiedlung von Industrie, die Schaffung einer modernen Infrastruktur, eine relativ liberale Gesellschaftspolitik und eine groß angelegte Modernisierung des Landes.

tionen[21], die militanten Volksmodjahedin (*Modschahedin Khalgh*, eine islamische linke Gruppe), die Guerilla-Volksfedajin (*Fadaien Khalgh*, linke Gruppe) und viele andere Grüppchen.

Der Schah sollte entweder durch einen bewaffneten Kampf oder einen Volksaufstand gestürzt werden. Nur in einem Punkt waren sich alle einig: Die Schuld an den Übeln der Welt liegt beim Imperialismus und beim Zionismus. Ihre alleinigen Feinde sahen sie in Amerika und Israel. Sie waren überzeugt, dass, solange der Schah an der Macht ist, es keine Freiheit gibt, und ihre Freiheit hielten sie entweder mit dem Kommunismus oder dem Islam für erreichbar. Dieser Irrglaube wurde sogar von europäischen und einem Teil der amerikanischen Medien, Politiker und Intellektuellen kräftig unterstützt. Das legitimierte für die Schah-Gegner jeden Pakt mit dem Teufel: die Bigotten mit den Gläubigen, die Linken mit den Rechten usw. Sie alle kämpften traumtänzerisch darum, nach dem Schah auf dem Freiheitsthron zu sitzen. Ein absurdes Schauspiel. In der Hochstimmungsphase der Revolution 1979 bezeichnete der größte Teil der Linken und der Opposition übereinstimmend Khomeini als zum „fortschrittlichen Kleinbürgertum" gehörend. Sie haben alle die Mullahs und deren politische Programme unterstützt und lauthals auf den Straßen Teherans und Europas „Allah o Akbar" (Gott ist groß) geschrieen. So erklärte die *Tudeh-Partei* im Januar 1979, dass sie „der Forderung nach der Errichtung islamischer Revolutionsräte im ganzen Land volle Unterstützung gibt. [...] Somit sah sich die Partei mit dem politischen Programm von Ayatollah Khomeini in völliger Übereinstimmung."[22]

Am 1. Februar 1979 kommt Ayatollah Khomeini („Der heilige Greis unter dem Apfelbaum")[23] aus Neauphle le Château in Frankreich, begleitet unter anderem von Sadegh Ghotbzadeh[24], Abul Hasan Banisadr[25] und vielen Vertretern der internationalen Medien in Teheran an und spricht zur Welt: „[...] und ich bin der Sprecher, der die Forderungen dieses entrechteten iranischen Volkes zum Ausdruck bringt".[26] Eine heilige Ansprache zur Gründung der Islamischen Republik mit einer Mannschaft aus Irren: Mullahs, Bürgerlichen und Linken. Ein Jahr später, am 11. Februar 1980, dem Jahrestag der islamischen Revolution, erklärt er öffentlich seine Posi-

---

21 Sie verfolgten mit ideologisch und politisch unterschiedlichen Modellen die Realisierung des Sozialismus: sowjetisches, kubanisches, albanisches und maoistisch-chinesisches Drei-Welten-Modell. Vgl. Kazem Hashemi/Javad Adineh: Verfolgung durch den Gottesstaat. Menschen und ihre Rechte im Iran – Iranische Flüchtlinge in Deutschland. Pro Asyl 1998; http://www.proasyl.de/lit/iran/iran8.htm (2.12.2007).

22 Vgl. Tinette Schnatterer: Iran vor 25 Jahren. Eine gestohlene Revolution, 30.01.2004; http://www.sozialismus.info/?sid=757 (2.12.2007).

23 Ein Bild, das von der westlichen Presse während des Aufenthalts von Khomeini in Frankreich verbreitet wurde.

24 Aktives Mitglied der CISNU und der iranische Außenminister unter dem Mullah-Regime, der am 28. September 1982 hingerichtet wird.

25 Aktives Mitglied der CISNU und der erste iranische Präsident unter dem Mullah-Regime (1980–1981), lebt seit 1981 im Exil in Frankreich.

26 Interview mit Der Spiegel, Nr. 4/1979, S.111.

tion zum Land Israel, die seine Nachfolger bis heute als Pflichtaufgabe erfüllen wollen: „Israel, diese Quelle des Übels, ist von jeher ein Stützpunkt Amerikas. Seit über 20 Jahren warne ich vor der israelischen Gefahr. Wir müssen uns alle erheben, den Staat Israel auflösen und das Volk Palästinas an seine Stelle setzen."[27] Das Volk und die Welt jubelte, mit ihm auch das Heer der zurückgekehrten CISNU-Aktivisten.

Heute, 28 Jahre nach dem Scheitern des Traums von einer Revolution sitzen wir alle mit einem Dauerkater da und schauen zu, wie der Iran mit all seiner Zukunft untergeht, und jeder versucht immer noch, die Geschichte zu verklären. Seit der Herrschaft der Mullahfaschisten wurden von 1979 bis 1981 bis zu 150.000[28] oder allein 1988 zwischen 2.900 und 3.900[29] Menschen hingerichtet oder ermordet. Seitdem wird das iranische Volk samt seinen Kindern bestialisch und in makabren öffentlichen Spektakeln vor den Augen gläubiger Schaulustiger hingerichtet, gesteinigt, verhüllt, geprügelt, gedemütigt und bevormundet. Und die ganze Welt, darunter die iranischen Revolutionäre im Ausland, schaut verblödet zu und schweigt. Wo sind jetzt all die Humanisten? Wo ist Günter Wallraff, der sich am 10. Mai 1974 in Griechenland aus Protest gegen die Militärmacht an eine Säule kettete? Wo ist der Gigant Joschka Fischer, der in den 70er Jahren mit Iranern und dem SDS auf der Straße marschierte? Wo ist Hans-Magnus Enzensberger, der Mitte der 60er Jahre[30] mit Bahman Nirumand im Iran herumreiste, um sich hautnah ein Bild von den Gräueln zu machen, damit er später ein historisches Buch[31] schreiben kann? Wo sind Ruprecht Polenz (CDU), Werner Hoyer (FDP), Gregor Gysi (PDS) und Martin Schulz (SPD-Europapolitiker), die sich in Empörung babbelten, als der irakische Massenmörder Saddam Hussein im vergangenen Dezember hingerichtet wurde?

Bahman Nirumand, als alter 68er-Linker der Vorzeigeperser in der deutschen Linken, oder Navid Kermani und Katjan Amirpur träumen davon, dass man die Demokratie wie eine Glukoseinfusion in die Adern der so genannten Gemäßigten unter den Mullahs injizieren kann. Ihre Funktion ist es, das Wesen des Mullah-Regimes und des Islam zu beschönigen. Sie sehen das Übel nur in Israel und dem US-Imperialismus; sie verharmlosen die Mullahbarbarei, indem sie den Islam zu einer Religion des Friedens erklären. Sie mischen Metaphysik und Materialismus zu einem reizenden Eintopf, der nur Unheil und Tod in sich birgt.[32]

---

27 Zit. n. Michael Naumann/Josef Joffe (Hg.): Teheran. Eine Revolution wird hingerichtet. Dokumente und Reportagen aus Die Zeit, München 1982, S.242.

28 Vgl. Mansoor Hekmat: Die Geschichte der Unbesiegten – Ein paar Worte zur Erinnerung an die 79er Revolution im Iran, in: http//politblog.net/inernationale-politik/mansoor-hekmat-ueber-die-iranische-revolution-von-1979.htm (2.12.2007).

29 Vgl. http://www.bundestag.de/dasparlament/2004/09/Beilage/002.html (2.12.2007).

30 Vgl. „Revolutionäre Romantik", Interview mit Bahman Nirumand, in: Cicero, Januar 2005.

31 Vgl. Bahman Nirumand: Persien. Modell eines Entwicklungslandes. Mit einem Nachwort von H.M.E., Reinbek 1967.

32 Im Namen des Dialogs fand im April 2000 im Haus der Kulturen in Berlin eine Iran-Konferenz (Iran nach den Wahlen von Khatami) unter den Rettungsflügeln von Gerhard

Eine Antwort auf die Frage, welche Gründe zum Scheitern der Befreiungsideale der Linken geführt haben, liegt meines Erachtens im Kontext der Weltanschauungen von autoritärem Sozialismus und bolschewistischem Kommunismus selbst: Es ist die Sehnsucht nach Totalitarismus, Unterwerfung, kollektivem Gehorsam und die Haltung des „alle für einen", die nur den Gleichgesinnten, auch den Faschisten, als einen willkommenen Geist sieht. Sie haben ihren Berührungspunkt mit dem religiösen Glauben insoweit gefunden, als sie ebenso wie jede Religion den Vorrang von (himmlischen) Werten vor der Ökonomie postulieren. Dies, in Kombination mit einer religiösen Tradition wie der iranischen, verschärft die Lage umso mehr, gegen die es kein Heilmittel gibt. Eine Ideologie, die ein Bündnis mit einem fundamentalistischen Glauben sucht, ist nicht mit einer demokratischen, menschenrechtlich fundierten Basis zu vereinbaren.

Denken heißt, jede kollektive, dominant gewordene Selbstverständlichkeit im Bereich der Kultur und Geschichte in weitestem Sinn hinterfragen und in Frage stellen zu können.[33] Diese Fähigkeit ist noch nicht Bestandteil der iranischen Kultur, wie der iranische Philosoph und Denker Aramesch Dustdar unermüdlich versucht uns klarzumachen und uns zum Nachdenken zu animieren. Hätten wir diese Fähigkeit, wären wir nicht da, wo wir uns heute befinden: schon wieder in der Senkgrube der Geschichte.

Unsere Geschichte ist wie ein Brummkreisel. Immer wieder rotiert sie gegen den Uhrzeigersinn, und dazu singt lautstark und einstimmig ein Chor: Tod dem Imperialismus, Tod dem Zionismus! Nieder mit Israel! Sie selbst aber ist unsterblich, hat nur Helden und hört nie auf, niemand anderen als sich selbst zu lieben. Was für ein wundersames Volk sind wir doch!

Schröder, Joseph Fischer und Bahman Nirumand statt. Während hinter den Dialogkulissen über 100 Wirtschaftsdelegationen aus dem Iran mit deutschen Kollegen milliardenschwere Wirtschaftsverträge aushandelten, verprügelte die Security die Handvoll iranischer Oppositionsmitglieder im Saal.

33 Vgl. u.a. Aramesch Dustdar: Finstere Lichter, Köln 2007 (in persischem Original).

Der Iran und Europa

Matthias Küntzel

Friedlich in die Katastrophe

Deutschlands Rolle im Atomstreit mit dem Iran

Die Zeitbombe tickt. Iran hat alle Kraft auf die Verwirklichung seiner nuklearen Option konzentriert: Waren im Herbst 2006 noch 300 Zentrifugen für die Anreicherung von Uran installiert, so belief sich ihre Zahl im Herbst 2007 auf 3.000. Fieberhaft sucht Ahmadinejad den *point of no return* – die vollendete Nuklearfähigkeit – zu erreichen. Wird die internationale Staatengemeinschaft den Griff zur Bombe noch vereiteln können?

Deutschland ist in dieser Auseinandersetzung besonders exponiert. Erstens hat es seit spätestens 1984 eine *special relationship* zum Iran etabliert. Damals hatte Hans-Dietrich Genscher als erster westlicher Außenminister Khomeini seine Aufwartung gemacht – dass zeitgleich in Teheran die Köpfe rollten und im Krieg gegen den Irak Tausende iranische Kinder als Märtyrer auf die Minenfelder gejagt wurden – darüber ging man geflissentlich hinweg.

Zweitens ist Deutschland der mit Abstand wichtigste Handelspartner des Regimes. Der frühere Präsident der Deutsch-Iranischen Handelskammer in Teheran, Michael Tockuss, macht darauf aufmerksam, „dass rund zwei Drittel der iranischen Industrie maßgeblich mit Maschinen und Anlagen deutschen Ursprungs ausgerüstet sind. Die Iraner sind durchaus auf deutsche Ersatzteile und Zulieferer angewiesen.“[1] Dies zeigt zu Genüge, wie massiv ein deutscher Wirtschaftsboykott die Lage im Iran beeinflussen könnte. Dennoch kamen zwischen April 2006 und März 2007 nach iranischen Angaben immer noch Waren für fast fünf Milliarden Dollar aus Deutschland ins Land – nur drei Prozent weniger, als ein Jahr zuvor.[2]

Drittens hat Außenminister Joschka Fischer Berlin – neben London und Paris – zu einem der drei Verhandlungsführer über Irans Atomakte gemacht. Seither stieg Berlins Status weiter an: So wurde Deutschland gemeinsam mit den fünf Vetomächten des UN-Sicherheitsrats (den „sechs Mächten“ oder – so die Berliner Schreibart – den „E 3 + 3“) mit den laufenden Iran-Verhandlungen betraut. Amerika akzeptierte die präzedenzlose Gleichstellung der deutschen Nicht-Atommacht mit den fünf Atommächten in der Hoffnung, mit Deutschland gemeinsam wirkungsvollere

1 Wirtschaft drohen Milliardenverluste. Focus-Online Interview, 12.2.2006; www.focus.de (3.12.2007).

2 Hansjakob Ginsburg und Andreas Wilhagen: Politik verdirbt deutschen Firmen das Iran-Geschäft, in: Wirtschaftswoche, 1. November 2007.

Sanktionsbeschlüsse fällen zu können; Russland war daran interessiert.[3] Doch so rasant, wie das außenpolitische deutsche Gewicht in der Irankrise gewachsen ist, so zurückgeblieben und geheimnistuerisch gestaltet sich die außenpolitische Debatte darüber in Deutschland selbst.

So glaubte ich meinen eigenen Augen nicht zu trauen, als ich im November 2007 bei der Vorbereitung dieses Beitrags auf folgende, beiläufig platzierte Meldung stieß: „Das Auswärtige Amt in Berlin bestätigte, dass Außenminister Frank-Walter Steinmeier (SPD) am Donnerstagabend [dem 25. Oktober 2007] in einem Hotel in Hamburg zu einem Gespräch mit dem bisherigen iranischen Atomunterhändlern Laridschani und dessen designierten Nachfolger Dschalili zusammenkommen werde."[4] Wenige Tage zuvor hatte Ahmadinejad seinen engen Freund und wichtigsten außenpolitischen Berater, Said Dschalili, zum neuen iranischen Atomunterhändler ernannt. Gemeinsam mit dessen Vorgänger Laridschani war Dschalili am 24. Oktober in Rom mit Javier Solana, dem Repräsentanten der sechs Mächte, zusammengekommen. Dass diese Schlüsselfiguren der iranischen Nuklearediplomatie am Folgetag nach Hamburg reisten, um am Rande des dort tagenden SPD-Parteitags mit dem deutschen Außenminister zu konferieren, tauchte ansonsten in der deutschen und der internationalen Presse mit keiner Silbe auf. Der ganze Vorgang blieb auf den oben zitierten Hinweis beschränkt – aber er fand statt, wie mir das Auswärtige Amt auf Anfrage bestätigte. Diese Episode signalisiert zweierlei: Sie zeigt, dass Deutschland jenseits der etablierten UN- und EU-Kanäle eine für den Iran interessante bilaterale Gesprächsstrategie verfolgt, und sie zeugt von der zweifelhaften Rolle deutscher Medien, wenn es um wirklich wichtige Fragen geht. Kein Journalist interessierte sich dafür, warum es die beiden hochrangigen Iraner für wert hielten, nach Hamburg zu reisen, warum der deutsche Außenminister sie empfing und was dabei herausgekommen ist.

Mit Schweigen werden auch die offenkundigen Widersprüche zwischen der Iranpolitik der Bundeskanzlerin und ihres Außenministers bedacht. Ein Beispiel unter vielen: Am 20. November 2007 beteuerte Angela Merkel in einer Rede vor der *American Academy* in Berlin: „Wir müssen alles dransetzen, dass die Handelswege nicht über Umwege doch wieder zu Iran führen." Noch am selben Tag propagierte Deutschlands Botschafter in Teheran, Herbert Honosowitz, das genaue Gegenteil: Seit eineinhalb Jahren gelange das Gros der deutschen Waren indirekt – über Dubai, dem Handelszentrum der Vereinigten Arabischen Emirate – in den Iran. Dies sei gut so und die deutsche Botschaft tue alles, um den bilateralen Wirtschaftsaustausch zu verstärken.[5]

3 Nikolaus Busse und Horst Bacia: Eine Frist von 30 Tagen für Iran?, in: Frankfurter Allgemeine Zeitung (FAZ), 30. März 2006.

4 Matthias Rüb: Sanktionen gegen Irans Militär, in: FAZ, 26. Oktober 2007.

5 Den Wert der indirekten deutschen Einfuhren in den Iran bezifferte der deutsche Botschafter am 20. November 2007 auf stolze vier Milliarden Dollar, siehe: http://www.presstv.ir/detail.aspx?id=31810&sectionid=3510213 (6.12.2007). Vgl. auch Wulf Schmiese: Merkel droht Iran und dringt auf UN-Reform, in: FAZ, 21. November 2007.

Die Tragweite derartiger Widersprüche ist auch Journalisten bekannt. Nehmen wir die *Frankfurter Allgemeine Zeitung*. „Wenn die Sache so weiterläuft, wie bisher, dann steht die Welt wirklich noch vor einer katastrophalen Wahl", schreibt Klaus-Dieter Frankenberger am 29. August 2007. „Sollten härtere Sanktionen als Warnung taugen, müssten sie jetzt schnell kommen", fügte Jasper von Altenbockum am 3. September hinzu. „In der Sache hat Sarkozy [mit seinen Sanktionsvorschlägen] recht", merkte Nikolaus Busse am 14. September an. „Wenn die Europäer mit friedlichen Mitteln verhindern wollen, dass Iran die Mittel zum Bau der Atombombe erwirbt, dann müssen sie es jetzt versuchen." Deshalb führt kein Weg daran vorbei, so wieder Frankenberger am 15. Oktober, „viel intensiver als bisher über neue, einschneidende Sanktionen nachzudenken."[6]

Und doch verloren weder Frankenberger, Busse noch von Altenbockum über die Stippvisite der iranischen Staatsführung nach Hamburg oder die zitierte Stellungnahme der deutschen Botschaft in Teheran ein Wort. Zwar ist Deutschlands Iranpolitik von globaler Relevanz – gleichwohl wird diese Politik in den Zeiten einer übergroßen Koalition der Kontrolle und Kritik entzogen. Die Abgeordneten, welche die Aufgabe hätten, das Regierungsgebaren zu kontrollieren, schweigen, während sich die Medien in der Rolle des Erfüllungsgehilfen exekutiver Macht gefallen.

Die folgende Darstellung will hierzu einen Kontrapunkt setzen: Zwar werden die einschlägigen diplomatischen Dokumente noch jahrzehntelang unter Verschluss bleiben – doch geben die veröffentlichten Hinweise die Konturen einer transatlantischen Kontroverse, deren Ausgang die Entwicklung des 21. Jahrhunderts prägen wird, mit hinreichender Profilschärfe frei.

2002–2005: Europa als „Schutzschild" für den Iran

Im Sommer 2002 stellte sich heraus, dass das Mullah-Regime seit Mitte der 1980er Jahre ein verstecktes, militärisch relevantes Atomprogramm betreibt. Hierzu gehörte der Bau der Urananreicherungsanlage in Natanz sowie die geheime Errichtung eines Schwerwasserreaktors in Arak, wie ihn Indien und Pakistan für die Bombenproduktion benutzen. Die Funktion dieser Anlagen liegt angesichts der Tatsache, dass die vom Regime entwickelten Raketen sinnvoll nur mit Atomsprengköpfen verwendet werden können, auf der Hand. Ihre Errichtung war eine schwerwiegende Verletzung des Atomwaffensperrvertrags, die unter normalen Umständen sofort eine Debatte und Beschlussfassung im UN-Sicherheitsrat hätte auslösen

6 Klaus-Dieter Frankenberger: Düstere Aussicht, in: FAZ, 29. August 2007; Jasper von Altenbockum: Alles Bluff?, in: FAZ, 3. September 2007; Nikolaus Busse: Im Alleingang, in: FAZ, 14. September 2007; Klaus-Dieter Frankenberger: Es wäre eine Katastrophe, in: FAZ, 15. Oktober 2007.

müssen. Die Kontrollbehörde IAEA, die für die Einhaltung der Bestimmungen des Sperrvertrags verantwortlich ist, reagierte im September 2003 mit einem Ultimatum und setzte bis Ende Oktober 2003 eine Frist: Der Iran sollte bis dahin sämtliche Aspekte seines Atomprogramms offen legen oder die von den USA geforderte Überweisung seiner Atomakte an den Sicherheitsrat riskieren.[7]

Seit Jahrzehnten liegen die USA und die EU hinsichtlich ihrer Iranpolitik über Kreuz: Während Washington Mitte der 90er Jahre den Handel amerikanischer Firmen mit Iran unter Strafe stellen ließ, weil Teheran den antiwestlichen und antisemitischen Terror wie kein anderer Staat beförderte, schlug die EU mit Deutschland in der Vorreiterrolle die umgekehrte Marschrichtung ein: Berlin sprang in die Bresche, die der Rückzug der USA ökonomisch und technologisch hinterlassen hatte und bereitete mit einem Umschuldungsprogramm dem Aufschwung der bilateralen Wirtschaftsbeziehungen den Weg. „Deutschland wird auch in den kommenden Jahren der Wunschtechnologiepartner Irans sein", schwärmte Ende 2003 der Präsident des deutschen Nah- und Mittelostvereins, Werner Schoeltzke. „Außenminister Fischer [...] ist in Teheran eine Lichtgestalt."[8]

Diese transatlantische Kluft hatte sich im Vorfeld des Irakkriegs, als Rot-Grün gegenüber Washington und London einen „deutschen Weg" postulierte, vertieft. Auch deshalb schweißte die Entdeckung des iranischen Geheimprogramms die westlichen Mächte nicht zusammen – im Gegenteil. Während Washington dafür warb, den Stopp der Atomprogramme zu erzwingen und das Iran-Dossier an den Sicherheitsrat zu überweisen, wollten die so genannten „E-3" – Frankreich, Großbritannien und Deutschland – dem Iran die Möglichkeit eröffnen, diese Atomprogramme langfristig fortzusetzen – jedoch öffentlich und unter Aufsicht der Wiener Atombehörde IAEA.[9] „Vor allem der deutschen (Regierung) ging es um Grundsätzliches: Iran sollte der Antiirak werden, der späte Sieg von Hans Blix [dem früheren Chef der Wiener Kontrollbehörde IAEA] über George W. Bush", fasste Nikolaus Busse am 11. März 2004 die damals vorherrschende Stimmung zusammen.[10]

Keine europäische Institution hatte die Außenminister Joschka Fischer, Dominique de Villepin und Jack Straw ermächtigt, die Verhandlungen mit Teheran zu übernehmen: Mit dieser Aufgabe hatten sich die Außenminister im Stil der Machtpolitik des 19. Jahrhunderts durchaus selbst betraut. Zum Entsetzen der USA boten sie dem Iran in einem gemeinsamen Brief von August 2003 Verhandlungen und weit reichende technologische Hilfen an,

7 Vgl. Nikolaus Busse: Das iranische Atomprogramm, in: FAZ, 22. Oktober 2003.

8 „Iran ist wegen seines Wachstums wichtig". Fragen an Werner Schoeltzke, den Präsidenten des Nah- und Mittelostvereins (Numov), in: FAZ, 5. Dezember 2003.

9 Vgl. Nikolaus Busse: Scharfe Resolution zu Iran, in: FAZ, 21. November 2003.

10 Vgl. „Nur leider verhält sich Teheran nicht so, wie es in den Lehrbüchern der Friedensforschung steht", fuhr Busse fort. „ Die iranische Führung [...] denkt nicht im Traum daran, ihr Nuklearprogramm aufzugeben." Nikolaus Busse: Nicht das letzte Wort, in: FAZ, 11. März 2004. .

falls Teheran IAEA-Inspektoren akzeptieren und den Betrieb bestimmter Anlagen vorübergehend suspendieren würde.[11] Doch auch damals schon bestimmte die Taktik der Schein-Zugeständnisse bei gleichzeitigem Beharrungsvermögen die Strategie des Irans: Solange Teheran die Überweisung seiner Atomakte an den Sicherheitsrat und somit potenzielle Sanktionen befürchten musste, ging es vermeintlich auf die Angebote der „E-3“ ein, um anschließend, sobald die Gefahr vorüber war, zur harten Linie zurückzukehren. Damals schon hatte auch der Drang der Europäer, jedes ernsthafte Zerwürfnis mit dem Iran zu vermeiden, seine zwischen Vertrauensseligkeit und Komplizenschaft angesiedelte Eigenlogik generiert.

Folgerichtig wiederholte sich 2004 das Spiel: Während Amerika darauf drängte, den Iran vor den UN-Sicherheitsrat zu bringen, stellten sich Deutschland und Frankreich schützend vor das Mullah-Regime, da – so ihre Begründung – „mehr Druck den Iran noch unwilliger mache, sein Atomprogramm zu begrenzen.“[12] Immer wieder forderte der amerikanische Außenminister Colin Powell seine Kollegen in London, Paris und Berlin auf, von ihrer nachgiebigen Haltung abzurücken.[13] Doch lehnten die „E-3“ auch 2005 die Überweisung der Atomakte an den Sicherheitsrat ab. Während aber die Europäer die Überweisung der Iranakte an den Sicherheitsrat drei Jahre lang verhinderten, setzte der Iran seine Atomarbeiten gleichzeitig mit Hochgeschwindigkeit fort. Außenminister Fischer fand für diesen parallelen Aktivismus das passende Wort: Europa habe über die Aktivitäten des Iran einen „Schutzschild“ ausgebreitet, um sie vor den USA zu schützen. „Fischer sagte, die Europäer hätten in den zurückliegenden Gesprächen über das iranische Atomprogramm immer zu verstehen gegeben, dass die Iraner in ihren strategischen Sicherheitsinteressen Europa als ‚Schutzschild‘ verstehen sollten“, berichtete im September 2004 die FAZ.[14] Strategische Sicherheitsinteressen – das bedeutet: Errichtung eines Atomprogramms, das bei Bedarf zum Bau der Bombe genutzt werden kann. Schutzschild – das bedeutet: Schutz für die Errichtung der Atomanlagen im Iran; Preisgabe der Sicherheitsinteressen Israels. Das vorrangige deutsche Ziel bestand nicht darin, das Regime von der Urananreicherung abzuhalten. Berlin wollte in erster Linie die USA davon abhalten, Teheran abzuhalten.

Bezeichnenderweise war es nicht die deutsche oder europäische Presse, sondern das Regime selbst, das einige Monate später – Ahmadinejad war

11 Vgl. European Leaders Offered Nuclear Deal to Iran, in: New York Times (NYT), 19. September 2003.

12 Steven R. Weisman: Allies Resist U.S. Efforts to Pressure Iran on Arms, in: NYT, 9. September 2004. Erst im November 2004, nach Zunahme der Hiobsbotschaften aus dem Iran, gelang es Tony Blair, den amerikanischen Präsidenten für eine Unterstützung der europäischen Verhandlungslinie zu bewegen, siehe: Steven R. Weisman: Bush Confronts New Challenge on Issue of Iran, in: NYT, 19. November 2004.

13 Vgl. Horst Bacia: Außenminister der EU uneinig im Vorgehen gegen Iran, in: FAZ, 6.9.2004.

14 Johannes Leithäuser: Fischer warnt Teheran vor Fehlkalkulation, in: FAZ, 7. September 2004.

mittlerweile gewählt – den Schwindel platzen ließ. Am 4. August 2005 bekannte Hussein Mussavian, damals noch Mitglied des Nationalen Sicherheitsrats, dass die Scheinverhandlungen der letzten Jahre dazu gedient hätten, die nukleare Option zu vollenden und die Befassung des Sicherheitsrats zu vermeiden: „Dank der Verhandlungen mit Europa haben wir ein weiteres Jahr gewonnen, in dem wir die Anlage in Isfahan fertiggestellt haben." Andernfalls wäre das Iran-Dossier „ohne Zweifel" an den UN-Sicherheitsrat überwiesen worden.[15] Mussavians Enthüllung wurde unübersehbar auf der Titelseite der *Frankfurter Allgemeinen Zeitung* publiziert – dennoch setzte Deutschland seine „Schutzschild"-Politik fast ein ganzes weiteres Jahr fort.

Während Berlin auf diese Weise das Atomprogramm gegen Druck von außen abschirmte, wurde zeitgleich das Regime durch Vorzugsbehandlung belohnt. So weitete die rot-grün geführte Bundesregierung ihre Wirtschaftsbeziehungen mit dem Iran – nach Entdeckung der illegalen Atomaktivitäten und obwohl das iranische Parlament am 31. Oktober 2003 die unbeschränkte Fortsetzung der Urananreichung beschlossen hatte – stetig und energisch aus.[16] Im Jahr 2002 wurden die deutschen Exporte in den Iran um 16 Prozent gesteigert; 2003 wurde der neue Rekordwert um weitere 20 Prozent überschritten, 2004 stieg das Exportgeschäft gar um 33 Prozent an, um im Jahr 2005 nach nochmaliger Steigerung um 24 Prozent den Spitzenwert direkter deutscher Iran-Exporte in Höhe von 4,4 Milliarden Euro zu erreichen.[17]

Diese Entwicklung war politisch gewollt. So ließ die von Gerhard Schröder und Joschka Fischer geführte Bundesregierung die Summe der staatlichen Risikoübernahmen für Betriebe, die im Iran investierten, jährlich erhöhen. Geradezu euphorisch liest sich, was im Jahresbericht 2004 jener Hermesbürgschaften der sozialdemokratische Wirtschaftsminister Wolfgang Clement schreibt: „Die Ausfuhrgewährleistungen der Bundesregierung spielten eine herausragende Rolle für den deutschen Export in den Iran; das Deckungsvolumen auf iranische Besteller wuchs im Vergleich zum Vorjahr um das knapp 3,5-fache auf rund 2,3 Milliarden EUR. Damit sicherte die Bundesregierung rund 65 Prozent der gesamten deutschen Exporte in das Land ab. Nur knapp hinter China belegt der Iran den zweiten Platz der Länder mit dem höchsten Deckungsvolumen im Jahr 2004."[18] Zusätzlich trat am 23. Juni 2005, wenige Tage nach der Wahl Ahmadinejads zum iranischen Präsidenten, ein deutsch-iranisches Inves-

---

15 Nikolaus Busse: „Die Europäer haben uns Zeit verschafft". Ein Unterhändler spricht offen über die iranische Taktik im Atomstreit, in: FAZ, 22. August 2005.

16 Vgl. Oliver Thränert: Ending Suspicious Nuclear Activities in Iran, Stiftung Wissenschaft und Politik (SWP), Working Paper 3, 18. November 2004, S.2.

17 Vgl. Auswärtiges Amt der Bundesrepublik Deutschland; http://www.auswaertiges-amt.de/diplo/en/Laender/Iran.html (6.12.2007).

18 Jahresbericht über die Hermesbürgschaften von 2004, S.60. Bis heute werden Hermesbürgschaften für Iranexporte übernommen. 2006 betrug die Bürgschaft 900 Millionen Dollar; in den ersten zehn Monaten von 2007 lag dieser Betrag bei 715 Millionen Dollar.

titionsschutzabkommen in Kraft. Die von Schröder und Fischer geführte Bundesregierung hatte es mit dem Ziel, „die wirtschaftliche Zusammenarbeit zum Nutzen beider Staaten zu vertiefen" im August 2002 auf den Weg gebracht.[19]

Von der überragenden Bedeutung, die gerade Joschka Fischer dem guten Verhältnis gegenüber Teheran beimaß, zeugt die Festrede, die Deutschlands grüner Außenminister am 16. Februar 2005 aus Anlass der Eröffnung der neuen iranischen Botschaft in Berlin hielt. Zwar erwähnte Fischer das gemeinsam mit London und Paris vorbereitete „Langzeitabkommen", das „bestehende internationale Besorgnisse über das iranische Atomprogramm ausräumen" solle. Im Zentrum aber stand das bilaterale Glück: „Deutschland gehört heute zu den wichtigsten Handelspartnern des Iran" erklärte Fischer stolz. „Auch im kulturellen Bereich ist unser Austausch seit langem eng und intensiv. [...] Das Potential allerdings ist bei weitem noch nicht ausgeschöpft." Unerwähnt ließ Fischer, dass die iranische Botschaft in Deutschland über Jahre hinweg als Terrorzentrale fungierte und dass der iranische Geheimdienst VEVAK von hier aus iranische Oppositionelle in Deutschland bespitzelte und unterdrückte. Emphatisch warb er hingegen für „den Beginn eines neuen Kapitels in unseren bilateralen Beziehungen [...] mit dem Ziel, das Verständnis füreinander und das Wissen übereinander zu vertiefen."[20] Man könnte annehmen, erst das illegale iranische Atomprogramm habe solch ein gesteigertes Interesse an Zusammenarbeit entfacht. Oder wollte man dem bösen Kind die Rückkehr auf den Pfad der Tugend durch demonstrative Gesten der Sympathie erleichtern? Warum aber wurde dann keine einzige der von der Bundesregierung in die Wege geleiteten Handelserleichterungen vom Einlenken des Regimes in der Nuklearfrage abhängig gemacht? Wir kommen auf diese Frage zurück. Im Frühjahr 2006 kam die Iranakte erstmals in den UN-Sicherheitsrat – die internationale Konfrontation mit den Mullahs begann.

2006: Der Sicherheitsrat macht sich lächerlich

Am 29. März 2006 forderten die Vereinten Nationen den Iran in Form einer Erklärung des Präsidenten des Sicherheitsrats erstmals auf, innerhalb von 30 Tagen „alle mit der Anreicherung und der Wiederaufbereitung zusammenhängenden Aktivitäten, einschließlich Forschung und Entwicklung, vollständig und dauerhaft wieder auszusetzen."[21] Teheran freilich dachte nicht daran. Stattdessen trat Ahmadinejad am 11. April mit folgendem Statement vor die Presse: „Ich erkläre in aller Form, dass Iran dem Klub der

19 Siehe Bundestags-Drucksache 15/1055.

20 Rüdiger Scheidges: Der lange Arm der Mullahs, in: Handelsblatt, 29. November 2007 sowie: Rede von Bundesaußenminister Fischer anlässlich der Eröffnung der neuen Botschaft der Islamischen Republik Iran in Berlin, 16.2.2005.

21 Dokument S/PRST/2006/15 des UN-Sicherheitsrats vom 29. März 2006 laut www.auswaertiges-amt.de (6.12.2007).

Nuklearstaaten beigetreten ist." Gleichzeitig präsentierte er im Rahmen einer geradezu kultischen Festveranstaltung zwei Metallbehälter, in denen sich das erste vom Iran eigenständig angereicherte Uran befand. Chöre donnerten ihr *Allah Akbar* und phantasievoll geschmückte Tänzer rissen diese Metallkapseln pathetisch im Stil der maoistischen Opernchoreographie in die Höhe.[22] Für all jene, die den Auftritt nicht so lustig fanden, hatte der iranische Präsident eine Ermunterung parat: „Ärgert euch über uns und sterbt an diesem Ärger."[23] Wie hat die Staatengemeinschaft auf diesen ersten Zusammenstoß zwischen den Vereinten Nationen und dem Mullah-Regime reagiert?

Während die USA Teheran durch Verhängung von Sanktionen zum Einlenken bringen wollte, setzten die Europäer auf Dialog, wobei sich besonders Deutschland mit dem Bemühen profilierte, den Konflikt durch Aufweichung der an den Iran gerichteten Forderungen zu entschärfen.

„Die deutsche Rolle ist offenkundig auch vom iranischen Präsidenten Ahmadineschad als eine Besonderheit bemerkt worden", beobachtete Johannes Leithäuser in der FAZ, „wenn auch seine Bitte, Deutschland möge eine Vermittlerrolle im Nuklearstreit spielen" von der Bundesregierung „als unpassende Überforderung abgewiesen wurde."[24]

Das wichtigste Zugeständnis, dem schließlich auch Washington seine Zustimmung erteilte, betraf die Urananreicherung selbst. Während die Erklärung des Sicherheitsrats von Ende März noch gefordert hatte, „alle mit der Anreicherung zusammenhängenden Aktivitäten [...] vollständig und dauerhaft" auszusetzen, hatte sich Deutschland nunmehr mit der Linie, nicht länger die Beendigung, sondern allein die Suspendierung der Urananreicherung zu fordern und mit einer Suspendierung für die Dauer der Verhandlungen schon zufrieden zu sein, durchgesetzt.[25] Dieser Ansatz wurde kurz darauf in einem Bericht der *Associated Press* ergänzt: „China dürfte mit Russland und wahrscheinlich auch Deutschland wohl darauf drängen, dem Iran die Urananreicherung im kleinen Maßstab und gut kontrolliert zu gestatten."[26] Ferner wurde Teheran – anstatt „alle" Uranaktivitäten zu beenden – die Umwandlung von Uranerz in Urangas und damit die Vorstufe der Urananreicherung erlaubt.

Am 1. Juni 2006 wurde Teheran der neue Verhandlungsvorschlag der sechs Mächte mit großem Aplomb überreicht: Falls das Regime auch nur kurzfristig auf die Urananreicherung verzichte, würden es damit alle Türen zu großzügigen Förderungen im Nuklear- und Handelsbereich sowie zum direkten Dialog mit den Vereinigten Staaten aufstoßen.[27]

---

22 Siehe die Filmaufzeichnung unter: http://www.memritv.org/clip/en/1126.htm (6.12.2007).

23 Zit. n. FAZ, 15. April, 2006.

24 Johannes Leithäuser, in: FAZ, 26. Mai 2006. 16 Monate später hatte Berlin eben diese Rollenzuweisung akzeptiert.

25 Vgl. Spiegel-Online, 7. Juni 2006 und Spiegel-Online, 17. Juni 2006.

26 AP-Bericht, lt. Iranfocus, 14. Juni 2006.

27 Dieser Verhandlungsvorschlag ist der Sicherheitsratsresolution 1747 (2007) vom 24. März 2007 als Anlage beigefügt. Er verspricht dem Iran „ein Abkommen über nukleare Zusammenarbeit zwischen der Euratom [Europäische Atomgemeinschaft]

Öffentlich wurde dieses Verhandlungspaket als eine Mischung aus Zuckerbrot und Peitsche präsentiert: Wenn ihr vorübergehend auf die Urananreicherung verzichtet, gibt's das Zuckerbrot, andernfalls die Peitsche in Form ökonomischer Sanktionen. In Wirklichkeit aber schreckte man selbst schon vor der Zurschaustellung der Peitsche zurück. „Der Westen hat aus der Erwägung heraus, den Iran nicht verärgern zu wollen, der Regierung des Irans nur die Liste mit den Belohnungen überreicht", berichtete *Associated Press*. Erneut wurden die USA, welche die Peitsche sichtbar machen wollten, „insbesondere von den Russen und den Deutschen umgestimmt."[28]

Teheran freilich revanchierte sich für dieses Kratzbuckeln auf die ihm eigene Art: Genau an dem Tag, an dem Javier Solana als Emissär der sechs Mächte nach Teheran reiste, um dort die große Geschenkkiste zu zeigen, weitete der Iran seine Urananreicherung demonstrativ aus. Gleichzeitig feierte die klerikale Führung das Entgegenkommen der Weltmächte als großen Sieg: „Amerika ist wie ein Papiertiger", erklärte höhnisch Mohsen Rezai, der Vorsitzende des Wächterrats (*Iranian Expediency Council*), „schon bei der geringfügigsten Erschütterung kriegt es Angst und verschwindet." Zugleich machte Rezai eine drohende Bemerkung, die hierzulande völlig unbeachtet blieb: „Eisenhower hatte etwas Interessantes bemerkt. Er sagte, dass ein Land dann ein starkes Land ist, wenn es bis zur Grenze des Atomkriegs vormarschiert."[29]

Von Teheran aus reiste Javier Solana direkt nach Berlin, um nicht den sechs Mächten, sondern der Bundeskanzlerin und ihrem Außenminister Bericht zu erstatten. Obwohl das Scheitern seiner Mission größer nicht hätte sein können, lautete am Folgetag die Schlagzeile der FAZ: „Steinmeier bietet Iran weiteren Besuch Solanas an".[30]

Geben und getreten werden – dieses Schema spielte sich ein. Zwar lief die Frist, welche die sechs Mächte dem Iran für eine Antwort gesetzt hatten, Ende Juni 2006 ergebnislos aus; doch gewährte der Sicherheitsrat dem Regime in Resolution 1696 eine neue, auf den 31. August terminierte Frist. Auch dieser Termin war dem Iran völlig egal: Am 26. August weihte Ahmadinejad eine neue Schwerwasserfabrik für die Plutoniumgewinnung ein.[31]

Je näher aber jener 31. August rückte, desto größer wurde die Angst gewisser EU-Diplomaten – vor den USA! Zwar war Washington mit dem

---

und Iran", eine „aktive Unterstützung" beim Bau neuer Leichtwasserreaktoren, eine „substanzielle" Zusammenarbeit in „Forschung und Entwicklung auf dem Gebiet der Kernenergie", ferner die „volle Integration" des Iran „in internationale Strukturen, einschließlich der Welthandelsorganisation", die „Verbesserung des Zugangs zu wichtigen Gütern und Schlüsseltechnologien", sowie die „Errichtung einer langfristigen Energiepartnerschaft zwischen Iran und der Europäischen Union."

28 NYT, 15. Juni 2006.

29 MEMRI, 21.6.06, Special Dispatch Series – No. 1189 – Iran, June 21, 2006.

30 FAZ, 8. Juni 2006.

31 Vgl. Weiterer Schritt Irans im Atomprogramm, in: Neue Zürcher Zeitung (NZZ), 26. August 2006.

Papier vom 1. Juni 2006 über seinen eigenen Schatten gesprungen; zwar hatte Teheran der Weltgemeinschaft erneut die kalte Schulter gezeigt. Die EU-Diplomaten aber bewegte ausschließlich die „Sorge, die USA wollten Sanktionen verhängen, ohne den Versuch abzuwarten, eine Eskalation in letzter Minute zu verhindern", so die *Neue Züricher Zeitung*. „Das Drängen der Amerikaner beunruhigt die Deutschen", bestätigte *Spiegel-Online*. UN-Generalsekretär Kofi Annan gesellte sich ebenfalls zu diesem Chor: „Es gibt Momente, wo ein wenig Geduld viel ausrichtet", belehrte er die Welt. „Ich glaube nicht, dass Sanktionen die Lösung aller Probleme sind."[32]

Teherans Griff zur Bombe zu vereiteln war offenkundig zweitrangig. Also lud Außenminister Steinmeier die sechs Mächte am 7. September nach Berlin. Besonders in Deutschland und Italien, so die *London Times*, sei man der Meinung, dass weitere Gesprächsangebote besser seien als Sanktionen. Dies „frustrierte Amerika, Großbritannien und Frankreich, die die unverzügliche Hinwendung zu Sanktionen befürworteten."[33]

Offenbar ging schon zu diesem Zeitpunkt ein Riss quer durch die EU. Zwar wies der stellvertretende Außenminister der USA, Nicholas Burns, jede Behauptung über Differenzen innerhalb des Kreises der sechs Mächte zurück und erklärte hoffnungsfroh, dass man sich bis zum Beginn der UN-Tagungsperiode am 12. September 2006 auf ein Sanktionskonzept geeinigt haben werde.[34] Burns Prognose war jedoch voreilig, der Iran gewann weiter Zeit. Erneut hieß der Schauplatz Berlin, wo Ende September Javier Solana und Deutschlands Außenminister mit dem iranischen Atomemissär Laridschani zu ebenso langwierigen wie folgelosen Beratungen zusammen kamen.[35]

Nun aber plauderte der iranische Präsident genüsslich einige Details der streng vertraulich geführten Gespräche aus und führte jene, die es gut mit ihm meinten, öffentlich vor: „Als erstes wollten sie, dass wir die Urananreicherung für sechs Monate unterbrechen", beschwerte sich Ahmadinejad nach Angaben der *New York Times*. „Dann baten sie um drei Monate, dann um einen Monat. […] Nun haben sie uns vorgeschlagen, dass wir sie für eine kurze Periode, für einen Tag aussetzen. […] Sie sagten, dass wir […] erklären sollten, es habe technische Probleme gegeben. Aber wir haben keine technischen Probleme! Warum sollten wir das Volk belügen?"[36]

Nach diesem Affront blieb Deutschlands Außenminister allein auf weiter Flur. „Es macht keinen Sinn die Schotten runter zu ziehen, das Sicherheitsratsverfahren laufen zu lassen und sich ansonsten um die

32 Außenminister Steinmeier in der Klemme, in: Spiegel-Online (SPON), 2. September 2006 sowie Baham Nirumand: Rückkehr aus Teheran mit leeren Händen, in: tageszeitung (taz), 4. September 2006.

33 Bronwen Maddox: Not with a bang, but with a whimper, in: The Times, 1. September 2006.

34 AP, U.S. Expects Iran Sanctions Within Weeks, in: NYT, 8. September 2006.

35 Vgl. Atomgespräche ohne Ergebnis, in: NZZ, 28. September 2006.

36 Iran Leader Rejects Even Brief Halt in Its Uranium Enrichment Efforts, in: NYT, 1. Oktober 2006.

Lösung des Konflikts nicht mehr zu bemühen" klagte er über seine Kollegen aus dem Sechserkreis. „Im Gegenteil, diese Bemühungen müssen sogar verstärkt werden."[37] Noch weiter verstärken? Dieser Vorschlag war absurd. Deutschland hatte über Monate hinweg wie kein zweites Land dafür gesorgt, dass dem Iran Sanktionen erspart und großartige Angebote unterbreitet worden sind. Doch je aggressiver Teheran das Beschwichtigungskonzept durchkreuzte, desto beflissener diente Deutschland sich an. Im Jahr 2006 brach das Iranbündnis der „E-3" auf: London und Paris lehnten die Leisetreterei immer entschiedener ab und setzten sich gemeinsam mit den USA für Sicherheitsratsmaßnahmen ein.

Nach zähen Verhandlungen verabschiedete das oberste UN-Gremium am 23. Dezember 2006 einstimmig die Resolution 1737 (2006), die dem Regime Sanktionen androht, falls es nicht innerhalb von 60 Tagen all seine waffenfähigen Atomprogramme: Urananreicherung, Wiederaufarbeitung und Schwerwassertechnik suspendiert.[38]

Die materielle Reichweite dieser Sanktionen war klein, ihre politische Signalwirkung jedoch groß: So wurde innerhalb des Irans nicht der Westen, sondern der iranische Präsident für die Isolation seines Landes verantwortlich gemacht. In Resolution 1737 war auch beschrieben, wie es weiter gehen soll, falls sich der Iran der Aufforderung der Weltgemeinschaft nicht beugt. In diesem Fall werde der Sicherheitsrat „weitere geeignete Maßnahmen nach Kapitel VII, Artikel 41 der UN-Charta ergreifen."

Nachdem Teheran die Entschließung höhnisch zurückgewiesen hatte, zog der Sicherheitsrat am 24. März 2007 mit einer zweiten Iran-Entschließung (Resolution 1747) nach. Anstatt aber die Möglichkeiten aus Kapitel VII, Artikel 41 der UN-Charta auszuschöpfen – sie reichen von der vollständigen Unterbrechung aller Wirtschaftsbeziehungen bis zum Abbruch der diplomatischen Beziehungen – wurde auch in Resolution 1747 die Reichweite der Sanktionen derart geringfügig verschärft, dass die Machthaber in Teheran getrost darüber hinweg gehen konnten.[39] Beinahe zeitgleich veranlasste Ahmadinejad die Entführung von 15 britischen Soldaten und gab drei Wochen später den industriellen Durchbruch bei der Entwicklung der iranischen Urananreicherung bekannt. Dennoch hatte im Frühjahr 2007 die internationale Legitimation des Regimes ihren Tiefpunkt erreicht.

---

37 EU: Verhandlungen mit Iran weiter möglich, in: FAZ, 18. Oktober 2006.

38 „Iran shall without further delay suspend the following proliferation sensitive nuclear facilities", heißt es hier in Artikel 2: „a) all enrichment-related and reprocessing activities, including research and development, to be verified by the IAEA; b) work on all heavy water-related projects, including the construction of a research reactor moderated by heavy water, also to be verified by the IAEA." Was „to suspend" genau bedeuten soll und ob diese Forderung zeitlich befristet ist, blieb ungeklärt.

39 Kapitel VII, Artikel 41 sieht „die vollständige oder teilweise Unterbrechung der Wirtschaftsbeziehungen, des Eisenbahn-, See- und Luftverkehrs, der Post-, Telegraphen- und Funkverbindungen sowie sonstiger Verkehrsmöglichkeiten und den Abbruch der diplomatischen Beziehungen" vor.

Österreich springt in die Bresche

Die Beschlüsse des Sicherheitsrats isolierten den Iran politisch, ohne dessen Ökonomie zu schaden. Die unilateralen Sanktionsmaßnahmen der USA zielen demgegenüber aufs Geschäft: So hatte sich 2006 eine stattliche Anzahl westlicher Firmen und Banken aus dem Iran zurückgezogen, da sie andernfalls mit erheblichen Nachteilen auf den US-amerikanischen Märkten rechnen müssten. Doch in gerade dieser Situation, als Banken wie die UBS oder die *Credit Suisse* und Firmen wie die BP oder die *Allianz* aus dem Irangeschäft ausgestiegen waren, als Energieriesen wie *Shell, Total, Repsol* oder E.ON sich mit Neuverträgen zurückhielten – in dieser Situation war es die österreichische Regierung, die das Regime für die demonstrative Missachtung der UN-Beschlüsse belohnte. Seit Ahmadinejads Amtsantritt im Sommer 2005 hatte keine einzige ausländische Firma einen Erdöl- oder Erdgasvertrag mit dem Iran abgeschlossen.[40] Jetzt aber, am 21. April 2007 unterzeichneten die Vertreter der zu über 30 Prozent staatseigenen *Österreichischen Mineralölverwaltung* (OMV) ein Vorabkommen über das größte Erdgas-Geschäft, dass je ein europäisches Unternehmen mit dem Iran abschlossen hatte.

In ihrem Zuckerbrot-und-Peitsche-Paket vom 1. Juni 2006 hatten die sechs Mächte so manchen Köder ausgeworfen und einer davon hieß: „Errichtung einer langfristigen Energiepartnerschaft mit Iran." Damals wurde dieses Angebot von der Suspendierung der Urananreicherung abhängig gemacht. Nun aber lieferte Österreich der Mullah-Diktatur genau jene „langfristige Energiepartnerschaft" für umsonst – in Ergänzung zum unabgebremsten Ausbau des iranischen Atomprogramms. Mit dieser Offerte hatte Österreich den strategischen Gesamtansatz der vom Sicherheitsrat initiierten Iran-Politik zerstört. Die Unverfrorenheit, mit der sämtliche im Wiener Parlament vertretene Parteien das Milliardenvorhaben der OMV nicht nur unterstützt, sondern gegen Kritik von außen verteidigt haben, ist jetzt schon als ein unverzeihbarer Liebesdienst für die Mullahs in die Annalen der Geschichte Österreichs eingegangen.[41]

Frankreich erhöht den Druck

Im August 2007 war es erstmals ein Europäer, der neue französische Staatspräsident Nicolai Sarkozy, der für schärfere Sanktionen warb. Nur durch massiven ökonomischen Druck auf das Regime, so Sarkozy, könne die „katastrophale Alternative noch abgewendet werden: entweder die ira-

40 Vgl. Jad Mouawad: An excess of problems for Iranian energy, in: International Herald Tribune (IHT), 12. Februar 2007.

41 Der Verfasser dieser Zeilen hat im März, im Mai und im September 2007 in Wien gegen das OMV-Geschäft Stellung genommen. Vgl. http://www.matthiaskuentzel.de/contents/europe-must-decide (März 2007); http://www.matthiaskuentzel.de/contents/has-australia-accepted-the-mullahs-bomb (Mai 2007); http://www.matthiaskuentzel.de/contents/deutschland-und-oesterreich-schuetzen-den-iran (September 2007).

nische Bombe oder die Bombardierung Irans." Europa müsse, falls sich der UN-Sicherheitsrat als nicht handlungsfähig erweise, eigenständige, wirksame Sanktionen beschließen. Gleichzeitig drängte Sarkozy die französischen Konzerne *Total* und *Gaz de France*, auf weitere Iran-Investitionen zu verzichten und forderte die französischen Banken auf, ihre Irangeschäfte einzustellen – Aufforderungen wie man sie in Deutschland bis dato nicht vernommen hatte.[42]

Sarkozy hat recht, wenn er die Möglichkeit iranischer Atomwaffen als Katastrophe begreift. Schon heute wird die Nukleartechnik im Iran nicht einfach als eine Energiequelle betrachtet, sondern wie ein Fetisch verehrt: Ihr werden übernatürliche Fähigkeiten und göttliche Vorbestimmungen zugeschrieben, weswegen man sie an politische Freunde weiterzugeben und für die „Befreiung der Welt" zu verwenden gedenkt. „Die Nuklearisierung Irans", rief Ahmadinejad im August 2007 aus, „ist der Beginn einer grundlegenden Veränderung in der Welt". Man werde sie „in den Dienst derer stellen, die entschlossen sind, den brutalen Mächten und Aggressoren entgegenzutreten."[43] Diese Weltkampf-Phantasie hat mit Abschreckung oder Verteidigung nichts zu tun. Im Gegenteil. Mit seinen „grundlegenden Veränderungen" möchte Ahmadinejad in Israel beginnen. „Das zionistische Regime wird wegradiert", verspricht der iranische Präsident, „und die Menschheit befreit werden." Anschließend kommen die anderen dran: „Sagt es uns", so Ahmadinejads Aufruf an die westliche Welt: „Wenn die Zionisten euch beherrschen, können wir euch helfen. Wir und die freien Völker haben das Potential, euch zu helfen. Rettet eure Völker."[44]

Die antijüdische Feinderklärung korrespondiert mit einem Selbstbild, das sich des göttlichen Beistands sicher wähnt. Irans Regierungschef begann seine jüngste UN-Rede mit dem flehentlichen Gebet, Gott möge die Wiederankunft der seit 1.000 Jahren verschollenen Geistergestalt des 12. Imam – eines angeblich direkten Nachfahrens von Mohammed – beschleunigen. Seine Rede endete mit dem Versprechen, dass der 12. Imam – jener „ultimative Erlöser", wie es bei Ahmadinejad heißt – tatsächlich kommen und der ganzen Welt Gerechtigkeit bringen werde. Die spezifische Gefahr der iranischen Bombe erwächst aus jenem einzigartigen ideologischen Gebräu: jener Mischung aus Wahnvorstellung und Plutonium, aus Holocaust-Leugnung und High-tech, aus schiitischem Messianismus und Waffenuran. Nur im Iran geht das Phantasma des Antisemitismus und der religiösen Auserwähltheit mit einem technologischen Größenwahn und einer Physik der Massenvernichtung einher.

Wenn somit die iranische nukleare Option auf jeden Fall verhindert werden muss, hat Sarkozy doch recht, wenn er auch vor der zweitschlechtesten

42 Vgl. Verschärfte Gangart Sarkozys gegenüber Iran, in: NZZ, 16.9.2007.

43 So in einer Rede am 28. August 2007, zitiert nach MEMRI, Inquiry & Analysis – Iran, No. 1714, September 17, 2007.

44 Zitiert nach ISNA, 5.10.2007 in: Tag der Hasspropaganda. Al-Quds-Tag 2007, in: HC-Iran-Forschung vom 11. Oktober 2007, S 5.

Lösung, der Bombardierung der Atomanlagen im Iran, warnt. Warum? Weil das Mullah-Regime auch in seinen Reaktionen auf einen Luftangriff unberechenbar sein wird.

Erstens liegt Israel im Schussbereich iranischer Raketen. Zweitens könnte Teheran seine Vasallenarmeen im Irak, in Libanon und in Palästina aktivieren. Drittens stehen nicht nur die amerikafreundlichen Golfstaaten, sondern auch die 200.000 in Afghanistan und im Irak stationierten amerikanischen Soldaten im Visier jener 11.000 Raketen, mit deren Einsatzbereitschaft die iranische Führung prahlt. Gleichzeitig wird mit weltweiten Einsätzen von Selbstmordattentätern gedroht: „Für die iranische Nation öffnete der Djihad eines der Tore zum Paradies", schreibt die dem Revolutionsführer Khamenei nahe stehende Tageszeitung *Kayhan*.[45] Als bevorzugte Ziele für „Märtyreroperationen" werden amerikanische Flugzeugträger, die Zentren des Westens in Europa sowie der Schiffverkehr auf der Straße von Hormus genannt, jener Meerenge, durch die über 50 Prozent des in der Welt verbrauchten Öls gelangt. Dies zeigt, dass eine isolierte Militäraktion gegen Nuklearanlagen – ohne Ausschaltung der vom Iran einsetzbaren Konterkräfte – kaum möglich ist. Kein Wunder also, dass die USA nicht gerade übermütig ins Kriegshorn blasen. Und Israel?

Dass Israel Atomwaffen in den Händen seiner Todfeinde nicht zulassen kann, liegt auf der Hand. So würden nach einer Umfrage 27 Prozent der israelischen Juden ihr Land verlassen, wenn Ahmadinejad die technischen Voraussetzungen für die Bombe besitzt.[46] Kein Land aber kann einen derartigen Exodus seiner Eliten verkraften. Die Verteidigung von Israels Existenz beginnt mit der Verhinderung der iranischen nuklearen Option. Gleichwohl hätte die iranische Staatsführung auch dann gesiegt, wenn der Westen den jüdischen Staat im Stich ließe und Israel auch deshalb zum isolierten Verzweiflungsschlag gegen seine Todfeinde triebe.

Wer die eine wie die andere Katastrophe noch verhindern will, kommt somit an harten Wirtschaftssanktionen nicht vorbei. Wenn aber überhaupt noch eine Macht in der Lage ist, das Regime in Teheran ohne Militärgewalt zur Umkehr zu nötigen – auch in diesem dritten Punkt hat Sarkozy Recht – ist es die Europäische Union. Der UN-Sicherheitsrat ist durch Russland als Vetomacht blockiert. Die USA sind zu direkten Sanktionen nicht in der Lage, weil sie mit Iran keinen Handel treiben. China, Japan und Russland sind dazu ebenfalls außerstande, weil sie für den Iran entbehrlich sind. Europa aber ist für das Mullah-Regime unentbehrlich: 40 Prozent aller High-Tech-Einfuhren in den Iran stammen aus der EU.

Schon im September 2006 hatte ein 100-seitiger Bericht des iranischen Parlaments das Offenkundige bestätigt: Dass die iranische Ökonomie unter

---

45 Die Informationen dieses Abschnitts entstammen der Studie von Y. Mansharof und A. Savyon: Iran's Response to Western Warnings: ‚First Strike', ‚Preemptive Attack' ‚Long-Range Ballistic Missiles', ‚Asymmetric [Guerilla] Warfare', in: MEMRI, Inquiry and Analysis Series No. 407, 28. November 2007.

46 Vgl. dazu den Beitrag von Klein Halevi und Oren in diesem Band.

dem Druck westlicher Wirtschaftssanktionen innerhalb von drei bis vier Monaten paralysiert und die iranische Staatsführung zu einem Einlenken in der Atomfrage gezwungen wäre. Dementsprechend eindeutig sahen die Empfehlungen dieses Berichts aus, den die französische Tageszeitung *Le Monde* auszugsweise wiedergab. Iran müsse, so der Bericht, „jedwede politische Anstrengung unternehmen, um die Auferlegung von Sanktionen zu verhindern und gleichzeitig die Interessen des Landes und dessen nationale Ehre verteidigen."[47]

Natürlich käme es für die Verwirklichung von Sarkozys Idee auf die Einigkeit der EU in dieser Frage an. Wie also haben die anderen auf seinen Vorstoß reagiert? Während Großbritannien und die Niederlande Frankreichs Vorschlag unverzüglich unterstützten[48], wurde er von Deutschland, Österreich und Italien offen kritisiert, zurückgewiesen und Mitte Oktober auf einer Sitzung der ständigen EU-Botschafter in Brüssel zu Fall gebracht.[49] Anstatt die neue Entschlossenheit zu nutzen, die Sarkozy in die Debatte brachte, trat insbesondere Berlin auf die Bremse.

„Bruch in der Koalition der Westmächte"

Die Spaltung der europäischen Iranpolitik, die sich im September 2006 bereits angedeutet hatte, wurde am 21. September 2007 vollends offenbar. An diesem Tag diskutierten die fünf Vetomächte plus Deutschland über das weitere Verfahren im Sicherheitsrat. Nachdem der Iran die ersten beiden Sanktionsbeschlüsse ignoriert hatte, ging es jetzt um einen dritten, schärfer formulierten Sanktionskatalog. Auf dieser Sitzung scherte Deutschland erstmals auch im Rahmen der sechs Mächte erkennbar aus dem westlichen Lager aus. Während „die Vereinigten Staaten, Britannien und Frankreich auf eine dritte Entschließung [des Sicherheitsrats] mit verschärften Sanktionen" drängten, lehnte Deutschland dieses Anliegen mit der Begründung ab, Gespräche zwischen der internationalen Atomenergiebehörde und dem Iran nicht belasten zu wollen.[50] Das *Wall Street Journal* betitelte daraufhin am 24. September 2007 seinen Leitartikel mit der Überschrift: „Irans deutsche Helfer" und griff „die deutsche Obstruktion gegenüber allen Anstrengungen, den Iran in Schach zu halten", scharf an.[51]

Eine Woche später veröffentlichte die *New York Times* einen Artikel mit der Überschrift: „Split in Group Delays Vote on Sanctions Against

47 Zit. n. Olivier Guitta: Sanctions Against Iran Would Work, in: The Weekly Standard, 19. Februar 2007.

48 Vgl. Katrin Bennhold: France Pressures Iran, Warning of Sanctions, in: NYT, 17. September 2007.

49 Vgl. FAZ, 19. September 2007. Vgl. auch Paris scheitert mit Vorstoß zu Iran-Sanktionen, in: Handelblatt, 12. Oktober 2007.

50 Horst Bacia: Reichlich offene Fragen, in: FAZ, 22. 9. 2007.

51 Yossi Klein Halevi: Iran's German Enables, in: Wall Street Journal/Opinionjournal.com, 24. September 2007.

Iran". Hiernach ließen sich die drei Westmächte – USA, Frankreich und Großbritannien – widerstrebend auf eine weitere Verschiebung der UN-Sanktionsbemühungen bis November 2007 ein. Sie seien damit drei anderen Ländern – Russland, China und Deutschland – entgegen gekommen und hätten die Einheit der Sechser-Gruppe vor die Geschwindigkeit eines Sanktionsmechanismus gestellt.[52] Mit dieser Politik (und der gleichzeitigen Zurückweisung der Sarkozy-Initiative) wurde dem Mullah-Regime nicht nur ein weiterer, vielleicht entscheidender Aufschub verschafft. Die deutsche Außenpolitik hat sich zugleich zum ersten Mal aus dem Lager des Westens herausgelöst und gemeinsame Sache mit Russland und China *gegen* die Kernmächte des Westens gemacht. Dass dieser Präzedenzfall ausgerechnet zugunsten eines Landes erfolgt, das den Holocaust leugnet und Israel vernichten will, wirft, um das Mindeste zu sagen, Fragen auf.

In *internationalen* Medien wurde die Brisanz der deutschen Blockade durchaus erkannt: Berlin agiere „wie ein Gehilfe für Teherans Versuch, mehr und mehr Zeit [für den Aufbau eines atomwaffenfähigen Atomprogramms] zu gewinnen", kritisierte im September 2007 die *Jerusalem Post*. Damit habe Deutschland einen „Bruch in der Koalition der Westmächte" provoziert.[53] „Die deutsche Regierung zeigt keine feste Haltung wie die französischen und britischen Regierungen", monierte die linksliberale israelische Tageszeitung *Ha'aretz*, „Sie zieht es vor, sich hinter dem UN-Sicherheitsrat zu verstecken und sich vor einem parallelen europäischen Boykott zu drücken."[54] Der *Wall Street Journal* kritisierte das deutsche „Zurückschrecken vor einem internationalen Vorstoß zur Intensivierung der ökonomischen Sanktionen" und übersetzte die damit verbundene Botschaft an Teheran wie folgt: „Haltet weiter durch. Der Westen ist gespalten und wird bald nicht nur die militärische, sondern auch die ökonomische Option fallen lassen."[55]

Zwar hat Bundeskanzlerin Angela Merkel in den Folgewochen das Bild eines harmonischen Vorgehens der Westmächte in der Iranpolitik zu vermitteln gesucht, zwar hat sie in einer Rede vor der *American Academy* in Berlin von Absprachen mit „anderen europäischen Ländern" gesprochen, die das Ziel verfolgten, die „eigenen Handelsbeziehungen mit dem Iran ein Stück (zu) reduzieren"[56] – doch den Realkurs deutscher Iranpolitik bestimmt das Auswärtige Amt. Dessen Sprecher lehnte noch am

---

52 Helene Cooper: Split in Group Delays Vote on Sanctions Against Iran, in: NYT, 29. September 2007.

53 Where's Germany?, in: Jerusalem Post (JP), 17. September 2007.

54 Haaretz, 26. Oktober 2007.

55 Yossi Klein Halevi: Iran's German Enablers, a. a. O. Den einzigen mir bekannten Hinweis in einem deutschen Medium lieferte Matthias Rüb in der FAZ: „Im Atomstreit mit Iran läuft der europäische Verbündete Deutschland von der Fahne", bemerkte er am 26. Oktober 2007 beiläufig.

56 Hubert Wetzel: Berlin schmiedet Allianz gegen Teheran, in: Financial Times Deutschland (FTD), 15. November 2007 sowie: Mitschrift der Pressekonferenz des Auswärtigen Amts vom 16. November 2007; www.auswaertiges-amt.de/diplo/de/Sprecher,navCtx=21914.html (6.12.2007).

16. November europäische Sanktionen und alle diesbezüglichen Absprachen ab.[57] Man werde sich vorerst nicht auf Europa, sondern allein auf den Sicherheitsrat konzentrieren. Erst wenn dort alle Optionen ausgeschöpft wären – weit in 2008 – „würden wir diese Diskussion auf uns zukommen lassen."

Während der Iran tagtäglich an den Komponenten der Atomwaffe arbeitet, fällt die UN-Diplomatie im November 2007 auf ihren Ausgangspunkt zurück. Das als entscheidend betrachtete Gespräch zwischen dem Emissär der sechs Mächte, Javier Solana, und dem iranischen Atombeauftragten Dschalili am 30. November in London soll nach Auskunft eines Beobachters ein „Desaster" gewesen sein. So habe Dschalili die ersten 90 Minuten für einen Monolog über das iranische Volk, über die Theologie und über Gott verwendet und anschließend alle Gesprächsresultate der letzten Jahre annulliert.[58]

Dennoch konnten sich die Vertreter der sechs Mächte, die am Folgetag in Paris zusammen kamen, auf keine neue UN-Maßnahme verständigen. Auch in Zukunft, konstatierte die FAZ, werde „eine drastische Verschärfung des Sanktionsregimes, wie Washington sie wünscht, […] nicht zu erwarten" sein.[59] Und was tut Berlin? Als am 2. Dezember ein einziger Abgeordneter des Bundestages, der CDU-Außenpolitiker Eckart von Klaeden, die Sarkozy-Linie unterstützte und für Sanktionen auf europäischer Ebene warb, pfiff ihn die Bundesregierung am Folgetag zurück. Der Vorsitzende des Auswärtigen Ausschusses im Bundestag, der CDU-Politiker Ruprecht Polenz, der innerhalb seiner Partei die Steinmeier-Linie vertritt, sprach sich gegen Sanktionen aus. Der grüne Parteiführer, Jürgen Trittin, schloss sich an und bezeichnete es als „nicht sinnvoll, nach neuen Sanktionen zu gieren".[60] Sinnvoller – so die implizite Botschaft dieser Position – scheint die Akzeptanz des iranischen Waffenurans zu sein. Auch heute noch kann Iran in der Politik der Bundesregierung *und* der Opposition ein „Schutzschild" sehen. Wodurch zeichnet sich Deutschlands Rolle im Atomstreit aus?

„Irgendwie geht es immer weiter"

Zu den wichtigsten Resultaten dieser Untersuchung gehört der Nachweis, dass die *special relationship* zwischen Deutschland und dem Iran trotz des Atomstreits und Ahmadinejads Aufrufen ungebrochen geblieben ist. Selbstverständlich stellten die Enthüllungen über das illegale militärische Atomprogramm von 2002 eine Belastung für diese Beziehungen dar. Die

57 So die Mitschrift der Pressekonferenz des Auswärtigen Amts vom 16. November 2007; www.auswaertiges-amt.de/diplo/de/Sprecher,navCtx=21914.html (6.12.2007).

58 Vgl. Elaine Sciolino: Iranian Pushes Nuclear Talks Back to Square 1, in: NYT, 2. Dezember 2007.

59 Andreas Ross: Iran-Sanktionen noch 2007?, in: FAZ, 3. Dezember 2007.

60 FAZ, 4.12.2007.

brutale Offenheit, mit der Ahmadinejad die Zielsetzung des Regimes propagiert, hat die bilaterale Beziehung zusätzlich auf die Probe gestellt: Es macht sich nicht gut, wenn das Land der Holocaust-Täter mit dem Land der Holocaust-Leugner paktiert. Gleichwohl blieb die besondere Beziehung zwischen Teheran und Berlin im Großen und Ganzen intakt. Zwar haben sich die Bundesregierung und der Bundestag vom Antisemitismus Ahmadinejads distanziert. Ansonsten aber hat man dessen Rolle im iranischen Machtgefüge klein geredet und die Bedeutung seiner Worte ignoriert.

So wollte der Vorsitzende des Auswärtigen Ausschusses im Bundestag, Ruprecht Polenz, Irans Präsident als vernachlässigbare Größe abtun. Ahmadinejad nehme, so der CDU-Politiker im Mai 2006, „nach unseren Begriffen eher die Funktionen eines Innenminister" ein.[61] Zwei Tage später hatte jener „Innenminister" mit seinem Brief an US-Präsident Bush weltweit Schlagzeilen gemacht. Ein anderer CDU-Politiker – der hessische Ministerpräsident Roland Koch – nahm Ahmadinejad gegen dessen eigene Rhetorik in Schutz. Er glaube nicht, „dass Iran die Zerstörung Israels wirklich ernsthaft verfolge. Iran, so lautet die Analyse Kochs, komme es vor allem darauf an, wieder vom Westen in seiner früheren Rolle als wichtige Macht in der Region ernst genommen zu werden."[62] Leider ließ sich die Öffentlichkeit und die Politik in Deutschland derart plumpe Täuschungen gefallen – es gab nicht einmal Spurenelemente an Kritik. Also setzte man die deutsch-iranischen Beziehungen in wirtschaftlicher, kultureller und politischer Hinsicht fort, als habe es die Holocaust-Leugnung und die Ankündigung, Israel zu vernichten, nie gegeben.

Wirtschaftliche Sonderbeziehungen: Mit welchem Optimismus und mit welcher Skrupellosigkeit das Wirtschaftsministerium mögliche Rückschläge im Irangeschäft zu kompensieren suchte, hat beispielhaft die Veranstaltung *Iran – Marktchancen für deutsche Exporteure* am 18. September 2007 in Darmstadt gezeigt. Die vom Bundeswirtschaftsministerium verbreitete Einladung weist darauf hin, dass viele deutsche Unternehmen über „Erfahrungen mit den Aufs und Abs im Irangeschäft" verfügen. Doch sie würden dies – so weiter die Einladung – „derzeit noch unter dem Motto ‚Iran ist Krisen gewohnt – irgendwie geht es immer weiter' (sehen). Das wirtschaftliche Zukunftspotenzial Irans rechtfertigt diese positive Sichtweise auf jeden Fall." Irgendwie wird es immer weitergehen: Was sollte da die Existenz der iranischen Bombe oder Israels schon für eine Rolle spielen.[63]

Gleichzeitig wird die neue Exportstrategie der deutschen Wirtschaft politisch gedeckt, die den Iran weniger direkt, als vielmehr indirekt – über

61 FAZ, 5.5.2006.

62 Thomas Holl: Koch in New York. Finanzfachmann, Außenpolitiker, Botschafter der Kanzlerin, in: FAZ-Net, 15. September 2007.

63 Diese Werbeveranstaltung, über die ich erstmal im August 2007 berichtet hatte, wurde in vielen israelischen und amerikanischen Zeitungsartikeln äußerst kritisch kommentiert – die „New York Times" hatte eigens ihren Korrespondenten nach Darmstadt geschickt. In den deutschen Medien wurde dieser Vorfall hingegen ignoriert.

die Vereinten Arabischen Emirate – zu beliefern sucht.[64] Ein besonders finsteres Kapitel stellt der illegale Export nuklearrelevanter Spezialteile aus Deutschland in den Iran via Russland dar – eine Geschäftspraxis, die Teheran laut Verfassungsschutzbehörden in jüngster Vergangenheit erheblich intensiviert hat. Nach Auskunft von Kazem Moussavi von der Green Party of Iran in Deutschland wird dieser Schmuggel von der iranischen Botschaft in Berlin mit ihren 160 Diplomaten und ihren insgesamt 650 iranischen Zuarbeitern in allen Teilen der Bundesrepublik koordiniert. Er wird zugleich von einer Justiz- und von einer Gesetzgebungspraxis begünstigt, die den Atomschmuggel als Kavaliersdelikte einzuordnen und mit bestenfalls symbolischen Bestrafungen zu ahnden pflegt.[65]

Kulturelle Sonderbeziehungen: Obwohl die klerikalfaschistische Unterdrückung aller „abweichenden" kulturellen Regungen beständig zunahm, hat Deutschland mit dem Regime bedingungslos kollaboriert. Zwar hatte Ahmadinejad im Dezember 2005 jegliche „westliche" Musik in den öffentlichen Medien des Iran verboten – gleichwohl wurden unter der Schirmherrschaft des deutschen Außenministers im August 2007 zwei Alibikonzerte der Osnabrücker Symphoniker in Teheran durchgeführt.[66] Zwar werden bei iranischen Buchmessen nur regierungstreue Verlage zugelassen, unzählige Bücher zensiert und in öffentlichen Einrichtung selbst westliche Wörter verboten: Gleichwohl setzt die Frankfurter Buchmesse ihre Kooperation mit Iran, als sei nichts geschehen, fort.[67] Zwar werden die iranischen Studenten terroristisch unterdrückt und von der Staatsführung genötigt, „gegen liberale Ideen anzuschreien" – gleichwohl bieten die Universität Wuppertal und die Fachhochschule Aachen-Jülich ihre Diplom-Studiengänge in den Bereichen Maschinenbau und Bauingenieurwesen auch an den Universitäten in Isfahan und Teheran an.[68]

Der Deutsche Akademische Austauschdienst – seit 2003 in Teheran mit einem Informationszentrum vertreten – hat allein in 2006 327 iranische Wissenschaftler, 15 Hochschulpartnerschaftsprogramme und den Erwerb deutscher Fachhochschulabschlüsse für iranische Studenten finanziert.[69]

Politische Sonderbeziehungen: Hier ist auch heute nur die Spitze des Eisbergs bekannt, pflegt Deutschland doch seine Kontakte „bevorzugt hinter den Kulissen. Deutsch-iranische Konsultationen wurden – wenn

---

64 Siehe Fußnote 5.

65 Siehe hierzu die vorzügliche Recherche von Benjamin Weinthal: The German connection, in: Ha'aretz, 23. November 2007.

66 AP, 27. August 2007.

67 Iran Report August 2007; Nikolaus Busse: Iran droht mit Ablehnung des westlichen Angebots, in: FAZ, 31. Juli 2007.

68 Vgl. Amir Hassan Cheheltan: Die beerdigte Krise, in: FAZ, 4. Mai 2007. Über die Universitätskooperation informiert stolz die Homepage des Auswärtigen Amts. („Beziehungen zwischen Iran und Deutschland", Stand: Juni 2007)

69 Vgl. Antwort der Bundesregierung auf die Kleine Anfrage der Fraktion Bündnis 90/Die Grünen: „Die Iran-Politik der Bundesregierung" vom 1.6.2007 auf Drucksache 16/5533.

überhaupt – oft erst nachträglich bzw. durch Zufall öffentlich bekannt. [...] Gleichzeitig blieben die Beziehungen zu Teheran in den offiziellen Jahresberichten der Bundesregierung unterbelichtet oder ausgeblendet."[70] So hat das Regime seine Agententätigkeit in Deutschland nie abgeschwächt: Nach Auskunft von Hamid Nowzari, dem Vorstandssprecher des Vereins für iranische Flüchtlinge in Berlin, haben die Aktivitäten des iranischen Geheimdienstes gegenüber Exiliranern 2007 stark zugenommen. „Mehrfach wurden uns und dem deutschen Staatsschutz iranische Führungsoffiziere gemeldet, die Iraner brachial bedroht haben."[71] Gleichwohl will Berlin einen Haupttäter des *Mykonos*-Attentats von 1992, den Top-Agenten des iranischen Geheimdienstes, Kazim Darabi, dessen Mindesthaftstrafe regulär in 2020 endet, noch im Jahr 2007 vorzeitig entlassen.[72]

Doch erst im Atomstreit entwickelt diese Sonderbeziehung globale Relevanz. Während Teheran dem Willen der Weltgemeinschaft zum Trotz seine atomwaffenrelevanten Arbeiten fortsetzte, ließen deutsche Diplomaten keine Gelegenheiten ungenutzt, um wirksame Sanktionsmechanismen gegen Iran aufzuhalten oder zu verhindern.

Angela Merkel, die Bundeskanzlerin, lässt es auf internationalen Foren an deutlicher – man könnte auch sagen: „blendender" – Irankritik gewiss nicht fehlen. „Wenn der Iran in den Besitz der Atombombe käme" rief sie beispielsweise am 25. November 2007 der Vollversammlung der Vereinten Nationen zu, „hätte das verheerende Folgen: Zuerst und vor allem für die Existenz Israels, dann für die gesamte Region und schließlich – weit darüber hinaus – für alle in Europa und der Welt, denen die Werte Freiheit, Demokratie und Menschenwürde etwas bedeuten." Und sie fuhr fort: „Beim entschlossenen Vorgehen gegen die Provokationen des Iran darf sich die internationale Gemeinschaft nicht spalten lassen. [...] Geschlossenheit und Entschlossenheit" seien der Schlüssel zum Erfolg.[73]

All dies würde unsere Zustimmung finden – hätte unser Rückblick nicht zweifelsfrei ergeben, was „Geschlossenheit" in diesem Zusammenhang meint: Erstens: Wir als Deutsche machen nix. Dabei hätte nur die Bundesregierung das 2002 unterzeichnete Investitionsschutzabkommen zwischen Deutschland und dem Iran kündigen oder die Vergabe von Hermesbürgschaften für Iran-Investoren beenden können. Davon aber sollte gerade keine Rede sein. All die wortradikalen Forderungen an die Adresse der internationalen Gemeinschaft haben den Verzicht auf unilaterale Maßnahme lediglich bemäntelt.

Die Parole von der „Geschlossenheit" bedeutet zweitens: Wir als Europäer machen nix. Sie wird als Begründung für die Ablehnung der auf

---

70 Norbert Siegmund: Der Mykonos-Prozess. Ein Terroristen-Prozess unter dem Einfluss von Außenpolitik und Geheimdiensten, Hamburg 2001, S.8. Ich danke Ulrike Becker für diesen Hinweis.

71 Rüdiger Scheidges: Der lange Arm der Mullahs, in: Handelsblatt, 29. November 2007.

72 Vgl. ebd.

73 Rede von Bundeskanzlerin Merkel vor der UN-Generalversammlung in New York; www.bundeskanzlerin.de (6.12.2007).

eigenständige europäische Sanktionen drängenden Politik Frankreichs angeführt und nimmt somit das Gegenteil von dem, was sie meint, in Kauf: nicht die Geschlossenheit der EU, sondern deren Spaltung.

Merkels Appell, die internationale Gemeinschaft dürfe sich nicht spalten lassen, läuft letztlich auf das Bündnis mit den jeweils engsten Iran-Freunden im UN-Sicherheitsrat hinaus: Die eigene Politik soll sich am Tempo der jeweils langsamsten und zögerlichsten Vetomacht orientieren.

Gut möglich, dass die Bundeskanzlerin und ihr Außenminister nicht in allen Aspekten dieser Politik übereinstimmen. Oder hat man es, wie es die FAZ nahe legt, mit einem „Handeln mit verteilten Rollen" zu tun?[74] Es war auffällig, dass in der großen Debatte über die Zielrichtung der deutschen Außenpolitik, die sich im Herbst 2007 um Russland, den Dalai Lama und die chinesische Volksrepublik drehte, ausgerechnet die Iranpolitik kein Thema war. Wie aber ist diese Politik zu erklären? Der Anteil der Exporte in den Iran macht weniger als 0,5 Prozent aller deutschen Gesamtexporte aus. Wirtschaftspolitisch könnte die deutsche Exportnation auf diesen Anteil ohne große Probleme verzichten. Warum lässt Deutschland dem Mullah-Regime dennoch freien Lauf?

Brandstifter oder Biedermann?

Berlins Iranpolitik erklären zu wollen, fällt nicht leicht, zumal niemand weiß, ob die Akteure wissen, was sie tun. Zwei mögliche Interpretationen bieten sich an. Eine „weiche" Deutung nähme Steinmeiers Position beim Wort. „Ich jedenfalls", hatte er auf dem SPD-Parteitag Ende Oktober 2007 in Hamburg erklärt, „ringe vom ersten Tag meiner Amtszeit auch ganz persönlich darum, dass Iran endlich einlenkt und den Weg für Verhandlungen mit uns gemeinsam wieder findet."[75] Dies erinnert an jene legendäre Blindheit, vor der das Lehrstück von Max Frisch – *Biedermann und die Brandstifter* – eindringlich warnt. „Man soll nicht immer das Schlimmste denken", lässt Frisch seinen *Biedermann* sagen. „Ein bisschen Vertrauen, Herrgottnochmal, muss man schon haben, ein bisschen guten Willen."

Nun hat Ahmadinejad auch dem deutschen Außenminister zu Genüge demonstriert, dass an seiner Stahlwand des Fanatismus jeder Aufklärungsversuch, jedes Verhandlungsangebot, jede politische Finesse abprallt. Wenn Frank-Walter Steinmeier von „Einlenken" spricht, steht ihm folgerichtig eine Lösung vor Augen, die den Interessen des Regimes weit genug entgegenkommt, um auch freiwillig – ohne Druck – durchsetzbar zu sein.

Der Vorschlag, um den es sich hier handelt und der die deutsche Verhandlungsstrategie von Anfang an durchzieht, ist bekannt: Während Frankreich, Großbritannien und die USA die Urananreicherung im industriellen Maßstab – also die Industrieanlage selbst – durch scharfe Sanktionen verhindern

74 Wulf Schmiese: Selbstbewusster Nebendarsteller, in: FAZ, 24. November 2007.
75 Ebd.

wollen, hat Deutschland (aber auch Österreich, Russland und die IAEA) von Anfang an signalisiert, derartige Anlagen früher oder später akzeptieren zu wollen, sofern sie nur der Kontrolle der IAEA unterliegen. Da aber jeder Staat den IAEA-Kontrolleuren den Zutritt zu bestimmten Anlagen und selbst deren Einreise verwehren kann – die IAEA verfügt über keine militärische Macht und ist auf das Entgegenkommen der von ihr Kontrollierten angewiesen – läuft dieser Vorschlag auf die Anerkennung der iranischen nuklearen Option hinaus. Dem Iran wird zwar der unmittelbare Besitz einer Bombe verwehrt – nicht aber die Bereitstellung der hierfür erforderlichen Technologie. Man möchte „den Iran von nuklearen Abenteuern abhalten", wie es Frank-Walter Steinmeier formuliert, nicht aber von Waffenuran und Plutonium. Mit dieser Linie hat Deutschland das Interesse, das Berlin und Teheran als Nicht-Atomwaffenstaaten teilen, über die Solidarität mit den Atommächten gestellt. Während Atommächte selbst schon die Herausbildung von potenziell neuen Atommächten verhindern wollen, sind hoch entwickelte Nicht-Atomwaffenstaaten wie Japan, Deutschland oder der Iran an der ungestörten Entwicklung ihrer *dual-use*-Kapazitäten interessiert.[76]

Die Ideologie der Mullahs weist jedoch einige Unterschiede zur Ideologie der Japaner und der Deutschen auf. Wer glaubt, er könne durch Zulassung der iranischen Urananreicherung nukleare Abenteuer verhindern, bereitet in Wirklichkeit dem Krieg den Weg: Schon durch die Bereitstellung entsprechender Technologien hätte der Iran sein Ziel erreicht. Wer die iranische nukleare Option als das kleinere Übel und als Beitrag für den Frieden verteidigt, liefert Israel der Willkür der Mullahs aus.

Die „harte" Deutung der deutschen Iranpolitik unterstellt den politischen Akteuren keine pazifistischen Blütenträume, sondern ein Konzept, das auf einer durchkalkulierten Interessensabwägung basiert. Demnach wird ein strategisches Bündnis zwischen Deutschland und der Atommacht Iran angestrebt, mit dem man in einer der strategisch wichtigsten Regionen der Welt die Vorherrschaft der USA und ihres ent-nuklearisierten Bündnispartners Irak zu brechen hofft: Multipolarität um jeden Preis.

So oder so ähnlich scheint jedenfalls das Szenario auszusehen, das ein Berater des Außenministers im Auge hat: Volker Perthes, Direktor der Stiftung Wissenschaft und Politik und ein Mann, der „offenkundig in der Lage ist, die Entscheidungsfindung der Bundesregierung zu beeinflussen."[77] Er unterbreitete vier Wochen nach Beginn der den Holocaust leugnenden Tiraden des iranischen Präsidenten den Vorschlag, jetzt „vor allem" dem Iran eine „strategische Partnerschaft" anzubieten und das Land der Mullahs „als das zu akzeptier(en), was es [...] sein will: eine ernst zu nehmende Mittelmacht mit dem Potenzial, zum wichtigsten Partner Europas zu werden."[78]

---

76 Ich habe die Politik der „nuklearen Option" in meiner Dissertation „Bonn und die Bombe. Deutsche Atomwaffenpolitik von Adenauer bis Brandt", Frankfurt/M. 1992, analysiert.

77 Elliot Jager: Power & Politics: Memo to Mrs. Merkel, in: JP, 9. Januar 2007.

78 Volker Perthes: Die iranische Herausforderung, in: Handelsblatt, 10. Januar 2006.

Machtpolitisch ist dieser Ansatz ohne Frage attraktiv: Option 1: Teheran erreichtet sein Atomwaffenpotenzial und vergrößert so sein strategisches Gewicht. In diesem Fall hätte Deutschland als einer seiner zuverlässigsten Verbündeten die eigenen Schäfchen fein ins Trockene gebracht. Option 2: Die iranischen Atomzentren werden nach Scheitern des Sanktionskonzepts durch amerikanische Bomber demoliert. Dann wäre der Effekt von 2003 – die Profilierung einer „deutschen Friedensmacht" gegen den „Aggressor USA" – wieder da. In dem einen wie in dem anderen Fall würde Deutschland profitieren. Wie selbstverständlich man in Berlin die iranische Bombe schon als ein Faktum in die eigenen Überlegungen einbezogen hat, zeigt ein Aufsatz in der Zeitschrift *Internationale Politik*, dem Organ der offiziösen *Deutschen Gesellschaft für Auswärtige Politik*. Hier wird unter dem Titel „Wenn der Iran Nuklearmacht würde..." das damit verbundene Szenario in allen Details durchgespielt und auf das Prinzip Hoffnung gesetzt: „Die iranische Führung hat bislang keine Irrationalität oder Unberechenbarkeit gezeigt."[79] Die Leugnung des Holocaust: Keine Irrationalität? Der Count-Down, mit dem Israels Vernichtung schon angezählt worden ist: Keine Unberechenbarkeit?

Ob die Berliner Iranpolitik einer „weichen" oder einer „harten" Deutung unterzogen wird: Die Ignoranz gegenüber dem Sicherheitsinteresse Israels ist in beiden Fällen gleich. Die Frage, ob ein Land oder eine Gesellschaft die aus der Nazi-Geschichte resultierenden Schlussfolgerungen gezogen hat, beantwortet sich nicht in Sonntagsreden, sondern konkret. In Bezug auf Deutschlands Iranpolitik heißt die Antwort „Nein".

Doch die Zeitbombe tickt. Mit jedem Fortschritt der nuklearen Option wird das Szenario, das in einem nuklearen Holocaust gipfeln könnte, wahrscheinlicher. Berlin steht zweifellos in der vordersten Reihe – aber nicht bei jenen, die das Unheil abzuwenden suchen, sondern bei jenen, die ihm den Weg bereiten. Es ignoriert die Warnung, die Max Frisch in seinem Drama dem schließlich erfolgreichen Brandstifter *Eisenring* – seinem Ahmadinejad! – in den Mund legte: „Die beste und sicherste Tarnung ist immer noch die blanke und nackte Wahrheit. Komischerweise. Die glaubt niemand."

79 Karl-Heinz Kamp: Wenn der Iran Nuklearmacht würde..., in: Internationale Politik, September 2007, S. 104–113.

Thomas Becker

Die Wiederkehr des Führers

Als der iranische Präsident die Deutschen für eine historische Mission begeistern wollte

„Das ist die Aufforderung aller göttlicher Propheten von Adam bis Noah, Abraham, Moses, Jesus Christus und Mohammed, dem Boten Gottes (FSMI). Wenn sie der Aufforderung folgen, sind sie gerettet, und wenn nicht, wird den Menschen was ihnen in der Vergangenheit widerfahren ist, noch einmal widerfahren."
Mahmoud Ahmadinejad am 26. September 2007 vor der UN-Vollversammlung in New York[1]

Am 28. August 2006 erhielt Bundeskanzlerin Angela Merkel einen Brief aus Teheran[2], in dem ihr der Präsident Irans ein im Ton wie der Sache nach unangemessenes Angebot machte, das zugleich das Drängende und Vergebliche eines letzten Aufgebots an sich hatte. Mahmoud Ahmadinejad verlangte von ihr, sich vom amerikanischen Präsidenten ab- und ihm zuzuwenden, die deutsche Nachkriegsgeschichte, Schuldgefühle, Wiedergutmachung und Westbindung hinter sich zu lassen und sich mit ihm der Vision einer neuen Weltordnung jenseits der „anglo-amerikanisch-zionistischen Herrschaft", die nach dem Zweiten Weltkrieg errichtet wurde, zuzuwenden. Sie und er könnten dazu beitragen, die alte Ordnung und die aus ihr herrührenden „Missstände" zu beseitigen. Sie sollten sich daher verbünden zur „Verteidigung der Entrechteten" im „Kampf gegen die Despoten" dieser Welt. Was er ihr anzubieten hatte war mehr als ein Absatzmarkt von 70 Millionen Konsumenten, Öl, Gas und die Befreiung des Mittleren Ostens vom amerikanischen, britischen und zionistischen Imperialismus zugunsten des deutschen. Sein Angebot beinhaltete nicht weniger als die Aufforderung zu einer historischen, ja göttlichen Mission, zur Beteiligung am Kampf für die Befreiung der Menschheit vom Joch Amerikas und der Juden, die Aussicht auf internationale „Gerechtigkeit", „Weltfrieden", errungen und errichtet durch die kombinierte Macht Europas und Allahs, angeführt von den beiden Kulturvölkern des Morgen- und des Abendlandes, die für diese Führerrolle wie geboren erschienen.

„Das iranische und das deutsche Volk sind zwei große kulturbildende Völker und Vorreiter in Wissenschaft, Literatur, Kunst und Philosophie gewesen. Beide Völker sind religiös und folgen den Lehren der großen Propheten Gottes; sie haben eine lange Tradition im wissenschaftlichen,

1 http://www.president.ir/en/?ArtID=6781 (3.12.2007).

2 http://www.president.ir/eng/ahmadinejad/cronicnews/1385/06/06/index-g.htm (3.12.2007).

kulturellen und Handelsaustausch. Ohne Zweifel können durch die Zusammenarbeit der beiden Regierungen und durch Unterstützung der beiden großen Völker große Schritte zur Beseitigung der Missstände in der Welt unternommen werden."

Die „Missstände", die Mahmoud Ahmadinejad mit deutscher Hilfe beseitigen wollte, beschrieb er in seinem Brief an die Bundeskanzlerin als Folge der internationalen Machtverhältnisse, wie sie der Zweite Weltkrieg hervorgebracht hat, mit denen demzufolge gründlich aufzuräumen wäre. Die Verantwortlichen für diese „Missstände" werden von ihm als „Siegermächte", „manche Weltmächte" und „bestimmte", nämlich „macht- und kriegssüchtige Gruppen" und „die Zionisten" angeklagt, ohne sie jemals als „Juden" oder „Amerikaner" zu identifizieren. Die „Missstände" werden Synonym für die fortwährende Herrschaft jener „Mächte" und „Gruppen"; „Gerechtigkeit" und „Frieden" meinen ihre Beseitigung. Als größter Missstand erscheint dabei das „Besatzungs-Regime", das „durch Waffengewalt im Nahen Osten errichtet" wurde. Es war das untrennbare Bündnis zwischen Washington und Jerusalem, das Mahmoud Ahmadinejad durch die Vernichtung Israels zerreißen und durch die Achse Teheran-Berlin ersetzen wollte.

Da er aber davon ausging, dass Schuldgefühle wegen des Holocaust die Deutschen davon abhalten würden, sich offen gegen die USA und Israel zu stellen, widmete er die Hälfte seines Briefes diesem Thema. Dabei sprach er die Deutschen von jeder Schuld frei. Sie sollten sich nicht länger mit dem Holocaust „erpressen" lassen, schon gar nicht von den „Zionisten", dem „größten Feind der Menschheit". In Wahrheit sei das deutsche Volk nach dem Zweiten Weltkrieg selbst „Opfer der Unterdrückung" durch die selben „Mächte" geworden, unter denen die Welt bis heute leide. Diese „Mächte" und „die Zionisten" hätten den Holocaust als „Vorwand" benutzt, um das deutsche Volk zu „erniedrigen" und seine „Vitalität zu schwächen". Die „propagandistischen Bemühungen", die sie dazu unternommen hätten, seien „dermaßen umfassend" gewesen, dass die Deutschen schließlich selbst daran geglaubt hätten, „eine historische Schuld zu tragen und die Sünden ihrer Vorfahren über Generationen und auf unbestimmte Zeit entschädigen zu müssen".

Dann beschuldigte er sämtliche deutschen Regierungen nach dem Zweiten Weltkrieg, die amtierende eingeschlossen, sich diese „Erniedrigungen" auch noch gefallen gelassen oder sie „sogar verteidigt", mithin die Interessen des deutschen Volkes verraten zu haben. „Wie lange noch", fragte er Angela Merkel unverhohlen, „soll die Erniedrigung ihres Volkes und die Erpressung noch andauern? 60 Jahre, ein Jahrhundert, 10 Jahrhunderte, bis wann?"

Das waren sicherlich Fragen, mit denen sich auch die Deutschen beschäftigten, wenngleich die meisten im Laufe der Jahre gelernt hatten, sie anders zu stellen. Die jüngeren Generationen waren schon selber so schlau zu wissen, dass sie sich wegen des Holocaust, der zu Zeiten ihrer Groß- und Ureltern sich ereignete, nicht schuldig fühlen mussten, und setzten sich bereits Mahn- und Denkmäler dafür, wie gründlich sie ihre Lehren aus der Vergangenheit gezogen hatten. Dabei drehte sich das Gedenken um den „Krieg" und die „Opfer von Krieg und Vertreibung", auf dass sie sich selbst darin wieder fänden. So hatte sich die „schwarze Wolke der Erniedrigung und des Scham- und Schuldgefühls", die der iranische Präsident noch schwer auf dem deutschen Gemüt lastend sah, eigentlich schon in Luft aufgelöst, als er ihnen die Absolution erteilte; in dünne Luft allerdings. Denn die „Verarbeitung" der Schuld ihrer Vorfahren und die Erkenntnis, dass sie schuldig und Opfer zugleich waren, hatte die Deutschen nicht kalt gelassen. Die klare Unterscheidung zwischen gut und böse war einer tiefgründigen Verwirrung gewichen, einem Verständnis allem und jedem gegenüber, ausgenommen die Unversöhnlichen. Es hatte sich bei ihnen ein besonderes Feingefühl eingestellt, meinten sie, allem Unrecht gegenüber, egal wo und wem es geschah. Sie fragten daher nicht mehr nach ihrer Schuld, sondern nach ihrer historischen Verantwortung für „Frieden" und „Gerechtigkeit" in der Welt. Und natürlich spürten sie diese „historische Verantwortung" nirgendwo stärker, schmerzlicher und herausfordernder als gegenüber dem palästinensischen Volk, für dessen Schicksal sie sich schon deshalb mitverantwortlich fühlten, weil sie sich nichts auf der Welt vorstellen konnten, das ohne ihr Dazutun passierte. An den Palästinensern hatten sich nun die „Zionisten" versündigt wie vorher die Deutschen an den Juden. Bekanntlich verschaffte die Gleichsetzung des Schicksals der Juden während und der Palästinenser nach dem Zweiten Weltkrieg dem palästinensischen wie dem deutschen Volk viele seelische Erleichterungen, jeweils auf je eigene Weise. Am Schicksal der Palästinenser lernten die Deutschen wieder die Juden zu hassen. Für Mahmoud Ahmadinejad schließlich war das deutsche Engagement gegen jene vom iranischen Präsidenten ausgemachten und eingangs zitierten „Missstände" der Ansatzpunkt für seine Agitation, wodurch er die Deutschen für seine historische Mission zu gewinnen trachtete.

Als er feststellte, „neben dem deutschen Volk sind auch die Völker im Nahen und Mittleren Osten und sogar die Menschheit durch die Thematisierung des Holocausts zu Schaden gekommen", hätte ihm keiner der geläuterten Deutschen zu widersprechen gewusst. Auch diese Frage hätten ihm die meisten Bundesbürger wunschgemäß beantwortet: „Sind die Atomwaffenarsenale in Israel zur Verteidigung der Hinterbliebenen des Holocausts da oder stellen sie eine ständige Bedrohung für die Völker der Region und ein Instrument zur Gewaltandrohung, Besatzung und Wahrung der Interessen mancher Machtstrukturen im Westen dar?" Und als er die Deutschen dazu aufforderte, sich vorzustellen „welchen Status Deutschland bei freiheitsliebenden Menschen, bei den Muslimen der Welt und Europäern spielen würde und welchen Einfluss dieses Land auf den Weltfrieden hätte", wenn nicht jene „Mächte" und „Zionisten" es verstanden hätten, Deutschlands „verdiente Souveränität zu verhindern", sprach er vielleicht einer satten Majorität der Volksgenossen aus der Seele.

Aber das reichte trotzdem nicht aus, um die Deutschen für das Katastrophenszenario zu begeistern, das Mahmoud Ahmadinejad und die Revolutionswächter sich in ihrem gottverkrankten Hirn ausgedacht hatten. In der Sache teilten vielleicht allzuviele seine Ansichten über die „Missstände" und „die eigentlichen Gründe für diese Missstände". Auch die Deutschen fanden es „ungerecht", dass Israel Atomwaffen haben durfte und der Iran nicht, wie sie es ungerecht fanden, wenn das eine Kind mehr Eiskugeln als das andere hatte. Deutschland hatte ja auch keine Atombombe, obwohl es jederzeit eine haben konnte, wenn es wollte. Mahmoud Ahmadinejads Anti-Zionismus und Anti-Amerikanismus wurde von vielen Deutschen mit großer Leidenschaft geteilt. Doch da war etwas in seinen Reden, das sie verwirrte und dazu führte, dass sie vornehmlich bei rechts- und linksextremen Anti-Imperialisten oder Parteien wie NPD und Die Linke Anklang fanden. Zum Beispiel wenn er ihnen die Frage stellte, warum die Palästinenser unter den Folgen des Holocaust leiden müssten, wenn dieser doch in Europa stattgefunden haben soll, reagierten die Deutschen mit Abscheu auf den Zynismus, aber mit schlechtem Gewissen auf den vermeintlichen Sachverhalt, weil sie die Dinge eigentlich ganz genauso sahen. Auch ihnen schien die Gründung Israels, analog zur Teilung Deutschlands, eine Strafe zu sein, welche die „Mächte" gegen die Verlierer verhängten, um sie zu demütigen. Weil sie sich mit den Tatsachen nicht so gut auskannten, meinten sie, mit den Palästinensern hätte es eindeutig Unschuldige getroffen. Dabei hatten diese bloß, wie die Deutschen selbst, den Krieg verloren, ihren Weltkrieg gegen die Juden.

Das Problem, dass ihnen Mahmoud Ahmadinejad bei aller Übereinstimmung in Fragen der Gegenwart, der „Gerechtigkeit" und des „Friedens" machte, war, dass er ihnen die Welt annähernd richtig, aber im Tonfall des Führers zu erklären schien, den sie für tot gehalten hatten. Das irritierte sie an ihm. Mit der Produktion von Atomraketen und der Androhung, Israel zu vernichten, brachte er ihnen das als vergangen und bewältigt Gedachte als Gegenwärtiges zurück ins Bewusstsein. Aber indem der iranische Präsident sich ihnen als der wieder auferstandene Führer präsentierte, verlieh er seiner Mission die historische Kontinuität, welche die deutsche „Vergangenheitsbewältigung" gerade bestreiten musste, um als gelungen zu erscheinen. Sie „bewältigen" nicht durch Leugnung oder Rechtfertigung, wie er, sondern durch Verschiebung, indem sie, jetzt wieder wie er, Israel den Völkermord an den Palästinensern und den USA einen Vernichtungskrieg gegen das irakische Volk in Rechung stellten. So konnten sie nur auf verschiedenen Wegen zu demselben Ergebnis kommen.

Vielleicht war Mahmoud Ahmadinejads Annahme sowieso falsch gewesen, für die Deutschen stelle der Holocaust noch ein entscheidendes Hindernis dafür dar, sich mit ihm auf seine Mission einzulassen. Die Deutschen wollten es ja. Deutschland war und blieb bis zuletzt Irans wichtigster westlicher Handelspartner. Das deutsche Außenministerium hörte nicht auf, das Regime mit Dialogangeboten zu protegieren, und die öffentliche Meinung in Deutschland versteifte sich um so mehr auf ihren Zorn gegen den amerikanischen Präsidenten, je weiter der iranische die Konfrontation um sein Atomraketenprogramm vorantrieb. Doch merkte man bereits, dass die Krise bald mit einem Krieg gegen den Iran enden könnte, den zu verhindern die Deutschen als ihre oberste Pflicht empfanden. Das hielten sie für die wichtigste Lehre aus der Vergangenheit ihres Volkes: Nie wieder Krieg. Von der Friedensbewegung über das Auswärtige Amt bis zur Exportwirtschaft war ganz Deutschland gegen den Krieg. Aber Tag für Tag sank ihre Hoffnung, ihn noch verhindern zu können.

Die Deutschen verübelten dem iranischen Präsidenten, dass sie Hoffnung geben wollten, aber die größte Hoffnungslosigkeit von Mahmoud Ahmadinejad selbst ausging. Im Sommer 2005 wurde er Präsident Irans und beendete sofort die Atomverhandlungen mit den „Big Three" der Europäischen Union, Deutschland, Frankreich und Großbritannien, die den Iran in den zurückliegenden Jahren erfolgreich vor Sanktionen des UN-Sicherheitsrats bewahrt hatten. Dann kündigte er die baldige Inbetriebnahme der Urananreicherungsanlage Natanz „im industriellen Maßstab" an. Im Herbst verkündete er die Vernichtung Israels in naher Zukunft. Er hatte offensichtlich nichts Dringenderes zu tun als die subtile „Vergangenheitsbewältigung" der Deutschen zu unterlaufen und zudem die jahre-, ja: jahrzehntelange Arbeit deutscher Diplomaten zu zerstören, die nie gezögert hatten, die iranische Revolution vor einer solchen, sich nun anbahnenden Konfrontation zu bewahren. Schon 1980 vermittelte Hans-Dietrich Genscher im Geiseldrama in der US-Botschaft in Teheran. 1984 war er der erste Repräsentant eines westlichen Staates, der Teheran besuchte, um einen „politischen Dialog" mit dem Khomeini-Regime zu beginnen, der später, nachdem er zu nichts geführt hatte, in einen „kritischen Dialog" umschlug. Und als nach dem Tod Khomeinis in den 1990er Jahren zuerst der „Pragmatiker" Rafsanjani und dann der „Reformpräsident" Khatami Iran regierten, glaubte die deutsche Regierung, trotz Mykonos und dem den Frieden störenden Urteil eines Berliner Amtsgerichts, scheinbar tatsächlich an die heilende Wirkung ihrer Beschwichtigungspolitik.

Die islamische Revolution im Iran bot Westdeutschland eine historische Gelegenheit, vom Nutznießer des amerikanischen Pakts mit dem Schah zum alleinigen strategischen Westverbündeten der Ayatollahs und Revolutionswächter aufzusteigen. Amerika, mit dem die Revolution sich seither im latenten Kriegszustand befindet, existierte als Konkurrent nicht mehr. Deutschland nahm die Gelegenheit wahr, füllte die durch den Wegfall amerikanischer Wirtschaft und Politik entstandene Lücke und spielte die Rolle, die in Teheran von ihm erwartet wurde. Auf 5 Milliarden Euro war der Export deutscher Unternehmen in den Iran bis zuletzt angewachsen, zwei Drittel der iranischen Produktion, hieß es, seien abhängig von deutscher Technologie. Auch die iranische Urananreicherung gehörte dazu: Sie beruht auf der pakistanischen, die in den 1980er Jahren von deutschen Unternehmen realisiert wurde. Die deutsche Regierung, Kohl und Genscher, wurde von Washington damals mit entsprechenden Warnungen, Hin- und Beweisen bombardiert; sie reagierte jedoch nicht darauf.

Diesmal musste die deutsche Regierung eine deutlichere Reaktion zeigen – zumindest verbal. Mahmoud Ahmadinejad beendete das ewige Versteckspiel, an dem Deutschland sich so ergiebig beteiligt hatte, und suchte die Eskalation. Wenige Monate seiner Präsidentschaft hatten gereicht, um das deutsche Appeasement vor aller Welt vollkommen lächerlich zu machen.

Angela Merkel sagte erstmals auf der Münchner Konferenz für Sicherheit im Frühjahr 2006, was sie von der Politik des neuen iranischen Präsidenten hielt: „Der Iran hat mutwillig – ich muss das leider so sagen – die ihm bekannten ‚roten Linien' überschritten. Ich muss hinzufügen, dass die völlig inakzeptablen Provokationen des iranischen Präsidenten für uns natürlich Reaktionen notwendig machen. Ich sage dies ganz besonders als deutsche Bundeskanzlerin: Ein Präsident, der das Existenzrecht von Israel in Frage stellt, ein Präsident, der die Existenz des Holocaust leugnet, kann nicht erwarten, dass Deutschland in dieser Frage auch nur die geringste Toleranz zeigt. Wir haben aus unserer Geschichte gelernt."[3] Im Juli 2006 verfasste der UN-Sicherheitsrat die erste das iranische Urananreicherungsprogramm betreffende Resolution, in der dessen sofortige Beendigung gefordert wurde.

Als sie jenen merkwürdigen Brief aus Teheran erhielt, in dem der iranische Präsident ihr, und Europa, eine Mitführerschaft bei der Neuordnung der Welt antrug, hatte er selbst dieser Verschwörung schon die Grundlage entzogen. Denn das unheilvolle Einverständnis zwischen ihm und den Deutschen hatte darauf beruht, dass Deutschland den Moderator spielte zwischen Israel und den Palästinensern und Iran und den USA; Mahmoud Ahmadinejad aber wollte die Deutschen zur Partei machen, zur Kriegspartei wohl gar.

Zu einem Selbstmordkommando dieses Ausmaßes aber schienen die Deutschen, 60 Jahre nach der Niederlage im Zweiten Weltkrieg, nicht schon wieder bereit. Mahmoud Ahmadinejad konnte sich lediglich sicher sein, dass sich Deutschland „neutral" verhielt, egal wie die Krise um das iranische Atomraketenprogramm noch ausgehen mochte. Das war der Witz bei der deutschen „Vergangenheitsbewältigung": Die Holocaust-Leugnung war nach der Lehre, die sie gezogen hatten, eine „inakzeptable Provokation", für die man „nicht die geringste Toleranz" zeigte; die Drohung eines „zweiten Holocaust" aber wurde gegen die Lehre, dass nie wieder Krieg sei, abgewogen und schließlich beiseite geschoben. Deutschland verlegte sich jetzt auf die Moderation der Iran-Verhandlungen im UN-Sicherheitsrat, zu denen es wegen seiner immer noch herausragenden Beziehungen zu dem Regime hinzugezogen wurde, wie im September 2007, als es mit Russland und China gegen die USA, Großbritannien und Frankreich gegen die Verhängung weiterer Sanktionen gegen Iran stimmte. Doch mit solchen Manövern schien Deutschland allenfalls noch das Tempo der Abfolge der Geschehnisse beeinflussen zu können; auf die Entscheidungsprozesse in

3 http://www.securityconference.de/konferenzen/rede.php?menu_2006=&menu_konferenzen=&sprache=de&id=170& (5.10.2007).

Teheran, Washington und Jerusalem, die das Geschehen bestimmten, hatte Deutschland sonst keinen Einfluss mehr. Die in diesem Zusammenhang auftauchende These jedenfalls, dass Deutschland einen Krieg hätte verhindern können, wenn es durch konsequente Sanktionspolitik, letztlich den Zusammenbruch der iranischen Produktion durch den plötzlichen Abbruch sämtlicher Wirtschaftsbeziehungen, das Regime ökonomisch zum Nachgeben gezwungen hätte, konnte nie bewiesen werden, schon weil Deutschland eine solche Politik nicht praktizierte; angeblich, um das Regime nicht zu provozieren. Da war ihnen ein Krieg plötzlich doch wieder lieber, denn bei den Sanktionen hätte Deutschland wegen des Umfangs seiner wirtschaftlichen Beziehungen zum Iran im Mittelpunkt der Ereignisse gestanden, während es einem Krieg gegenüber sich „neutral" verhalten konnte.

Auf Dauer war dieser Widerstand gegen die von Amerika angeführte, von Großbritannien mitgetragene und dann auch von Frankreich unterstützte Koalition, die sich gegen das iranische Atomraketenprogramm formierte, nicht aufrechtzuerhalten. 2007 zeigten neben den politischen auch die ökonomischen Beziehungen zwischen Deutschland und Iran die ersten Schrammen. Obwohl die Regierung ihre Politik der finanziellen Absicherung der Geschäfte, die deutsche Unternehmer im Iran tätigten, beibehielt, sanken infolge der UN-Sanktionen die deutschen Iran-Exporte noch dramatischer als sie in den zurückliegenden Jahren gestiegen waren. Im Sommer mussten die großen deutschen Banken ihre iranischen Konten schließen. Die fortgesetzten Beschwichtigungsversuche der Deutschen hatten nun auf keine der in die Krise involvierten Mächte noch einen Effekt. In dem selben Moment, als Deutschland Ende September 2007 weitere UN-Sanktionen gegen das iranische Urananreicherungsprogramm boykottierte, verkündete Mahmoud Ahmadinejad vor der UN-Vollversammlung in New York: „Ich erkläre hiermit öffentlich, dass das Zeitalter der aus dem Zweiten Weltkrieg hervorgegangenen Weltordnung ein für alle Mal vorbei ist, ebenso die Zeiten materialistischen Denkens, das auf Arroganz und Dominanz beruhte"; über das iranische Urananreicherungsprogramm werde nicht mehr verhandelt, „die Atom-Akte Iran ist geschlossen". Nur ein paar Tage vorher hatte der amerikanische Senat die Revolutionswächter, die auch die Wächter des iranischen Urananreicherungs- und Raketenprogramms und seit der Präsidentschaft Mahmoud Ahmadinejads mit dem Regime identisch waren, bereits zur Terrororganisation erklärt. Die seit Anfang des Jahres im persischen Golf aufgebaute See- und Luft-Streitmacht der USA war zu der Zeit gerade im Manöver mit den von den Amerikanern aufgerüsteten und in Opposition zum Iran stehenden arabischen Staaten.

Verlorene Weltkriege

Die historische Mission, die Vision des iranischen Präsidenten, war eigentlich schon geschichtlich gescheitert, bevor sie in Gang gekommen war. Die ersten beiden Male, im Ersten und im Zweiten Weltkrieg, war die Initiative von Deutschland ausgegangen. Beide Male versuchte Deutschland Persien bzw. den Iran in den Krieg hineinzuziehen. Beide Male wurde das Bündnis von den imperialistischen Mächten, gegen die es sich richtete, verhindert.

Schon als der Schah von Persien in den 1870er Jahren den Kontakt zum neuen deutschen Kaiserreich suchte, hoffte er auf mehr als die Hilfe deutscher Ingenieurs- und Staatskunst, Wissenschaft und Literatur bei der Modernisierung seiner Dynastie. Er hoffte auch auf machtpolitisches Geschick Otto von Bismarcks als Gegenspieler und Moderator im Konflikt mit Russland, dem Zarenreich im Norden, und der Weltmacht England, den beiden Mächten, die Persien schon zu Beginn des 19. Jahrhunderts für sich entdeckt hatten.

Die deutsch-persischen Beziehungen entwickelten sich auf ökonomischem, kulturellem und politischem Gebiet auf eine Weise, die beiden Partnern nützlich schien, bis 1914, als der Kaiser den Schah dazu drängte, auf seiner Seite in den Weltkrieg einzutreten, um für die beiden sich als zurückgeblieben begreifenden Völker einen Platz an der Sonne zu erstreiten. Russland und Großbritannien besetzten Persien daraufhin. Deutschland schickte eine Gruppe von Agenten in den Südwesten Persiens unter Führung des Diplomaten Wilhelm Wassmuss, der dem Kaiser zuvor schon als Konsul in Bushehr und Shiraz gedient hatte und die Perser daher kannte. Ihnen gelang es die befreundeten, anti-britischen Stämme der Region zu organisieren, zu bewaffnen und einen Aufstand gegen die britischen Besatzungstruppen im Süden zu organisieren, der diesen im ersten Kriegsjahr erheblich zu schaffen machte. Dann aber bewaffneten sie ihrerseits die den Briten freundlich gesonnenen Stämme, mit deren Hilfe der Aufstand 1915 kurzerhand niedergeschlagen wurde.

Nach dem Krieg dauerte es einige Zeit, bis die deutsch-iranischen Beziehungen wieder in Gang kamen, aber bis Adolf Hitler 1933 Reichskanzler wurde, hatten sie sich bereits wieder in vollem Umfang entwickelt. In Persien hatte der Kommandeur der Kosacken-Brigaden, Reza Khan, 1921 geputscht und 1925 die Dynastie des Ahmad Schah Qajar als Schah Reza Pahlavi abgelöst. Großbritannien hatte ihn bei der Durchführung des Staatsstreichs unterstützt, um die politische Instabilität der Qajar-Dynastie zu beenden. Die Pahlavi-Dynastie engagierte die Deutschen in ein umfangreiches Modernisierungsprogramm. Zwischen den Nationalsozialisten und dem Schah entwickelte sich eine regelrechte Freundschaft. Zum Zeichen seiner Verbundenheit mit dem nationalsozialistischen Deutschland und seiner Rassenlehre nannte er Persien 1935 in Iran, das „Land der Arier“ um, weil das heutige Staatsgebiet schon vor 3.000 Jahren einmal von „Ariern“ heimgesucht worden sein soll. Doch als der Krieg begann, wiederholten sich die Ereignisse des Ersten Weltkriegs zum ersten Mal.

Deutschland drängte den Schah erneut zum Kriegseintritt auf seiner Seite. 1941 verschob sich der ganze Schwerpunkt des Krieges nach Osten, nachdem das deutsche Afrika Korps unter dem Kommando von Erwin Rommel seit Ende März Richtung Ägypten vordrang und die Wehrmacht im Juni die Sowjetunion überfallen hatte. In Teheran hielten sich noch hunderte deutscher Agenten auf, Commonwealth-Truppen waren eben erst einem pro-deutschen Umsturz im benachbarten Irak zuvorgekommen, und als Reza Pahlavi im August einer weiteren Aufforderung Josef Stalins und Winston Churchills, die Deutschen auszuweisen, nicht nachkam, besetzten Russland und Großbritannien den Iran abermals. Außer aus Sorge um den deutschen Einfluss im Iran war die Besetzung Irans hauptsächlich durch das zwischen den Alliierten im Frühjahr vereinbarte *Lend-Lease* Programm motiviert, dem Aufrüstungsprogramm der Amerikaner für ihre Verbündeten. Wegen des Vormarschs der Deutschen Richtung Kaukasus musste die Rote Armee dringend mit Waffen versorgt werden, die in Schiffen im Persischen Golf ankommen und über Land durch den Iran weitertransportiert werden sollten. In den anschließenden Jahren wurden auf diesem Weg 5 Millionen Tonnen Rüstungsgüter aus den USA in die Sowjetunion geschafft.

Reza Pahlavi hatte den Iran nach der Intervention der Alliierten verlassen, wie zuvor Amin Al Husseini, der Mufti, der von den Briten von Jerusalem zuerst nach Bagdad, dann nach Teheran und schließlich über Italien nach Berlin floh. Der Sohn Reza Pahlavis, Mohammed Reza Pahlavi, wurde der neue Schah.

Die Alliierten schlossen mit ihm Anfang 1942 einen Vertrag über die befristete Beschränkung seiner königlichen Souveränität und die Nutzung des Gebiets und der Verkehrsinfrastruktur Irans für die Zeit des Krieges gegen die Achsenmächte zum Zwecke des Transports von Rüstungsgütern in die Sowjetunion. Ein Jahr später verloren die Deutschen die Schlacht um Stalingrad, und am Ende des Jahres 1943 trafen sich Josef Stalin, Winston Churchill und Franklin D. Roosevelt zu einer viertägigen Konferenz in Teheran, bei der sie sich über den D-Day verständigten. Die „Mächte" nannten den Iran „unseren Verbündeten" und hatten zu diesem Zeitpunkt keinerlei Zweifel mehr an ihrem Sieg. In ihrer gemeinsamen Erklärung vom Dezember 1943 sagten sie: „No power on earth can prevent our destroying the German armies by land, their U Boats by sea, and their war plants from the air. Our attack will be relentless and increasing. Emerging from these cordial conferences we look with confidence to the day when all peoples of the world may live free lives, untouched by tyranny, and according to their varying desires and their own consciences."[4]

Nach dem zweiten verlorenen Weltkrieg dauerte es wieder seine Zeit, bis die deutsch-iranischen Beziehungen sich erholten. Sie beschränkten sich in den ersten Jahrzehnten, wegen des Kalten Krieges, auf Westdeutschland. Sie begannen Anfang der 1950er Jahre, als in der BRD das Wirtschafts-

4 http://www.yale.edu/lawweb/avalon/wwii/tehran.htm (5.10.2007).

wunder einsetzte und in Iran die neuen nationalistischen und kommunistischen Parteien die Pahlavi-Dynastie herausforderten. Nachdem 1951 der Anti-Imperialist Mohammed Mossadegh zum Ministerpräsidenten Irans gewählt wurde und die hauptsächlich in britischem Eigentum befindliche Öl-Industrie verstaatlichte, und als Schah Mohammed Reza Pahlavi dem vom Ministerpräsidenten und den Nationalisten und Kommunisten unterstützten öffentlichen Protest nicht mehr standhielt, entschlossen sich Großbritannien und die USA zur Unterstützung eines Staatsstreichs zugunsten des Schahs. Zurück an der Macht setzte Mohammed Reza Pahlavi die Politik seines Vaters fort, der ein Nacheiferer Mustafa Kemal Atatürks war und in den 1930er Jahren die ersten Versuche zu einer durchgreifenden Säkularisierung Persiens/Irans durchführte. Die Modernisierungsdiktatur Mohammed Reza Pahlavis bestimmte das folgende Vierteljahrhundert über die Entwicklung Irans, mit den USA und der BRD als den wichtigsten westlichen Verbündeten.

Dann kam die islamische Revolution um die Verhältnisse zu schaffen, welche die Welt ein weiteres Vierteljahrhundert später, und nach 9/11, einem neuen Weltkrieg zu trieben. Ein Jahr nach den Anschlägen in Amerika wurde in Natanz die Baustelle jener Urananreicherungsanlage entdeckt, die 5 Jahre danach in Betrieb ging und dann zum möglichen Anlass eines Krieges wurde. Deutschland war entschlossen, diesen Krieg zu verhindern und, so es dies nicht vermochte, ihn hinauszuzögern. Deutschland war so besessen davon, diesmal schuldlos zu bleiben, dass es sich aus allem heraushalten würde, was immer da auch geschehe. Das Deutsche Volk kannte nur noch eine Losung: Nie wieder Krieg. Um diese, Deutschlands wieder gewonnene Unschuld zu verteidigen, schien kein Preis zu hoch. Einen zweiten Holocaust fürchteten sie nicht. Wenn es schief ginge konnte man diesmal wenigstens sagen, nicht nur nichts gewusst, sondern auch nichts versucht und nichts getan zu haben.

Stephan Grigat/Florian Ruttner/Farideh Azadieh

Geschäft und Verbrechen

Ökonomische Kooperation mit dem Iran und die postnazistische Gesellschaft in Österreich

„Die OMV begegnet ihren Geschäftspartnern auf gleicher Augenhöhe. Schließlich entspricht der Respekt vor Mensch und Umwelt unseren ethischen Prinzipien." Das verkündete die *Österreichische Mineralölverwaltung* im September 2007 in ganzseitigen Inseraten in österreichischen Zeitschriften. Dieser Respekt scheint momentan vor allem den islamischen Misogynikern, Schwulenmördern und Antisemiten in Teheran zu gelten, nicht ihren Opfern. Im April 2007 wurde bekannt gegeben, dass sich die OMV mit der nationalen iranischen Ölgesellschaft NIOC auf eine Absichtserklärung hinsichtlich eines Gasprojekts verständigt hat. Es geht dabei um eine weitere Erschließung des South Pars Gasfeldes, um eine Verflüssigungsanlage für Liquefied Natural Gas und um Bezugsverträge für Flüssiggas. Nach Mutmaßungen des *Standard* würde sich das Gesamtvolumen des Geschäfts auf 22 Milliarden Euro belaufen.[1] Die OMV relativiert das und spricht von einem „deutlich geringeren Volumen", das sich aber auf jeden Fall im „zweistelligen Milliardenbereich" bewegen würde.[2] Bisher ist die OMV im Iran in einem Onshore-Erdölprojekt tätig. Der jetzt anvisierte Vertragsabschluss, der von der OMV lange für Ende 2007 angekündigt wurde, bis es Mitte Dezember plötzlich hieß, ein Termin für die Unterzeichnung sei „derzeit nicht absehbar"[3], würde die iranische Theokratie in jedem Fall nicht nur zu einem der Haupthandelspartner Österreichs, sondern auch zu einem wichtigen strategischen Partner Europas befördern.

Bevor auf die Debatte über den geplanten Iran-Deal in Österreich eingegangen und weitere Aspekte der österreichisch-iranischen Beziehungen angerissen werden, soll im Folgenden die Entwicklung der OMV nachgezeichnet werden, die bereits einiges über das Land aussagt, in dem dieser Konzern seine Geschäfte mit dem islamfaschistischen Regime in Teheran plant.

1 Der Standard, 24.4.2007.
2 Telefongespräch mit Thomas Huemer, dem Pressesprecher der OMV, am 26.9.2007.
3 http://www.wienerzeitung.at/DesktopDefault.aspx?TabID=3924&Alias=wzo&cob=317005 (14.12.2007).

Die OMV – eine Geschichte aus dem postnazistischen Österreich

Der Selbstdarstellung der OMV zufolge war ihre Geschichte eine einzige Erfolgsstory: Der verstaatlichte Betrieb nutzte die Umbrüche Ende der 1980er Jahre, um zu einem Vorzeigeunternehmen zu werden. Es wird die rasante Entwicklung der letzten Jahre und die gute Position hervorgehoben, aus der man heute agiert: „Die OMV, als integrierter europäischer Öl- und Erdgaskonzern, ist in den letzten 10 Jahren zum führenden Öl-Gaskonzern Mitteleuropas geworden."[4] Die Frage ist nur, wie es dazu kam. War es das bloße Festhalten an den in der Selbstdarstellung breit ausgewalzten „Werten"? Oder gar das „Engagement für Mensch und Umwelt"[5]?

Die OMV gibt als Gründungsjahr des Unternehmens 1956 an.[6] Das ist zwar formal richtig (die *Österreichische Mineralölverwaltung* wurde am 18. Juni 1956 ins Handelsregister eingetragen), allerdings erfolgte diese Gründung nicht aus heiterem Himmel. An der Vorgeschichte des Unternehmens lässt sich nachzeichnen, wie die materielle Basis der nationalsozialistischen Industrialisierung in das Nachkriegsösterreich integriert wurde. Selbst die Historiker der Firmengeschichte Feichtinger und Spörker, die es wahrlich gut meinen mit der OMV, sehen im Nationalsozialismus die Geburtsstunde der österreichischen Erdölindustrie.[7]

Während des Ersten Weltkriegs wurde staatlicherseits die Ölförderung im Wiener Becken forciert, da die Ostfront durch die Hauptfördergebiete in Galizien ging. Die staatlichen Anstrengungen endeten mit Beginn der Ersten Republik. Mehrere private Firmen suchten nun mit wenig Erfolg nach Öl. Erst ab 1934 konnten einige Bohrversuche in bescheidenem Umfang wirtschaftlich genutzt werden.

Das änderte sich schlagartig mit dem Anschluss 1938. Das österreichische – jetzt ostmärkische – Erdöl war für die nationalsozialistische wirtschaftliche Rüstungs- und Autarkiepolitik wichtig. Die DEA (*Deutsche Erdöl* AG) kaufte ein paar der mäßig vor sich hin wirtschaftenden Förderfirmen auf. Andere blieben im Geschäft, das durch die staatliche Förderung eine große Zukunft versprach.

Wilhelm Keppler, der Reichsbeauftragte für Österreich, rief am 25. Mai 1938 die Vertreter der Ölförderfirmen zu sich um das Interesse des Reichs an ihrem Tun darzulegen. Um die Fäden in die Hand zu bekommen, wurde im August das „Bitumengesetz" erlassen. Die Ölförderung sollte in staatliche Regie genommen werden, wie schon der § 1 deutlich macht: „Die Aufsuchung und Gewinnung von Bitumen [...] steht allein dem Staate

4 Vgl. http://www.omv.at (22.9.07).
5 Ebd.
6 Ebd.
7 Vgl. Friedrich Feichtinger/Hermann Spörker (Hg.): ÖMV-OMV. Die Geschichte eines österreichischen Unternehmens, Horn o. J., S.31f.

zu […]“.[8] Der Staat kann zwar dieses Recht an Andere weitergeben, er schaltet sich aber als organisierende Instanz ein, welche die partikularen Interessen der Privatfirmen seinem Interesse – der Förderung des für die Rüstung unverzichtbaren Rohstoffs – unterordnet. Im Bitumengesetz sehen Feichtinger und Spörker den Ursprung der österreichischen Ölindustrie, obwohl ihnen bei diesem Gedanken nicht ganz wohl ist: „Dieses Gesetz, das Jahre später – überraschenderweise – sogar als modernes und taugliches Erdölgesetz bezeichnet wurde, hatte wesentliche Auswirkungen auf die Entwicklung der Erdölindustrie in Österreich nach dem Zweiten Weltkrieg. Bei Vorwegnahme der geschichtlichen Entwicklung könnte man dieses Gesetz als Geburtsschein der nationalen österreichischen Erdölindustrie bezeichnen.“[9]

Das Wiener Becken wurde während des Nationalsozialismus erstmals großräumig mittels Refraktionsmessungen nach möglichen Öllagerstätten abgesucht und eine „Reichsaufnahme“ erstellt. Das Anzapfen des gefundenen Öls wurde den Firmen mittels Reichsbohrdarlehen ermöglicht, das mit Öl aus der Produktion zurückzubezahlen war.

Nach Kriegsbeginn legte der Staat mehr Wert auf die Förderung und wies die Firmen an, sich auf diese, nicht auf die Neuerschließung zu konzentrieren. Mehrere vorher einzeln produzierende Firmen schlossen sich zur *Niederdonau* AG zusammen. Diese Zentralisation von Kapital ermöglichte es, neueste Technik einzusetzen und erwirkte einen weiteren Schub in der Produktion. Dazu kam, dass nach den Misserfolgen im Osten Bohranlagen, die für die Ausbeutung der Ölfelder der Sowjetunion eingeplant waren, nun im Wiener Becken verwendet wurden. All das sorgte für eine gewaltige Erhöhung der Produktivität: „Die Ölförderung stieg in der Folge rasch an. Sie erreichte 1944 1,2 Millionen Tonnen gegenüber 37.000 Tonnen im Jahr 1937.“[10]

Auch bei den Raffinerien spielte sich ähnliches ab. Die Raffinerie Schwechat, laut OMV 1960 in Betrieb genommen[11], gab es schon vorher. Sie wurde nach dem Krieg nur stark erweitert. Nach dem Anschluss kam sie in Besitz des IG-Farben-Konzerns, wurde bald aber an die DEA weiterverkauft. Im Laufe des Krieges wurden auch die Raffinerien immer kriegswichtiger und entsprechend gefördert.

Ein Faktor, der in der offiziösen Betriebsgeschichte von Feichtinger und Spörker nur am Rande vorkommt, war die rücksichtslose Anwendung von Zwangsarbeit auf den Ölfeldern und in den Raffinerien, ohne die der Produktivitäts- und Industrialisierungsschub nicht denkbar gewesen wäre. Die Firmenhistoriker bemerken das nur en passant: „Am 16. Juni 1944 wurde der erste gezielte Luftangriff auf die Raffinerie Schwechat geflogen; dabei

---

8 Zit. n. ebd., S.31.

9 Ebd., S.31f.

10 Fritz Weber: Zwischen abhängiger Modernisierung und Zerstörung. Österreichs Wirtschaft 1938–1945, in: Emmerich Tálos et al: NS-Herrschaft in Österreich. Ein Handbuch, Wien 2002, S.340.

11 http://www.omv.at (22.9.07).

kamen drei im Werk beschäftigte Häftlinge ums Leben."[12] Zwangsarbeiter treten also nur auf, wenn sie Opfer von alliierten Angriffen werden, oder, noch zynischer, wenn sie nach dem Krieg plötzlich fehlen: „Arbeit, schwere Arbeit gab es im Ölfeld bald reichlich, standen doch nach Kriegsende tausende Zwangsarbeiter sowie viele Arbeitskräfte, die sich nach dem Westen abgesetzt hatten, nicht mehr zur Verfügung."[13]

Die Einschätzung der Historiker Perz und Freund zur Rolle der Zwangsarbeit bei der Industrialisierung Österreichs und der Wichtigkeit dieser für die Nachkriegsentwicklung trifft auch für die ölfördernden und -verarbeitenden Betriebe zu: „Viele der Firmen, die mit ausländischen ZivilarbeiterInnen, Kriegsgefangenen und KZ-Häftlingen aufgebaut worden waren, wurden nach dem Krieg als ‚Deutsches Eigentum' beschlagnahmt und verstaatlicht. Die ‚Verstaatlichte' bildete zumindest bis Ende der Siebzigerjahre mit ihrer großindustriellen Struktur unbestritten das Rückgrat der österreichischen Nachkriegswirtschaft."[14]

Allerdings war der Weg der Ölindustrie in die Verstaatlichung komplizierter als jener von anderen Industrien. Die im Osten Österreichs gelegenen Kerngebiete der Ölförderung kamen unter die Verwaltung der Sowjetunion, die im Oktober 1945 die *Sowjetische Mineralölverwaltung in Österreich* (SMV) gründete. Auf den Feldern wurde die Ölförderung wieder aufgenommen, die durch Evakuierungen unterbrochen war, und neue Bohranlagen wurden eingeführt. Dass der Wiederaufbau nicht bei null beginnen musste, dass nicht alles in Schutt und Asche lag, sondern wichtige Betriebe nur kurze Produktionspausen einlegen mussten, lässt sich besonders gut an der Raffinerie Schwechat zeigen: „Am 5. April 1945 musste die Raffinerie Schwechat wegen der anrückenden sowjetischen Truppen geräumt werden. Bereits am 1. Mai 1945 konnten die Atmosphärische und die Crackanlage wieder in Betrieb genommen werden."[15]

Das Problem war aus österreichischer Sicht allerdings, dass die Alliierten kraft der Potsdamer Beschlüsse „German Foreign Property" in Besitz nehmen konnten, was die Sowjetunion mit dem Befehl Nr. 17 im Juli 1946 auch tat: Das ehemals deutsche Eigentum, das in der sowjetischen Zone lag und zu dem auch die ölproduzierenden Firmen gehörten, sollte in das Eigentum der Sowjetunion übergehen und von der SMV verwaltet werden. Die österreichische Regierung berief eine Nationalratssitzung ein, um den drohenden Verlust des während des Nationalsozialismus akkumulierten Reichtums abzuwenden. In dieser und folgenden Sitzungen wurde der Plan geschmiedet, die entsprechenden Firmen zu verstaatlichen, um ihnen den Status des deutschen Eigentums zu entziehen. Die beiden großen Parteien waren sich schnell einig: „In der Absicht, die Vermögenswerte, die nach

12 Feichtinger/Spörker, a. a. O., S.44.
13 Ebd., S.50.
14 Florian Freund/Bertram Perz: Zwangsarbeit von zivilen AusländerInnen, Kriegsgefangenen, KZ-Häftlingen und ungarischen Juden in Österreich, in: Emmerich Tálos et al: NS-Herrschaft in Österreich. Ein Handbuch, Wien 2002, S.685.
15 Feichtinger/Spörker, a. a. O., S.76.

dem Potsdamer Abkommen für Reparationszwecke verwendet werden konnten, dem Zugriff der Besatzungsmächte zu entziehen, trafen sich nach dem Krieg die Anschauungen der beiden Großparteien. Nur so ist es zu erklären, dass sich SPÖ und ÖVP verhältnismäßig problemlos über die Verstaatlichtengesetze von 1946 und 1947 einigen konnten."[16]

In der Diskussion der ersten Sitzung traten einige Züge der österreichischen postnazistischen Gesellschaft klar zu Tage.[17] So wurde die Mär von Österreich als Opfer des Nationalsozialismus vom ÖVP-Abgeordneten Otto Scheff auf die Situation der Ölindustrie umgelegt, wobei der Modernisierungsschub, den der Nationalsozialismus verursachte, ignoriert wurde. Die Nationalsozialisten hätten „ihre begehrlichen Blicke auf das Erdölvorkommen geworfen, da Deutschland mit Ausnahme der Lüneburger Heide kein solches besitzt. Die Deutschen kamen zu den Früchten österreichischen Fleißes; sie kamen kostenlos auf ein bereits halb erschlossenes Gebiet."[18] Deshalb forderte er die Alliierten auf, doch „Recht und Gerechtigkeit" walten zu lassen, was in seinen Augen natürlich nicht hieß, die aus den nationalsozialistischen Modernisierungsbemühungen resultierenden Profite zur Entschädigung der Opfer der deutsch-österreichischen Volksgemeinschaft zu verwenden, sondern das Eigentum der Republik Österreich zu überlassen.

Auch das im Nationalsozialismus gepflegte Bild der Betriebsgemeinschaft, die Vorstellung, den Konflikt von Kapital und Arbeit in eine höhere Harmonie aufgehen zu lassen, wurde aufgewärmt und als Chance der Verstaatlichung wahrgenommen.[19] Der ÖVP-Abgeordnete und spätere Nationalbankpräsident Eugen Margaretha, der während des Austrofaschismus, welcher ähnliche korporatistische Vorstellungen propagierte, Mitglied des Bundeswirtschaftsrates gewesen war, vertrat diese Sicht besonders vehement. Die verstaatlichte Industrie, welche die Grundlage der Sozialpartnerschaft bildete, übertrug so nationalsozialistische und faschistische Gesellschaftsvorstellungen und -strukturen in modifizierter Form auf die postnazistische Gesellschaft.[20]

Das Verstaatlichungsgesetz wurde von den Alliierten bis auf die Sowjetunion akzeptiert. In der sowjetischen Zone konnte es deshalb erst nach Abschluss des Staatsvertrags in Kraft treten. In der Zwischenzeit stand die dortige Ölindustrie unter der Verwaltung der SMV, die wiederum direkt dem Moskauer Erdölministerium unterstellt war. Unter dieser Regie wurde die Erschließung des Wiener Beckens weiter getrieben und die Produk-

16 Weber, a. a. O., S.343.

17 Zum Begriff des Postnazismus vgl. Stephan Grigat: Transformation der postnazistischen Demokratie – Postfaschismus als Begriff, in: Stephan Grigat (Hg.): Transformation des Postnazismus. Der deutsch-österreichische Weg zum demokratischen Faschismus, Freiburg 2003, S.9ff.

18 Zit. n.: Feichtinger/Spörker, a. a. O., S.76.

19 Vgl. ebd., S.53f.

20 Vgl. Stephan Grigat/Florian Markl: Österreichische Normalität. Postfaschismus, Postnazismus und der Aufstieg der Freiheitlichen Partei Österreichs unter Jörg Haider, in: Stephan Grigat (Hg.): Transformation des Postnazismus. a.a.O, S.115ff.

tion blühte auf: Durch Bohrungen im Ölfeld Matzen wurde „damals das größte geschlossene Ölfeld Mittel- und Westeuropas erschlossen, was eine bedeutende Steigerung der Öl- und Gasproduktion der SMV mit sich brachte."[21]

Auch während der Staatsvertragsverhandlungen spielte die Frage der SMV eine bedeutende Rolle. Während der Verhandlungen in Moskau pochte besonders der damalige Staatssekretär Bruno Kreisky darauf, die Sowjetunion auszuzahlen, da sie sonst mit der SMV ständig einen Fuß in der österreichischen Politik gehabt hätte. Zur Zustimmung der Sowjetunion zu so einer Regelung trug auch die im Moskauer Memorandum festgehaltene Versicherung bei, dass das von der SMV verwaltete Eigentum im Besitz der Republik bleiben werde, und nicht an westliche Investoren veräußert werden würde.

Mit den westlichen Investoren, die noch Ansprüche an Firmen der Zwischenkriegszeit geltend machten, wurde dann das Wiener Memorandum ausgehandelt. Eine Rückgabe war durch die Ergebnisse der Moskauer Verhandlungen unmöglich, also wurden manche Firmen ausgezahlt, auch wenn von „verschiedenen Seiten in Österreich überhaupt bestritten" wurde, dass Entschädigungsansprüche in Folge „der Ereignisse nach Einführung des Bitumengesetzes an die Republik bestünden."[22] Firmen, die Ansprüche zu spät anmeldeten, wurden in allen Instanzen abgewehrt, andere Ansprüche wurden mit einem Hinweis auf das Bitumengesetz, das als „deutsches Gesetz, das am 31. August 1938 im ‚Gesetzblatt für das Land Österreich'"[23] übernommen wurde, niedergeschlagen. Für die weitere Geschichte der OMV ist von besonderem Interesse, dass das Distributionsnetz, also die Tankstellen, an westliche Investoren vergeben wurde, was die OMV von ihren Konsumenten abschnitt.

Insgesamt blieben die Wiener Memoranden ein ungeliebtes Kapitel, wie auch Bruno Kreisky in einem Interview 1989 hervorhob und dabei das Geheimnis der viel gerühmten ‚österreichischen Aufbauleistung' ausplauderte: „Ich verweigerte bis zum Schluss meine Unterschrift, da ich die Ansicht vertrat, dass die amerikanischen und britischen Erdölfirmen vor 1938 nichts für die österreichischen Ölfelder getan hatten. [...] Erst die Deutschen und die Sowjets hatten das österreichische Erdöl in optimaler Weise gefördert."[24] Auf dieser Grundlage wurde weitergewirtschaftet und 1956 die OMV gegründet.

Die Unternehmensführung betrieb mit Unterstützung großer Teile der Belegschaft die Integration der nach 1945 gegründeten Auffanggesellschaften *Martha* und ÖROP, in deren Besitz sich ein Tankstellennetz befand. Dem neuen, mit Vertriebsnetz ausgestatteten Unternehmen wurden bald die Rohstoffe knapp, und man sah sich nach Importmöglichkeiten um.

---

21 Feichtinger/Spörker, a. a. O., S.63.
22 Ebd., S.82.
23 Ebd., S.98.
24 Zit. n. ebd., S.85.

Wie heute im Iran betrat man auch damals unternehmerisches Neuland und fädelte 1968 den ersten Erdgasimportvertrag eines Westkonzerns mit der UdSSR ein. Und auch damals hatte der Vertrag – trotz anfänglicher Kritik von vielen Seiten – die Wirkung eines Eisbrechers und „wurde zum Vorbild für eine ganze Reihe ähnlicher Verträge.“[25] Nur die geplante Feier zu Beginn des Imports geriet nicht ganz so glorreich wie geplant, da der Start der Gaslieferungen auf den 1. September 1968 fiel. Der Prager Frühling wurde gerade unter den Ketten der Panzer des Warschauer Pakts niedergewalzt.

Ein frühes Projekt zur Sicherung der Versorgung aus dem Iran, das Anfang der 1970er Jahre in Angriff genommen wurde, scheiterte mit der islamischen Revolution und dem Sturz des bis dahin zuständigen Verhandlungspartners. Mit anderen sich am Islam orientierenden Machthabern hatte der Konzern mehr Glück. So beteiligte man sich ab 1983 an einem internationalen Projekt in Libyen. Zusammen mit der Occidental Petroleum (OXYLIBYA), einer in den USA registrierten Gesellschaft, begann man mit der Erschließung von Ölfeldern. Dass man während der Verhandlungen auf den Erwerb von Vermögenswerten, und nicht von Aktien der OXYLIBYA bestanden hatte, machte sich ab 1985 bezahlt, als diese aufgrund der Sanktionen der Reagan-Administration gegen das Gaddafi-Regime ihre Aktivitäten dort einstellen musste. Die ÖMV blieb im Rennen und es „kann mit Fug und Recht behauptet werden, dass diese libysche Akquisition den eigentlichen Durchbruch für die internationalen E&P Tätigkeiten der ÖMV bedeutete.“[26]

Diese Internationalisierung war nötig, da die Kapitalverwertung zu stocken drohte. Aufgrund des stagnierenden Inlandsbedarfs musste ein internationales Mineralölgeschäft aufgebaut werden, wie im Unternehmenskonzept 1983 festgehalten wurde. Interessant ist dabei, wie die OMV immer schon im internationalen Geschäft ihre Stellung durch eine direkte Positionierung gegen die starke US-Konkurrenz und eine wenig zimperliche Auswahl der Verhandlungspartner zu sichern wusste. Im Zusammenhang mit dem Engagement im bürgerkriegszerfurchten Sudan brachte das der damalige Pressesprecher der OMV auf den Punkt: „Obwohl das Risiko im Sudan hoch sei, müsse man dorthin gehen, wo Öl günstig zu finden ist, räumt Schenz ein. Ähnlich wie in Libyen sind die Beziehungen zwischen den USA und dem Sudan stark angespannt, daher muss die OMV nicht die massive Präsenz und Konkurrenz der US-Multis fürchten.“[27]

Zwei Umbrüche prägten das Unternehmen Ende der 1980er Jahre: Einerseits kam für die OMV die sukzessive Privatisierung, und damit die Verwandlung eines Staatsbetriebs in einen staatsnahen. Der andere Umbruch, der Untergang des Realsozialismus, begann zunächst gar nicht

25 Ebd., S.106.

26 Ebd., S.236.

27 Der Standard: OMV legt Beteiligungspläne in Oberösterreich zu den Akten, 13.6.1997, zit. n.: Philipp-Stephan Schneider: Engagement Multinationaler Unternehmen in Krisenregionen. Am Beispiel der OMV im Sudan, Diplomarbeit, Wien 2004, S.67.

Erfolg versprechend. Aus den neu für die Marktwirtschaft gewonnenen Ländern strömten Massenchemikalien und Düngemittel auf den Markt, was die in den 1980er Jahren mühevoll aufgebaute Petrochemiesparte des Konzerns in die roten Zahlen trieb. Ein schwacher Dollar traf den Rest der Gruppe und führte dazu, dass 1992 und 1993 Verluste eingefahren wurden.

Erst ab 1994 ging es wieder bergauf. Die Expansion gen Osten und Südosten gewann an Schwung. 1995 wurde die Transformation hin zu einem international tätigen *regional player* auch im Namen vollzogen: Die ÖMV wurde zur OMV. Mit dieser Transformation ging eine Professionalisierung hinsichtlich des Umgangs mit Kritik an fragwürdigen Auslandsinvestitionen einher. Während des massiv kritisierten Versuchs, im Sudan Fuß zu fassen, wurde eine gut funktionierende PR-Abteilung aufgebaut, von der das Unternehmen auch bei den gegenwärtigen Auseinandersetzungen um das Iran-Engagement zu profitieren versucht.

1997 begann die OMV mit anderen internationalen Konzernen ihre Tätigkeit im Sudan. Als sich dort die Bürgerkriegssituation zuspitzte, stiegen die anderen Konzerne aus, bis 2003 die OMV der einzige aktive westliche Ölkonzern im Sudan war. Aufgrund der Menschenrechtsverletzungen in dem Land geriet der Konzern in das Visier von NGOs. Die OMV verteidigte sich mit dem Hinweis, Frieden und Menschenrechte seien nur durch eine florierende Wirtschaft zu gewährleisten. Bei der zuständigen Sprecherin klang das dann so: „Eingewirkt in dem Sinn hat die OMV, indem man [den zuständigen Regierungsstellen, Anm. d. A.] gesagt hat, dass man aufgrund der schweren Situation nicht arbeiten könne."[28] Die NGOs mutmaßten daraufhin, dass eine derartige Intervention „die Regierung in Khartoum lediglich darin bestärkt haben könnte, die Konzessionsfelder schnell und gründlich zu entvölkern [...], und somit den Erdölunternehmen eine ruhige Arbeitssituation zu ermöglichen."[29]

Der Kritik wurde dadurch begegnet, dass die OMV auf eine „Hauptforderung der NGOs"[30] einging – die Erstellung eines „Codes of Conduct", eines ethischen Leitbilds. Auf dieses verweist die OMV heute permanent und präsentiert sich als zunächst überfordertes und nun geläutertes Unternehmen, das aus dem Sudangeschäft gelernt habe: „Wir waren vorher nicht mit klassischen Menschenrechtsverletzungen in dem Sinn konfrontiert. [...] Die OMV war nie zuvor in einem Bürgerkriegsland aktiv, und es ist daher keine Schande, wenn man erst jetzt damit begonnen hat sich mit diesen Themen auseinanderzusetzen."[31] Dass die OMV sich aus dem Sudan aus wirtschaftlichen Gründen zurückzog und darüber hinaus ihre Anteile an asiatische Konzerne verkaufte, wird geflissentlich verschwiegen. Und angesichts des Engagements in Libyen erweist sich auch die Behauptung,

---

28 Interview mit Michaela Reeh, 10.9.2003, zit. n. Schneider, a. a. O., S.90.
29 Schneider, a. a. O., S.90.
30 Ebd.
31 Interview mit Michaela Reeh, 10.9.2003, zit. n. Schneider, a. a. O., S.162.

die OMV sei vorher noch nie mit Menschenrechtsverletzungen konfrontiert gewesen, als Propaganda. Die Repressionsmaßnahmen des libyschen Regimes stellen laut der für Corporate Social Responsibility zuständigen Sprecherin des Unternehmens allerdings gar keine Menschenrechtsverletzungen dar. Ihre diesbezüglichen Ausführungen könnten Schule machen, da sich hier Geschäftsinteresse und Kulturrelativismus treffen: „In Libyen gibt es keine Menschenrechtsverletzungen im klassischen Sinn. Dort gibt es andere Probleme wie z.B. fehlende Gleichstellungsprinzipien für Frauen, aber dies ist eine andere Kultur."[32] Auch im Iran soll es ja Probleme mit diversen kulturell bedingt fehlenden Gleichstellungsprinzipien geben, aber das scheint mit den stets angepriesenen „Werten" des Unternehmens auf das Beste zu harmonieren – schließlich steht man ja auch für „weltoffenes und tolerantes Denken und Handeln"[33] und so will man auch nicht rücksichtslos gegen eine Kultur sein.

Noricum und Kurdenmorde

In den 1980er Jahren war es ein anderer Vorzeigebetrieb der verstaatlichten Industrie in Österreich, der durch die Unterstützung der Mullah-Diktatur Schlagzeilen machte: die aus den Hermann-Göring-Werken hervorgegangene VOEST. Unlängst wurde deren Iran-Engagement abermals in Erinnerung gerufen: Im April 2007 klickten für einen Grazer Firmenchef die Handschellen, dem Betrug, falsche Zolldeklaration und der Versuch, so genannte *Dual Use*-Güter in den Iran zu schicken, vorgeworfen wurden. Das war nicht der erste Fall dieser Art. Schon 1997 kam das deutsche Zollkriminalamt zu dem Schluss, dass Österreich „das klassische Transitland nach Teheran"[34] sei. Den Anlass für eine Recherche des Nachrichtenmagazins *Stern* bot der Inhalt von zwanzig angeblich mit „Schrauben und Dichtungen" gefüllten Kisten im Kremser Hafen. Tatsächlich befanden sich darin Ersatzteile für die Kanonenhaubitze der Marke *Noricum*.

Um zu verstehen, worum es dabei ging, ist ein Blick zurück in die Zeit des ersten Golfkriegs notwendig. 1980 griff der Irak unter Saddam Hussein den von Revolutionswirren und khomeinistischen Säuberungswellen geschwächten Iran an. Die Hoffnung des Baath-Regimes auf einen schnellen Sieg wurde auf Grund der „Opferbereitschaft" des iranischen Volkes, die sich etwa in der Mobilisierung von Kinder-Minenräumkommandos durch die Basiji zeigte, enttäuscht. Stattdessen ging der Iran zur Gegenoffensive über, die in einem „Krieg der Städte" mündete. Die Fronten steckten fest und beide Parteien verlegten sich darauf, die jeweils feindliche Bevölkerung durch Luft- und Artillerie-Angriffe zu terrorisieren (im Fall mancher kurdischer Städte auch jene auf der eigenen Seite). Die österrei-

32 Ebd.
33 http://www.omv.at (2.11.07).
34 Zit. n. Stern, Nr. 17, 1997.

chischen Kanonen des Typs *Noricum* waren dafür sehr nützlich. Diese von der VOEST produzierte Artillerie war vergleichbaren Kanonentypen auf Grund ihrer großen Reichweite deutlich überlegen.

Man könnte meinen, dass nichts dagegen spreche, dass Österreich wie andere Länder auch vom ersten Golfkrieg profitierte. Allerdings gab es ein juristisches Problem: Das Neutralitätsgesetz, ursprünglich eine Bedingung der Sowjetunion für den Abzug ihrer Truppen 1955, heute ein Stück österreichischer Identität, verbietet österreichischen Unternehmen, Waffen und Kriegsmaterialen in Krieg führende Länder zu verkaufen. Dieses Detail des österreichischen Rechts wurde in den 1980er Jahren von staatlichen Firmen mehrmals umschifft, was Ende der 80er zu einem Skandal führte. Es kam zu einem parlamentarischen Untersuchungsausschuss und zum so genannten Noricum-Prozess. Das Pikante an dieser Affäre war neben der Involvierung mehrerer Minister und des Gesetzesverstoßes die Tatsache, dass die VOEST und die Firma *Hirtenberger*, welche die dazugehörige Munition produzierte, sowohl an den Irak als auch den Iran lieferten. Schon 1980 wurden via Jordanien 140 Noricum-Kanonen an den Irak verkauft. Bereits 1981 kontaktierte dann ein iranischer Regierungsbeamter die VOEST. Das Geschäft mit den Mullahs kam aber erst Ende 1984 zustande. Anfang 1985 wurden 20 Kanonen nach Libyen verschifft. Libyen war der einzige Staat, der zu diesem Zeitpunkt dem Iran bei der Durchführung des Waffendeals helfen wollte. Über Libyen, das garantierte, dass die Waffen für die eigene Armee bestimmt wären, gelangten die Kanonen in den Iran. Im April wurde dann ein Vertrag über 200 Kanonen samt Munition und Ersatzteilen abgeschlossen. 1987 wurde die letzte Lieferung verschifft.

Der Noricum-Deal hatte zwar nicht annähernd die Größenordnung, welche die OMV heute anstrebt, doch legte er den Grundstein für spätere Geschäfte mit dem Iran. Am 29. Juni 1987 stattete Ali Akbar Velayati Österreich den ersten offiziellen Besuch eines iranischen Außenministers im westlichen Ausland seit der islamischen Revolution ab.[35] Der österreichische Außenminister Alois Mock legte genau so wie sein deutscher Amtskollege Hans-Dietrich Genscher Wert auf gute Beziehungen zum Iran, und für den Iran war Österreich schon damals das Tor zum Westen. Nach und nach nahmen auch andere westliche Staaten wieder diplomatische Beziehungen mit dem Iran auf.

Nachdem der Iran nach fast 8 Jahren Krieg, der etwa einer Million Menschen das Leben kostete und die iranische Infrastruktur nahezu völlig zerstörte, mit dem Irak ein Friedensabkommen unterzeichnet hatte, konnte sich das Mullah-Regime wieder auf eine seiner Kernaufgaben konzentrieren: das Aufspüren und Eliminieren von „Verrätern", Apostaten und wahlweise zionistischen, US-imperialistischen oder irakischen „Agenten". In den Monaten nach dem Friedensschluss wurden in den iranischen Gefängnissen etwa 8.000 politische Gefangene still und leise hingerichtet. Die Schauprozesse aus der Revolutionszeit blieben aus; man wollte nicht in

35 Vgl. Die Presse, 24.7.1989.

Erinnerung rufen, dass es noch eine politische Opposition gibt. Außerhalb des Landes aber, wo es keine Foltergefängnisse wie das Teheraner *Evin*-Gefängnis gab, musste sich die iranische Staatsspitze ein anderes Vorgehen überlegen.

Es ist leider ein Gerücht, dass das Mullah-Regime so unorganisiert sei wie der Straßenverkehr in Teheran. Man kann sich im Iran tagtäglich über die Unfähigkeit der Behörden, die mangelnde Infrastruktur und neuerdings auch über die Benzinrationierung ärgern, und sich bei manchen Filmen, die durch die Zensur geschlüpft sind, sowie auf Partys, die dank korrupter Pasdaran ungestört bleiben, amüsieren. Aber wenn es um das Ausschalten politischer Gegner geht, ist das Teheraner Regime erschreckend effizient. Ein Resultat dieser Effizienz war die Ermordung des Chefs der Demokratischen Partei Kurdistans Iran Abdul Rahman Ghassemlou in Wien.

Die Kurdenmorde in Wien 1989 waren eine von höchsten iranischen Stellen vorbereitete Operation.[36] Keiner der Verdächtigen wurde jemals für die Tat zur Verantwortung gezogen. Als die Polizei endlich Ermittlungen gegen die mutmaßlichen Mörder aufnahm, war die Interventionsmaschinerie der iranischen Diplomatie in Gestalt von Botschafter Noghrehka Shirazi (heute Sekretär des Außenministeriums), des damaligen Westeuropadirektors des iranischen Außenministeriums und heutigen Außenministers Manoucher Mottaki und des damaligen Außenministers Velayathi schon angelaufen. Sie drohten unverhohlen den österreichischen Diplomaten. Adressaten dieser Intervention waren der Generalsekretär des Außenministeriums und spätere Bundespräsident Thomas Klestil und dessen Sektionsleiter Maximilian Schmid, die Polizei und Justiz davon berichteten. Die iranische Diplomatie intervenierte vor allem mit dem „Ausdruck der Besorgnis“: Besorgnis um die guten österreichisch-iranischen Beziehungen und um die Sicherheit der Österreicher im Iran. Diese Besorgnis teilten die österreichischen Behörden. Schon kurz nach den Morden stellte eine österreichische Tageszeitung eine „überraschende Konzilianz“ der österreichischen Behörden fest.[37]

Davor bezeichnete der österreichische Außenminister Alois Mock das Vorgehen des Irans in einem *Presse*-Interview noch als „Schweinerei“ und vermutete „eine wahrscheinliche Täterschaft des Irans“.[38] Der iranische Außenminister war beleidigt, auch wegen des angeblichen „Propagandakrieg(s) gegen den Iran“.[39] Der iranische Botschafter in Wien ließ sich vom Sektionsleiter im österreichischen Außenministerium Maximilian Schmid beschwichtigen: Man habe einen Redakteur der *Presse* schon zu einem Dementi veranlasst. Schmid rechtfertigte dies mit „konkrete(n) Hinweise(n) auf die Gefährdung österreichischer Einrichtungen und allen-

36 Vgl. den Beitrag von Florian Markl in diesem Band.
37 Die Presse, 22./23.7.1989.
38 Die Presse, 21.7.1989.
39 Die Presse, 1.8.1989.

falls auch österreichischer Staatsbürger im Iran."[40] Anscheinend hört die Pressefreiheit bei der Beleidigung iranischer Regierungsmitglieder nicht nur im Iran auf.

Die *Presse* berichtete 1989, dass „Vertreter der iranischen Botschaft den österreichischen Behörden formell angekündigt" hätten, dass „im Iran befindliche Österreicher mit Vergeltungsmaßnahmen rechnen müssen", sollten die Verdächtigen vor Gericht gestellt werden.[41] Und der iranische Ex-Präsident Bani Sadr erklärte 1997, dass die iranische Regierung Österreich mit ihrem Wissen um die illegalen Waffenexporte in den Iran und den Irak, deren innenpolitische Auswirklungen 1989 in der Noricum-Affäre eskalierten, erpresst habe. So seien „Ölgelder in Österreich versickert" und das Land damit „erpressbar" geworden.[42]

Ein mutmaßlicher Mittäter bei den Wiener Kurdenmorden hat den Sprung ganz nach oben geschafft. Der heutige Präsident Ahmadinejad soll nach Informationen, die dem grünen Nationalratsabgeordneten Peter Pilz in die Hände gespielt worden sind, der sie am 5. Juli 2005 veröffentlichte, auch dabei gewesen sein. Die Informationen stammen von dem „Zeugen D", der sich zu diesem Zeitpunkt in Paris aufhielt, und dessen Schilderung des Tathergangs sich mit dem Ermittlungsstand der österreichischen Polizei deckt: „Alle Angaben des Zeugen stimmen mit bisher unter Verschluss gehaltenen Akten des Innenministeriums und der Einsatzgruppe zur Bekämpfung des Terrorismus EBT überein."[43]

Khossrow Bahrami, ein Wiener Funktionär der Demokratischen Partei Kurdistans Iran, erklärte, dass die Aussage des Zeugen glaubhaft sei und kein Zweifel daran bestehe, dass Ahmadinejad, damals ein Offizier der Quods-Brigaden, in dieser Nacht in Wien und an der Tat beteiligt gewesen sei. Bahrami führt noch einen anderen Zeugen an, der behauptete, als Angestellter der iranischen Botschaft in Wien in der Tatnacht 1989 Ahmadinejad bedient zu haben.[44] Laut „Zeuge D" wäre Ahmadinejad für den Transport der Waffen zuständig gewesen und er hätte mit einer Maschinenpistole vor dem Haus, in dem die Morde stattfanden, auf eventuell flüchtende Kurden gewartet.

Natürlich blieben Äußerungen wie jene von Peter Pilz nicht ohne Reaktion. Ahmadinejad ließ Tags darauf ausrichten, dass es sich bei allen, die Anschuldigungen gegen den iranischen Präsidenten erheben, um „zionistische Elemente" handele. Der österreichische Botschafter in Teheran wurde ins iranische Außenministerium zitiert. Am nächsten Tag wurden die Ermittlungen der österreichischen Justiz gegen Ahmadinejad offiziell eingestellt.[45]

---

40 Zit. n. Peter Pilz: Eskorte nach Teheran. Der österreichische Rechtsstaat und die Kurdenmorde, Wien 1997, S.109.

41 Die Presse, 28.7.1989.

42 Die Presse, 19./20.4.1997.

43 http://www.peterpilz.at/, Blogeintrag vom 5. Juli 2005 (13.12.2007).

44 http://www.ki3.at/ki3.php?art=773 (13.12.2007).

45 http://www.peterpilz.at/, Blogeintrag vom 6. und 7. Juli 2005. (13.12.2007).

Öl, Gas, Bier und Waffen

Derartige politische Unterwürfigkeit gegenüber dem Teheraner Regime bereitet bis heute den Boden für die österreichischen Geschäftsbeziehungen mit dem Iran. Diese werden auch in der Gegenwart keineswegs nur von der OMV intensiviert. Bereits 1991 wurde auf Betreiben der damaligen Außenminister Alois Mock und Ali Akbar Velayati die Österreichisch-Iranische Gesellschaft gegründet, die sich die Förderung der wirtschaftlichen Beziehungen beider Länder zur Hauptaufgabe gesetzt hat. Von 2000 bis Juli 2007 war Leopold Maderthaner, der ehemalige Präsident der Österreichischen Wirtschaftskammer, Präsident der Gesellschaft, womit die Intensivierung des Handels mit den Mullahs zur Chefsache avancierte. Die Wirtschaftsvertreter können sich bei ihren Bemühungen auf staatliche Unterstützung verlassen. Die österreichischen Exporte in den Iran sind durch Staatsgarantien der Regierung abgesichert. 2005 stand der Iran laut der Österreichischen Kontrollbank an fünfter Stelle jener Nationen, die von derartigen Garantien profitierten. Seit 2004 existiert auch ein österreichisch-iranisches Investitionsschutzabkommen. Bereits 2002 wurden ein Zoll- und ein Doppelbesteuerungsabkommen geschlossen. Ebenfalls 2002 wurde eine Vereinbarung über Zusammenarbeit im Bereich Bildungs- und Know How-Transfer getroffen.[46]

Neben der OMV waren in den letzten Jahren mit *Evicom*, ILF, VA *Tech* und der *Voest Alpine* weitere große österreichische Unternehmen im Iran aktiv. Im Mai 2007 gab die *Ottakringer Brauerei* AG bekannt, dass sie im Iran eine Produktionsstätte zur Herstellung ihrer alkoholfreien Marke *Null Komma Josef* im Wert von 25 Millionen Euro errichten wird. Ottakringer-Chef Sigi Menz schwärmt vom friedenspolitischen Potenzial seines Produkts: „Bier bringt bekanntlich die Menschen zusammen und fördert die Kommunikation. Gewaltdrohungen und Sanktionen bringen Null Komma Josef."[47]

Andere Unternehmen setzen auf weniger kommunikationsfördernde Artikel. Die österreichische Waffenfirma *Steyr-Mannlicher* lieferte in den letzten Jahren Präzisionsgewehre vom Typ *Steyr* HS.50 in den Iran. Nach Angaben des American Enterprise Instituts entfallen 11 Prozent des österreichisch-iranischen Handelsvolumens auf den militärischen Bereich.[48]

Auf der Öl-, Gas- und Chemiemesse in Teheran waren 2007 laut der Bundesagentur für Außenwirtschaft 17 österreichische Firmen vertreten. An der Internationalen Industriemesse Anfang September haben sich nach Angaben der österreichischen Botschaft in Teheran im selben Jahr mit *Trotec*, *Frank & Dvorak*, *Alpen-Maykestag*, *Sirocco*, *beco* und *Tyrolit* renommierte Firmen aus der postnazistischen Republik beteiligt. Auch

---

46 Vgl. http://www.bmeia.gv.at/view.php3?r_id=257&LNG=de&version=&mode=-country&submit=1&vb_vp_id=65&dv_staat=64 (20.12.2007).

47 Der Standard, 15.5.2007.

48 vgl. http://www.aei.org/IranInteractive/ (25.9.2007).

für die Internationale Energie- und Elektrizitätsmesse, die im November 2007 in Teheran stattfand, war die Teilnahme von österreichischen Firmen angekündigt. In Österreich rühmt man die „traditionell sehr guten Beziehungen zwischen dem Iran und Österreich", ist „stolz" darauf, dass man 2007 mit einem der größten Stände bei der Iranian Oil Show vertreten war und freut sich auf die österreichische Teilnahme an der 13. Iranischen Öl-, Gas- und Petrochemiemesse im April 2008.[49]

Schon im November 2006 betonte der iranische Handelskammerpräsident Khamoushi: „Österreich ist für uns das Tor in die Europäische Union."[50] Die Alpenrepublik hat nach Angaben des Bundesministeriums für Arbeit und Wirtschaft im Jahr 2006 Waren im Wert von 141 Millionen Euro aus dem Iran importiert und im Wert von 339 Millionen Euro in den Iran exportiert.[51] Die österreichischen Ausfuhren in den Iran haben sich seit 2002 annähernd verdoppelt. Vergleicht man das allerdings mit den deutschen Exporten in den Iran, die sich schon lange im Milliarden-, nicht im Millionenbereich bewegen, wird deutlich, dass erst das anvisierte Milliarden-Geschäft der OMV Österreich zu einem langfristigen strategischen Partner der Mullah-Diktatur befördern würde.

Gegen Amerika, für den Iran

Kritik am Iran-Geschäft der OMV kommt fast ausschließlich aus dem Ausland. Bei seinem Israel-Besuch Anfang September 2007 war SPÖ-Kanzler Alfred Gusenbauer mit Kritik an der OMV konfrontiert. Regierungschef Ehud Olmert forderte unmissverständlich die Stornierung des Iran-Geschäfts des größten börsennotierten Unternehmens in Österreich. Die sozialdemokratische Parlamentspräsidentin Barbara Prammer musste sich bereits im Juli 2007 bei ihrem Besuch in Jerusalem mit Kritik von der *Vereinigung der Pensionisten Österreichs in Israel* an der OMV auseinandersetzen. Die OMV ist traditionell mit der Sozialdemokratischen Partei eng verflochten. Heute wird die OMV von dem ehemaligen SPÖ-Finanzstaatssekretär Wolfgang Ruttenstorfer geleitet, der 1992 Viktor Klima, den späteren SPÖ-Kanzler, als Vorstandsdirektor abgelöst hatte. Die *Vereinigung der Pensionisten Österreichs in Israel* konfrontierte die sozialdemokratische Nationalratspräsidentin bei ihrem Besuch mit einem Memorandum: „Muss es gerade Österreich sein, das durch diese Geschäfte den Iran nicht nur wirtschaftlich sondern auch moralisch unterstützt, den Iran als Partner akzeptiert und sich dadurch unmissverständlich an die Seite des Staates stellt, der mit seinem Atomprogramm eine Bedrohung für die ganze Welt

49 http://www.advantageaustria.org/ir/events/iranoil2008.en.jsp (2.11.2007).

50 Presseaussendung der Wirtschaftskammer Österreich vom 23.11.2007; http://www.ots.at/presseaussendung.php?schluessel=OTS_20061123_OTS0256&ch=wirtschaft (2.11.2007).

51 http://www.bmwa.gv.at/NR/rdonlyres/7275DD38-4AC5-45C7-8B8B-7C6BF310C9B7/0/Waren06endgInternetversion.pdf (2.11.2007).

und auch für Österreich darstellt? Und doppelt so schmerzlich ist das für uns, die österreichischen Holocaustüberlebenden, wo Ahmadinejad den Holocaust abstreitet und öffentlich erklärt, dass Israel vernichtet werden muss. Wir sind erschüttert, dass dieses Gasprojekt der OMV im Iran die Unterstützung von Österreichs Regierungsspitze findet."[52]

Alfred Gusenbauer hatte in Jerusalem zwar unverbindlich verlautbart, man müsse den Iran daran hindern, Atomwaffen zu erwerben, Fragen zum OMV-Deal wich er aber aus. Gleichzeitig hat der Kanzler bei seinem Pflichttermin in der Holocaust-Gedenkstätte Yad Vashem relativ deutliche Worte zur österreichischen Rolle im Nationalsozialismus gefunden. Damit deutet sich ein Anschluss an die deutsche Vergangenheitspolitik der letzten Jahre an: Zum Judenmord der Vergangenheit findet man im Vergleich zu früher klare Worte und stellt auch Gelder zu seiner Erforschung zur Verfügung. Gleichzeitig sorgt man für die Unterstützung jener Kräfte, die den Judenmord in der Gegenwart planen.

Neben Israel hatten sich auch die USA gleich nach Bekanntgabe der Unterzeichnung der Vorverträge besorgt über die geplante Zusammenarbeit mit dem Regime in Teheran geäußert. Sean McCormack, der Sprecher des US-Außenministeriums, hatte die Pläne kritisiert und verlautbaren lassen, dass Washington sich vorbehält, im Falle eines Geschäftsabschlusses, der für Ende 2007 erwartet wurde, Sanktionen gegen die OMV zu verhängen. Dies entspräche dem Iran Sanctions Act, wonach die USA Strafmaßnahmen gegen Firmen ergreifen können, die mehr als zehn Millionen Dollar im Iran investieren.

Die österreichische Außenministerin Ursula Plassnik von der konservativen Volkspartei konterte die Kritik aus den USA mit dem Versuch, der Öffentlichkeit weis zu machen, man könne über die geplanten Geschäfte des österreichischen Ölmultis mit dem Regime in Teheran unabhängig von dessen Nuklearprogramm diskutieren: „Es geht um einen Geschäftsvorgang", der „keinen direkten Zusammenhang mit dem Atomprogramm" habe.[53] Natürlich weiß jeder, dass der Abschluss eines Geschäfts von diesem Ausmaß sowohl einen propagandistischen als auch einen politischen und ökonomischen Erfolg für die Apokalyptiker im Iran darstellen würde. Umso unverhohlener muss diese Tatsache geleugnet werden.

Die OMV ist nicht nur das größte Unternehmen Österreichs, sondern auch ein international agierender Öl-Multi. Als solcher sollte der Konzern eigentlich zum bevorzugten Feindbild des postnazistischen Bewusstseins in Österreich gehören. Doch bei der Verteidigung des ehemaligen Vorzeigebetriebs der verstaatlichten österreichischen Industrie hält man in der Alpenrepublik die Reihen fest geschlossen, so dass der *Standard* entzückt

---

52 Vereinigung der Pensionisten Österreichs in Israel: Memorandum an den Nationalrat der Republik Österreich, o. O., o. J.; Vgl. auch den Bericht von Adar Primor: ‚Renewing a chapter of friendship', in: Haaretz, 13.9.2007; http://www.haaretz.co.il/hasen/spages/901784.html#resp (2.11.2007).

53 Interview im Ö1 Mittagsjournal vom 24.4.2007; http://www.oevp.at/oevp/team/regierung/plassnik/index.aspx?pageid=17305 (2.11.2007).

titeln konnte „Breite Front gegen US-Einmischung".[54] Ursula Plassnik rief zu „Nüchternheit und Sachlichkeit"[55] in der Debatte auf, was wohl heißt, dass die Kritiker nicht immer auf dem Charakter des iranischen Regimes und dessen Vernichtungsdrohung gegen Israel herumreiten sollen. Christoph Leitl, einflussreicher Präsident der Wirtschaftskammer, entdeckte angesichts eines Milliarden-Geschäfts die friedenspolitischen Segnungen des internationalen Handels. Das OMV-Projekt im Iran könne dazu beitragen, nicht nur die Energiesicherheit Österreichs und Europas zu verbessern, sondern auch eine „deeskalierende Funktion" haben: „Grundsätzlich hat die Wirtschaft, haben funktionierende Handelsbeziehungen einen völkerverbindenden Charakter und können zu einer Beruhigung politischer Spannungen beitragen."[56] Der SPÖ-Abgeordnete Caspar Einem, bis zu seinem Ausstieg aus der Politik im Herbst 2007 Aushängeschild des linken Flügels der Sozialdemokratie, war ganz auf Linie des europäischen Appeasements gegenüber den Teheraner Mullahs: „Wir denken, dass eine Strategie, die das Gespräch aufrecht erhält, letztlich mehr Aussichten auf Erfolg hat als eine Sanktionspolitik. Insgesamt würden wir uns freuen, wenn es der OMV gelingt, dieses Geschäft zum Abschluss zu bringen."[57]

Eine Meisterleistung an kritischem Opportunismus boten die Grünen. Die Außenpolitikerin Ulrike Lunacek sah ein Problem des Timings: „Es ist kein günstiger Zeitpunkt für das Iran-Geschäft der OMV."[58] Anstatt eine konsequente Isolierung des iranischen Regimes zu fordern (was man von einer Politikerin, die nicht nur die außen- und entwicklungspolitische Sprecherin ihrer Partei, sondern auch „Sprecherin für die Gleichstellung von Lesben, Schwulen und Transgenders" ist, angesichts der Verfolgung von Homosexuellen im Iran hätte erwarten können), war es Lunacek ein Anliegen klarzustellen, dass US-Gesetze wie der Iran Sanctions Act in Österreich keine Geltung haben. Im Übrigen solle die OMV die Chance wahrnehmen, auch einen „zivilgesellschaftlichen Beitrag" zu leisten: „Eine Möglichkeit wäre, etwa Inserate in Oppositionszeitungen zu schalten".[59] Dass es keinen Unterschied macht, ob man ein Regime wie das iranische zu diesem oder jenem Zeitpunkt, mit oder ohne ein paar Anzeigen in einer oppositionellen Zeitung mit einem Milliarden-Deal belohnt, scheint sie nicht weiter zu stören.

Auch die Hilfsorganisation *Wadi Österreich* fordert ein humanitäres Engagement der OMV im Iran zur Flankierung ihrer Geschäftstätigkeit.[60] Der Ölmulti, geschult an den Auseinandersetzungen über sein Sudan-

54 Der Standard, 24.4.2007.
55 Interview im Ö1 Mittagsjournal, a. a. O.
56 Austria Presse Agentur, 24.4.2007.
57 Ö1 Inforadio, 24.4.2007; http://oe1.orf.at/inforadio/75542.html (2.11.2007).
58 Presseaussendung der Grünen vom 24.4.2007; http://www.ots.at/presseaussendung.php?schluessel=OTS_20070424_OTS0252&ch=medien (2.11.2007).
59 Ebd.
60 Presseaussendung vom 2.8.2007; http://www.wadinet.at/Media/Presse/press_02-08-2007.php (2.11.2007).

Engagement, hat mit derart konstruktiven Anregungen zur Imagepolitur naturgemäß keinerlei Schwierigkeiten. Das OMV-Management scheint Interesse daran zu haben, den Deal mit den Mullahs ohne allzu laute Kritik über die Bühne zu bringen. Neben ihrer Anzeigenkampagne und ihrem jährlichen *Stakeholderdialog* mit verschiedenen NGOs, mit dem der Konzern schon seit längerem versucht, sich Kritik vom Leib zu halten, gab es nach Angaben von *Amnesty International Austria* Ende September 2007 einen Gesprächstermin zum Iran-Engagement mit dem Netzwerk Soziale Verantwortung, einem Dachverein von österreichischen Gewerkschaften, Betriebsräten und NGOs. Sobald Kritik am Iran-Engagement der OMV laut wird, wie beispielsweise im August 2007 anlässlich der Inhaftierung zweier iranischer Journalisten, verweist das Unternehmen auf seine Kooperation mit *Reporter ohne Grenzen*, dem Boltzmann Institut für Menschenrechte, der Caritas und UNICEF[61], die mehr zur Selbstdarstellung des Ölmultis als zu Veränderungen im Iran beitragen.

Auch ÖVP-Klubchef Wolfgang Schüssel steht dem Iran-Deal positiv gegenüber. Die OMV verdiene absolute Unterstützung. Der ehemalige Bundeskanzler sieht zwar wegen des Atomprogramms „ein kurzfristiges Problem" mit dem Iran, der OMV-Deal sei aber ein „sehr langfristiges Projekt".[62] Für die FPÖ verteidigte der Nationalratsabgeordnete Reinhard Bösch den OMV-Deal. Die freiheitlichen Arbeitnehmer forderten die Bundesregierung auf, der OMV im antiimperialistischen Abwehrkampf unter die Arme zu greifen: „Die FPÖ fordert die österreichische Bundesregierung auf, mit Protest und entsprechenden diplomatischen Schritten gegen US-amerikanische Erpressungsversuche vorzugehen, der Entwicklung einer eigenständigen, gegen imperiale US-amerikanische Interessen gerichteten Welt- und Gesellschaftspolitik der EU Vorschub zu leisten und schließlich der OMV massiv – wenn nötig auch finanziell – den Rücken zu stärken."[63]

Herbert Scheibner, ehemaliger Verteidigungsminister, Mitbegründer der Österreichisch-Syrischen Gesellschaft und heute stellvertretender Klubobmann der FPÖ-Abspaltung BZÖ, betätigte sich als Lautsprecher der Volksmeinung: „Man braucht sich von keinem Land irgendwelche Vorschriften machen zu lassen."[64] Der Wirtschaftsredakteur Michael Moravec schrieb sich im *Standard* gegen die „kaum mehr zu übertreffende Arroganz", die „selbstherrliche Einmischung" und den „aktuellen rechtlichen Chauvinismus der USA" in Rage.[65] Und der Politikwissenschaftler Thomas Schmidinger meinte in einem Kommentar in der *Wiener Zeitung*, es wäre „fatal", wenn Österreich sich durch den Iran Sanctions Act von den USA „erpressen lasse".[66]

---

61 Vgl. http://www.glocalist.com/index.php?id=20&tx_ttnews%5Btt_news%5D=2019&tx_ttnews%5Bcat%5D=4&cHash=62a5bad1cf%3E (22.12.2007)

62 Öl Inforadio, a. a. O.

63 http://www.freiheitliche-arbeitnehmer.at/index.php?style=11&NID=225 (1.11.07).

64 BZÖ-Pressedienst, 24.4.2007; http://www.bzoe-parlamentsklub.at/Pressedienste/April2007/24.04.2007_Scheibner.html (2.11.2007).

65 Der Standard, 25.4.2007.

66 Wiener Zeitung, 2.5.2007.

Zu den einsamen Stimmen, die sich öffentlich gegen das Iran-Geschäft des österreichischen Vorzeigeunternehmens ausgesprochen haben, gehörte jene der Literaturnobelpreisträgerin Elfriede Jelinek. In einem Beitrag für die *Illustrierte Neue Welt* nahm sie zum geplanten Iran-Geschäft Stellung: „Die OMV sieht in einem Staat mit einer derart selbstmörderisch-sendungsbewußten, zur Vernichtung eines andren Staates entschlossenen Führung einen ‚idealen Partner' für ihre Geschäfte. Es sieht ganz so aus, als wollte Österreich sich geradezu vordrängen, um eine Drehscheibe für Handel, aber leider nicht: Wandel, mit diesem antisemitischen und totalitären Regime des Iran zu werden. Ich möchte mich all denen anschließen, die sich mit Nachdruck gegen solche ‚ungesunden' Geschäfte verwahren."[67]

Auch der Kolumnist Christian Ortner zählte zu den Wenigen, die den nationalen Schulterschluss bei der Verteidigung der Grundfreiheit auf Geschäftsbeziehungen mit Massenmördern nicht mitmachen wollten. In einem Kommentar mit dem treffenden Titel *Gas vom Gaskammer-Leugner* stellte er hinsichtlich der österreichischen Reaktionen auf die US-amerikanische Kritik an dem Milliardendeal resigniert fest: „Im Zweifelsfall genießt eine Liaison zwischen Mullah-Diktatur und Mineralölmulti hierzulande mehr Ansehen als jene, denen wir die Befreiung von den Nazis offenkundig noch immer nicht verziehen haben."[68]

Und tatsächlich ist in Österreich so gut wie alles möglich. Wenn man hierzulande etwas wissen will über das Regime in Teheran, das Israel vernichten möchte, lädt man sich einen Vertreter eben dieses Regimes des Vernichtungswahns ein. Und wenn man darüber diskutieren möchte, wie man dem Terror mittels Friedensliebe und Versöhnung Einhalt gebieten kann, fragt man hierzulande bei den Verbündeten des iranischen Regimes von der Hisbollah nach. Am 18. April 2007 fand auf Einladung des Österreichischen Instituts für internationale Politik (ÖIIP) an der Universität Wien ein Vortrag im Rahmen der Reihe *Nuclear Non Proliferation and Iran* statt. Vortragender war niemand anderes als der ständige Vertreter der Islamischen Republik Iran bei den Vereinten Nationen in Wien, Ali Asghar Soltanieh. Angesichts dieser Einladungspolitik verwundert es wenig, dass John Bunzl, Politikwissenschaftler am ÖIIP, nach iranischen Angaben der *Iranian Republic News Agency* ein Exklusivinterview gegeben hat.[69] Kurz nach dem ÖIIP-Vortrag, am 22. April 2007, fand im Theater in der Josefstadt eine Matinee „für eine Kultur des Friedens in einem Klima der Angst" unter dem Motto *Frauen gegen Terror* statt. Organisiert wurde die Veranstaltung von *Frauen ohne Grenzen*, die einen „Dialog eröffnen" wollten, „um die Stimmen der Frauen zu hören, die Zielscheiben, Opfer, Zeitzeuginnen und Friedensaktivistinnen sind".[70] Zur Eröffnung sprach Bundeskanzler Alfred Gusenbauer. Finanziert wurde die Veranstaltung

67 Illustrierte Neue Welt, August/September 2007.
68 Die Presse, 27.4.2007.
69 Vgl. http://www2.irna.com/index2.php?option=com_news&task=print&code=0710029222193513&Itemid=&lang=en. (20.12.2007).
70 http://www.frauen-ohne-grenzen.org/events/rueckblick/34/ (2.11.2007).

aus Mitteln des Bundesministeriums für Soziales, Generationen und Konsumentenschutz. Die Veranstalter ließen einen im Unklaren, ob sie Zeinab al Saffar für eine Zielscheibe, ein Opfer, eine Zeitzeugin oder doch eher eine Friedensaktivistin halten. Ihre Profession teilten sie allerdings freiherzig mit: Sie ist das „junge weibliche Gesicht des wöchentlichen Politprogramms *In their Eyes* im Al Manar TV Sender in Beirut, dem Medienkanal der Hisbollah". Nun durfte man grübeln, welche Erkenntnisse sich die Veranstalter von der Vertreterin einer antisemitischen Terrororganisation im Kampf gegen den Terror und von einem Vertreter des iranischen Apokalyptikerregimes über die tatsächlichen Ambitionen der Führung in Teheran erwarteten.

Unter dem Anschein der Ausgewogenheit (in der Reihe *Nuclear Non Proliferation and Iran* sprachen auch ein US-amerikanischer UN-Vertreter sowie eine Vertreterin der Internationalen Atomenergiebehörde, und Zeinab al Saffar saß natürlich nicht alleine am Podium, sondern mit mehreren anderen Frauen, die irgendwie gegen Terror und für Frieden sind) wurden ein Vertreter der iranischen Diktatur und ein Sprachrohr der von Teheran unterstützten libanesischen Djihadisten als gleich berechtigte und akzeptable Diskussionspartner präsentiert.

Die Hisbollah fordert ebenso wie ihre iranischen Förderer die Auslöschung Israels. Es geht ihnen nicht um einen irgend gearteten Ausgleich oder Kompromiss, sondern um einen „Frieden", der auf den Trümmern des Staates der Shoah-Überlebenden und den Leichen seiner jüdischen Bewohner gedeiht. Der Sender *Al Manar*, mit dessen „jungem weiblichen Gesicht" die Frauen ohne Grenzen und gegen den Terror diskutieren wollten, ist eine antisemitische Propagandainstitution, die nicht nur die libanesische Jugend, sondern auch die arabischen Communities in Europa zum Djihad aufruft. In Frankreich wurde der Sender 2004 wegen seiner Hetze vom obersten Gerichtshof verboten. 2003 hatte *Al Manar* die mehrteilige Fernsehserie *asch-Schatat* ausgestrahlt, die auf dem antisemitischen Machwerk *Die Protokolle der Weisen von Zion* beruht.

Es sollte eine Selbstverständlichkeit sein, dass es mit Vertreterinnen solch einer Organisation und mit Repräsentanten von Diktaturen wie der iranischen nichts zu diskutieren und keinen Dialog zu führen gibt. Diese Antisemiten und Todfeinde jeglicher emanzipatorischen Bestrebung müssten unter allen Umständen bekämpft werden. Doch in Österreich, wo man auch den eingeborenen Nazis gerne mit Nachsicht, Toleranz und Feingefühl begegnet, wird das Gegenteil praktiziert. Die Veranstaltungen im April 2007 waren ganz im Sinne der österreichischen Außenpolitik, die sich am europäischen Appeasement gegenüber dem islamischen Faschismus, das immer mehr zu einer offenen Kooperation reift, beteiligt. Es wäre schön, wenn die Hofierung eines iranischen Regierungsvertreters und einer Sprecherin eines antisemitischen Propagandasenders ein Skandal wären. Leider sind sie Ausdruck einer österreichischen Normalität, zu der es auch gehört, dass sich Personen, die sowohl von den USA als auch vom österreichischen Innenministerium verdächtigt werden, den djihadistischen Terror durch Spendensammlungen zu finanzieren, auf Empfängen des Bundeskanzlers, des Präsidenten und des Wiener Bürgermeisters als geladene Gäste tummeln.[71]

Die erwähnten Podiumsdiskussionen und Vorträge stehen ganz in der Tradition der *Iranisch-Österreichischen Konferenzen*, die seit 1996 im Dreijahresrhythmus abwechselnd in Teheran und Österreich stattfinden. Sie wollen den Dialog zwischen Christentum und Islam befördern und haben sich ganz dem pazifistischen Jargon verschrieben. Solange man sich an diesen hält, darf sich dort jeder als Friedensengel aufspielen. 1999 konnte beispielsweise bei der Tagung in Wien der Botschafter des iranischen Terrorregimes, Ebrahim Rahim Pour, sein Interesse am „Aufbau einer heileren, freien und glücklichen Welt für die Menschheit"[72] bekunden, was nicht etwa auf Widerspruch stieß, sondern von Kardinal Franz König durch den Wunsch nach einer weiteren „Stärkung des gegenseitigen Respekts"[73] ergänzt wurde. Von österreichischer Seite wurde die Konferenz durch Vertreter des Außen- und des Wissenschaftsministeriums eröffnet. Einen Tag nach der Eröffnung trat Bundespräsident Thomas Klestil seinen Staatsbesuch im Iran an. Er war das erste Staatsoberhaupt eines EU-Mitglieds, das seit der islamischen Revolution von 1979 in den Iran reiste. Bereits 1991, vier Jahre vor Österreichs Beitritt zur EU, war es der österreichische Bundespräsident mit Wehrmachtsvergangenheit Kurt Waldheim gewesen, der als erstes westliches Staatsoberhaupt seit 1979 dem Regime in Teheran einen Besuch abstattete. 2004 reiste Klestil abermals zu einem offiziellen Besuch in den Iran. Im Verlauf der Visite wurden Wirtschaftsaufträge im Wert von insgesamt 330 Millionen Euro ausgehandelt und ein erstes *Memorandum of Understanding* zwischen der OMV und der National Iranian Gas Export Company unterzeichnet.[74]

Die Geschichte der österreichisch-iranischen Beziehungen ist eine Erfolgsstory, der auch Rückschläge nichts anhaben konnten. Loyalität scheint hier eines der obersten Gebote zu sein, zumindest wenn sie sich auch rentiert. Die österreichische Außenpolitik ist bezüglich des Irans von Kontinuität geprägt. 2001 unterstützte Benita Ferrero-Waldner als damalige Außenministerin den Reformprozess im Iran in Gestalt von Mohammad Khatami und forderte das „offen(e), kritisch(e) und respektvoll(e) aufeinander zugehen."[75] Die heutige Außenministerin Ursula Plassnik streicht

---

71 Vgl. Michael Simoner: Rat mal, wer zum Feiern kommt. in: Der Standard, 1./2.12.2007. Vgl. auch Stefan Beig: 40.000 Euro für die Hamas, in: Wiener Zeitung, 3.12.2007; http://www.wienerzeitung.at/DesktopDefault.aspx?TabID=4103&Alias=wzo&cob=315240 (4.12.2007).

72 Andreas Bsteh/Seyed A. Mirdamadi (Hg.): Werte – Rechte – Pflichten. Grundfragen einer gerechten Ordnung des Zusammenlebens in christlicher und islamischer Sicht. 2. Iranisch-Österreichische Konferenz. Referate – Anfragen – Gesprächsbeiträge, Mödling 2001, S.36.

73 Ebd., S.37.

74 Chronik zur österreichischen Außenpolitik; http://afa.at/oega/chronik2004.htm (10.12.2007).

75 http://www.bmeia.gv.at/view.php3?f_id=756&LNG=de&version=text (13.12.2007).

die österreichische Vorreiterrolle bei der Verbesserung der iranisch-europäischen Beziehungen heraus: „Es war Österreich, das 1998 während seiner ersten EU-Präsidentschaft den umfassenden Dialog mit Teheran in Gang gesetzt hat".[76] Der Iran hat wiederum seine Treue unter Beweis gestellt, indem er die Förderung des iranischen Erdgases nicht irgendwelchen Russen oder Chinesen, sondern der OMV überlassen will.

Holocaustleugnung und -vorbereitung

Eine weitere Sternstunde der österreichisch-iranischen Beziehungen stellte ein Besuch von Vertretern des iranischen Pseudoparlaments in Wien im Dezember 2007 dar. Der zweite Nationalratspräsident Michael Spindelegger von der ÖVP sprach vom „Respekt des jeweiligen anderen Standpunktes"[77] und sein Parteikollege Helmut Kukacka betonte „die hervorragenden wirtschaftlichen Beziehungen zwischen Österreich und dem Iran". Die Republik sei sehr daran interessiert, dass sich österreichische Unternehmen weiterhin im Iran engagierten und dieses Engagement ausweiten könnten. Der freiheitliche Parteiführer Heinz-Christian Strache freute sich über die anerkennenden Worte der Gäste bezüglich der Rolle Österreichs im Nahen Osten und trat dafür ein, entsprechend der guten wirtschaftlichen Kontakte auch die Beziehungen auf politischer Ebene wieder zu intensivieren.[78]

Von jenen, die sich für das ‚andere Österreich' halten, mussten sich die Islamfaschisten ein paar kritische Worte anhören, die sie routiniert konterten. Andreas Schieder, der sozialdemokratische Obmann des Außenpolitischen Ausschusses im Parlament, verurteilte die Holocaust-Leugnung durch das iranische Regime ebenso wie seine Parteikollegin und erste Präsidentin des Nationalrats Barbara Prammer. Zugleich betonten beide die Notwendigkeit des Dialogs. Der Verurteilung der Holocaust-Leugnung schloss sich auch Stefan Schennach an, der grüne Fraktionsvorsitzende im Bundesrat und Mediensprecher des Grünen Klubs im Parlament. Auf Anfrage teilte er zudem mit, er habe die iranische Delegation wissen lassen, „dass es nur Wirtschaftsbeziehungen geben kann, wenn auch die innere Verfasstheit eines Landes im Sinne der Meinungsvielfalt und Demokratie stimmt."[79] Auf die Nachfrage, warum es dann überhaupt Wirtschaftsbeziehungen mit dem Iran gibt und die österreichischen Grünen nichts gegen den bevorstehenden Milliardendeal der OMV unternehmen, war von der Stimmigkeit der „inneren Verfasstheit eines Landes im Sinne der Meinungsvielfalt und Demokratie" nicht mehr die Rede und Schennach ließ wissen: „Die Situation mit der OMV war (sic!) eine schwierige Geschichte, da hat die amerikanische Drohung vieles begünstigt. Prinzipiell müssen

76 Die Presse, 22.4.2006.
77 Presseaussendung der Parlamentskorrespondenz, 12.12.2007.
78 Presseaussendung der Parlamentskorrespondenz, 11.12.2007.
79 Email von Stefan Schennach, 11.12.2007.

wir in Sachen Iran trachten, dass die Menschen nicht gänzlich in das Lager Achmedinejad getrieben werden. […] Ohne den Iran wird es keinen Nahostfrieden geben. […] Ohne den Iran wird es auch im Irak keine Lösung geben.[…] Leider haben auch die Amerikaner hier viel zur Radikalisierung […] beigetragen."[80] Nun darf man gespannt sein, wie die Grünen dafür sorgen werden, dass es *mit* dem Regime in Teheran zu einem Frieden im Nahen Osten und einer Entspannung der Situation im Irak kommt. Wenn das auf Grund des eliminatorischen Antizionismus sowohl von Ahmadinejad als auch seiner Gegenspieler wie Khatami oder Rafsanjani verständlicher weise nicht funktioniert, können sie ja immer noch den Amerikanern die Schuld geben, die durch ihre „Drohungen" mal wieder zur „Radikalisierung" beigetragen hätten.

Derartige Verrenkungen sollten aber niemanden überraschen. Denn eines haben nach den Deutschen nun auch die Österreicher gelernt: Einen Holocaust kann man zwar begehen – schließlich passiert einem nachher nicht viel – aber Holocaust leugnen, das geht auf gar keinen Fall! Einen neuen vorbereiten hingegen schon.

Würden die sich selbst für aufgeklärt und fortschrittlich haltenden Abgeordneten im Nationalrat das anders sehen, müssten sie der OMV und allen anderen österreichischen Firmen augenblicklich jegliche Unterstützung für ihr Engagement im Iran entziehen und dafür Sorge tragen, dass die österreichische Regierung derartige Geschäftsbeziehungen unter Strafe stellt.

80 Email von Stefan Schennach, 12.12.2007.

Andreas Benl

Delegierte Regression

Der europäische Kulturrelativismus: eine Form der Kollaboration mit dem Islamismus

Ginge es mit rechten Dingen zu, wäre es nicht die arabisch-islamische Welt, die auf der Aufmerksamkeitsskala der globalen Linken einen der obersten Plätze einnehmen würde. Diese hätten genug damit zu tun, die Entwicklung des internationalen Staatensystems nach dem Ende des Nominalsozialismus sowie die neuen aufstrebenden kapitalistischen Ökonomien Asiens zu analysieren. Wenn von einem ‚Sozialismus des 21. Jahrhunderts' die Rede ist, würde sich die Frage stellen, ob er angesichts der gigantischen Proletarisierung, welche die kapitalistische Akkumulation in Indien und China hervorbringt, nicht eben dort (und in China sogar gegen eine herrschende ‚Kommunistische' Partei) entstehen müsste.

Würde es mit rechten Dingen zugehen, kein Linker könnte sich vorstellen, über 160 Jahre nach Marxens Feststellung, die Kritik der Religion sei die Voraussetzung aller Kritik[1], ernsthaft über die Zulässigkeit von Karikaturen des Propheten Mohammed oder anderer religiöser Gestalten und über die Befindlichkeiten islamischer Pfaffen zu diskutieren.

Die Rückkehr der Religion als politischer Kraft zeigt jedoch an, dass es nicht ‚mit rechten Dingen' zugeht. Und so fokussieren sich die politökonomischen Konkurrenzen und Machtverschiebungen zwischen den alten und neuen Weltmächten heute immer wieder in den Auseinandersetzungen um eine Region, die ökonomisch hauptsächlich als Rohstofflieferant von Bedeutung ist, aber den Globus mit atomaren Ambitionen, Islamismus und eliminatorischem Antisemitismus in Atem hält. Wenn Linke sich nun gebannt vom ‚Widerstand im Irak' von Hamas, Hisbollah und ihren Finanziers – den iranischen Mullahs – zeigen, so kann man ihnen leider nicht einmal vorwerfen, im Müllhaufen der Weltgeschichte zu stochern und Statements wie die folgenden müssen ernst genommen werden:

„Ist die Säkularisierung – d.h. die Ablösung sakraler durch weltliche Werte – eine Selbstverständlichkeit, und warum soll sie überhaupt als Norm gelten? [...] Wenn Sozialwissenschaftlerinnen von der ‚Trennung der Geschlechter' in Schule und Hochschule erwarten, ‚herkömmlichen geschlechtlichen Codierungs- und Ordnungsvorstellungen die Wirkmächtigkeit zu entziehen', müssten sie dann nicht auch jede kopftuchtragende

1 Vgl. Karl Marx: Zur Kritik der Hegelschen Rechtsphilosophie. Einleitung, in: Karl Marx/ Friedrich Engels: Werke, Bd. 1, Berlin/DDR 1983, S.378ff.

Lehrerin und Professorin in deutschen Bildungseinrichtungen willkommen heißen, statt ihnen ihre Kopfbedeckung zu verbieten? [...]

Der Schleier [...] wurde [...] zu einem psychischen Schutz, um mit der Moderne und den damit einhergehenden Transformationsprozessen umzugehen. Er war weniger Symbol als ein handfestes Kleidungsstück, das die weibliche Emanzipation – durch Bildung – ermöglichte. So wurde der Schleier auch zu einem ‚portativen Mutterland' der Frauen selbst. Dieses Mutterland repräsentiert nicht Regression oder Rückständigkeit, sondern ermöglicht weibliche Selbstbestimmung. [...]

Selbst da, wo der Schleier erzwungen wird, wie im Iran, hindert er Frauen nicht, Bildung zu erwerben und ihren Weg in akademische Berufe zu machen. [...] Frauen (und Feministinnen), die mit ihrer Ablehnung des Kopftuchs gegen die patriarchalen Strukturen des Islam und für die Durchsetzung allgemeiner Frauenrechte kämpfen, [agieren] als Komplizinnen eines männlich geprägten Entschleierungsdiskurses. [...]

Die Verbindung von religiösem und politischem Kampf macht bis heute den Islam zu einer Religion, der für Freiheitskämpfe wie prädestiniert erscheint. Sie liefert die religiöse Begründung, deren das Streben nach Unabhängigkeit und die Bereitschaft, das eigene Leben für die Sache zu opfern, bedürfen."

Diese Sätze sind keinem Pamphlet von Milli Görüs oder einer anderen Islamistenorganisation entnommen, sondern Zitate aus dem Buch *Verschleierte Wirklichkeit. Die Frau, der Islam und der Westen* der Berliner Kulturwissenschaftlerinnen Christina von Braun und Bettina Mathes.[2] Angesichts solcher Aussagen und ihrer positiven Rezeption in den Medien stellt sich die Frage, warum in Europa eigentlich eine zivilisatorische Normalität unterstellt werden soll, deren absolutes Gegenteil der Islamismus sei.

Hier soll es im Folgenden nicht in erster Linie um die politökonomischen Kalküle der Europäischen Union gehen. Der Anlass des Wiener Symposiums über die Islamische Republik Iran und ihre Unterstützer verdankt sich solch einem geschäftlichen Kalkül, dem Wissenschaft die passenden Legitimationen verschafft. Die akademischen Koryphäen der deutschen Orientforschung waren bereits im Ersten Weltkrieg als Agenten, militärische Berater und Strategen der psychologischen Kriegsführung unmittelbar in die Kriegspläne des deutschen Imperialismus involviert. Sie erhielten und erhalten ihren Lohn für ihre Tätigkeit als Berater und Propagandisten staatlicher Politik und kapitalistischer Interessen.

Hier sollen auch nicht die rechtsradikalen politischen Strömungen und ihr Verhältnis zum Islamismus interessieren. Die Solidarität vieler Neonazis mit Ahmadinejad oder mit dem so genannten Widerstand im Irak erklärt sich dadurch, dass sie zentrale ideologische Positionen des Islamismus teilen: Antikommunismus, Antiliberalismus, Antifeminismus, Antisemitismus und Antiamerikanismus.

---

2 Christina von Braun/Bettina Mathes: Verschleierte Wirklichkeit. Die Frau, der Islam und der Westen, Berlin 2007, S.136, 227, 319, 320, 211, 300.

Ein naiver Beobachter müsste vor diesem Hintergrund annehmen, dass eine linke Positionierung zum Islamismus ebenso eindeutig ausfallen müsste wie jene gegenüber dem historischen Faschismus und Nationalsozialismus. Eine religiös fundierte reaktionäre Weltbewegung, vor 1989 vom Westen im Dienste allerlei antiemanzipatorischer Machenschaften gefördert – wie könnte der Islamismus etwas anderes sein als der Feind der globalen Linken? Bekanntlich ist dies keineswegs der Fall. Nur ein kleiner Teil der Linken steht heute in kompromissloser Frontstellung zum islamischen Klerikalfaschismus. Es soll hier deshalb die sich selbst als progressiv missverstehende linke Variante des Kulturrelativismus näher beleuchtet werden.

Man kann grob zwei Lager unterscheiden, denen die linken Advokaten des Islamismus in Europa zuzurechnen sind: Eine Fraktion bildet der klassische kommunistische Antiimperialismus, der seine dezidierteste ideologische Ausprägung im Maoismus fand. Bereits die Bolschewiki versuchten ethnoreligiöse Bewegungen in den westlichen Kolonien für die außenpolitischen Pläne der Sowjetunion zu instrumentalisieren. Voll entfalten konnte sich der Antiimperialismus jedoch erst nach dem Zweiten Weltkrieg vor dem Hintergrund des Kalten Krieges und des Aufschwungs der antikolonialen Bewegungen in Afrika und Asien.

Der Wesenskern des Antiimperialismus war und ist, den nationalen Befreiungskampf gegen Regimes in der Dritten Welt, die von den USA unterstützt und dominiert werden, vor jede genauere politische Bestimmung dieses Kampfes zu setzen. Die Schwächung der USA *by any means necessary* gilt diesem Antiimperialismus bereits als der Unterpfand des globalen Sieges des Sozialismus.

Paradoxerweise enthält diese autoritäre Ideologie noch ein gewisses Potenzial der Selbstaufklärung. Denn wenn der Antiimperialismus nur das Vehikel des intransigenten Festhaltens an der kommunistischen Weltrevolution sein soll, müsste sich den Antiimperialisten eigentlich bereits seit der Besetzung der US-amerikanischen Botschaft durch Khomeini-Anhänger in Teheran 1979, spätestens aber nach dem 11. September 2001 die Frage aufdrängen, wie man sich zu der Tatsache verhalten soll, dass heute islamische Antikommunisten das Panier des radikalsten Antiimperialismus, Antiamerikanismus und Antizionismus in Händen halten. Konfrontiert mit dieser Konstellation hat eine Minderheit tatsächlich die eigenen antiimperialistischen Positionen verlassen, dem Rest bleibt über kurz oder lang nur die stetige Annäherung an den Islamismus und die Aufgabe jeder eigenständigen ideologischen linksradikalen Position. Es steht sogar zu befürchten, dass der Islam diese Linke als eine Kultur der Armut fasziniert, was vergessen macht, dass die linke Imperialismuskritik einst auf die Abschaffung der Armut zielte, nicht auf ihre Glorifizierung. Der ehemals linke, jetzt islamistische Schickeria-Literat Feridun Zaimoglu hat für diese Konvergenz das Unwort des 21. Jahrhunderts geprägt – den „Almosen-Sozialismus".[3]

---

3 Genauer: Zaimoglu greift eine gegen die Bismarckschen Sozialgesetze gerichtete sozialistische Spottvokabel aus dem 19. Jahrhundert zur positiven Selbstverortung auf

Die zweite Fraktion der links-europäischen Advokaten des Islamismus beackert jenes ideologische Feld, das gerade aus der Kritik der stalinistischen Tradition der Linken entstanden ist und das im weitesten Sinne mit den Theorien des Poststrukturalismus in Verbindung gebracht werden kann. Die Kritik der dunklen Seite der aufklärerischen Moderne, die Thematisierung von Rassismus und Homophobie, der Versuch einer Radikalisierung feministischer Kritik des Geschlechterverhältnisses war immer auch eine Kritik der Arbeiterbewegung und der traditionellen Linken.

Hier lässt sich ein weiteres Paradox beobachten: Ausgerechnet diese Strömung tritt heute im Vergleich zum regressiven Antiimperialismus als die breitenwirksamste und in gewissem Sinne verbohrteste Verteidigerin des Islamismus und anderer ethno-religiöser Bewegungen auf.[4]

Wenn Christina von Braun und Bettina Mathes einleitend zu den oben zitierten apologetischen Passagen schreiben, „auch wir möchten kein Kopftuch tragen"[5], so fällt ihnen der Zynismus dieser Aussage gar nicht auf. Denn im Gegensatz zum militanten Antiimperialismus geht es ihnen nicht um eine totale Identifikation mit dem Kampf der Islamisten. Sie sprechen nicht im eigenen, sondern im Namen ‚der Anderen'. Ihre vermeintliche ‚Dekonstruktion' eines ‚islamophoben Rassismus' kommt daher wie eine Umkehrung der Ideologien der intellektuellen Neuen Rechten seit den 1970er Jahren. Diese hatte dem desavouierten ‚Rassegedanken' mit der Transformation von ‚Rasse' in ‚Kultur' ein neues, vermeintlich harmloseres Outfit gegeben. Der so genannte ‚Ethnopluralismus', ein angeblich gleichberechtigtes Nebeneinander verschiedener statischer Kulturen, sollte

---

und konstituiert sich damit als perfekt integrierter deutsch-islamischer Ideologe. Vgl. Zaimoglus Gespräch mit Hermann L. Gremliza: „Die Wut will nicht verfliegen", konkret 1/2007.

4 Dies gilt zumindest für Europa. In der Dritten Welt mag der traditionelle Antiimperialismus noch wichtiger sein. Mit Hugo Chavez hat er einen nichtislamischen spektakulären Führer, der gestützt auf die venezolanische Ölrente seine eigenen Rackets organisiert. Das Bündnis des bolivarischen ‚Sozialismus des 21. Jahrhunderts' mit dem Iran läuft aber ausschließlich zu den Bedingungen der Islamisten. Für diese ist die Unterstützung durch Cuba und Venezuela von unschätzbarem Wert, sichert sie doch das Schweigen der globalen Linken zu den Verbrechen des iranischen Regimes gegen die iranische Bevölkerung, zu Antisemitismus und Holocaustleugnung, ohne dass Ahmadinejad auf die Idee käme, damit aufzuhören, den Untergang des sowjetischen Nominalsozialismus als Vorschein der Eliminierung des Zionismus zu preisen.
Ein schmachvolles Beispiel lieferten im September 2007 die Kinder von Ernesto ‚Che' Guevara, Aleida und Camilo, die sich aus Cuba zu einem Solidaritätsbesuch in den Iran begaben, Aleida selbstverständlich den Gepflogenheiten der Gastgeber entsprechend verschleiert. In Teheran wurden sie ob ihrer Servilität mit gebührender Frechheit empfangen. Eingeladen wurde zur Konferenz ‚Che wie Chamran', in dem der argentinisch-cubanische Revolutionär mit einem Kommandeur der islamofaschistischen Pasdaran verglichen wurde und der Hauptredner behauptete, Che sei religiös gewesen, er und Castro hätten den Kommunismus und die Sowjetunion immer gehasst.
Vgl. http://www.ipsnews.net/news.asp?idnews=39503; http://www.jour4peace.com/main1.asp?a_id=449; http://www.photoblog.com/zohrepix/2007/09/27/ (2.12.2007).

5 Braun/Mathes, a. a. O., S.17.

‚Ausländer-raus'-Positionen akzeptabel machen. Jede geschlossene Kultur brauche nun einmal ihren eigenen Lebensraum.

Der entscheidende Unterschied ist: Linke Kulturrelativisten brandmarken unterschiedslos jede Kritik der islamischen Gemeinschaftsideologie als Rassismus. Sie verschwenden keinen Gedanken daran, dass gerade sie es sind, die mit der Zurichtung von Migranten zu „Menschen mit muslimischen Wurzeln"[6] einen Kulturalismus bedienen, der bis vor kurzem noch Rechtsradikalen vorbehalten war. Islamist wird man demzufolge qua Geburt, nicht durch Sozialisation oder politische Entscheidung.

Alain Finkielkraut hat den Zusammenhang dieses Kulturrelativismus mit dem neuesten Antisemitismus in dem Essay *Im Namen des Anderen. Reflexionen über den kommenden Antisemitismus* dargestellt: Man prangere nicht mehr die „kosmopolitische Berufung der Juden an, im Gegenteil, man rühmt sie und wirft ihnen mit betrübter Heftigkeit vor, diese Berufung zu verraten."[7]

Israel verstoße in den Augen der Europäer gegen die „Religion der Humanität"[8], zu der Europa sich nach dem Zweiten Weltkrieg und der Shoah bekehrt habe. Die israelische Besatzung in Palästina sei der Gipfel der Unterdrückung der muslimischen ‚Anderen' durch den Westen, konkret: durch die USA und Israel. Es komme nicht darauf an, welche politischen Positionen die ‚Anderen' verträten, denn sie interessierten die europäischen Gutmenschen nicht als politische Subjekte, sondern als die ‚Juden von heute' als die ‚Opfer der Opfer', bedroht von der Vernichtung durch fanatische jüdische Nationalisten.

Finkielkrauts Beschreibung des „paradoxe[n] Anstacheln[s] zum antirassistischen Hass"[9] hat einiges für sich, aber sie droht, dem Selbstbild des europäischen Kulturrelativismus aufzusitzen und die Israelis tatsächlich zu den letzten nationalistischen Provinzlern in einer postidentitären Welt zu stempeln.

Den Kulturrelativisten ist es jedoch anscheinend nicht – wie von Finkielkraut unterstellt – gleichgültig, ob ihre Schützlinge „die Sprache des Islamismus und nicht die der Fortschrittlichkeit" sprechen.[10] Schlimmer: Gerade die Sprache des Islamismus scheint die beste Voraussetzung dafür zu sein, bei denen Gehör zu finden, welche die *Religion der Humanität* vertreten. Umgekehrt müssen sich Migranten aus muslimischen Ländern als Eurozentristen und Kollaborateure des Westens beschimpfen lassen, wenn sie für sich das Recht auf individuelle Differenz gegen die Anwälte des Menschseins mit muslimischen Wurzeln in Anspruch nehmen. Finkielkrauts Begriff *Religion der Humanität* trifft den Punkt,

6 Ebd., S.434.

7 Alain Finkielkraut: Im Namen des Anderen. Reflexionen über den kommenden Antisemitismus, in: Doron Rabinovici/Ulrich Speck/Natan Sznaider (Hg.): Neuer Antisemitismus? Eine globale Debatte. Frankfurt am Main 2004, S.125.

8 Ebd., S.127.

9 Ebd., S.132.

10 Ebd., S.130.

denn es geht im neuesten Antirassismus um eine Menschheitsreligion ganz eigener Art.

Der moderne Rassismus entstand parallel zu den Ideen der Aufklärung und zur Entfaltung kapitalistischer Akkumulation. „Der rassistische Ausschluss aus der Gattung begründet sich im Mangel bürgerlicher Subjektivität", den Vernunft den zu Unmenschen gemachten in den Kolonien attestierte. Minderwertig war, wer zur Verwertung nicht taugte. „Die politökonomische Konstitution des Subjekts setzt es als Subjekt einer doppelten Freiheit: Seine Freiheit von Natur kann statthaben nur als Freiheit zur Verwertung."[11]

Der rassistische Antisemitismus markierte dagegen die Selbstliquidierung bürgerlicher Subjektivität. Der selbstherrliche Geist, die bürgerliche Vernunft, die über die Natur und über die zu Natur gemachten Individuen – Schwarze und Frauen – herrschen sollte, wurde im Angesicht der kapitalistischen Zusammenbruchskrise den Juden als abnorme Hybris angedichtet. Die deutsch-österreichische Volksgemeinschaft definierte sich selbst als Naturzusammenhang, wenngleich an der Spitze der globalen Rassenhierarchie. Die Unterwerfung unter die Imperative staatlicher Herrschaft und kapitalistischer Verwertung sollte kein freier Entschluss des vernünftigen Bürgers mehr sein, sondern die naturwüchsige Betätigung des arischen Übermenschen.

Die poststrukturalistische Aufklärungskritik scheint diesen Umschlag kaum wahrgenommen oder vielmehr sorgsam verdrängt zu haben. Sie kämpft immer noch gegen die toten weißen europäischen Männer der Aufklärung, ohne zur Kenntnis zu nehmen, dass Nationalsozialismus und Shoah jeden unmittelbaren Rekurs auf die klassische bürgerliche Philosophie – sei er nun affirmativ oder kritisch – unmöglich machen. Aber eben diese Verdrängung macht heute die Sakralisierung des Antirassismus zum Zwecke der Rechtfertigung reaktionärer Gemeinschaftsideologien möglich, wenn diese nur antiwestlich sind.

Bereits bei Foucault stellte sich die Frage, wie jemand, der die Bekämpfung des „Faschismus in uns allen"[12] zu seinem Leitmotiv erkoren hatte, im selben Zeitraum Bezug nehmend auf Khomeini von der „Kraft des mythischen Stroms [...], der zwischen einem alten, seit 15 Jahren im Exil lebenden Mann und seinem Volk fließt, das nach ihm ruft"[13] schwadronieren konnte.

Eine Antwort liegt genau in Foucaults Missverstehen der historischen Resultate bürgerlicher Herrschaft als kritisches Potenzial gegen sie. Foucaults ‚antifaschistischer Imperativ' kulminiert in der Forderung, „von der Politik nicht die Wiederherstellung der ‚Rechte' des Individuums, so wie

11 Joachim Bruhn: Unmensch und Übermensch. Über das Verhältnis von Rassismus und Antisemitismus, in: Ders.: Was deutsch ist. Zur kritischen Theorie der Nation, Freiburg 1994, S.91.

12 Michel Foucault: Dispositive der Macht, Berlin 1978, S.228.

13 Zit. n. Thomas Maul: Die Macht der Mullahs. Schmähreden gegen die islamische Alltagskultur und den Aufklärungsverrat ihrer linken Verteidiger, Freiburg 2006, S.173.

die Philosophie sie definiert hat" zu verlangen. „Das Individuum ist das Produkt der Macht. Viel nötiger ist es, zu ‚ent-individualisieren'."[14]

Foucault ‚übersieht' in seinen philosophischen Spekulationen, dass es der Gang der bürgerlichen Geschichte selbst war, der die Autonomie des bürgerlichen Subjekts als Schein entlarvte. Die kritische Theorie zeichnete diese Entwicklung als politökonomischen Gang des Verhängnisses nach. Adorno schrieb: „Indem Psychologie sich darauf stützen konnte, dass das Subjekt in der Tauschgesellschaft keines ist, sondern in der Tat deren Objekt, konnte sie ihr die Waffen liefern, es erst recht zu einem solchen zu machen und unten zu halten. Die Zerlegung des Menschen in seine Fähigkeiten ist eine Projektion der Arbeitsteilung auf deren vorgebliche Subjekte, untrennbar vom Interesse, sie mit höherem Nutzen einsetzen, überhaupt manipulieren zu können."[15]

Wo die der bürgerlichen Gesellschaft eigene Tendenz zur ‚Ent-Individualisierung' jedoch als subversiver Akt gegen den Kapitalismus missverstanden wird, geht die abstrakte Negation untergegangener Formen bürgerlicher Subjektivität über in eine Annäherung an ihre regressiven Verfallsprodukte.

Der Nationalsozialismus und der europäische Faschismus waren selbstverständlich auch für Foucault als Exzesse der modernistischen Macht desavouiert. Anders stellt sich dies bei ihren Widergängern in religiösem Gewand dar. Die Ent-Individualisierung scheint aufgehoben im regressiven Kollektiv, die Widersprüche des Subjekts im Kult vorsubjektiver Phasen überwunden.

Diese Konstellation machte in den 1970er Jahren eine intellektuelle Begegnung von nahöstlichem Islamismus und europäischer Alternativkultur möglich. Ali Shariati, der Vordenker des iranischen Islamismus, bezog sich in seiner Rede von der ‚kulturellen Entfremdung' des Orients durch den Westen auf Frantz Fanon und Jean-Paul Sartre, umgekehrt stand Foucault Ende der 1970er Jahre mit seiner Sympathie für Khomeini in einer Reihe mit Vertretern der westeuropäischen Alternativbewegung und deutschen Autonomen.[16] Ein zukünftiger deutscher Außenminister und maßgeblicher Protagonist des ‚kritischen Dialogs' mit den iranischen Mullahs brachte dieses Zusammenspiel folgendermaßen auf den Punkt: „In Persien versuchen sich die Leute einer Entwicklung zu entziehen, an deren Anfang sie stehen; wir dagegen versuchen dasselbe vom Höhepunkt dieser Entwicklung aus. Und vom Höhepunkt dieser Entwicklung aus tritt mehr und mehr wieder etwas Wesentliches in unserem Leben in den Vordergrund, das auch in der persischen Revolution elementare Bedeutung besitzt. Ich meine die Religion und das Heilige."[17]

---

14 Foucault, a. a. O., S.229f.

15 Theodor W. Adorno: Minima Moralia. Reflexionen aus dem beschädigten Leben (1951), Frankfurt/M. 2003, S.71.

16 Vgl. zum Beispiel die Iran-Sondernummer der Zeitschrift Autonomie, Nr. 5, 1979, unter anderem mit Artikeln von Karl-Heinz Roth.

17 Joschka Fischer: Durchs wilde Kurdistan, in: Pflasterstrand, Nr. 47/1979.

In Frankreich, und generell im liberalbürgerlichen Mainstream wurde Foucaults Islam-Begeisterung Ende der 1970er Jahre jedoch noch mit Kopfschütteln oder Entsetzen aufgenommen. Der für Foucault unglückliche Umstand, dass eine besonders frenetische Stellungnahme von ihm zum Zeitpunkt der ersten Terrorwelle der siegreichen iranischen Islamisten erschien, hätte ihn beinahe seine intellektuelle Reputation gekostet. Nach einem halbherzigen Distanzierungsversuch hat sich Foucault bis zu seinem Tod nicht mehr zur islamischen Revolution im Iran geäußert.

Zur europäischen Ideologie konnte der Kulturrelativismus erst nach dem Ende des Kalten Krieges werden. Der Islam hat nicht den Kommunismus als Feindbild des Westens abgelöst, wie immer wieder gern behauptet wird, er dient heute vielmehr als Prisma einer „Mystik um die Dritte Welt" (Maxime Rodinson[18]), die den Internationalismus unter den Vorzeichen des Ost-West-Konflikts abgelöst hat. Dass der Vernichtungswahn im Orient heute prononciert religiöse Gestalt annimmt, verweist auf die politökonomische Rückständigkeit nahöstlicher Gesellschaften: Der Löwenanteil des Lohns für die autonome Formierung zum eliminatorischen Kollektiv wird erst im Jenseits ausgezahlt und kann nicht mehr – wie im Nationalsozialismus – in der Teilhabe an einer volksgemeinschaftlichen Kriegs- und Produktivgemeinschaft realisiert werden. Dieser Rückstand verschafft dem eliminatorischen Islamismus jedoch ein Verständnis, das weit über die traditionelle religiöse Klientel des Islam hinausgeht.

Während es zur intellektuellen Fingerübung Linker aller Couleur gehört, Nazis als pseudosoziale Schlägertruppen des Großkapitals zu enttarnen, scheint eine *authentische* Volksgemeinschaft im islamischen Kollektiv ein legitimes Ziel zu sein, liest man die kulturwissenschaftlichen und linksradikalen Schwärmereien über islamische ‚Sozialbewegungen' oder gar über einen ‚islamischen Feminismus'. Als islamischer Armenpriester und Ankläger von Konsumismus und Pornographie entwickelt der moderne Antisemit Ausstrahlungskraft in ganz andere politische Milieus denn in seiner traditionellen europäischen Gestalt: als Herrenmensch.

Während der postfaschistische europäische Weltbürger den offen eliminatorischen Antisemitismus den ‚Modernisierungsverlierern' im Nahen Osten und anderswo überlässt, insistiert er dafür umso vehementer auf seinem sozialmoralischen Part in der Anklage gegen die USA.

---

18 Maxime Rodinson: Islam und Kapitalismus (1966), Frankfurt/M. 1986, S.7. Der jüdische Kommunist Rodinson gehört trotz seines antizionistischen und stalinistischen Hintergrundes zu den interessanteren Figuren der Orientwissenschaft. Während er in „Islam und Kapitalismus" gegen Max Weber nachzuweisen suchte, dass nicht die islamische Religion, sondern allgemeine ökonomische und soziologische Faktoren den niedrigen Entwicklungsstand der meisten islamischen Gesellschaften bestimmten, war er zwölf Jahre später der hellsichtigste Kritiker von Foucaults Islambegeisterung und lieferte nebenbei auch einige Hinweise darauf, warum gerade der Islam am besten zum reaktionären Erbwalter des Antiimperialismus taugte. Vgl. die Dokumentation seiner Artikel in Janet Afary/Kevin B. Anderson: Foucault and the Iranian Revolution. Gender and the Seductions of Islamism, Chicago 2005.

Toni Negri und Michael Hardt haben diese Anklage für die globalisierungskritische Szene formuliert. Sie verklären einerseits den bestehenden postmodernen Kapitalismus zum ‚Kommunismus', andererseits sollen dessen soziale Verwerfungen in finanzkapitalistischer Korruption und Machtmissbrauch durch die USA begründet liegen. Dagegen müsse ein europäisches Gegen-Empire als korporatistisches Bündnis von europäischen Eliten und sozialen Bewegungen begründet werden.[19]

Jürgen Habermas verfasste zusammen mit seinem ehemaligen philosophischen Antipoden Jacques Derrida angesichts der US-Intervention im Irak ein Plädoyer für die Wiedergeburt Europas. Als er vom wohlfahrtsstaatlichen Vorsprung der EU reden wollte, entfuhr ihm dabei die wahrheitsgemäße Feststellung, es gebe nur in Europa einen „ideologischen Wettbewerb, der die sozialpathologischen Folgen der kapitalistischen Modernisierung einer fortgesetzten politischen Bewertung unterzieht".[20] Habermas macht damit deutlich, dass es der europäischen Ideologie nicht darum geht, den Sozialabbau an sich zu kritisieren, sondern vielmehr, ihm die antiamerikanische Sozialdemagogie beizugesellen.

Sind die Resultate des globalen Warentauschs erst einmal derart externalisiert, erscheint es auch nicht mehr absurd, die Einheit des Weltmarkts schlechthin zu leugnen. Die Kulturwissenschaftlerinnen Braun und Mathes konstruieren aus der Logik des Kapitalismus unterschiedliche „ökonomische Logiken" von Okzident und Orient, um anschließend die Weltmarktintegration des letzteren als subjektive Machenschaft zu denunzieren. Warenfetischismus erscheint so als Kulturimperialismus, dem der traditionelle westliche Feminismus zuarbeite und dem sich der politische Islam in den Weg stelle: „Schon die ägyptische Moslembruderschaft etablierte einen Zusammenhang zwischen Kapitalismus und Entkleidung des westlichen Frauenkörpers […] Der Westen missbrauche Frauen und weibliche Sexualität, um den Profit zu maximieren; die Werbung beute die Frau im Dienste des Kapitalismus aus", was eine „Kritik" sei, „die nicht ganz von der Hand zu weisen ist".[21]

Das europäische Ressentiment gegen die USA entspringt der schlechten Aufhebung des bürgerlichen Humanismus und der Kassierung eines weder durch Kultur noch Religion relativierbaren universellen Glücksversprechens, als dessen Unterpfand die Ideologen der politischen Ökonomie einst den freien Warentausch postulierten. Der Vorwurf, die USA meinten es nicht ernst mit ihrer Fortschrittsmission im Nahen Osten (oder sie seien zu einer solchen gar nicht in der Lage) ist in den meisten Fällen lediglich der Vorspann zur Klage über deren ‚eigentliche' Verbrechen: die Missachtung ehrwürdiger religiöser Traditionen und kultureller Praktiken.

---

19 Vgl. dazu Andreas Benl: Empire, die Multitude und die Biopolitik, in: die röteln (Hg.): „Das Leben lebt nicht." Postmoderne Subjektivität und der Drang zur Biopolitik, Berlin 2005, S.35ff.

20 Jürgen Habermas/Jacques Derrida, Unsere Erneuerung. Nach dem Krieg: Die Wiedergeburt Europas, in: FAZ, 31. Mai 2003; der Text wurde von Habermas verfasst.

21 Braun/Mathes, a. a. O., S.366, 318.

Weil die gesellschaftliche Gestalt und die außenpolitische Gewalt der USA und Israels dem Weltlauf so unzeitgemäß sind, werden sie zum monströsen Mysterium europäischer Ideologen, die sich in islamistischen Terror umso besser einfühlen können.

Die USA verkörpern diese monströse Differenz zu Old Europe als politische Nation, dessen tiefste Fundierung keine ethnisch-kulturelle ist, sondern in ihrer demokratischen Verfassung selbst liegt und die sich deshalb auch als unfähig erweist, sich in ‚authentische Kulturen' so einzufühlen, wie dies in Europa geschieht. Israel dagegen ist die Nation, deren Raison d'être in der partikularen Verteidigung der bürgerlichen Rechte für die Juden liegt, welche die bürgerliche Gesellschaft im Antisemitismus exorzierte.

Die Prekarität dieses Unterfangens wird diesen beiden Nationen zum Vorwurf gemacht, die Agenten der barbarischen Aufhebung der bürgerlichen Gesellschaft dagegen als ewige Opfer nobilitiert. Allerdings mit verteilten Rollen: Sterben müssen im Zweifelsfall die anderen – Juden oder Oppositionelle im Nahen Osten – die europäische Kulturrelativistin will dagegen in der Regel auch kein Kopftuch tragen oder sich der Sharia unterwerfen. „Es scheint, dass für die westliche Linke, der es an Humanismus mangelt, der Islam begehrenswert ist… für andere Völker."[22]

Die Dissidenten der islamischen Gemeinschaftsideologie drohen dagegen allein mit ihrer Existenz, die kulturalistische Kulisse zum Einsturz zu bringen. Das Ressentiment, welches ihnen in dem Moment entgegenschlägt, wo man sie nicht mehr ignorieren kann, verweist auf die Explosivität ihrer Aussagen. Wer die Barbarei im islamischen Gewand zur regionalen Kultur verklärt, kann keinen Einspruch der Kulturalisierten dulden, ohne ihn als Mache des Westens zu denunzieren.

Solidarität mit trikontinentalen Befreiungsbewegungen unterstellte einst die konkrete Möglichkeit einer besseren Alternative zur kapitalistischen Weltordnung. Postmoderne Political Correctness tendiert dagegen mittlerweile dazu, die subjektive Ermächtigung zum Besseren selbst und den Austritt aus den zirkulären Lebensformen der Vormoderne, den Marx und Engels im *Manifest der Kommunistischen Partei* noch feierten, als Erbsünde der Menschheit zu verdammen – und nicht die versäumte emanzipatorische Aufhebung des Kapitalismus. Auf dieser Grundlage basiert die seltsame Toleranz gegenüber einer Gemeinschaftsideologie, die alles andere im Sinn hat, als sich ihre reaktionäre Moral- und Geschlechterordnung ‚dekonstruieren' zu lassen, die aber aufs beste mit einem virtualisierten Antikapitalismus korreliert, der außer dem Hass auf die vermeintliche US-amerikanische Übermacht nichts mehr zu bieten hat.

Gegen diese verrückte Konstellation bleibt festzuhalten: Von einer antifaschistischen und emanzipatorischen Linken hätten iranische und natür-

---

22 Dies schrieb die Exiliranerin Atoussa H. Michel Foucault bereits 1978 ins Stammbuch. Atoussa H.: An Iranian Woman writes. Zit. n. Janet Afary/Kevin B. Anderson: Foucault and the Iranian Revolution. Gender and the Seductions of Islamism, Chicago 2005, S.209 (Übersetzung A.B.).

lich auch arabische Oppositionelle, die es ernst meinen mit dem Kampf gegen die islamistische Neuauflage des franco-faschistischen Kampfrufs „Viva la Muerte" – „Es lebe der Tod" mindestens ebensoviel Aufmerksamkeit und Unterstützung verdient, wie einst die vor europäischen oder lateinamerikanischen Militärjuntas geflohenen Exilanten.

„Emanzipation ist nicht westlich oder östlich, sondern universal" lautete eine in hiesigen Breiten anscheinend hoffnungslos veraltete Parole der Frauendemonstrationen gegen die Einführung der Zwangsverschleierung im Iran im März 1979. Tonnen von Papier sind seitdem bedruckt worden, um diese simple Wahrheit zu leugnen. Ob die linke Kumpanei mit regressiven politischen Bewegungen und ihrem Kampf gegen ‚westlichen Eurozentrismus' noch einmal gebrochen werden kann, ist heute eine offene Frage. Man kann jedoch in aller Bescheidenheit konstatieren, dass der Sturz der Islamischen Republik Iran durch die eigene Bevölkerung nicht nur gegen den globalen Djihadismus, sondern auch gegen den Komplex von Kalkül und Wahn, den der europäische Kulturrelativismus darstellt, ein Schlag wäre, dessen Tragweite kaum zu überschätzen ist.

Justus Wertmüller

Religion der Befreiung

Der politische Islam als Erweckungsbewegung

Manchmal sieht es so aus, als sei die Blütezeit des kulturrelativistischen Antirassismus endlich vorüber und damit auch der Einfluss seiner Ideologen im Sinken begriffen. Vielleicht liegt das aber nur daran, dass man die unverdaulichen Ideologeme von Gestalten, die am französischen Poststrukturalismus geschult sich vorübergehend Diskurshoheit zu verschaffen wussten, gar nicht mehr nötig hat. Wozu zwei Meter Foucault konsumieren, seinem poplinken Adepten Mark Terkessidis noch die Spalten der FAZ öffnen oder den zu spät Gekommenen des Berliner *b-books*-Projekts mit seiner Vorturnerin Katja Diefenbach für teures Geld altbackenes Zeugs abkaufen, wenn alles an ganz anderen Bühnen schon lange und weit weniger verkrampft gespielt wird: An der Berliner Volksbühne etwa, oder auf der Kasseler Dokumenta, in den Spalten der *Süddeutschen Zeitung* oder im *Guardian*, auf BBC oder im Deutschlandfunk. Man weiß heute, kaum dass drei islamische Bombenbauer gefasst sind, ohne vorher beim zuständigen Diskurssachverständigen nachzufragen, dass Kritik am Islam automatisch in Antiislamismus umschlage, was eine verabscheuungswürdige rassistische Haltung sei und sich daher verbiete. Diese zunächst in linken Kreisen gerne vorgetragene Warnung vor der Kritik des Islam spricht sich deshalb so leichten Herzens aus, weil mit der Wortschöpfung „Antiislamismus" ein dem Antisemitismus bis in die sprachliche Nachahmung hinein veritabler Doppelgänger geschaffen wurde. Antiislamismus meint den Vorsatz, den Antisemitismus antirassistisch zu erledigen, einzudampfen auf den ewigen Diskurs der Aus- und Eingrenzungen und Differenzen, in dem alle Katzen grau sind und der Antisemitismus sich schließlich von den Frotzeleien zwischen Bayern und Preußen nicht mehr unterscheidet.

Antiorientalisten erklären den Orient

Der Islam bezaubert in Europa die antiimperialistische Linke und die esoterisch gestimmte Mitte gleichermaßen: Durch sein Versprechen auf kollektive Triebunterdrückung und restlose Beseitigung einer „entfremdeten" Welt durch Strafgerichte apokalyptischen Ausmaßes fasziniert er Gesellschaften, die sich zusehends unfähig erweisen, eine Kritik am politischen Islam zu formulieren oder auch nur zu tolerieren. Wer sich dezidiert antiislamisch äußert, fängt sich den Vorwurf der politischen Unkorrektheit ein. Wer darüber noch hinaus gehend die These verficht, dass der politische Islam – und er tritt fast immer politisch auf – faschistisch sei, gegen den steigert sich der öffentliche Unwillen zum gerechten Zorn, und mit dem Zorn verbindet sich unverhohlen die Drohung mit dem Ausschluss aus jedem anerkannten Diskursforum. Dabei ist die Rede vom islamischen Faschismus tatsächlich, wie vielfach bemängelt wurde, unpräzise, aber nicht etwa weil sie unzulässig ein Phänomen dramatisieren würde, sondern weil sie im Gegenteil verharmlost statt begrifflich zu schärfen. Der politische Islam orientiert sich, wie zu zeigen sein wird, nicht etwa am italienischen Faschismus oder der spanischen Falange; alle wesentlichen Elemente islamischer Ideologie und Herrschaft folgen einem andern Vorbild, dem Nationalsozialismus. Warum ihm in den Nachfolgegesellschaften des Dritten Reiches kaum widersprochen wird, ergibt sich teilweise vielleicht schon daraus.

Wenn der iranische Präsident Führerreden gegen den Weltzionismus hält, erfahren wir, dass er so viele Wähler gar nicht hätte und auch die ihn nicht wegen seines Antisemitismus, sondern wegen sozialer Verwerfungen gewählt hätten. Man erfährt auch, dass der Iran und der Islam überhaupt gar nicht traditionell antisemitisch seien, der Antisemitismus vielmehr ein Exportprodukt aus Europa gewesen sei. Ein Schuft, wer zum Gegenbeweis ausholt und aus dem heiligen Buch zitierte oder auf die Geschichte der Juden unterm islamischen Joch verwiese. Oder wer vom Iran nach dem Irak schaut und die Aktivitäten der dort aktiven frommen Massenmörder anprangert, die Mordtaten von immer mehr thailändischen Moslems an zum Beispiel christlichen Schulmädchen zur Sprache bringt, die ungebremste Islamisierung Indonesiens und die damit einhergehende zunehmende Zahl christlicher und besonders chinesischer Opfer erwähnt, schließlich in Malaysia ganz ähnliche Erscheinungen antrifft, um danach Sitten und Gebräuche auf der arabischen Halbinsel zu benennen, die besonders Frauen und Mädchen wenig zuträglich sind; wer also überall dort, wo der Islam stark ist, auf die immer gleichen Bestialitäten stößt und offen ausspricht, was ist, gegen den kommen die stärksten Geschütze zur Anwendung, die sich eine kulturrelativistische Welt zugelegt hat, und es ertönt aus allen Rohren die Mahnung: Lerne differenzieren!

Die älteste aber hartnäckigste Lüge über den Islam ist die von dessen erstaunlicher Vielfältigkeit, Kunstfertigkeit, ja, durchgeistigter Reife. Dergleichen zu verbreiten, ist in Deutschland in erster Linie die Zunft der Islam- und Orientwissenschaftler zuständig, heißen ihre Vertreter nun Udo Steinbach, Annemarie Schimmel oder Gernot Rotter. Diese so genannten Spezialisten widmen sich ihrer Aufgabe nicht selbstlos, weil ganz dem Forschungsdrang hingegeben, sondern im nationalen Auftrag als professionelle Kulturrelativisten in deutscher Mission. Sie unterschlagen wortreich, dass alle Hinweise auf die Vielfältigkeit des Islam auf kurze und wenig wirkungsmächtige Perioden in dessen ferner Vergangenheit verweisen und erklären für lebendig, was schon auf der Abschussliste stand, als es sich zaghaft zu äußern wagte. Man kann lange über die Meisterschaft der gegenständlichen Buchillustration im osmanischen Reich daherreden, wenn man aber verschweigt, dass diese zunächst weit gediehene Kunst im ausgehenden 16. Jahrhundert, als sie längst weit hinter die Standards des Okzidents zurückgefallen war, ein für allemal unterbunden wurde und an ihre Stelle die alleinige und unangefochtene Herrschaft der Kalligraphie trat, die wie alle selbstgenügsame Ornamentik mit Kunst nichts zu tun hat; wenn man also unterschlägt, mit welcher mörderischen Kampagne die bildende Kunst im islamischen Herrschaftsbereich liquidiert wurde, ist man ein Lügner.

Man kann über einige islamische Sekten reden, die in erfreulicher Weise bis ins 17. Jahrhundert hinein reformerische Gedanken unter anderem über die Gleichheit der Geschlechter geäußert haben. Wenn man unterschlägt, dass diese Orden zerschlagen und ihre Führer hingerichtet wurden, ist man ein Lügner.

Man kann über die recht erträglichen Verhältnisse in den maurischen Provinzen des heutigen Spaniens reden. Wenn man aber unterschlägt, dass die ohnehin stark übertriebene Libertinage, die dort einmal anzutreffen war, auf höchsten Befehl hin bereits lange bevor die Reconquista Einzug hielt unterbunden war, dann ist man wiederum Lügner.

Die angeblich in antiorientalistischer Absicht präsentierten Bilder aus einer zurecht gelogenen Vergangenheit dienen allein dem Zweck, der Voraussetzung jeder Diskussion über den aktuellen islamischen Orient die Grundlage zu entziehen. Obwohl täglich durch eine Flut von Informationen aufs neue bekräftigt wird, dass alle modernen islamischen Staaten und Bewegungen statt sich auszudifferenzieren, einander immer ähnlicher und immer hässlicher werden, vermag, wer auf dieser Tatsache als Voraussetzung jeder Reflexion über ihren Grund besteht, gegen den regelmäßigen Einspruch einer interkulturellen und sich selbst als antirassistisch missverstehenden Diskurspolizei nicht zu bestehen, die jeder Steinigung mit dem Angedenken an einen 1156 in Konya verstorbenen Mystiker des Sufismus begegnet.

Vom Baghwan zum Imam

Eigentlich müsste es sich von vornherein verbieten, über die Vorzüge einer Kultur zu diskutieren, der zufolge Schwule, Ehebrecherinnen oder Gottlose allesamt des Todes sein sollen. Dennoch: Ob Linke oder die berüchtigte gesellschaftliche Mitte, man tritt für den Dialog ein, mahnt Verständnis an, rechtfertigt den abscheulichen Umgang mit Mädchen und Frauen mit dem immer gleichen Argument: Andere, nicht westliche, Kulturen seien anzuerkennen und nicht kritisch zu betrachten. Dies zu dementieren, also auf Kritik zu beharren und die Zumutungen dieser Kulturen gar bekämpfen zu wollen, sei Ausdruck westlicher Überheblichkeit und Zeugnis rassistischer, kolonialistischer Tradition. Die Warnung vor dem Antiislamismus ist Ausdruck einer immer offeneren Komplizenschaft – sie öffnet die Tür zum Nachempfinden der Faszinationen einer uns scheinbar so unbekannten Kultur. Der Islam fasziniert westliche Sinnsucher, und die gibt es von ganz links bis ganz rechts, nicht trotz, sondern weil er nach einem rigiden und undiskutierbaren Moralkodex funktioniert. Er fasziniert, weil die Rechtgläubigen der Frage ums tägliche Überleben als der Selbstbehauptung voneinander geschiedener Individuen enthoben sind. Ihr Leben ist ein scheinbar ruhiger Fluss, unbeeindruckt von den Herausforderungen des Sexus, den Plagen des Zweifels und Selbstzweifels und befreit von dem Zwang, dauernd bestehen und sich permanent mit anderen vergleichen zu müssen. Islam: Einfach mal loslassen, so könnte ein Werbespruch aussehen. Loslassen vom Ich und hineinplumpsen in die autoritäre Gemeinschaft.

Hinwendung und Verständnis ausgerechnet für den Islam wären noch vor wenigen Jahrzehnten schwer vermittelbar gewesen. So sehr der seit den späten 1960er Jahren einsetzenden Esoterikbewegung mit ihren an fernöstlichem Humbug orientierten Sekten das autoritäre Bedürfnis nach Selbstaufgabe in der Gemeinschaft schon innewohnte – sie traten anders als der Islam in ihrer Mehrheit nach außen nicht autoritär auf und waren häufig auch im Zugriff auf den einzelnen Bekenner nicht totalitär. Man konnte sich gegen gutes Geld der angebotenen Disziplinen zur Selbstverwirklichung wie Yoga oder Zen bedienen und tat das in der Hoffnung, dadurch im Leben und besonders in der Liebe besser bestehen zu können und überhaupt glücklicher zu werden. In den 80er Jahren wurde die bis dahin außergewöhnlich erfolgreiche, bislang letzte fernöstliche Heilsbewegung, die der Sanyasins, am offenen Zynismus ihres verehrten Meisters, des Baghwans, irre. Der hatte seine vorwiegend aus Westeuropa (allen voran aus der BRD) stammenden Anhänger, die ihm Habe und Arbeitskraft auslieferten, nicht nur auf Gewaltlosigkeit eingeschworen, sondern sie auch noch öffentlich für ihre Willfährigkeit verhöhnt. So erklärte er jeden neuen Rolls Royce, von denen er zuletzt mehr als zwei Dutzend hatte, als ein liebenswürdiges Geschenk von Leuten, die sie ihm schließlich ohne Druck aus freiem Willen gegeben hätten und im übrigen jederzeit gehen könnten, wenn es ihnen nicht mehr gefiele. Die Baghwan-Sekte, die unbezahlte Arbeit für die Gemeinschaft, also nicht zuletzt auch zur Mehrung des Reichtums ihres Chefs, als Gottesdienst bezeichnete, hatte für die Sinnsucher eine Mischung aus selbst auferlegter Askese und zum Teil auch promiskuitiver Sexualität im Angebot. Wer dumm und kontaktgestört genug war – also die Mehrheit – kam weder im Hauptquartier im indischen Poona noch in den Westberliner Außenstellen auf seine Kosten und wandte sich schließlich als unverstandenes Opfer eines Scharlatans enttäuscht und verbittert ab. Der Baghwan hatte ihnen das letzte Angebot versagt, sich an einer als feindlich gewähnten Welt als auserkorene Racheengel dereinst schadlos zu halten: Er erklärte der Welt nicht den Krieg, deckte keine stellvertretend tätigen Mörder und war zugleich als Vorsteher eines durchaus der ausgelebten Sexualität verpflichteten Projekts nicht willens, jedem sein Quantum Sex nach dem Gleichheitsgrundsatz zu dekretieren.

Krieg der Entfremdung!

Zwar war die Lehre und Praxis der Sanyassins und verwandter Bewegungen zur Befreiung von Kopflastigkeit wenigstens noch teilweise dem guten Leben zugetan, doch der in ihnen angelegte unversöhnbare Widerspruch von sinnlich aufgeladener so genannter Spiritualität und völlig entgeistigter Gemeinschaftsrituale musste sich als esoterisches Bedürfnis zugunsten zweiterer verschieben und Antiindividualismus mit strikter Triebunterdrückung verschmelzen. Das war die Stunde des erneuerten Islam, der seit den 1970er Jahren zunächst unter Intellektuellen aus Ländern, in denen er Mehrheitsreligion ist, Furore machte, bevor er sich beginnend mit dem Ende des Warschauer Pakts und eskalierend seit dem 11.9.2001 als Zuchtmeister und Heilsbringer, Erpresser und Verführer dem, was von der europäischen Intelligenz übrig geblieben ist, andiente.

Der moderne Islam ist seinem Wesen nach eine Kultur des Widerstandes und der Selbstreinigung. Es wäre von ihm heute keine Rede, hätte er sich nicht teilweise schon im 18. Jahrhundert erneuert, und zwar als kulturelle Wiedergeburt der reinen Lehre gegen Sittenverfall und Prinzipienlosigkeit im Inneren der Umma. Entartungen wurden auch damals schon mit verderblichen, zersetzenden Einflüssen von außen erklärt, von Westen nämlich. Die Erneuerung begann unter Islamgelehrten, die besonders nach dem Ersten Weltkrieg und in Folge der Begründung von Nationalstaaten in der islamischen Welt in den politischen Kampf zogen – ihren weltweiten Erfolg garantierten aber erst die Verfügung theokratischer arabischer und seit 1979 iranischer Eliten über einen fast unbegrenzten Reichtum an Öl und Gas. Der Kampf der religiösen Erneuerer um die ideologische und schließlich faktische Vorherrschaft in Modernisierungsdiktaturen ganz unterschiedlicher Prägung schien zunächst chancenlos zu bleiben. Ob in Afghanistan oder im Iran des Schah, im nasseristischen Ägypten, in den Baath-Staaten Irak und Syrien oder in der Türkei. Überall schien sich Herrschaft, Wissenschaft, Ökonomie und gesellschaftliches Leben nach westlichem Zuschnitt zu entfalten und die Mahnungen vor Überfremdung, Identitätsverlust und Dekadenz an Einfluss zu verlieren. Die Moslembrüder und andere Eiferer der reinen Lehre verfügten jahrzehntelang nur über geringen Einfluss; es wollte scheinen, als ob eine neue Generation sich den Vätern und Großvätern religiös und kulturell entfremdet hatte und die überfällige Religionskritik sozusagen praktisch geleistet würde. In den Städten, nicht mehr im Dorf, in der Kleinfamilie, nicht mehr im Clan, in der Emanzipation der Frauen und nicht mehr unterm Sexualbann mit Kopftuch und Gebärzwang. In der Türkei etwa – so wollte es scheinen – war um das Jahr 1970 der Islam lediglich Tradition der Abgehängten in rückständigen Regionen und unter alten Leuten. Aber der Schein trog. Die laizistische türkische Republik – so sehr sie gegen islamische Autoritäten rigoros eingeschritten war – hatte sich zugleich durch ein Gesetz der ersten Stunde, das heute noch gültig ist, abgesichert. Unter schwere Strafe, verhängt vom Staatssicherheitsgerichtshof, wird das Delikt der Verletzung der religiösen Gefühle des Volkes gestellt. Auf diese Gefühle nämlich wollte man sich, der man der Nationalideologie eines so jungen und traditionslosen Staates nie so ganz sicher war, im Zweifel viel eher stützen als sich den Risiken einer vorangetriebenen Religionskritik auszusetzen, von der man ahnte, dass sie nicht nur ungeahnte Widerstandspotenziale mobilisieren, sondern möglicherweise auch die autoritären Fundamente des Staates unterhöhlen könnte. Beim Ringen um eine nationale Identität, dem Schmiermittel jeder Nationalstaatlichkeit, bekämpften sich die Vertreter der künstlichen Prinzipien der Modernisierungsdiktaturen, die Glück und Wohlstand als Belohnung für Selbstdisziplinierung und Aufbauwillen versprachen, und die Vertreter derjenigen, die auf traditionelle Wege zum Zusammenhalt der Gesellschaft setzten.

Im Falle der nicht erfolgreichen nationalistischen Mythenbildung konnte aber nur auf die gemeinsame Kultur zurückverwiesen werden, und die ist der Islam. In der dauernden Kränkung, den westlichen Gesellschaften unterlegen zu sein, ihre Errungenschaften zu bewundern, aber den Weg dahin zu scheuen oder viel wichtiger: auf diesem Weg in Folge der großen Krisen seit den späten 1960er Jahren endgültig gescheitert zu sein, musste sich das antiimperialistische Ressentiment aufbauen, dass die Identität gegen die Fremdbestimmung verteidigte und in der Wärme und Geborgenheit der eigenen Kultur das verlorene Paradies gegen die kalte funktionale Geschäftslogik der kapitalistischen Fremdbestimmung wieder entdeckte. Damit war der unheimliche geistige Rückzug aus den Städten in die Dörfer programmiert, und der Eifer, mit dem die kritische Aufhebung völlig überlebter Verhältnisse betrieben wurde, schlug um in romantischen Eifer, ausgedrückt im Hohelied auf die individuelle und kollektive Regression. Wie immer, wenn soziale und ökonomische Krisen Unordnung stiften und der Staat nach Krisenlösungen sucht, war es auch in der islamischen Welt zunächst nicht der Aufstand der kleinen Leute, der die Moschee ins Dorf – das jederzeit ein Millionendorf sein kann – und die rigide Moral in die Bauernkaten – die im 12. Stock gelegen sein können – zurückholte und fester denn je installierte. Es waren die Männer und Frauen des Geistes, die Angehörigen der städtischen Mittelschichten, die Fremdsprachenkundigen, die mit dem Westen bekannten ehemaligen Stipendiaten und Austauschstudenten, die Intellektuellen also, die ideologisch zum Rückzug in die verlorene Kindheit aufriefen. Es waren und sind heute noch Leute, die den Knick in der Karriere und individuelle Identitätskrise miteinander zum überzeugenden Pathos des „ich hab's gefunden" verbinden können. Leute, die erschütternde Lieder singen können, die von der Kälte der Großstadt, der Vereinsamung, dem Heimweh, den sinnlosen Vergnügungen und der entfremdeten, auf den Sex verkommenen Sexualität handeln. Lieder, die Nervenkrisen und Selbstmordgedanken zum Gegenstand haben und dann doch einen glücklichen Ausweg beschreiben, und zwar bei einem Besuch im Dorf, aus dem die Familie einst gekommen ist, bei der Wiederentdeckung der unmittelbaren Mitmenschlichkeit der einfachen Menschen mit ihren Sinn stiftenden, die Entfremdung überdauert habenden Gebräuchen und Lebensweisen, die der großen Gemeinschaft also, die dort noch existierten und deren spirituelles Zentrum – eben der Glaube und das Buch – all das ja immer schon verkündet hätten. Und es wuchs ihnen der fromme Bart, und eine neue und erfüllende Aufgabe fand sich rasch: als Sekretär in einem Wohlfahrtsverein, Lehrer in der islamischen Schule, Agitator in der entsprechenden Wohlfahrtspartei, Schriftleiter im Magazin für moralische Erneuerung oder Politiker im Kampf gegen imperialistische Überfremdung. Im eingebildeten oder wirklichen Erlebnis gescheitert zu sein, kommt der todessüchtige Wunsch nach Wiederkehr der Kindheit auf, der sich nur ausnahmsweise im Selbstmord, in der Regel aber im selbstbewussten Regredieren und einer daraus hergeleiteten politischen Mission manifestiert.

Ob es die türkische AKP ist, die herrschenden Strömungen im schiitischen Iran oder im sunnitischen Saudi-Arabien, ob es die religiöse Wiedererweckung in Indonesien und Malaysia ist oder der Weg, den Ägypten immer haltloser einschlägt: Das angestrebte Ziel ist identisch und zunehmend auch die Mittel zu seiner Durchsetzung. Die Gemeinschaft, die angestrebt wird, soll unter immer neuen Opfern, die nach einheitlichen Regeln ausgewählt werden, zur moralischen Vollkommenheit geführt werden.

Der Kampf um Befreiung ist islamisch

Islamische Wiedererweckung ist basisdemokratisch. Sie mobilisiert mit beängstigendem Erfolg die Volksmassen, und zwar durch die Klassen, Schichten und Geschlechter hindurch. Sie verkörpert das Prinzip einer unmittelbaren Demokratie und stellt unter Beweis, welches Unheil die Herrschaftsform Demokratie gerade dann anrichtet, wenn sie von institutionellen Vermittlungsinstanzen fast gänzlich frei ist und als unmittelbare Volksherrschaft sich auslebt.

Islamische Wiedererweckung ist sozial. Sie organisiert ein riesiges Netzwerk der Wohlfahrt. Finanziert durch westliche Zuwendungen wie die der UN-Organisationen, aber auch durch die Zuwendungen Saudi-Arabiens und anderer Ölstaaten, und nicht zuletzt durch weltweite Spendenkampagnen. Sie funktioniert gut, weil sie auf Idealismus und dem Prinzip der Ehrenamtlichkeit gründet, sie ersetzt die goldene Reisschüssel Mao Zedongs und verwirklicht die Forderung der Weltbank, in Dritte-Welt-Staaten bei aller Deregulierung und Verschlankung des Staates darauf zu achten, dass nicht unmittelbar Hunger ausbreche. Die Versorgung der Bevölkerung folgt dabei aber keineswegs sachlichen Regeln der Verteilung, denn mit dem Brot wird die Gnade ausgegeben, der Einzelne vom sachlichen Verhältnis, das hierzulande ein Jobcenter oder Sozialamt darstellen soll, entkoppelt und einer Caritas überantwortet, die als Gegenleistung Demut und Sittenstrenge, Dankbarkeit und Eingliederung in die Gemeinschaft fordert. Die islamische Wohlfahrt ist ein unerhört schlankes Instrument zur Abwehr von Hunger und falschen Bedürfnissen, und sie ist darüber hinaus Mobilisierungsagentur für eine Gemeinschaft, die Entsagung und Verzicht zur Tugend und Widerstand gegen jeden Zweifel am moralischen Zwangskollektiv zur Pflicht erklärt.

Islamische Wiedererweckung ist egalitär, weil sie die Gemeinschaft zeitlich nach den Gebetsrufen und Feiertagen organisiert, denen sich keiner entziehen kann. Weil sie nach vereinheitlichter Landestracht strebt – insbesondere der Frauen. Weil sie jede Zurschaustellung des Luxus, soweit darunter mehr als das Protzen mit dicken Goldringen gemeint ist, nämlich Attribute von Schönheit, Sinnlichkeit und Genuss, verteufelt. Den Reichen wird zwar nicht der Reichtum genommen, aber die Möglichkeit, diesen auch öffentlich zu präsentieren stark beschnitten. Verboten ist nicht nur alles, was Freude und Spaß bereiten könnte – der Anblick und das Zurschaustellen des teilentblößten weiblichen aber auch des männlichen Körpers oder auch der Alkohol –, unmöglich ist den Gläubigen auch der Rückzug ins Private und natürlich generell eine Sexualität, die etwas anderes zum Inhalt hat als die Kopulation zu Fortpflanzungszwecken. Eben deshalb wird die artwidrige Sexualität verachtet und verfolgt, von der Homosexualität bis hin – so unterschiedlich die rechtlichen Regelungen in den islamischen Gesellschaften im Detail auch sein mögen – zu allen sexuellen Handlungen, die erkennbar keinen Nachwuchs fördern können und wollen, sei es anal, oder oral, sei es Petting oder einfach der Gebrauch von Verhütungsmitteln. Die Herausforderung der Sinnlichkeit, das unmittelbare Glück in der sexuellen Vereinigung mit einem anderen, dieser künstliche, naturfremde Rückzug aus der großen Gemeinschaft, dieses Fest des Privaten, wird vom Islamisten als schlimmste gemeinschaftsstörende Unkultur verfolgt. Die Mitglieder dieser egalitären Volksgemeinschaft dürfen sich zum Reinigungsdienst am Volksganzen aufgerufen fühlen, zum Spitzeln und Denunzieren, zur öffentlichen Anprangerung manikürter Fingernägel oder geschminkter Gesichter, zur Anzeige des Ehebruchs, der offenen Beziehung oder der Homosexualität. Und jeder darf dabei sein, beim öffentlichen Vollzug drakonischer Strafen gegen das Fleisch. In den nekrophilen Festen des Aufhängens und Steinigens, des Auspeitschens und Handabhackens manifestiert sich Gerechtigkeit in der Art des nun endlich ganz unmittelbar öffentlichen Volksgerichtshofs.

Islamische Wiedergeburt ist vor allem antikapitalistisch. Sie folgt genauso verlässlich wie der Westen, aber noch besinnungsloser als dieser den Gesetzen des Warentauschs. Noch besinnungsloser heißt, dass die Züge des Kapitalismus, die mit dem freien Äquivalententausch eben auch einhergehen, vor allem die Zersetzung archaischer Tradition, unter mörderischen Acht und Bann gestellt werden. Am mangelnden Erfolg auf den Märkten und dem objektiven Elend der Bevölkerungsmehrheit lässt sich nicht das Verschwinden kapitaler Vergesellschaftung ersehen, sondern allenfalls ihre unerbittliche Geltung, die sich in der moralisch-religiösen Fesselung der Bedürfnisse gesellschaftlich niederschlägt. Der riesige Sektor der Wohlfahrt bzw. der fast völlig unproduktiven Arbeit in einem ausgedehnten Kleinhandels- und Kleinproduzentensektor ist keine Abkehr vom Prinzip der Geldmehrung durch Warentausch, sondern lediglich Ausdruck des relativen Misserfolgs in dieser Disziplin. Die antikapitalistische Seite der islamischen warenproduzierenden Gesellschaft ist allein dem Ressentiment verpflichtet, das sich gegen die unerhörten Herausforderungen richtet, welche die kapitalistische Gesellschaft durch ihre Fähigkeit, beinahe grenzenlosen Überfluss zu produzieren, hervorruft. Dieses Ressentiment wendet sich nicht unbedingt gegen die Menge der Waren, sondern gegen die geheimnisvolle Gewalt, die den selbstbewussten Bürger der Warenwelt sich emanzipieren lässt von den Fesseln des Naturzwangs, wie Stamm, Clan und Gemeinschaft sie repräsentieren. Die Möglichkeiten zur Überwindung von Naturschranken, das Aufblitzen der Verwirklichung privater Persönlichkeit, die Ahnung, dass nicht die lebenslängliche Plackerei, die Abhängigkeit von den Gesetzen der zweiten Natur und denen der Warenzirkulation des Menschen ewiges Schicksal sein müssten, reizen den Hass des moralischen Antikapitalisten bis zur Weißglut. Deshalb mussten es die Twin Towers sein, deren Zerstörung zum Fanal eines weltweiten Djihads wurde, dem bisher fast nur die Waffen der US-Army und die Armee Israels sich aktiv widersetzen.

Vom Islam lernen

Islamische Wiedergeburt ist antiimperialistisch, weil ihre Protagonisten nicht vom Kapitalverhältnis sprechen, sondern vom autochthonen Volk, weil sie das selbstbestimmte Individuum hassen und an seine Stelle das selbstbestimmte völkische Kollektiv setzen wollen. Sie sind antiimperialistisch, weil sie den Jugendlichen das kleine Glück mit Britney Spears, einer Dose Tuborg, einer netten Party und einer Geliebten oder einem Geliebten missgönnen und sie im Namen der autochthonen Kultur als vom Imperialismus zerfressen verhöhnen und verfolgen.

Die Freunde der islamischen Wiedergeburt sind auch ökologisch, weil sie das böse Ansinnen hinter dieser scheinbar so wohlmeinenden Ideologie instinktiv erfasst haben. Islamische Gemeinschaften richten zwar den gleichen Dreck an wie andere Gesellschaften auch, aber ihre Verklärer wissen, dass ihre Lehre vom einfachen und gerechten Leben im gesunden Volksbiotop die ökologische Verheißung auf den Punkt bringt.

Die islamische Wiedergeburt ist antisemitisch, weil sie den Gegner im dauernden Reinigungsprozess dingfest machen muss. Dieser Antisemitismus ist eliminatorisch, weil er sich die Vernichtung nicht nur Israels, sondern aller Juden zum Ziel gesetzt hat, vermehrt um jene, die er mit dem jüdischen Prinzip in eins setzt. Der politische Islam vereinheitlicht wie der historische Nationalsozialismus im jüdischen Feindbild zwei einander scheinbar ausschließende Prinzipien: den Liberalismus und den Kommunismus. In beiden erkennt der wieder zu sich selbst gekommene Islam instinktiv die größten Bedrohungen, denen der moralische Volkskörper ausgesetzt ist. Dazu gehören die schleichende Zersetzung von für ewig anerkannten Wahrheiten, die Artikulierung gewaltsam niedergehaltener Bedürfnisse und schließlich der Ausbruch des einzelnen aus der autoritären Gemeinschaft. Die Juden bzw. so genannte jüdische Prinzipien sieht der islamische Nationalsozialist immer dann am Werk, wenn er sein finsteres Reich der negativen Gleichheit angegriffen wähnt, also potenziell immer bis zum Endsieg. Die Prostituierte und jene, die zu ihr gehen, sind gleichermaßen Ausdruck eines jüdischen Prinzips wie etwa mangelnde Mitmachbereitschaft. Immer steht hinter der verabscheuungswürdigen Tat eine noch verabscheuungswürdigere Fernsteuerung und Fremdbestimmung. Eine gewaltige, weltumspannende Agentur der Entfremdung, der Identitätszerstörung, ja der ideologischen Besatzung lauert hinter der Ehebrecherin oder dem Homosexuellen. Das „jüdische Prinzip" wird vom islamischen Bekenner als das Geschwür an dem um Gesundheit ringenden Volkskörper erkannt und entsprechend „behandelt". Nicht nur den einzelnen Verstoß gegen die Gemeinschaftsordnung will er drakonisch am Delinquenten ahnden, den man wie einen vom Beinfraß befallenen Fuß vom Volkskörper abtrennen müsse. Parallel gelingt regelmäßig der Beweis der hinterhältigen Verschwörung, die im Tun des Gerichteten sich äußerte, der nicht nur in Palästina regelmäßig als Kollaborateur angeprangert wird. Dem Outing und der Vernichtung des Kollaborateurs folgen regelmäßig der Appell zur Wachsamkeit an die gesamte Gemeinschaft und der Hinweis, dass komplette Selbstreinigung Voraussetzung für die moralische Reife zum Endschlag sei.

Wäre es nicht so, dass alle Merkmale der islamischen Wiedergeburt nicht auch in den westlichen Metropolen zu Hause sind, würden nicht völkische Bewegungen von Chiapas bis zum Baskenland zur Stimulanz eines identitären Wahns werden, der keineswegs nur in jenen vegan-antizionistischen Quartieren zu Hause ist, in denen große Teile der deutschen Linken hausen; würden nicht auch in Europa und den USA unter dem Markenzeichen Kommunitarismus anschlussfähige Gemeinschaftsideologien für deregulierte kommunale Wertschöpfungskollektive propagiert und praktiziert; wäre also das antiwestliche Ressentiment nicht längst im Okzident zu Hause, dann wäre zwar der politische Islam genauso zu verdammen und zu bekämpfen, aber eine globale Gefahr wäre er kaum. Man würde ihn zurückdrängen, soweit er hier um sich greift, und das tut er, man würde ihn außenpolitisch isolieren und bekämpfen und sich mit seinen Opfern verbünden für eine bessere Gesellschaft, und der Spuk hätte sein Ende, kaum dass er begonnen hat. Weil aber die islamische Wiedergeburt nicht nur allen Hass der kapitalvergesellschafteten Menschheit gegen die Versprechungen der kapitalistischen Gesellschaft exemplarisch bündelt und zugleich ein realpolitisches Angebot in petto hat: nämlich das Versprechen, ein Konglomerat von entstaatlichten, deregulierten Elendsselbstverwaltungsagenturen zu stiften, geht von ihr eine Faszination aus, die gerade in Europa und in der UNO mit immer größerer Zustimmung rechnen darf.

Die islamische Wiedergeburt ist die Stimme der ihrer Identität beraubten Völker, sie ist der Triumph des Antiimperialismus in nachsowjetischer Zeit. Sie muss genauso antiamerikanisch sein wie antisemitisch; in dieser Bewegung reichen sich Pol Pot und Adolf Hitler die Hand. Sie zu bekämpfen wird mit dem Rekurs auf so genannte westliche Werte nicht gelingen. Und doch muss dieser Kampf ein dezidiert westlicher sein. So eurozentristisch nämlich wie die Kritik der politischen Ökonomie eben ist, so einseitig Bezug nehmend auf jene Versprechungen des Kapitalismus, die er nicht einlösen, aber erahnen lassen konnte: Überfluss, Luxus, Individualität und das Recht auf Vereinzelung. So dezidiert westlich hat auf allgemeine Emanzipation zielende Gesellschaftskritik zu sein, will sie nicht zum Komplizen des globalen Faschismus werden.

Simone Dinah Hartmann

Was tun mit den Europäern?
Überlegungen zum Kampf gegen Antisemitismus, islamischen Terror und iranisches Nuklearprogramm

„Was tun?“ ist eine Frage, die sich angesichts der iranischen Bedrohung nicht nur die US-amerikanische Administration und der israelische Verteidigungsapparat stellen, sondern auch etliche Nicht-Regierungsorganisationen und politische Initiativen, deren politische Praxis der Unterstützung Israels gewidmet ist. Europa könnte der Knackpunkt in diesem Rennen gegen die Zeit werden; ein Rennen, das über die Zukunft des Nahen Osten entscheiden wird. Wie sollen die Europäer davon überzeugt werden, dass ein nuklear bewaffneter Iran, der einen entscheidenden Schritt im Aufstieg des islamischen Faschismus darstellen würde, eine unbedingt zu verhindernde Bedrohung darstellt?

Als die zweite Intifada 2000 von den Palästinensern begonnen wurde, war rasch klar, dass die meisten Europäer sich bereits auf eine Seite geschlagen hatten. Die Kernstaaten der EU – Deutschland, Frankreich und Großbritannien – bezogen eine bestenfalls ambivalente Position hinsichtlich Israels Recht auf Selbstverteidigung. Der jüdische Staat wurde angehalten, Zurückhaltung zu üben, während sich Selbstmordattentäter in Bussen, Einkaufszentren und Restaurants in die Luft sprengten. Zur selben Zeit wurde dem damaligen Präsidenten der palästinensischen Autonomiegebiete Jassir Arafat, dessen Mitschuld am Terror gegen Israel längst bewiesen war[1], seitens Europa hofiert, unter anderem durch Besuche hochrangiger Politiker wie etwa des deutschen Außenministers Joschka Fischer. Die Einstellung derartiger Volksvertreter fand ihre Entsprechung in der weit verbreiteten einseitigen medialen Berichterstattung, die den Konflikt als eine „Gewaltspirale“ zwischen dem palästinensischen David und dem israelischen Goliath darstellte.[2] Damals wurde in proisraelischen Kreisen darüber debattiert, ob die Position Europas lediglich eine Konsequenz ökonomischer Interessen ist oder ob seine

1 Vgl. Ilka Schröder: Front gegen Israel, in: Konkret, Nr. 4, 2003; https://www.ilka.org/presse/pressespiegel/konkret-israel.html (20.12.2007).

2 Vgl. Ulrike Becker: Klimawechsel. Der Diskurs über Israel in Deutschland am Beispiel des Sechstagekrieges 1967 und der zweiten Intifada 2000/2002, Diplomarbeit, Universität Hamburg 2005 sowie Frank Wichert: Die Nahost-Berichterstattung zur Zweiten Intifada in den deutschen Printmedien, unter besonderer Berücksichtigung des Israel-Bildes, in: AG Antifa & Antira im StuRa der Uni Halle (Hg.): Trotz und wegen Auschwitz. Antisemitismus und nationale Identität nach 1945, Münster 2004, S.69ff.

Unterstützung für die palästinensische Sache auf ideologische Übereinstimmungen verweist.

Obwohl es keinen Zweifel geben kann, dass auch der klassische Antisemitismus in Europa im Ansteigen ist[3], deuten Umfragen auf ein signifikant höheres Ausmaß antiisraelischer Stimmung hin, die sich zum Beispiel darin zeigt, dass 59 Prozent der Europäer Israel heute für die größte Bedrohung des Weltfriedens halten.[4] Heute, wo es angesichts des iranischen Nuklearprogramms unmittelbar darum geht, die Möglichkeit der Vernichtung Israels zu verhindern, stellt sich die Frage, ob die von vielen Europäern geteilten negativen Einstellungen in Bezug auf Israel das Resultat von weit verbreitetem Antisemitismus sind oder eine Mischung aus Unwissenheit, Ignoranz und medialer Beeinflussung.

Während ein von seiner Weltsicht überzeugter Antisemit nicht über die Irrationalität seiner Auffassungen aufklärbar ist, stimmt dies für jene antiisraelischen Ressentiments, die vor allem aus Unwissen und der negativen europäischen Berichterstattung resultieren, nicht unbedingt. Ihnen fehlt der Charakter einer universellen Welterklärung, der für ein geschlossenes antisemitisches Weltbild kennzeichnend ist. Es bleibt einem heute nicht viel mehr als die Hoffnung, dass die Möglichkeit besteht, der antiisraelischen Berichterstattung und Propaganda in Europa etwas entgegen zu setzen und so jene zu erreichen, deren negative Einstellung Israel gegenüber in erster Linie aus Unwissen resultiert. Angesichts des Phänomens, dass es auch Europäer gibt, die Israel völlig äquidistant gegenüberstehen, denen Israel ganz einfach egal ist, oder die womöglich noch nie etwas von diesem Staat gehört haben, ist dies die Hoffnung, dass die Grenzen der Aufklärung doch noch nicht ganz erreicht sind.

An solche nicht oder schlecht informierte Menschen kann sich eingreifendes Denken richten. Interventionen aber, die versuchen, autoritäre Charaktere[5], die bereits das antisemitische Ticket gewählt haben, von der iranischen Gefahr zu überzeugen, müssen zwangsläufig scheitern. Und zwar sowohl beim traditionellen Volksgenossen als auch bei den neudeutschen Zivilisationsfeinden. Während der Nazi-Opa den Muslim zwar nicht in seinem Dorf haben will, aber die mörderische Konsequenz der Djihadisten rühmt, die dem liberalen bürgerlich-demokratischen Rechtsstaat und den Juden den Kampf angesagt haben, schätzt der globa-

---

3 Zum Ausmaß des Antisemitismus in Europa vgl. die ausgesprochen vorsichtig urteilende Studie European Monitoring Centre on Racism and Xenophobia (ed.): Manifestations of Antisemitism in the EU 2002–2003. Based on information by the National Focal Points of the RAXEN Information Network. Vienna 2004. Vgl. auch Werner Bergmann/Juliane Wetzel: Manifestations of Anti-Semitism in the European Union. Synthesis Report on behalf of the EUMC. Vienna 2003.

4 Vgl. Andrei S. Markovits: Antiamerikanismus und Antisemitismus in Europa, in: Doron Rabinovici/Ulrich Speck/Natan Sznaider (Hg.): Neuer Antisemitismus? Eine globale Debatte, Frankfurt am Main 2004, S.223.

5 Zum autoritären Charakter vgl. Lars Rensmann: Kritische Theorie über den Antisemitismus. Studien zu Struktur, Erklärungspotential und Aktualität, Berlin – Hamburg 1998, S.38ff.

lisierungskritische Multikulti-Öko jene islamischen Werte, die auch seinen Sehnsüchten entsprechen: Die Aufhebung der Gleichheit vor dem Markt zugunsten eines Zwangskollektivs, das jene bestraft, die einem Leben im Elend nichts abgewinnen können.

Solcherart verfasste Zwangscharaktere sehen im Islam etwas Bewundernswertes – etwas, das Reinlichkeit schafft und Störfaktoren beiseite räumt, im Individuum genauso wie im Kollektiv. Der politische Islam bringt den Gleichheitsgedanken auf den Punkt, der alles Nichtidentische aus dem Weg räumt und die Gleichheit vor Allah verspricht.[6] In einem Punkt ist er dem klassischen Antisemitismus in gewissem Sinne sogar voraus. Während dieser sein „positives" Bild der Welt nur andeutungsweise vorzeichnet und eine glückliche Welt ohne Juden verspricht, lockt der politische Islam mit einem ganz konkreten, bis ins kleinste Detail ausgetüftelten Lebens- und Sterbeplans, der für jeden Aspekt des irdischen Daseins detaillierte Handlungsanweisungen bietet. Dabei werden nicht nur durchaus praktische Fragen wie jene, wie eine Frau zu schlagen sei, beantwortet – vielmehr noch geht es um die Vorstellungen, Träume und Wünsche, die von jedem irgendwie anrüchigen Gedanken frei bleiben müssen.

Darin liegt die Attraktivität des Islam für autoritäre Charaktere begründet. Neueste Studien weisen auf einen exponentiellen Zuwachs von Konversionen zum Islam in Europa hin, besonders in Deutschland[7], wo sekundärer Antisemitismus einen integralen Bestandteil der Nachkriegsgesellschaft darstellt.[8]

Kapitulantentum und Antiamerikanismus

Vor diesem Hintergrund stellt sich die Frage, was bei der Diskussion über die iranische Bedrohung ins Zentrum der Argumentation gerückt werden soll: die Bedrohung Israels? Die Gefahren, die auch für Europa von den Mullahs in Teheran ausgehen? Oder die Charakteristik der khomeinistischen Ideologie und ihrer Herrschaftspraxis? Hier soll dafür argumentiert werden, die Bedrohung Israels nicht auszublenden und in erster Linie den Charakter eines Regimes zu verdeutlichen, das die eigene Bevölkerung terrorisiert und massakriert, um das islamische „Reinheitsgebot" durchzusetzen, während es einem anderen Staat mit Auslöschung droht. Erst vor diesem Hintergrund kann die ganze Tragweite des iranischen Vernichtungsprogramms umfassend verstanden werden. Der islamische

---

6 Vgl. dazu den Beitrag von Wertmüller in diesem Band.

7 Vgl. Zahl der Konvertiten hat sich vervierfacht; http://www.spiegel.de/politik/deutschland/0,1518,459544,00.html (24. 09. 2007) sowie Converts To Islam Move Up In Cells; http://www.washingtonpost.com/wp-dyn/content/article/2007/09/14/AR2007091402265.html (24.09.2007). Vgl. dazu Jutta Willutzki: Maskerade des Glaubens. Islam-Konvertiten als Avantgarde der zeitgenössischen Gegenaufklärung, in: Bahamas, Nr. 46, 2005, S.64ff.

8 Vgl. Rensmann, a. a. O., S.263ff.

Faschismus in Gestalt des iranischen Regimes kann nicht auf die Entwicklung nuklearer Waffen reduziert werden.

Das Abstrahieren vom ideologischen Hintergrund der iranischen Führung und anderer islamischer Djihadisten ermöglicht und befördert eine Entwicklung, die in Europa auf eine lange Tradition verweisen kann: die Politik des Appeasement. Von wenigen Ausnahmen abgesehen verhält sich Europa gegenüber der Bedrohung durch den politischen Islam ähnlich wie in den 1930er Jahren gegenüber Deutschland. Die Zuwiderhandlungen des nationalsozialistischen Deutschlands gegen den Vertrag von Versailles wurden mit weit reichenden Zugeständnissen belohnt. Während Deutschland ungebremst aufrüstete, wurden Nichtangriffspakte abgeschlossen und Länder abgetreten. Im Stresa-Abkommen vom 14. April 1935 wurde von Frankreich, Großbritannien und Italien mit „Bedauern" die „einseitige Aufkündigung" der Bestimmungen des Versailler Vertrags beklagt und der Vorsatz gefasst „sich mit allen geeigneten Mitteln jeder einseitigen Aufkündigung zu widersetzen". Gleichzeitig signalisierten sie jedoch Gesprächsbereitschaft hinsichtlich einer internationalen „Verständigung über die Begrenzung der Rüstungen". Nur wenige Monate später demonstrierte England, was darunter zu verstehen war und unterzeichnete ein Abkommen über das Verhältnis englischer und deutscher Überwasserflotten, mit dem der Wiederaufrüstung Deutschlands erstmals vertraglich zugestimmt wurde.[9] Damit war der Weg in den Krieg, der nur vier Jahre danach ausbrach, geebnet.

Wie Ahmadinejad machte auch Hitler kein Geheimnis aus seinen mörderischen Vorhaben. Aber von den Mördern von damals und ihren Nachkommen gestützt und geschützt werden heute nicht die Opfer von damals und ihre Nachkommen, sondern die Mörder von heute und morgen. Es fehlt nicht immer an der Einsicht, dass die Atombombe in den Händen des iranischen Regimes nicht nur das Ende Israels, sondern auch ein Ende des liberalen, demokratisch-rechtsstaatlichen Systems in Europa bedeuten könnte. Aber auch den Wenigen, die zu dieser Einsicht gelangt sind, mangelt es in der Regel am Willen, aus dieser auch Konsequenzen zu ziehen. Die Europäer müssen endlich begreifen, dass, wenn sie ernsthaft Krieg ablehnen, sie jene bekämpfen werden müssen, die ihn verursachen. Ein Einlenken gegenüber den Forderungen der islamischen Avantgarde verschlimmert die Situation – für jene, die gegen ein Leben unter der Sharia kämpfen und für Europa. Nichtsdestotrotz scheint dies die gegenwärtige Strategie zentraler europäischer Staaten wie Deutschland, Spanien und Italien zu sein. Nach den von Islamisten verübten Anschlägen auf Züge in Madrid im Jahr 2004, bei denen 191 Menschen ermordet und mehr als 2000 verletzt wurden, entschied sich die spanische Bevölkerung für genau

---

9 Vgl. Luis Liendo Espinoza: „Kampf um Frieden und Gleichberechtigung". Europäisches Appeasement und deutsche Aufrüstung 1933–1936, in: Prodomo, Nr. 7, 2007; http://prodomo.50webs.net/7/kampf_um_frieden_und_gleichberechtigung.html (20.12.2007).

das, was die Mörder verlangten zu tun und wählte einen Kandidaten, der versprach, alle spanischen Truppen aus dem Irak abzuziehen – und dieses Versprechen auch einlöste.[10]

Es ist beinahe Konsens in Europa, dass an derartigen Anschlägen in erster Linie die USA schuld seien, die das „Pulverfass" Naher Osten zur Explosion gebracht hätten. Deprivation, Armut und Unzufriedenheit sollen die Motive der Täter und Täterinnen sein. Der ideologische Hintergrund wird in der Regel verniedlicht oder vernachlässigt. Man will sich den Krieg vom Leib halten, der – diese Ahnung hat man zuweilen durchaus – etwas mit der Verteidigung bürgerlicher Errungenschaften zu tun hat. Die Orte, an denen für ein Leben ohne die Unmittelbarkeit des islamischen Schwertes gekämpft wird, scheinen für die meisten Europäer weit entfernt. Solange sie nur ihren Mund halten und diejenigen zufrieden stellen, die eine modernisierte Variante des Mittelalters herbeizubomben versuchen, und der Krieg (zumindest jener, der unmittelbar mit Waffen geführt wird) bis zu Tausenden von Kilometern entfernt stattfindet, scheint ihr Leben nicht unmittelbar von dieser weltweiten Auseinandersetzung betroffen zu sein.

Gleichzeitig bildet der Antiamerikanismus ein Fundament der sich neu herausbildenden europäischen „Werte", so dass, wenn es überhaupt so etwas wie ein nach rationalen Maßstäben gefasstes Interesse gibt, dieses sich jedenfalls dem antiamerikanischen Ressentiment bereitwillig unterordnet. Der Konkurrenzkampf zwischen Europa und den USA steht auch auf alten, ideologischen Füßen. Es ist ein nachträglicher Sieg Hitlers, so bestimmend für diese interkontinentale Auseinandersetzung zu sein, deren Ursprünge zwar viel weiter zurückreichen, aber deren ideologische Aufladung in der ersten Hälfte des letzten Jahrhunderts doch einen gewaltigen Schub erfahren hat. Nach dem Sieg über Nazi-Deutschland fand der Antiamerikanismus bei der radikalen Rechten und der Linken sein Refugium – bei jener Linken, die heute das Regierungspersonal in den meisten mittel- und westeuropäischen Staaten stellt.

Solange diese Mischung aus Rationalisierung und Ressentiment in Europa dominierend bleibt, kann kaum damit gerechnet werden, dass ernsthafte Schritte unternommen werden, das Mullah-Regime zu stoppen. Es ginge darum, die Wahnhaftigkeit dieses Regimes zu erkennen. Die alleinige Rede von Raketenreichweiten und die Fixierung auf Europa kann dagegen dazu führen, dass die Existenz Israels zur Disposition gestellt wird, ist es doch das derzeit vorrangige Ziel der Mullahs, den jüdischen Staat zu vernichten. Die Europäer könnten gerade aufgrund der Bedrohungsszenarien dazu gebracht werden, angesichts der iranischen Gefahr aktiv an der Zerstörung Israels mitzuarbeiten und den jüdischen Staat preiszugeben, in der trügerischen Hoffnung sich damit die eigene Bedrohung vom Leib zu halten – selbst wenn dies bedeutet, dass die

---

10 Vgl. Justus Wertmüller: Al-Quaida proudly presents: eine Lektion in Demokratie. Spaniens Absage an ein besseres Leben, in: Bahamas, Nr. 44, 2004, S.5ff.

Islam-Faschisten damit ihrem Ziel, der globalen Herrschaft der Umma, einen deutlichen Schritt näher kämen. Die aktuelle Bedrohung für Israel auszuklammern hilft nicht, sondern führt womöglich zu einer noch größeren Bedrohung, denn solch eine Argumentation resultiert doch meistens in Bemühungen, den Dialog mit den Mullahs zu intensivieren, um sie zu besänftigen. Insbesondere Deutschland und Österreich nehmen hier eine Vorreiterrolle ein.[11]

Während Israel niemals eine Wahl gehabt hat, halten die Europäer noch immer das Los in der Hand und könnten sich auch für das islamische Ticket oder zumindest für ein Bündnis mit dem Islamismus entscheiden.[12] Bin Laden hat erst kürzlich folgende Nachricht an die Bevölkerung des „großen Satans" geschickt, und damit deutlich gemacht, dass sich, anders als die Zionisten, selbst noch die US-amerikanische Bevölkerung entscheiden könne: „Ich lade euch ein, den Islam anzunehmen, denn der größte Fehler, den jemand auf dieser Welt machen kann und der unkorrigierbar ist, ist zu sterben ohne sich Allah in allen Aspekten des Lebens ergeben zu haben. [...]"[13]

Bislang sieht es danach aus, dass Europa nicht gewillt ist, seine grundlegenden Rechte zu verteidigen. Stattdessen verfolgen die europäischen Kernstaaten eine Politik des Appeasements bis hin zur offenen Kollaboration gegenüber der islamischen Welt, wie es etwa im so genannten Karikaturenstreit zu beobachten war. Selbst auf explizite Drohungen wurde kaum reagiert.

Auf einer Islamistendemo in London war im Februar 2006 auf Schildern, die von Anhängern der Religion des Friedens mitgebracht wurden, zu lesen: „Zur Hölle mit der Freiheit" und „Köpfe diejenigen, die den Islam beleidigen". Der im September 2007 wegen vermuteter Verbindungen zu Al Quaida in Wien verhaftete Mohammed Mahmoud, Obmann der Islamischen Jugend Österreichs, drohte bereits 2006: „Jugendexperten in Österreich haben vor ähnlichen Gewaltausbrüchen, wie sie auch in Paris und Berlin stattfanden, gewarnt. Es liegt in der Hand der Regierung, solche Gewaltausbrüche zu verhindern."[14] Damit hat er die Drohung deutlich ausgesprochen: Entweder die staatlichen Institutionen geben den Forderungen seines Vereins mehr nach, oder es wird etwas setzen.

„Gemäßigte" islamische Stimmen schlagen einen ähnlichen Ton an. Auch Carla Baghajati, die Medienreferentin der Islamischen Glaubensgemeinschaft in Österreich, formulierte ganz unumwunden eine Drohung, als sie in einem Kommentar im *Standard* schrieb: „Es wäre ein fataler

11 Vgl. die Beiträge von Küntzel und von Grigat, Ruttner und Azadieh im vorliegenden Band.

12 Zu den Avancen, die Ahmadinejad den Deutschen diesbezüglich gemacht hat vgl. den Beitrag von Becker in diesem Band.

13 http://www.nydailynews.com/news/wn_report/2007/09/12/2007-09-12_translation_of_osama_bin_laden_video-1.html (23.9.2007).

14 http://www.antiimperialista.org/index.php?option=com_content&task=view&id=4434&Itemid=82 (20.12.2007).

Mechanismus, wenn erst Aggressivität ein Nachdenken bewirkt, während friedliche Initiativen ohne Öffentlichkeit bleiben."[15]

Anstatt die muslimischen Stimmen zu befrieden, die nach Erlösung rufen, müsste Europa diejenigen zu Helden erklären, die sich selbst in diesem Krieg exponieren – Leute, wie der holländische Filmemacher Theo van Gogh, der ermordet wurde, weil er die Gefühle von Muslimen verletzt hatte oder seine Drehbuchautorin Ayan Hirsi Ali.

Gleichzeitig hätte Europa Israel den Rücken zu stärken – nicht notwendigerweise aus Solidarität mit dem jüdischen Staat, sondern allein schon weil dieser Staat an den Frontlinien zur Verteidigung grundlegender Menschenrechte gegen islamische Massenmörder steht. So problematisch es um die Konstitution der Menschenrechte selbst bestellt ist[16] – erst die Durchsetzung bürgerlicher Herrschaft inklusive der damit verbundenen Freiheiten für und Anforderungen an das Individuum lässt jenes Glück erahnen, dass der politische Islam durch den Tod ersetzen will.

Jene Europäer, die ein Leben unter der *rule of law* der islamischen Sharia vorziehen, werden gegen diejenigen kämpfen müssen, die ihnen die Waffe an den Kopf halten, angetrieben von dem Ziel, ein neues Kalifat auferstehen zu lassen. Wenn nukleare Waffen erst einmal in die Hände eines Regimes islamischer Messianisten gegeben werden, wird die Welt eine andere sein. Mit der Atombombe in Händen haben die Mullahs freie Hand, ihre messianistischen Welteroberungspläne in die Tat umzusetzen. Der jüdische Staat wäre nach nicht einmal hundert Jahren seines Bestehens in seiner Existenz bedroht. Die iranische Bevölkerung würde die letzte Hoffnung auf eine revolutionäre Umwälzung des Regimes verlieren und Europa wäre gezwungen, wenn es nicht sowieso schon bereitwillig mitmacht, den Agenden des Mullah-Regimes zu folgen.

Den Europäern wurden Anfang des letzten Jahrhunderts mehrere Optionen angeboten – entschieden haben sie sich zunächst für die schlimmste: sei es die Kooperation mit dem Nazi-Faschismus, sei es der Versuch, ihn durch Zugeständnisse zu befrieden. Die eine Hälfte Europas musste anschließend gemeinsam mit den USA all seine zur Verfügung stehende Macht aufbieten, um die andere Hälfte Europas unter Führung Deutschlands, die sich der vollendeten Barbarei verschrieben hatte, unter unvorstellbaren Opfern niederzuringen.

Heute haben die Europäer wieder die Wahl.

15 Die Grenzen der Provokation; http://derstandard.at/?id=2325964 (16.3.2006).

16 Vgl. Tina Heinz: Verschwörung der Gleichen. Über 200 Jahre Menschenrecht, in: Bahamas, Nr. 30, 1999, S.32ff.

Kazem Moussavi

Europa, Israel und die iranische Opposition

Argumente gegen Appeasement und für ein notwendiges Bündnis

Ich möchte eine neue Position unter den iranischen Oppositionellen gegenüber dem iranischen Regime vorstellen. Wir als *Grüne Partei des Iran* sind davon überzeugt, dass das Schicksal des Iran und die Menschenrechte der iranischen Bevölkerung mit dem Schicksal der Juden und Israels untrennbar und direkt verbunden sind. In der Ideologie des iranischen Mullah-Regimes bilden Antisemitismus, Menschenrechtsverletzungen und die kriegerische Expansion nach außen eine untrennbare Einheit. Die Atombombe ist für das Überleben dieses Systems notwenig. Sie ist gleichzeitig ein Gewaltinstrument, das die Umsetzung der ideologisch-politischen Ziele des Regimes sichert und beschleunigt.

Die *Grüne Partei des Iran* bewertet das islamische Regime und dessen religiöse Doktrin als ein faschistisch-religiöses System. Dieses System stellt ein Problem für den Iran dar, aber auch für seine Nachbarländer und die ganze Weltgemeinschaft, weil es global agiert. Die europäische Appeasement-Politik und die Zusammenarbeit mit dem Iran sehen wir als eine gefährliche Stütze des religiös-faschistischen Regimes an, da dieses Regime ideologisch und strukturell gesehen nicht reformfähig ist. Niemals wird man dieses Regime zu freien Wahlen bewegen können.

Das Regime muss so bald wie möglich durch die iranischen Menschen abgeschafft werden. Das geht nicht ohne die intensive Unterstützung der Weltgemeinschaft. Die Kriterien und Gründe, die uns zu dieser Bewertung bringen, werde ich im Folgenden darlegen.

Innenpolitisch basiert das Regime auf der islamischen Ideologie und der Sharia, die mit modernen politischen Werten wie Freiheit, Demokratie und Menschenrechten nicht vereinbart werden kann. Systemgegner werden ermordet, gegen jegliche Opposition geht das Regime mit brutalen Mitteln und immer bestialischeren Methoden vor, und das in aller Öffentlichkeit. Damit demonstrieren die Mullahs ihre Bereitschaft, für den Machterhalt auch den letzten Systemgegner einzuschüchtern und zu vernichten. Wenn Millionen Iraner und Iranerinnen für den Umsturz des Regimes auf die Straße gehen, sind die Mullahs willens und in der Lage, zum Schutz ihres heiligen Machtsystems alle diese Menschen aus Hubschraubern zu erschießen, zu bombardieren oder zu verbrennen und zu vergasen.

Wie die Entwicklung der letzten Jahre zeigt, ist diese Repression nach innen nicht mit Appellen im Namen der Menschenrechte zu stoppen. Die Europäer machen sich mitschuldig an den beispiellosen Menschenrechtsverletzungen im Iran, wenn sie suggerieren, dass man mit einem religiösen System rational verhandeln kann. Das islamische Regime ist nicht reformfähig und wird es nie sein. An die Mullahs kann man nicht appellieren; sie müssen von einem internationalen Menschenrechtstribunal verurteilt und bestraft werden.

Auch außenpolitisch basiert das Regime auf dem Islam. Die Mullahs handeln ihrem Selbstverständnis nach in Allahs Auftrag aus dem Koran, mit dem Ziel der Expansion des Islam, das heißt der Ausweitung des islamischen Regimes über die eigenen Landesgrenzen durch den Djihad, den Heiligen Krieg.

Eine der ersten Parolen von Khomeini nach seiner Machtergreifung im Jahre 1979 war, dass die Eroberung von Ghos (Jerusalem) über Kerbela im Irak führen würde. In Kerbela liegt das Grab des 3. schiitischen Imam Hossein, der den Mullahs als ideologisches Symbol für Märtyrerbereitschaft im Heiligen Krieg gilt. Khomeinis Nachfolger haben den ersten Schritt dorthin durch die massive Einmischung in die Regierungsstrukturen im Irak bereits getan. Der zweite Schritt wird sich dann direkt gegen Israel richten.

Letztendlich geht es aber um die Eroberung der gesamten Welt. Dazu gehört, dass die gesamte Weltbevölkerung aufgerufen ist, zum Islam zu konvertieren. Man denke nur an Ahmadinejads Brief an Präsident Bush, in dem genau das propagiert wird. Das Ziel ist eine internationale, islamische Herrschaft unter der Führung von Revolutionsführer Ali Khamenei und den Teheraner Mullahs. Dieser Anspruch auf Weltherrschaft ist eine Parallele zur Politik des Nationalsozialismus; nur dass im Mittelpunkt des ideologischen Sendungsbewusstseins nicht das „deutsche Wesen", die „arische Rasse" und die deutsche Nation stehen, sondern die Vorherrschaft einer Religion. Die islamische Weltanschauung muss ernst genommen werden. Sie ist nicht nur Mittel zum Zweck. Sie steht im Mittelpunkt jeglicher politischer Handlung der Mullahs. Die Verantwortlichen der Beschwichtigungspolitik in Europa sollten sich klarmachen, was das Zusammenspiel von religiösem Märtyrerkult, die Bereitschaft zum Selbstmordattentat und zum Heiligen Krieg und das Streben nach der Atombombe bedeutet: Gewalt, Terrorismus und versteckte Kriegführung der Mullahs sind bereits an der Tagesordnung, aber darüber hinaus ist eine offene Konfrontation mit dem Westen und Israel mit Sicherheit vorprogrammiert.

Die Ideologie der islamischen Regierung und deren Politik sind unmissverständlich antisemitisch. Das islamische Regime und Ahmadinejad geben ständig öffentlich zu, dass sie vorhaben, Israel von der Weltkarte zu radieren. Der Antisemitismus hat einerseits eine wichtige Funktion in der Innenpolitik bei der Repression gegen Systemgegner. Oppositionelle, Frauen und homosexuelle Menschen werden als Spione für Israel und Amerika, als Juden, Gottlose und Unreine bezeichnet und bestraft.

Der Antisemitismus wird von den Mullahs aber auch als außenpolitisches Instrument für die Mobilisierung reaktionärer, fundamentalistischer Kräfte in der Region genutzt sowie zur Mobilisierung von Rechtsradikalen, Antisemiten, aber auch von orthodoxen Linken in der ganzen Welt. Ein Beispiel dafür ist ein Interview, das Ahmadinejad dem Nachrichtenmagazin *Der Spiegel* gab, in dem er an die Deutschen appellierte, stolz auf ihre Nation zu sein und sich von Israel nicht weiter einschüchtern zu lassen.

Warum leugnet Ahmadinejad den Holocaust in aller Öffentlichkeit? Die Mullahs wollten austesten, inwieweit die Weltöffentlichkeit, insbesondere die Europäer, gegen dieses Verhalten protestieren würden. Durch das passive Hinnehmen Europas und anderer Staaten können die Mullahs jetzt davon ausgehen, dass ein zweiter Völkermord an den Juden, vergleichbar mit dem Hitlers, von der Weltgemeinschaft erduldet und später in Vergessenheit geraten würde.

Für die Teheraner Mullahs gibt die Beschwichtigungspolitik grünes Licht für die strategische Verwirklichung eines weiteren Verbrechens in der Dimension des Holocausts. Die Problematik der Beschwichtigungspolitik der Europäer, einschließlich der grünen Partei Deutschlands und Österreichs, gegenüber dem Iran hat aus Sicht der *Grünen Partei des Iran* noch weitere dramatische Konsequenzen. Einige möchte ich im Folgenden ansprechen.

1.) Europas Außenpolitiker haben 16 Jahre lang auf einen Dialog mit den vermeintlichen Reformern Rafsanjani und Khatami gesetzt. Statt zu Reformen hat die europäische Beschwichtigungspolitik jedoch zur totalen Machtergreifung der Revolutionsgardisten und der jetzigen Militär-Regierung von Ahmadinejad geführt. Die Strategie des Mullah-Regimes, durch intensive Wirtschaftsbeziehungen eine Konfrontation mit dem Westen zu verzögern und Zeit für die Entwicklung der Atombombe zu gewinnen, ist bis jetzt aufgegangen. Die Opfer der europäischen Appeasementpolitik sind vor allem die Menschen im Iran und in Israel.
2.) Die Wirtschaftsbeziehungen mit Europa werden im Iran durch die Militärregierung und die Pasdaran sowie durch die Sicherheitskräfte geleitet. Die Pasdaran sind für den Schutz des Regimes, für das Atomprojekt und gleichzeitig für die Verbreitung des Fundamentalismus verantwortlich. Durch die ökonomische Zusammenarbeit werden also nur die radikalen Stützen des Regimes gestärkt, während der größte Teil der iranischen Bevölkerung immer ärmer wird. Der Iran hat in den letzten drei Jahren jährlich 80 Milliarden US Dollar Öl-Einnahmen erzielt. Trotzdem leben zur Zeit sogar nach offiziellen Angaben 85 Prozent der iranischen Bevölkerung unter der Armutsgrenze.
3.) Es besteht kein Zweifel daran, dass das Mullah-Regime den Besitz von Massenvernichtungswaffen anstrebt. Der kritische Dialog hat dem Regime ermöglicht, vom europäischen Markt heimlich materielle,

logistische und fachliche Unterstützung für ihre atomaren Projekte zu bekommen.

4.) Die Beschwichtigungspolitik hat die Augen davor verschlossen, dass das Teheraner Regime terroristische Netzwerke in der Region und auch in Europa aufgebaut hat. Das Mullah-Regime ist jetzt nicht mehr gezwungen, seine eigenen Soldaten und Revolutionsgardisten über die iranische Grenze zu senden, um Länder wie Irak und Israel anzugreifen. Die Mullahs können von Teheran aus durch ihre terroristischen paramilitärischen Kräfte im Ausland operieren.

5.) Das Regime in Teheran hat seit langem, wenn auch nicht offiziell, mit seinen militärischen Operationen in der Region begonnen. Die offene Kriegserklärung der Mullahs gegen die Moderne und Israel wird wahrscheinlich nach dem ersten erfolgreich durchgeführten Atombomben-Test angekündigt. Diese Ankündigung wird voraussichtlich eine Abwanderung von Juden aus Israel zur Folge haben. In diesem Kontext hat Ahmadinejad bereits gesagt, dass die Zionisten im Nahen Osten nichts zu suchen hätten. Aus diesem Grund haben die Europäer kaum mehr Zeit um zu verhindern, dass die Mullahs über Atombomben verfügen.

6.) Auch manche Wissenschaftlerinnen wie zum Beispiel Christina von Braun, Bettina Mathes und auch die grüne Partei Deutschlands verkennen leider, wie anhand der neuesten kulturrelativistischen Theorien und Debatten ersichtlich ist, dass sie selbst zum Werkzeug der expansiven Islamisierungspolitik der „atomaren Mullahs" geworden sind. So dulden sie auch die gefährliche Verbreitung des Fundamentalismus bei Immigranten und Immigrantinnen sowie die Unterdrückung der Frauen und homosexueller Menschen im Islam.

7.) Der kulturelle Dialog Europas wird mit einem Regime geführt, das die Islamisierung im Iran immer weiter vorantreibt und die nichtislamischen Elemente der persischen und anderer im Iran vorhandenen ethnischen Sprachen, Kulturen und Religionen immer weiter zurückdrängt.

8.) Die europäische Beschwichtigungspolitik hat dazu beigetragen, dass die Mullahs zahlreiche Oppositionelle in Europa terrorisieren und umbringen konnten. Ich erinnere mit schmerzendem Herzen zum Beispiel an Herrn Abdul Rahman Ghassemlou in Wien, Kazem Radjawi in Genf, Schapour Bakhtiar in Paris, den Kabarettisten Feridoun Faroukhzad in Bonn und Sadegh Scharafkandi und seine politischen Freunde in Berlin.

Der Mörder von Abdul Rahman Ghassemlou in Wien, Passdar Mohammad Jafar Sahraroudi, wurde von der österreichischen Regierung nicht festgenommen, sondern dem iranischen Regime einfach übergeben. Er leitet heute die Badr- und Quds-Brigaden des iranischen Regimes im Irak. Er ermordet tagtäglich die irakische Bevölkerung, US-amerikanische und andere westliche Soldaten im Irak. Der Mörder von Kazem Radjawi in

Genf, Pasdar Akhoundzadeh Basti, ist heute Botschafter der Mullahs in Berlin. Er ist auch für die Koordination der geheimen Beschaffung von nuklearen Materialien und Logistik aus Europa für die Atomprojekte der Mullahs verantwortlich.

Im Iran hat das Mullah-Regime seit 1979 zehntausende Freiheitsliebende und Oppositionelle auf brutalste Art und Weise festgenommen und hingerichtet. Allein im Sommer 1988 wurden nach einer später bekannt gewordenen „Fatwa" von Khomeini, innerhalb von nur zwei Monaten mehr als 20.000 politische Gefangene hingerichtet. Für die Folterung von unzähligen politischen Gefangenen sowie für öffentliche Hinrichtungen benutzen die Revolutionsgardisten Waffen, die aus Deutschland, Österreich und anderen europäischen Ländern importiert wurden.

Was tun?

Einige wichtige Möglichkeiten und Spielräume, die wir sehen, um die Macht der Mullahs zum Kriegführen zu verringern, sind folgende.

1.) Europa muss die Natur des religiös-faschistischen Regimes in Teheran – auch aus eigenen ökonomischen und sicherheitspolitischen Interessen – erkennen und die Kollaborationspolitik mit den Mullahs sofort beenden. Das anvisierte Milliarden-Geschäft der österreichischen OMV mit der iranischen Militär-Regierung muss unbedingt gestoppt werden. Die Kollaboration Europas und die wirtschaftliche Zusammenarbeit führen zum Krieg des Mullah-Regimes.
2.) Für die Wirtschaftsinteressen und Machtspiele Europas, Chinas und Russlands gegen die USA müssen die iranischen und israelischen Menschen in der Region mit dem Leben bezahlen. Europa, China und Russland müssen endlich begreifen, dass die Verbreitung des Fundamentalismus in der Region allen Seiten nachhaltig schaden wird. Deshalb müssen gemeinsam umfassende Sanktionen gegen das Regime im Sicherheitsrat der UNO beschlossen, durchgeführt und deren Einhaltung effektiv überwacht werden. Wenn dies jedoch mit Frau Merkel, Russland und China nicht möglich ist, sollten sich die Europäer von der strategischen Partnerschaft mit diesen Ländern lösen und in einer „Koalition der Willigen" mit dem Westen kooperieren.
3.) Die Verantwortlichen des Mullah-Regimes, Khamenei und Ahmadinejad, müssen wegen der ständigen Drohung mit der Vernichtung des Staates Israel sowie aufgrund der Verleugnung des Holocausts, die offensichtlich ein Aufruf zum Völkermord an den Juden und zum Krieg gegen die Menschlichkeit sind, an einem internationalen Gericht verurteilt werden.
4.) Um die Menschenrechte im Iran effektiv zu unterstützen, muss Europa sofort die Revolutionsgardisten, Ali Khamenei und Ahmadinejad in die Terroristenliste der europäischen Länder aufnehmen.

5.) Es muss der bereits bestehende Druck auf die iranische Opposition, Regimegegner sowie die *Grüne Partei des Iran* aufgehoben werden. Es bestehen keine Gründe – auch keine rechtlichen – warum die stärkste, organisierte iranische Opposition auf der Terror-Liste der Europäischen Union zu finden ist. Alle iranischen Oppositionellen, die für den Umsturz des Regimes sind, werden zu Unrecht und zum Gefallen der Teheraner Mullahs scharf überwacht und kriminalisiert. Dieser Deal mit den Mullahs muss beendet werden. Stattdessen müsste ein ständiger Dialog mit den Oppositionellen geführt werden.
6.) Bei iranischen Oppositionellen, Intellektuellen und Linken muss endlich ein politisches Umdenken in ideologischen Fragen stattfinden. Vor allem müssen sie erkennen, dass der Hauptfeind unserer Zeit für nachhaltige Entwicklung und Demokratie weder Imperialismus noch Zionismus, sondern Fundamentalismus und das religiös-faschistische System im Iran sind.
7.) Um die Ausbreitung des Fundamentalismus durch das Teheraner Regime in der Region effektiv zu stoppen, muss die Existenz und die Legitimität von Israel durch die iranischen Oppositionellen offiziell, und zwar schriftlich, anerkannt werden. Die iranischen Oppositionellen und die Linke dürfen die Bedrohung von Israel durch das antisemitische islamische Regime und den religiös-fanatischen Psychopathen Ahmadinejad nicht mehr stillschweigend hinnehmen.

Fakt ist, dass weder die iranischen Oppositionellen auf eigene Faust noch die Weltgemeinschaft und der Westen ganz allein im Stande sind, das Regime im Iran abzuschaffen. Eine Zusammenarbeit ist deshalb wichtig und unabdingbar. Um den Widerstand der Menschen im Iran gegen die Mullahs effektiv zu unterstützen, hält es die *Grüne Partei des Iran* mittelfristig für notwendig, eine antireligiöse, antifaschistische, internationale Organisation zu bilden. Kurzfristig müssen wir aber Projekte wie das erfolgreiche Symposium und die Kundgebung gegen den Iran und seine Förderer vom September 2007 in Wien weltweit – auch in Israel – regelmäßig durchführen. Unterschiedliche Ansichten zu den verwendeten Begriffen und politischen Diskussionen sollten nicht dazu führen, dass wir das Gefahrenpotenzial verkennen. (Wir meinen, dass die Gefahren, die vom Mullah-Regime ausgehen, sogar noch drastischer sein können als die der Hitler-Nazis.) Die Organisation muss sich jeweils aus den Ergebnissen unserer konkreten Zusammenarbeit ergeben. Es ist wünschenswert und erforderlich, dass beim Aufbau und den Aktivitäten dieser Organisationen iranische und israelische Menschen Hand in Hand eine Vorreiterrolle spielen.

Die Mullahs lassen uns niemals los. Wir werden sie auch nicht loslassen. Wir werden dieses System mit Sicherheit gemeinsam besiegen!

Hiwa Bahrami

Geschäftstüchtige Illusionen

Die iranischen Nationalitäten und die verfehlte europäische Politik

Nach dem Sturz der Schah-Diktatur kam im Iran ein mittelalterliches, fundamentalistisches Terror-Regime an die Macht, das sich nicht nur für die eigene Bevölkerung zu einer unmittelbaren Gefahr entwickelte, sondern auch für die Region und mittlerweile für die ganze Welt. Die ersten Hinrichtungswellen gegen Andersdenkende, das Verbot zahlreicher politischer Organisationen, die Fatwa von Khomeini für den Djihad gegen Kurden, die 1979 in fast allen iranischen Zeitungen veröffentlich wurde[1], und die Besetzung der US-Botschaft in Teheran waren die ersten Vorzeichen für viel schlimmere Zeiten, die das Land und die Welt erwarteten. Der Krieg der Mullahs gegen den Irak hat einerseits dem Regime ermöglicht, innenpolitisch seine Position zu festigen, jeden Andersdenkenden aus dem Weg zu räumen und sich zugleich als lukratives Land für wirtschaftliche Aktivitäten der westlichen Staaten zu etablieren.

Die westlichen Staaten konnten im ersten Golfkrieg durch den Verkauf von Kriegsmaterial Geschäfte in Milliardenhöhe mit dem Regime in Teheran abschließen. So einem attraktiven Angebot konnten auch neutrale Staaten wie etwa Österreich nicht widerstehen. Die Noricum-Affäre war eines von zahlreichen Waffengeschäften, die hinter den Kulissen zustande kamen.[2] Gerade in diesen Zeiten kämpfte die damals noch besser als heute organisierte Opposition gegen das Regime und versuchte vergeblich, den Westen auf die Gefährlichkeit des Mullah-Regimes aufmerksam zu machen. Der Markt im Iran war zu profitabel und man wollte nicht darauf verzichten. In den letzten 29 Jahren konnte sich das Mullah-Regime durch die Unterstützung und Kooperation des Westens, insbesondere der westeuropäischen Staaten, in jeder Hinsicht so ausrüsten, dass es heute zu einer unmittelbaren Gefahr für die Weltsicherheit geworden ist. Die Hegemonialpolitik der Mullahs in der Region und ihr Streben nach einem Schiiten-Imperium mit iranischen Ayatollahs an seiner Spitze sind heute nicht mehr zu übersehen. Aber zu übersehen ist auch nicht, dass selbst heute noch etliche EU-Staaten um jeden Preis an diesem islamisch-fundamentalistischen Regime, das alle menschlichen Werte verachtet und die Resolutionen des UN-Sicherheitsrats zum Stopp seines

---

1 Beispielsweise in *Keyhan* am 17.8.1979 und in einer Sonderausgabe der Zeitung *Ettelaat* vom selben Tag.

2 Vgl. dazu den Beitrag von Grigat, Ruttner und Azadieh in diesem Band.

Atomprogramms ignoriert, als ‚Partner' festhalten wollen. Einige Europäer gehen noch einen Schritt weiter und versuchen, das Mullah-Regime vor den ‚bösen USA' zu schützen. Durch ein monotones *Amerika-bashing* wird die europäische Öffentlichkeit ganz bewusst gegen die USA aufgehetzt. Gleichzeitig verkauft man die Kontakte mit Vertretern des iranischen Terror-Regimes als Dialog, welcher die Mullahs überzeugen könne, einige Kompromisse einzugehen.

Im heutigen Iran herrscht ein Regime, das dieses Land in eine fatale Rückständigkeit geführt hat. Die „Vertreter Gottes auf der Erde" drangsalieren nicht nur die persischen Menschen, sondern führen auch einen Kampf gegen die nicht-persischen Nationalitäten im Iran; insbesondere gegen die Kurden, die ihre Autonomie auch unter dem Mullah-Regime einfordern wollten. Getreu ihrer langen Tradition im Kampf für Mitbestimmungsrechte waren die Kurden die ersten, die nach Khomeinis Sieg mit konkreten Forderungen an die neuen Machthaber herantraten. Das Regime in Teheran hatte beschlossen, mit der Demokratischen Partei Kurdistans Iran (PDKI) als Vertreter der Kurden zu verhandeln. Die provisorische Regierung von Mehdi Bazargan schickte am 21. März 1979 eine Delegation unter Leitung des liberalen Ayatollah Taleghani und in Begleitung des Innenministers sowie des Verteidigungsministers nach Sanandaj. Zusammen mit der kurdischen Delegation wurde ein Sieben-Punkte-Plan erarbeitet, in dem den Kurden nicht nur ein Mitspracherecht bei der Abfassung der neuen iranischen Verfassung eingeräumt wurde, sondern auch „ein Recht auf Selbstverwaltung", „kulturelle Freiheit" und „die Einführung der kurdischen Sprache neben dem Persischen in allen Schulen Kurdistans". Die Verhandlungen zogen sich rund vier Monate hin, aber es kam zu keinem Ergebnis, das über den Sieben-Punkte-Plan hinausgegangen wäre.

Am 17. August 1979, wenige Monate nach der Vereinbarung des Sieben-Punkte-Plans zwischen den Vertretern des Staates und der Kurden, rief Khomeini als religiöser Führer des Landes und Oberbefehlshaber der Streitkräfte eine Fatwa für den Krieg gegen die Kurden aus und gab der Armee den Befehl, in Kurdistan einzumarschieren und alle Unruhen „mit aller militärischen Kraft binnen 24 Stunden niederzuschlagen". Die Regierung folgte dem Befehl Khomeinis und schickte Armee und Revolutionswächter nach Kurdistan. Khomeini bezeichnete die PDKI als „Partei des Teufels" und die Kurden als „ungläubige Verschwörer, mit denen man hart umgehen" müsse. Sie seien „Heiden und ausländische Kollaborateure, deren Ermordung die Pflicht jedes iranischen Muslims" sei.[3] Betroffen waren aber auch die anderen unterdrückten Nationalitäten wie Azerbaijanis, Belutschen, Turkmenen und Araber, die nach ihren nationalen Rechten strebten und nicht mehr länger Staatsangehörige zweiter Klasse sein wollten.

3 Khomeinis Rede wurde am 17.8.1979 im staatlichen Fernsehen übertragen.

Zersplitterte Opposition

Die Unzufriedenheit in der iranischen Bevölkerung ist gegenwärtig groß, aber dennoch eskaliert die Lage nicht. Dafür gibt es mehrere Gründe: Erstens sehen die Menschen derzeit zu Recht keine politische Alternative, die das Regime ersetzen könnte. Es gibt zwar einige Dutzend politische Parteien, die sich als Opposition zum Regime verstehen, aber bis dato konnten diese oppositionellen Parteien keine breite und funktionierende Allianz gegen die Mullahherrschaft bilden. Das Fehlen solch einer Allianz nimmt den Menschen die Hoffnung, die sie brauchen, um sich gegen das Regime engagieren zu können. Immerhin sollte ein Aufstand des Volkes von politischen Parteien wenn schon nicht organisiert, so doch zumindest geführt werden. Diese Zerrissenheit der Opposition ist ein wichtiger Grund für die hohe Lebensdauer des Mullah-Regimes.

Der *Kongress der Nationalitäten für einen föderalen Iran* ist zur Zeit die einzig ernst zu nehmende Allianz aus 15 politischen Parteien. Die fünf neben den Persern existierenden iranischen Nationalitäten – Kurden, Azerbaijaner, Araber, Belutschen und Turkmenen, die gemeinsam mehr als 60 Prozent der iranischen Bevölkerung ausmachen – werden in diesem Kongress repräsentiert. Diese Allianz, die 2005 im Exil gegründet worden ist, steht für ein demokratisch-rechtsstaatliches, pluralistisches und vor allem föderalistisches System im Iran. Die persischen Oppositionsparteien wollen sich aus verschiedenen Gründen bis heute dem *Kongress der Nationalitäten* noch nicht anschließen. Ein Großteil der persischen Oppositionsparteien steht für ein zentralistisches System, da ihrer Ansicht nach jede Art von Dezentralisierung die „nationale Integrität" des Landes gefährden könnte. Vermutlich werden sich aber Teile der persischen Oppositionellen in der Zukunft für eine Zusammenarbeit mit dem *Kongress der Nationalitäten* entscheiden. Sollte die EU Interesse an einer neuen Iran-Strategie haben, wäre die Unterstützung des *Kongresses* als eine mögliche Alternative zum bestehenden iranischen Regime ein erster Schritt weg von der Kollaboration mit den Mullahs.

Ein zweiter Grund für die Schwäche der Opposition liegt darin, dass große Teile der iranischen Bevölkerung generell misstrauisch gegenüber Politik geworden sind, weil sie die Pervertierung der Revolution von 1979 durch die Mullahs miterlebt haben. Drittens sorgt die fehlende Unterstützung des Westens fur dle Opposition für den Machterhalt des Regimes. Iranische Oppositionelle haben heute das Gefühl, völlig alleine gegen die Mullahs zu stehen. Eine Unterstützung ist leider nicht in Sicht. Die europäischen Staaten interessieren sich offenbar nicht für die Menschen im Iran und verweisen angesichts der unvorstellbaren Gewalt des Regimes gerne darauf, es handele sich hierbei um „innere Angelegenheiten" des Irans, in die man sich nicht einmischen möchte. Gleichzeitig macht man sich in Europa Gedanken darüber, wie man am besten wirtschaftlich mit dem Mullah-Regime kooperieren kann. Gerne wird dabei argumentiert, dass man die guten Beziehungen dazu nutzen möchte, um „die moderaten

Kräfte" innerhalb des Systems zu unterstützen. Diese so genannten moderaten Kräfte, die mehr oder weniger eine Erfindung des Westens sind, stellten von 1997 bis 2005 die Regierung und hatten die Mehrheit im Parlament. Das Ergebnis dieser acht Jahre ist allen bekannt. Von Präsident Khatami haben wir außer seinem Lächeln und leeren Versprechungen nichts Positives bekommen, aber statt dessen eine Menge bittere Erlebnisse. Morde an Politikern, Intellektuellen und Journalisten, das Verbot von über 40 Zeitungen und Zeitschriften, die Verhaftung hunderter Regime-Kritiker und Schriftsteller, brutale Überfälle auf Studentenheime in Teheran und die Liquidierungen von mehreren Studenten – das ist nur ein Ausschnitt der Bilanz der im Westen so geschätzten Regierung von Präsident Khatami. Man darf auch nicht übersehen, dass unter Khatami das geheime Atomprogramm des Landes gute Fortschritte machen konnte.

Anscheinend ist all das in Europa noch nicht Grund genug, um sich ein für alle Mal von Illusionen zu trennen und einzusehen, dass, trotz Rivalitäten innerhalb des Systems, beide Fraktionen, wie es der Führer Khamenei sinngemäß einmal formulierte, wie zwei Flügel sind, die das Regime zu seinen Zielen führen werden. Die Rolle der so genannten Reformislamisten wurde in Europa stets falsch eingeschätzt. So wurde ignoriert, dass es im Streit zwischen Reformislamisten und so genannten Hardlinern lediglich um die bessere Strategie zur Stabilisierung des politischen Systems ging. Die so genannten Reformer waren lange vor allem deshalb erfolgreich, weil sie die Europäer gegen die USA ausspielen konnten.

Heute glauben viele in Europa, wenn die so genannten Reformer die Wahlen im März 2008 gewinnen, könnten sie es diesmal schaffen, wirkliche Reformen in Gang zu setzen. In Wahrheit weiß aber wohl jeder, dass echte Reformen innerhalb dieses Systems niemals zustande kommen können. Der totalitäre Charakter der Islamischen Republik Iran lässt demokratisch-rechtsstaatliche Reformen innerhalb des bestehenden politischen Systems nicht zu. Die europäische Außenpolitik gegenüber dem Iran nährt jedoch genau diese Illusion, da der Iran ein begehrter Handelspartner ist, mit dem man es sich nicht verderben will. Doch nun entwickelt sich der islamistische Staat auch zu einer Gefahr für Europa und den Westen.

Ein vermeintlicher Reformer kann insofern den Europäern eine Hilfe sein, als er nicht mehr wie Ahmadinejad offen sein Atomprogramm fortsetzt, die Verbrechen des Nationalsozialismus an europäischen Juden bis hin zum Holocaust leugnet und den Willen äußert, den Staat Israel von der Landkarte radieren zu wollen. Damit blieben Europa Peinlichkeiten erspart und es könnte nunmehr ungestört die wirtschaftlichen Beziehungen mit dem Mullah-Regime vorantreiben, ohne ins Visier der Kritiker zu geraten und sich permanent rechtfertigen zu müssen. In Wahrheit spielt es aber gar keine Rolle, wer im Iran die Funktion des Staatspräsidenten innehat. Auch unter Europa-freundlichen Präsidenten wie Rafsanjani und Khatami ist der iranische Staatsterrorismus nicht zum Stillstand gekommen.

Das Mullah-Regime hat eine Infrastruktur für den Export der islamischen Revolution und des Terrors aufgebaut. Terroristische und subversive Aktivitäten gewannen für das Regime mit der Zeit den Stellenwert einer dauerhaften Strategie in ihrer Politik gegen andere Staaten.[4] Die von Teheran gelenkten Terroristen haben in den letzten zwanzig Jahren immer wieder Zivilisten, iranische Dissidenten im In- und Ausland sowie wirtschaftliche und militärische Ziele in Nachbarstaaten angegriffen. All die brutalen Terroranschläge von Wien und Berlin bis Buenos Aires sind unter der Präsidentschaft des „moderaten“ Rafsanjani passiert. Auch die Unterstützungen für Terrororganisationen wie die libanesische Hisbollah und die palästinensische Hamas sind während Khatamis Regierung weiter gelaufen. Die Feindschaft des Mullah-Regimes gegen Israel und das jüdische Volk ist ein Bestandteil der khomeinistischen Ideologie und somit im System verankert.

Ahmadinejads Präsidentschaft bereitet den europäischen Staaten durchaus Schwierigkeiten, da er dazu beitragen könnte, die wahren Absichten des Regimes der Weltöffentlichkeit zu verdeutlichen. Durch seine unverklausulierte Sprache wird immer mehr Menschen klar, wie gefährlich dieser Mullah-Faschismus für die Weltsicherheit ist. Wenn er seine bisherige Politik fortsetzt, könnte er mit dazu beitragen, dass die Menschheit, allen voran die iranische Bevölkerung, doch noch einen ernsthaften Versuch startet, dieses gespenstische Regime los zu werden.

Eine große Mehrheit der iranischen Nationalitäten verfolgt das Ziel einer Beseitigung des Mullah-Regimes seit fast drei Jahrzehnten. Die nichtpersischen Nationalitäten müssen im Iran in einer isolierten Welt leben, ohne politische oder individuelle Freiheiten. Um sie zu unterstützen, sollte der Westen sich an der überwiegenden Mehrheit der iranischen Bevölkerung orientieren und nicht am Mullah-Regime. Die bislang verfolgte EU-Strategie gegenüber dem Iran hat empfindliche Rückschläge erlitten und ist an die Grenze ihrer Wirksamkeit gestoßen. Kaum scheint nach langen mühsamen Verhandlungen ein Kompromiss in greifbarer Nähe, schon wird er durch absurde Äußerungen Ahmadinejads konterkariert, und die europäischen Verhandler werden in der Weltöffentlichkeit bloßgestellt. Daher steht die EU vor der Notwendigkeit einer völligen strategischen Neuorientierung der europäischen Außenpolitik zum Iran. Die EU ist an einem stabilen Nahen und Mittleren Osten interessiert. Daher kann sie es sich nicht mehr länger leisten, sich für das Mullah-Regime zu engagieren. Sie sollte gute freundschaftliche Kontakte zu den Iranern in den demokratisch orientierten oppositionellen Parteien aufbauen. Ein demokratisch-pluralistischer Iran wird mit Sicherheit ein verlässlicher Partner für den Westen und den Rest der Welt sein.

4 Vgl. dazu den Beitrag von Florian Markl in diesem Band.

Dokumentation

Redebeiträge und Grußbotschaften von der Kundgebung „Keine Geschäfte mit den iranischen Mullahs" am 30. September 2007 in Wien

Raimund Fastenbauer

Kein zweites Risiko!

Meine Damen und Herren, liebe Freundinnen und Freunde!

Es hat vor der heutigen Kundgebung gegen die iranische Atomrüstung eine Diskussion gegeben, ob in erster Linie die Bedrohung Israels oder auch die Bedrohung Europas im Vordergrund stehen solle. Das scheint mir eine eher philosophische Frage zu sein. Dass wir, die Juden, und natürlich Bnai Brith, die größte internationale jüdische Organisation für Humanität und Menschenrechte, für die ich hier spreche, gegen die atomare Bedrohung Israels durch den Iran solidarisch mit anderen auftreten, ist klar. Aber was ist die entscheidende Frage? Wird das nichtjüdische Europa versuchen, mit dem Iran ein Auskommen zu finden, so wie Chamberlain es mit Hitler versucht hat? Wird es sagen, wir richten es uns lieber? Oder wird es sagen: Genug jetzt! Daj!

Es gibt falsche Liberalität und falsche Dialogbereitschaft. Ein Flagschiff des amerikanischen Liberalismus, die Columbia-University hatte dieser Tage Ahmadinejad zu einer PR-Tour eingeladen. Der verantwortliche Dekan der Fakultät für Politische Wissenschaften hatte offenbar zwar eine Art ethischen Blackout, wusste aber den iranischen Präsidenten richtig einzuordnen. Er sagte, er hätte 1939 vor Kriegsausbruch auch Hitler eingeladen.

Auch heute droht die Gefahr des Appeasement. Auch österreichische Politiker von großen und kleinen Parteien, deren demokratische Grundhaltung wir eigentlich nicht in Zweifel ziehen wollen, parlieren, auf den Iran angesprochen, von der Notwendigkeit des Dialoges und beim OMV-Geschäft bestenfalls von einem „unglücklichen Timing". Es wird die Notwendigkeit betont, die privaten Wirtschaftsbeziehungen fortzusetzen, obwohl Fachleute davon sprechen, dass, wenn etwa Deutschland diese Geschäfte abbräche, die Wirtschaft des Holocaustleugnerregimes und damit auch das Atomprogramm binnen sechs Monaten zusammenbrechen würden. Stattdessen platziert die OMV vielfarbige Anzeigen über das „Zusammenkommen der Kulturen", und im übrigen, so hört man, unterstütze sie angeblich unabhängige Frauengruppen im Iran. Und der Weltkirchenrat lädt zu einer Dialogkonferenz in Teheran im Dezember 2007 ein, nachdem letztes Jahr zur selben Zeit dort eine Holocaustleugnerkonferenz stattgefunden hat.

Diese Art von Dialoggeschwafel ist bereits eine Art von Appeasement. Es ist nicht nur amoralisch, sondern auch kurzsichtig, denn à la longue wird sich dieses Appeasement als eine Fehlkalkulation erweisen. Das zeigt die Geschichte. Hätten Frankreich, England und die USA nach Hitlers Einmarsch im Rheinland reagiert und die deutsche Wiederaufrüstung, die im Widerspruch zu den Verträgen von Versailles stand, zur rechten

Zeit verhindert, oder hätte Frankreichs Generalstab zu Beginn des Zweiten Weltkriegs, als die deutschen Truppen in Polen einmarschierten und nur wenige Bataillone im Westen standen, die Offensive ergriffen, vieles wäre der Menschheit erspart geblieben.

Gegenüber Volksverhetzern, die die Herrschaft des erwarteten Mahdi und der Umma über die ganze Welt verbreiten möchten, und die davon sprechen, nötigenfalls Millionen von Menschen opfern zu wollen, um Israel auszuradieren, hilft kein interkonfessioneller Dialog, und erst recht nicht der unsinnige Hinweis auf den Nahostkonflikt als angeblicher Mutter aller Probleme. Die Mutter der Probleme ist der islamistische Fundamentalismus mit seinem Hass auf die westliche Aufklärung und mit seinem Antisemitismus, einer Mischung aus islamischem Antijudaismus im Koran und der Aufnahme von faschistischem Gedankengut aus Europa, historisch nachweisbar nicht nur beim Baathismus und der palästinensischen Nationalbewegung. Die Palästinenser waren nicht „die letzten Opfer der Shoah", wie oft argumentiert wird, sondern viele von ihnen waren mitverantwortlich für die Vernichtung der europäischen Juden. Der palästinensische Aufstand unter Führung des Muftis von Jerusalem, eines Hitlerbewunderers, brachte die Engländer dazu, die Tore Palästinas in Zeiten größter Bedrohung für die Juden zu schließen.

Heute hilft hinsichtlich des Irans nur entschlossenes Handeln. Dieses sind wir hier aufgerufen zu fordern. Richtet sich das, was hier gesagt wird, gegen Muslime per se? Bewahre! Wenn es darum geht, mit Moslems gegen antitürkische und antimoslemische Hetze, ausgeübt von einer Partei der Ewiggestrigen wie der FPÖ, solidarisch zu sein, waren und sind die Juden in Österreich immer dazu bereit. Von Rechten wird gegen moslemische Menschen gehetzt, die in Österreich als gesetzestreue Bürger leben, weil das Wählerstimmen von Ausländerfeinden bringt. Das stimmt schon. Aber auch andere spekulieren auf Wählerstimmen, nämlich jene von fundamentalistischen Moslems.

Das Auffallende bei der extremen Rechten und den Islamisten ist doch, dass sie einen gemeinsamen Nenner haben. Mit Islamisten im Ausland ist auch die FPÖ gut Freund. Worüber sprach eigentlich der stellvertretende Vorsitzende des iranischen Sicherheitsrates auf einem Vortrag in der Parteiakademie der so antimoslemischen FPÖ? Worüber wurde dort diskutiert? Vielleicht über den neuerlichen Versuch einer so genannten Lösung des Judenproblems im Nahen Osten und Europa? Und wieso sind Teilnehmer an der Holocaustleugnerkonferenz in Teheran Liebkinder der FPÖ-nahen Zeitung *Zur Zeit*? Offensichtlich mag man zwar keine Moslems in Österreich, aber mit Islamisten weit weg hat man gemeinsame Inhalte: den Antisemitismus und den Wunsch, den Staat Israel endlich von der Landkarte zu fegen.

Der fundamentalistische Islam bedroht sicher zuerst die Juden, aber auch die humanistischen Werte sind in Gefahr, die sich zaghaft in Europa nach entsetzlichen Blutorgien und Morden, nach den Kreuzzügen, der Inquisition, dem Kolonialismus, zwei Weltkriegen, Faschismus und

Stalinismus begonnen haben durchzusetzen. Europa muss aufhören, Verbrechen der Islamisten gegen Frauen, Angehörige anderer Bekenntnisse und Minoritäten einfach als kulturelle Eigenheit, vergleichbar dem Schuhplatteln in Tirol, zu akzeptieren, wie das manche, die sich ansonsten für fortschrittlich halten, gerne tun. Manche linken Gruppen, die angeblich Trotzki gelesen haben, sind heute bereit, mit Nazis und Islamisten die Bronsteins zu hauen. Das Bindeglied dieser Querfront, die bis weit in den liberalen Mainstream reicht, ist der Antisemitismus.

Wenn man die katholische Kirche ob ihrer Beteiligung an Hexenverbrennungen, Kreuzzügen, Inquisition und ähnlichem rügt, kann man für das Köpfen von Geiseln, das Aufhängen von Homosexuellen, das Steinigen von angeblichen Ehebrecherinnen, das tägliche Massakrieren der eigenen Glaubensbrüder im Irak und für antisemitische Propaganda kein Verständnis haben. Man muss zumindest eine ähnliche Distanzierung und Aufarbeitung von Muslimen fordern, wie sie von den christlichen Kirchen geleistet wurde. Das sind keine kulturellen Eigenheiten, die man als Humanist akzeptieren müsste. Ein Verständnis, das Anhänger des Islams von der Notwendigkeit der Einhaltung der Menschenrechte befreit, ist selbst Rassismus, weil es die Muslime entmündigt und des Anrechts auf humanistische Werte beraubt.

In diesem Sinne ist auch unsere Forderung an die österreichische Regierung und die EU zu verstehen, Konzernen wie der OMV keine Hilfsdienste zu leisten. Kein Dialog mit einem Holocaustleugnerregime, sondern absoluter Wirtschaftsboykott, bis der Iran seine Außenpolitik ändert, sein Atomprogramm einstellt und Menschenrechte im Iran respektiert! Es geht um Israel! Es ist nicht akzeptabel, dass uns Juden zugemutet wird, doch gefälligst davon auszugehen, es werde schon nicht so ernst werden. Auch Hitlers *Mein Kampf* wurde nicht ernst genommen, leider. Wir dürfen kein zweites Mal ein Risiko eingehen.

Elisabeth Pittermann

Österreichs Verpflichtung

Wir treffen einander heute wieder, um unserer Besorgnis über eine politische Entwicklung Ausdruck zu verleihen. Und wieder sind es beinahe dieselben, die immer an diesen Veranstaltungen teilnehmen. Kein aktiver österreichischer Politiker ist anwesend. An Demonstrationen gegen die USA, gegen den Irakkrieg nahmen selbstverständlich Politiker und natürlich die politischen Jugendorganisationen teil. Wo bleiben diese Personen, wenn es um den Judenstaat geht? In Österreich leben überwiegend die Nachkommen jener, die, wenn sie schon nicht selbst Nutzen aus den Verbrechen gegen die Juden gezogen haben, auch nichts zu deren Hilfe taten – auch jetzt schweigen sie unüberhörbar, wenn Israel ihr Verständnis und ihre politische Hilfe braucht. Im Unterschied zu damals wäre kein Risiko mit einer Unterstützung, mit einer Wortmeldung, mit einem Zeichen der Solidarität für Israel verbunden.

Ich erinnere nur an den Boykott-Aufruf der britischen Universitäts- und Collegegewerkschaft gegen israelische Wissenschafter – die politischen Akademikerorganisationen und die österreichische Politik haben nicht gegen diese Diskriminierung, die durchaus an den Beginn der Judenverfolgung im Nationalsozialismus erinnert, aufgeschrieen. Sie haben sich an keiner Aktion gegen diese Ungeheuerlichkeit beteiligt. Auch nicht jene, die immer die Worte des „Kampfes gegen Xenophobie, Rassismus und Antisemitismus" im Munde führen. Antisemitismus wird scheinbar nur pro forma in dieser Aufzählung erwähnt und höchstens verbal bekämpft. Als politisches Anliegen ist der Kampf gegen den Judenhass niemals in die Herzen und Hirne österreichischer Politiker und wahrscheinlich auch vieler anderer eingedrungen. Kampf gegen den Antisemitismus wird bestenfalls als Vergangenheitsbewältigung, aber niemals als Leistung der Gegenwart angesehen. Und wenn Demokraten antisemitisch sind, fühlen sie sich dabei immer noch politisch korrekt. Da schreibt man beispielsweise in einem intellektuellen politischen Diskussionsorgan wie der sozialdemokratischen *Zukunft* (Nr. 9, 2007) von einem „sattsam bekannten Zionisten", um seine Positionen herabwürdigend darzustellen. Dass in Israel viele derjenigen mit ihren Nachkommen leben, die den europäischen Mördern gerade noch entkommen konnten, wird gerne übersehen. Österreich hilft denen, die beweisen können, dass sie Opfer des Nationalsozialismus waren, mit einem Geldbetrag, der einen Bruchteil des geraubten Gutes beträgt und die Vernichtung von Familien, Freunden und die zerstörte Existenz gar nicht berücksichtigen kann. Und so müsste es logisch sein, dass sich Europa insgesamt, aber insbesondere Österreich und Deutschland der besonders hohen Verantwortung für Israel bewusst sind. Umso entsetzter sind wir, dass die ständigen Vernichtungsdrohungen und antisemitischen

Schmähungen eines UNO-Mitgliedes gegen das UNO-Mitglied Israel nicht laufend stärkste politische Proteste provoziert. Selbst jene, die sich vor allen Atomkraftwerken fürchten und einen Ausstieg aus der Kernenergie und Konsequenzen für Länder mit Kernenergie fordern, erregen sich über mögliche Nuklearwaffen im Iran nicht. Sie glauben anscheinend an intelligente iranische Atomwaffen, die im Ernstfall wissen, hier ist das neutrale brave Österreich, dem sie nicht schaden dürfen.

Gerade die Solidarität mit Israel wäre auf lange Sicht friedenssichernd. Israel ist die einzige rechtsstaatliche Demokratie im Nahen Osten; ein Land in dem Recht und Gerechtigkeit, soziale Standards, Bildung und Ethik trotz aller Probleme groß geschrieben werden; ein Land, in dem politisch Andersdenkende nicht eingekerkert und getötet werden; ein Land, in dem Frauen nicht das Mittelalter aufgezwungen wird, in dem sie selbstbestimmt und unverhüllt, den Männern ebenbürtig und nicht als ihre Leibeigenen, die man wegen Entehrung ermorden und steinigen darf, leben können.

Zum Schaden dieses Landes will die OMV, an der Österreich Miteigentümer ist, mit einem Regime wie dem iranischen Geschäfte machen. Wie sehr haben wir beklagt, dass mit dem nationalsozialistischen Verbrecherstaat solange Geschäfte gemacht wurden bis es zu spät war! Heute will Österreich eine westliche Demokratie sein, die im großen Umfang Geschäfte mit dem Iran macht – und damit als Eisbrecher für jene dienen, die es gerne möchten, aber aus moralischen Gründen noch davor zurückschrecken.

All jene, welche die Politik der USA, die uns als eine der alliierten Mächte vom Hitlerterror befreit hat, heute so stark kritisieren, sollten überlegen, ob ihre moralische Eignung so einwandfrei ist. Und so können wir nur zum wiederholten Male fordern: Österreichs Politik darf nicht länger alle Drohungen gegen Israel schweigend, manchmal sogar wohlwollend, zur Kenntnis nehmen. Dieses Land hat die moralische Verpflichtung dagegen anzukämpfen, dass sich die Verbrechen und Unterlassungen seiner Vorfahren in irgendeiner Weise wiederholen!

Wolfgang Neugebauer

Mit allen Mitteln

Sehr geehrte Damen und Herren! Liebe Freundinnen und Freunde!
Ich kann zwar heute hier nicht an dieser wichtigen und notwendigen Kundgebung der Solidarität mit Israel teilnehmen, mir ist es aber ein Bedürfnis, meine tiefe Verbundenheit mit den Anliegen dieser Veranstaltung offen und deutlich zum Ausdruck zu bringen. Im Rahmen meiner Tätigkeit im *Dokumentationsarchiv des österreichischen Widerstandes* und in der *Aktion gegen den Antisemitismus in Österreich* habe ich mich in den letzten Jahren in zunehmendem Maße mit einem als „Antizionismus" verkleideten Antisemitismus auseinandersetzen müssen – ein Antisemitismus, der nicht nur von Rechtsextremisten und Neonazis kommt, sondern auch – zu meinem Leidwesen, füge ich hinzu – von linker Seite, auch von manchen Sozialdemokraten getragen oder zumindest unterstützt wird.

Die *Aktion gegen den Antisemitismus* hat von Anfang an die Vernichtungsdrohungen des iranischen Präsidenten Ahmadinejad gegen Israel ernst genommen und die österreichische Politik aufgefordert, dagegen entschieden Stellung zu nehmen und Handlungen zu setzen. Leider müssen wir feststellen, dass dies nur in unzureichendem Maße geschehen ist.

Weder die erbärmliche Holocaust-Leugner-Konferenz in Teheran noch die unvermindert fortgesetzte nukleare Aufrüstung des Iran haben zu angemessenen Reaktionen Österreichs und der Europäischen Union geführt, und der so genannte Dialog mit dem iranischen Regime ist nichts anderes als der Schutzmantel, hinter dem der Atombombenbau betrieben wird. Iranische Atombomben sind zwar primär eine Existenzgefährdung Israels, es wäre aber naiv, die darüber hinaus gehenden Bedrohungen nicht zu sehen: Im Visier der islamistischen Fundamentalisten steht die gesamte westliche Kultur und Zivilisation, stehen Demokratie und Menschenrechte, stehen alle, die keinen islamischen Gottesstaat wollen.

Es ist eine unfassbare Umkehrung der Wirklichkeit, wenn diese reale Bedrohung von österreichischen Medien nicht wahrgenommen und stattdessen im Nachrichtenmagazin *profil* (Nr. 37, 2007) gefragt wird: „Wie mächtig ist Israel?" Mit dieser Aufbauschung werden antisemitische Klischees vom allmächtigen Judentum und von der jüdischen Weltverschwörung bedient und gleichzeitig von den wirklichen Gefahren in der Welt abgelenkt. Stellen wir doch die Gegenfrage: Wann wird über die pro-arabische und pro-islamische Lobby in Europa eine Titelstory verfasst? Wann wird die (indirekte) Finanzierung von palästinensischen Terroraktivitäten durch missbrauchte EU-Gelder thematisiert?

Als Historiker weiß ich, dass das Zurückweichen vor totalitären Diktaturen katastrophale Folgen haben kann. Die Appeasement-Politik des

Westens 1938 hat zu den Erfolgen Hitlerdeutschlands maßgeblich beigetragen und schließlich zu einem noch größeren Krieg geführt, als es bei einem rechtzeitigen entschlossenen Widerstand der Fall gewesen wäre. Shoah und andere Genozide in Europa wären nicht möglich gewesen, wenn Hitlerdeutschland schon 1938 in die Schranken gewiesen worden wäre. Daraus heißt es, die Lehren zu ziehen. Das iranische Atomprogramm muss mit allen Mitteln gestoppt werden. Wenn Dialog, Verhandlungen und Sanktionen keine Ergebnisse bringen, wird man letztlich auch den Einsatz militärischer Mittel als gerechtfertigt ansehen müssen.

Unsere Aufgabe hier und heute ist es, die Öffentlichkeit auf diese realen Bedrohungen aufmerksam zu machen. Diplomatische Floskeln und Friedensbekundungen, die nichts an der Situation ändern, sind zu wenig. Solidarität mit dem bedrohten Israel heißt auch, dem jüdischen Staat das Recht auf Selbstverteidigung, auf Behauptung seiner offen bedrohten Existenz zuzubilligen. Gerade Österreich und Deutschland haben auf Grund der Shoah besondere Verpflichtungen gegenüber den Jüdinnen und Juden und gegenüber dem jüdischen Staat. Wir dürfen einen atomaren Holocaust nicht zulassen.

Beate Klarsfeld

Protest seit 30 Jahren

Unsere Organisation, die *Söhne und Töchter der jüdischen Deportierten Frankreichs*, hat als eine der ersten die Gefahr erkannt, die für die iranischen Juden und Israel von dem neuen Mullah-Regime im Iran ausgeht. Sofort nachdem unser Präsident Serge Klarsfeld 1979 von der Hinrichtung des Ehrenpräsidenten der jüdischen Gemeinschaft im Iran, Habib Elghanian, erfahren hatte, begab er sich nach Teheran. Dort traf er die Außen- und Justizminister sowie den Generalstaatsanwalt, und die Ayatollahs in Qom. Serge Klarsfeld besuchte auch das Gefängnis von Teheran, wo es ihm gelang, die Anklageschrift gegen Elghanian zu beschaffen, die deutlich zeigte, dass Elghanian aus keinem anderen Grund hingerichtet worden war als aus dem, dass er ein guter Leiter der Gemeinschaft war.

Im Anschluss daran haben wir bei vielen Gelegenheiten vor der iranischen Botschaft, vor dem Justizpalast und vor dem Büro der *Iranian Airways* demonstriert, um so zu versuchen, die Hinrichtung der beispielsweise im Jahr 2000 wegen Spionage angeklagten Juden zu verhindern.

Jetzt gilt es, unermüdlich gegen die vom iranischen Präsidenten geäußerten Drohungen gegen die Existenz des Staates Israel zu protestieren, was wir auch tun. Wir wissen, dass das iranische Volk vom Wunsch nach Fortschritt beseelt ist, aber sein Machtstreben muss in den Dienst friedlicher Ziele gestellt werden. Die beste Lösung wäre es wohl, wenn ein Demokratisierungsprozess das Verschwinden der bellizistischen und den Holocaust leugnenden Führer, die den Iran und sein Volk entehren, nach sich zöge.

Arie Talmi

Im Norden Israels

Wir, die Grenzsiedlungen im Norden Israels, die im Länderdreieck Israel-Syrien-Libanon liegen, begrüßen die Teilnehmer und Teilnehmerinnen der Demonstration gegen die iranische Diktatur. Wir sind tief beeindruckt von der Anteilnahme am weiteren Schicksal des Mittleren Ostens. Das ist eine große moralische und politische Unterstützung gegen diese Tyrannen, die uns die Sicherheit gibt, dass wir nicht allein dastehen.

Vielleicht geht es nicht nur um Israel, sondern auch um Europa, aber trotzdem werden wir im Kibbuz Dan an der libanesischen Grenze die ersten sein, die direkt darunter leiden werden, wenn die Iraner beschließen, den Konflikt abermals eskalieren zu lassen. Unsere Siedlungen und Städte, vor allem Kiriat Shmonah, nur wenige Kilometer von der libanesischen Grenze entfernt, haben im Sommer 2006 eine Probe davon abbekommen, was iranisches Geld und iranische Herrschsucht im Mittleren Osten ausrichten können.

Die Zerstörungen in Kiriat Shmonah sind nur ein kleines Beispiel. Inzwischen wurden sie durch die Hilfe wohltätiger Institutionen beseitigt. Aber natürlich wird der Wille Irans, die Herrschaft des Islam in der Welt zu verbreiten, nicht einfach verschwinden. Israel ist am falschen Ort zur falschen Zeit, und nur die Erkenntnis, dass es noch nicht zu spät ist, diesen iranischen Wahnsinn aufzuhalten, lässt uns optimistisch sein.

Geldzufuhr jeder Art, welche die Iraner nur zum Waffenankauf und Krieg verwenden, muss unbedingt gestoppt werden. Mit diesem Geld werden terroristische Organisationen unterstützt wie die Hamas, die Hisbollah, die schiitischen Terroristen im Irak und auch in Syrien. Stoppt diesen Wahnsinn! Und stoppt die Geldzufuhr für das iranische Regime!

Benny Morris

Der zweite Holocaust

Sehr geehrte Damen und Herren, liebe Freundinnen und Freunde,
ich möchte Sie gerne mit einem Szenario konfrontieren, das ich vor einiger Zeit in einem Artikel ausgebreitet habe. (Welt Online, 6.1.2007) Es ist dies ein Szenario, zu dessen Verhinderung Sie sich heute hier auf dieser Kundgebung zusammen gefunden haben. Um es zu verhindern, muss man es sich aber, so grauenhaft solche Überlegungen auch sein mögen, klar vor Augen führen.

Der zweite Holocaust wird nicht so sein wie der erste. Gewiss, die Nazis haben den Massenmord industrialisiert. Trotzdem standen sie ihren Opfern Auge in Auge gegenüber, waren manchmal auf Tuchfühlung mit ihnen. Die Deutschen zusammen mit ihren Helfern aus anderen Nationen mussten die Männer, Frauen und Kinder belagern, sie aus ihren Häusern zerren, die Straßen hinunterprügeln, in nahe gelegenen Wäldern niedermähen, sie in die Viehwaggons verladen und in die Lager transportieren. Sie mussten die körperlich Fitten von den Nutzlosen trennen und sie in „Duschräume" locken und das Gas über ihnen ausschütten.

Der zweite Holocaust wird vollkommen anders sein. Eines schönen Morgens in fünf oder zehn Jahren – vielleicht während einer Krise in der Region, vielleicht aus heiterem Himmel –, einen Tag oder ein Jahr oder fünf Jahre, nachdem der Iran sich die Bombe beschafft hat, werden die Mullahs sich in Qom zu einer Geheimsitzung treffen, unter einem Porträt des stählern dreinblickenden Ayatollah Khomeini. Die nötigen Befehle werden erteilt werden, und die Shihab-III- oder IV-Raketen werden abheben in Richtung Tel Aviv, Beer Scheva, Haifa und Jerusalem.

Bei einem Land von der Größe und Gestalt Israels werden vermutlich vier oder fünf Treffer genügen: Kein Israel mehr. Eine Million Israelis in Tel Aviv, Haifa, Jerusalem und dem Umfeld dieser Städte wird auf der Stelle tot sein. Zusätzliche Millionen werden radioaktiv verstrahlt werden. Israel hat ungefähr sieben Millionen Einwohner. Kein Iraner wird auch nur einen davon sehen oder berühren. Es wird völlig unpersönlich sein.

Die iranische Führung betrachtet die Zerstörung Israels als göttlichen Befehl und als Vorzeichen der Wiederkehr des verborgenen Imam, und die muslimischen Kollateralschäden sind Märtyrer für diesen edlen Zweck. Ahmadinejads ständige Verweise auf die Notwendigkeit, Israel zu zerstören, und seine Leugnung des ersten Holocaust lassen darauf schließen, dass dieser Mann besessen ist. Das hat er mit den Mullahs gemeinsam. Sie alle sind mit den Lehren von Khomeini aufgewachsen, einem äußerst produktiven Antisemiten, der oft gegen den „kleinen Satan" Israel schäumte. Ahmadinejad ist gewillt, vieles aufs Spiel zu setzen – die Zukunft des Iran oder sogar des gesamten muslimischen Nahen Ostens als Einsatz für die Zerstörung Israels. Zweifellos glaubt er, dass Allah den Iran irgendwie vor einer atomaren

Antwort der Israelis oder einem amerikanischen Gegenschlag bewahren wird. Lässt man Allah beiseite, glaubt er womöglich, dass seine Raketen den jüdischen Staat dermaßen einäschern werden, dass sie die israelische Führung und die Nuklearstützpunkte ausschalten und die Kommandanten der nuklear bewaffneten U-Boote demoralisieren oder verwirren, so dass Israel nicht mehr antworten kann. Und bei seiner tiefen Verachtung für den schwachbrüstigen Westen ist unwahrscheinlich, dass er die Drohung einer amerikanischen nuklearen Vergeltung ernst nimmt. Oder er mag einen Gegenschlag in Rechnung stellen und gewillt sein, den Preis zu zahlen. Diese Anhänger eines Todeskults würden sogar das Opfer der Heimat hinnehmen, wenn das Ergebnis die Zerstörung Israels ist.

So wie dem ersten wird auch dem zweiten Holocaust ein Jahrzehnt vorangegangen sein, in dem die Herzen und Hirne auf ihn vorbereitet wurden. Im Vorfeld des zweiten Holocaust zersplitterte die internationale Gemeinschaft, denn sie wurde von verschiedenartigem selbstsüchtigem Appetit motiviert. Russland und China hungerten nach muslimischen Märkten, Frankreich hungerte nach dem arabischen Öl und die Vereinigten Staaten wurden von dem Debakel im Irak in einen tiefen Isolationismus getrieben. Der Iran war also frei, seiner nuklearen Bestimmung entgegenzugehen, und Israel sah sich der Bedrohung ganz allein gegenüber. Aber ein isoliertes Israel wird sich der Aufgabe so wenig gewachsen zeigen wie ein Kaninchen, das vom Scheinwerferlicht eines entgegenkommenden Autos geblendet wird.

Die iranische Führung wird von einer höheren Logik getrieben. Sie wird ihre Raketen zünden. Und wie im ersten Holocaust wird die internationale Gemeinschaft nichts tun. Für Israel wird alles in ein paar Minuten vorbei sein. Wenn die Shihabs gefallen sind, wird die Welt Rettungsschiffe und medizinische Hilfe für die nur leicht Verbrannten schicken. Sie wird den Iran nicht nuklear auslöschen. Zu welchem Zweck denn und um welchen Preis? Eine nukleare Antwort der Amerikaner würde den Krieg der Kulturen noch schlimmer und umfassender machen. Und sie würde natürlich Israel nicht zurückbringen.

Und doch: Der zweite Holocaust wird in dem Sinne anders sein, dass Ahmadinejad jene, die er sich so sehr tot wünscht, nicht wirklich sehen oder anfassen kann. Es wird keine jener grauenerregenden Szenen geben, wo Täter und Opfer von Blut besudelt sind, wie wir sie aus dem ersten Holocaust kennen. Aber es wird trotzdem ein Holocaust sein.

Meine Damen und Herren, liebe Freundinnen und Freunde: Sie stehen heute hier, um genau solch ein Szenario zu verhindern. Lassen Sie uns gemeinsam dafür kämpfen.

Autorinnen und Autoren

Nasrin Amirsedghi, Publizistin, Philologin, Orientalistin, Literatur- und Filmwissenschaftlerin in Mainz; floh vor 27 Jahren aus dem Iran

Farideh Azadieh, Politikwissenschaftlerin und freie Autorin in Wien

Hiwa Bahrami, Repräsentant der Democratic Party of Iranian Kurdistan in Österreich

Thomas Becker, freier Autor in Bielefeld, schreibt u.a. für die Zeitschrift „Bahamas"

Andreas Benl, freier Autor, Mitarbeiter der Hamburger Studienbibliothek, u.a. Koautor von „Das Leben lebt nicht. Postmoderne Subjektivität und der Drang zur Biopolitik"

Henryk M. Broder, Publizist und „Spiegel"-Autor, zuletzt veröffentlicht: „Hurra, wir kapitulieren. Von der Lust am Einknicken"

Raimund Fastenbauer, Generalsekretär der Israelitischen Kultusgemeinde in Wien, Vizepräsident der Zwi Peres Chajes Loge der B'nai B'rith

Stephan Grigat, Lehrbeauftragter am Institut für Politikwissenschaft in Wien, war Forschungsstipendiat in Tel Aviv und hat an der FU Berlin promoviert, Herausgeber von „Transformation des Postnazismus. Der deutsch-österreichische Weg zum demokratischen Faschismus" sowie „Feindaufklärung und Reeducation. Kritische Theorie gegen Postnazismus und Islamismus", Mitherausgeber von „Spektakel – Kunst – Gesellschaft. Guy Debord und die Situationistische Internationale", Autor von „Fetisch und Freiheit – Über die Rezeption der Marxschen Fetischkritik, die Emanzipation von Staat und Kapital und die Kritik des Antisemitismus", Mitbegründer der Gruppe Café Critique (www.cafecritique.priv.at)

Alex Gruber, Lehrbeauftragter am Institut für Politikwissenschaft in Wien, arbeitet für den Allgemeinen Entschädigungsfonds für Opfer des Nationalsozialismus, Co-Autor von „Mit Freud. Gesellschaftskritik und Psychoanalyse"

Yossi Klein Halevi und *Michael B. Oren*, Mitherausgeber von „The New Republic" und leitende Mitglieder des Shalem Centers in Jerusalem. Halevi ist Autor von „At the Entrance to the Garden of Eden: A Jew's Search for God with Christians and Muslims in the Holy Land". Von Michael B.

Oren erschien zuletzt „Power, Faith, and Fantasy: The United States in the Middle East, 1776 to 2006"

Simone Dinah Hartmann, arbeitet als Informatikerin und freie Autorin in Tel Aviv und Wien, Koordinatorin der Plattform „STOP THE BOMB – Bündnis gegen das iranische Vernichtungsprogramm" (www.stopthebomb.net)

Beate Klarsfeld, Söhne und Töchter der jüdischen Deportierten Frankreichs in Paris

Matthias Küntzel, Politikwissenschaftler und Publizist. Vorstandsmitglied von Scholars for Peace in the Middle East, seit 2004 *associate researcher* des Vidal Sassoon International Centre for the Study of Antisemitism an der Hebrew University in Jerusalem. Sein Buch „Jihad and Jew-Hatred: Islamism, Nazism and the Roots of 9/11" gewann 2007 den ersten Preis des London Book Festival in der Rubrik Sachbuch. Seine Aufsätze zum Thema Islamismus und Antisemitismus wurden in 11 Sprachen übersetzt. Jüngste Veröffentlichung: „Islamischer Antisemitismus und deutsche Politik: ‚Heimliches Einverständnis'?"

Florian Markl, Historiker beim Allgemeinen Entschädigungsfonds für Opfer des Nationalsozialismus in Wien, promoviert an der Berliner Humboldt Universität über palästinensische Terroranschläge in Österreich, betreibt den Café Critique-Blog Instant Coffee (http://blog.cafecritique.priv.at/)

Yossi Melman, Intelligence Correspondent der israelischen Tageszeitung „Haaretz", Co-Autor von „The Nuclear Sphinx of Tehran: Mahmoud Ahmadinejad and the State of Iran", das bei *Caroll & Graf* in den USA und bei *Maariv* in Israel erschienen ist und demnächst in polnischer und holländischer Übersetzung herauskommt.

Benny Morris, Historiker, Ben Gurion Universität Beer Sheva

Kazem Moussavi, Mitbegründer und außenpolitischer Sprecher der Green Party of Iran

Fathiyeh Naghibzadeh, ging vor 20 Jahren aus dem Iran ins Exil nach Deutschland, Co-Regisseurin des Films „Kopftuch als System – Machen Haare verrückt?", in dem Exiliranerinnen und ihre Position als politische Frauen im Iran und in Deutschland porträtiert werden

Wolfgang Neugebauer, langjähriger wissenschaftlicher Leiter des Dokumentationsarchivs des österreichischen Widerstands, Mitherausgeber u.a. von „Haider und die ‚Freiheitlichen' in Österreich" und „NS-Herrschaft in Österreich"

Elisabeth Pittermann, ehem. Gesundheitsstadträtin in Wien für die SPÖ

Florian Ruttner, Lehrbeauftragter am Institut für Politikwissenschaft der Universität Wien

Gerhard Scheit, Lehrbeauftragter am Institut für Politikwissenschaft der Universität Wien, Mitherausgeber der Werke von Jean Améry, Autor von „Die Meister der Krise. Über den Zusammenhang von Vernichtung und Volkswohlstand", „Suicide Attack. Zur Kritik der politischen Gewalt", „Verborgener Staat, lebendiges Geld. Zur Dramaturgie des Antisemitismus", „Jargon der Demokratie. Über den neuen Behemoth"

Arie Talmi, floh 1935 aus Wien nach Palästina, kehrte nach 1945 kurzzeitig nach Wien zurück, wo er den HaShomer HaZair mit aufbaute, wohnt seit 1952 im Kibbutz Dan an der israelischen Grenze zu Syrien und dem Libanon

Thomas Uwer und *Thomas von der Osten-Sacken*, Mitarbeiter der Hilfsorganisation Wadi e. V. (www.wadinet.de), Mitherausgeber von „Amerika. Der ‚War on Terror' und der Aufstand der Alten Welt" und „Saddams letztes Gefecht? Der lange Weg in den 3. Golfkrieg"

Wahied Wahdat-Hagh, Senior Research Fellow der European Foundation for Democracy, ehemaliger Mitarbeiter des Middle East Media Research Institute in Berlin, Autor von „Die islamische Republik Iran. Die Herrschaft des politischen Islam als eine Spielart des Totalitarismus"

Justus Wertmüller, Redakteur der in Berlin erscheinenden Zeitschrift „Bahamas"

Leon de Winter, Schriftsteller in Amsterdam